本书获得

2022年度国家出版基金和上海高校高峰高原学科建设经费资助

国家出版基金项目

NATIONAL PUBLICATION FOUNDATION

中国修辞学前沿学术文库

政治修辞学

吴礼权　著

Political Rhetoric

暨南大学出版社

JINAN UNIVERSITY PRESS

中国·广州

图书在版编目（CIP）数据

政治修辞学/吴礼权著. —广州：暨南大学出版社，2022.10
（中国修辞学前沿学术文库）
ISBN 978 – 7 – 5668 – 3505 – 5

Ⅰ.①政…　Ⅱ.①吴…　Ⅲ.①政治—修辞学—研究　Ⅳ.①D0 – 05

中国版本图书馆 CIP 数据核字（2022）第 178191 号

政治修辞学
ZHENGZHI XIUCIXUE

著　者：吴礼权

出 版 人：张晋升
策划编辑：杜小陆　黄志波
责任编辑：姚晓莉
责任校对：孙劭贤
责任印制：周一丹　郑玉婷

出版发行：暨南大学出版社（511443）
电　　话：总编室（8620）37332601
　　　　　营销部（8620）37332680　37332681　37332682　37332683
传　　真：（8620）37332660（办公室）　37332684（营销部）
网　　址：http：//www.jnupress.com
排　　版：广州良弓广告有限公司
印　　刷：深圳市新联美术印刷有限公司
开　　本：787mm×1092mm　1/16
印　　张：27
字　　数：470 千
版　　次：2022 年 10 月第 1 版
印　　次：2022 年 10 月第 1 次
定　　价：168.00 元

目录

contents

第一章　相关概念的界定

众所周知，语言是人类最重要的交际工具。作为交际工具，语言被人类用于达意传情。但是，达意传情有效果好坏的问题。从理论上说，只要是一个思维正常的人，他开口说话或提笔写作，总想使自己的达意传情有一个好的效果。为了取得好的效果，表达者（说话人或写作者）就必须在语言文字的经营上有所努力。这种在语言文字表达上的经营努力，就是我们经常所说的"修辞"。研究修辞现象及其规律的学问，就是修辞学。

作为一门学问，修辞学具有悠久的历史，是一门古老而又年轻的学科。可以说，人类有语言的历史有多久，修辞的历史就有多久，研究修辞现象及其规律的修辞学的历史也就有多久。只要人们在达意传情时还有在语言文字表达上经营努力的情感冲动，修辞活动就不会停止，研究修辞现象及其规律的修辞学就不会消亡。正因为修辞学是一门古老而又年轻的学问，所以有关"修辞"的定义就随着人们认识的发展变化而变得越来越复杂，莫衷一是。为此，我们在研究修辞学时必须首先对"修辞"这一概念的内涵予以明确界定。这样，修辞学的研究才能有一个坚实的立足之基，修辞学的学科体系才能建立起来。

修辞跟我们现实生活的方方面面都有密切的关系，根据其涉及的不同领域、不同行业、不同内容等，可以将之区分为不同的类别，如外交修辞、商业修辞、广告修辞、公文修辞、口语修辞、书卷修辞等，不一而足。但是，如果我们以修辞跟政治的关系为分类依据，则可以将修辞分为两大类：一是政治修辞，二是非政治修辞。非政治修辞，也可以称为日常修辞。

对日常修辞现象及其规律的研究，可以称为日常修辞学。对政治修辞现象及其规律的研究，可以称为政治修辞学。日常修辞学，在很大程度上跟我们所说的普通修辞学是一致的。如果说两者有什么区别，那就是普通修辞学也会涉及政治修辞的内容，而日常修辞学则排除了政治修辞的内容。除此，日常修辞学与普通修辞学在研究内容上也有重合之处。不过，应该指出的是，虽然理论上普通修辞学也包含了对政治修辞的研究，但是在实践上，就中国学术界来看，至今并未见到有普通修辞学著作或教科书讲到政治修辞的内容。之所以如此，是因为政治修辞的研究始终未进入中国修辞学者的视野。事实上，由于政治修辞有其特殊性，跟日常修辞有很大差别，加上政治修辞学的研究在中国起步较晚，其研究的主力主要是政治学者。可是，由于政治学者对修辞学并无深入的研究，因此他们谈及政治修辞时往往流于空泛的学术术语的运用，并不能"以语言为本位"、基于语言表达的视角透视政治修辞主体的政治修辞行为，因而对于政治修辞主体建构的政治修辞文本的分析就缺乏鲜明的学术性与应有的理论深度。因此，在中国，"以语言为本位"、基于语言表达的视角而进行的政治修辞研究并未真正展开，系统研究政治修辞现象及其规律的政治修辞学也就始终没有作为一门独立的学科在中国建立起来。

政治修辞学是一门多元复合的学科，既涉及修辞学，又涉及政治学。因此，对于政治修辞学的研究，需要研究者具有多学科研究的学术背景与学术功底。如果只懂政治学而不懂修辞学，其研究一定会流于泛泛的政治学分析，而不能"以语言为本位"、基于语言表达的视角对政治修辞主体的政治修辞行为及其所建构的政治修辞文本进行具体而微的修辞分析，总结政治修辞的规律，为政治修辞主体（政治人）的政治交际活动提供必要的理论指导。如果只懂修辞学而不懂政治学，势必不能将修辞分析运用到政治修辞主体（政治人）的政治修辞行为上，修辞学研究的实践应用价值将得不到体现，修辞学的学科地位也得不到凸显。

在中国学术界，由于"以语言为本位"、基于语言表达的视角而开展的系统而专业的政治修辞学研究迄今尚无具体成果，所以，目前我们要进行政治修辞学研究，不仅无现成的理论可以运用，也无现成的学术体系可以依傍，甚至连何谓"政治修辞"这样基本的学术概念也没有人从学术上作出过严格的界定。就我们调查的结果来看，除了西方文献外，汉语文献中谈到政治修辞的并不少，但很少有对"政治修辞"下定义的。因此，这些论著有关"政治修辞"的概念运用并不十分明确，让人很难了解其是在什么意义上使用"政治修辞"这一术语的。以2020年发表的学术论文来看，在以"政治修辞"为关键词的不多的几篇论文中，都只有"政治修辞"术语的使用，而不见其概念的界定，当然更看不到"以语言为本位"、基于语言表达视角的修辞文本分析。如刘练军《作为政治修辞的天赋人权》[《南京师大学报（社会科学版）》，2020 年第 5 期]，王莉丽、张文骁《特朗普推特执政的政治修辞与政策合法性建构——以中美贸易战为例》(《现代国际关系》，2020 年第 7 期)，马忠、达雅楠《揭开政治修辞的幻象："普世价值"的话语透视》(《思想教育研究》，2020 年第 5 期) 等，基本上都是这种情况。只有吴礼权《政治修辞与承转文本的建构》(《宜春学院学报》，2020 年第 7 期)、《政治修辞与比喻文本建构》[《阜阳师范大学学报（社会科学版）》，2020 年第 3 期]两篇，是纯粹"以语言为本位"、基于语言表达的视角而进行的政治修辞文本分析。客观地说，在此之前，我国学者涉及政治修辞的学术研究成果并不少，但无论是以"政治修辞"为关键词的论文，还是字面不提"政治修辞"而实际是在讨论"政治修辞"的论著（如辛斌《批评语言学：理论与应用》，上海外语教育出版社，2005 年），事实上都没有明确给"政治修辞"做过概念界定，更不见"以语言为本位"、基于语言表达的视角而从学术上对"政治修辞"进行严格的概念界定。

基于此，为了有效开展我国的政治修辞学研究，我们必须直面现实，不仅要独立自主地提出一套政治修辞学理论，还要建立一个完整的政治修辞学学科体系，甚至对相关的学术概念也要从头开始进行界定。本章将要讨论的 "政治" "修辞" "政治修辞" "政治修辞主体" "政治修辞受体" "政治修辞情境" "政治修辞学" 等主要学术概念，以及与此相关联的次范畴、亚层次的学术概念，如 "政治人" "职业政治人" "角色政治人" "显性政治修辞" "隐性政治修辞" 等学术概念，既是政治修辞学所要涉及的基本概念，也是政治修辞学研究与分析要经常用到的基本术语，特别是"政治""修辞"这两个最核心的学术概念，更是政治修辞学分析须臾不能离开的两个学术术语。这些学术概念，既是政治修辞学理论体系中的重要因子，也是政治修辞学体系的立足之基，更是政治修辞学的基本术语，是政治修辞文本分析的基础工具，就像医学解剖上的手术刀。可见，对上述学术概念的内涵进行清晰的界定，在政治修辞学研究中具有举足轻重的意义。为此，本章就先对上述这些学术概念进行界定，以便正本清源，使后续各章节的论述顺理成章地进行下去。

第一节 政治

政治，在汉语中是一个具有悠久历史的词汇。虽然"政""治"二字连用早在先秦典籍中就已存在，但连用的"政治"并不是一个词，表达的也不是一个特定的概念，而是一个词组（或称短语）。如《尚书·毕命》篇记载周康王当着毕公之面赞扬周公、君陈、毕公三人治理周朝的功绩时，有曰："三后协心，同底于道，道洽政治，泽润生民，四夷左衽，罔不咸赖，予小子永膺多福。"（意谓：周公、君陈、毕公三公先后同心协力，共同将国家导入了圣道，圣道和洽，政局平稳，你们三位的恩泽犹如雨露滋润了天下万民，四夷化外之民更没有不依赖你们的，我这个年轻后生也可以永享大福了。）其中，"道洽政治"一句，虽然"政""治"二字连用，但并不像现代汉语中的"政治"那样是一个词的概念，而是跟其前面的"道洽"（意谓"圣道和谐"，"道"是主语，"洽"是谓语）一样，属于主谓结构的短语。其中，"政"（意谓"政事""政局"）是主语，"治"（意谓"平稳""安定"，跟"乱"意义相对，指国家治理得好）是谓语。又如《周礼·地官司徒第二·遂人》有曰："凡事，致野役，而师田作野民，帅而至，掌其政治禁令。"（意谓：凡有工程建设之事，由遂人负责召集野地徒役，而有征伐、田猎之事，则由遂人负责征调野地民众，并率领他们前往目的地，负责掌管有关他们的政事、治理与禁令。）其中，"政""治"二字虽也连用，但亦非一个词，而是两个词（"政事""治理"）的联合，仍然是一个短语（联合结构）。再如汉代刘向《说苑·敬慎》有曰："政治内定，则举兵而伐卫。"［意谓：（晋国）国家治理好了，国内安定了，就出兵攻伐卫国。］其中，连用的"政""治"二字也不是一个词，而是一个主谓结构的短语（"政"指国家、政局，"治"指国家治理得好、平稳）。

从汉语史的角度来看，上古典籍中"政""治"二字连用的情况并不多，最常见的情况是彼此分开使用，而且"政"也不一定都表示"政治"的意思，而是随着语境不同有不同的含义。如《尚书·大禹谟》有曰："德惟善政，政在养民。"（意谓：帝王之德的体现就是要能妥善处理政事，处理政事的目的则在于教养民众。)其中,"政"指的就是"政事"或"政务"。又如《左传·昭公六年》有曰:"夏有乱政,而作《禹刑》;商有乱政,而作《汤刑》;周有乱政,而作《九刑》。"(意谓:夏朝的政局出现了混乱,于是便制定了《禹刑》;商朝的政局出现了混乱,于是就制定了《汤刑》;周朝的政局出现了混乱,于是就制定了《九刑》。)其中,"政"指的都是"政局"。又如《左传·定公四年》有曰:"聃季授土,陶叔授民,命以《康诰》,而封于殷墟,皆启以商政,疆以周索。"(意谓:周成王授聃季与陶叔以土地民众,周公用《康诰》告诫他们,将他们封在商朝故墟,都是沿用商朝的政治制度,按周朝的法度划定疆土。)其中,"启以商政"之"政",指的是政治制度。又如《论语·为政》有曰:"道之以政,齐之以刑,民免而无耻;道之以德,齐之以礼,有耻且格。"(意谓:以政令引导人民,以刑罚约束人民,人民虽惧刑而免罪,却不会以不遵教化为耻;以仁德引导人民,以礼教同化人民,人民不仅有知耻之心,而且会主动纠错而归于正道。)其中,"道之以政"之"政",是指政令。再如《孟子·梁惠王上》所载梁惠王(即魏惠王)与孟子的对话,有曰:"寡人之于国也,尽心焉耳矣。河内凶,则移其民于河东,移其粟于河内。河东凶亦然。察邻国之政,无如寡人之用心者。"(意谓:对于国家,我可谓是竭尽了全部心力。河内地区发生饥荒,我就将其民众迁移到河东,将粮食调到河内。河东发生饥荒,也同样如此。仔细看看周遭邻国,他们所实行的政策,没有一个像我这样一心为民的。)其中,"察邻国之政"之"政",是指政策。至于"治",在古汉语中有很多意思。但是,在上古汉语中,"治"跟"政"相联系的语义,主要有两个,一是作动词使用的"治理""管理",二是作形容词使用的"太平""安定"(指国家治理得好,跟"乱"相对)。作动词"治理""管理"理解的,在上古汉语中最为常见。如《孝经·广要道》所载孔子之言,有曰:"安上治民,莫善于礼。礼者,敬而已矣。故敬其父,则子悦;敬其兄,则弟悦;敬其君,则臣悦;敬一人,而千万人悦。所敬者寡,而悦者众,此之谓要道也。"(意谓:使君主安心,人民驯服,没有比推行礼教更好的办法了。所谓礼,就是表达尊敬之意而已。所以,尊敬他人之父,其子必然高兴;尊敬他人之兄,其弟必然高兴;敬人之君,其臣必然高兴;尊敬一个人,而千千万万的人都为之高兴。所尊敬的人不多,但为之高兴的人却很多,这才是重要的道理。)其中,"安上治民"之"治",就是"管理"之意。又如《孟子·滕文公上》有曰:"劳心者治人,劳力者治于人。治于人者食人,治人者食于人，天下之通义也。"（意谓：从事脑力劳动者管理别人，从事体力劳动者被别人管理。被别人管理者供养别人，管理别人者受别人供养，这是天下通行的基本原则。）其中，"治人"与"治于人"之"治"，也都是"管理"之意。再如《吕氏春秋·察今》有曰："治国无法则乱，守法而弗变则悖，悖乱不可以持国。"（意谓：治理国家若无法制，那么就会天下大乱；死守先王旧法而始终不予变革，那么就会跟现实社会脱节相悖。没有法制与死守前人旧法，都不能治理好国家。）其中，"治国无法则乱"之"治"，则是"治理"之意。作形容词"太平""安定"（指国家治理得好，跟"乱"相对）理解的，在上古汉语中也很常见。如《孟子·滕文公下》有曰："天下之生久矣，一治一乱。"（意谓：人类社会已经产生很久了，总是一时太平，一时动乱。）其中，"一治一乱"之"治"，就是跟"乱"相对，是"太平""安定"之意。又如《史记·屈原列传》赞屈原之能，有曰："博闻强志，明于治乱，娴于辞令。"（意谓：屈原知识渊博，记忆力强，明晓国家治乱之道，擅长外交辞令。）其中，"明于治乱"之"治"，也是跟"乱"并用，指国家治理得好，意即"太平""安定"。再如《韩非子·初见秦》有曰："以乱攻治者亡，以邪攻正者亡，以逆攻顺者亡。"（意谓：以治理混乱的国家攻击治理成功的国家，则必然自取灭亡；以邪恶的力量攻击正义的力量，则必然自取灭亡；以逆人心的力量攻击顺人心的力量，则必然自取灭亡。）其中"以乱攻治"之"治"，也是跟"乱"相对并用，指的也是国家治理得好，即"太平""安定"之意。现代汉语中"政""治"二字连用，成为一个表示单一概念的词，则是借用日语词的缘故。日语里的"政治"一词，虽然用字来源于诸如《尚书》"道洽政治"等上古汉语典籍中"政""治"二字连用的先例，但只是借汉语"政""治"二字作为媒介对译近现代西方的 politics 一词而已。不过，被赋予了新义的日语新词"政治"作为外来词引入现代汉语后，很快就成为现代汉语中的常用词，更成了近现代中国人谈论政治的基本词汇，再也无人知其成词、造词背景。

从政治学史的角度来看，"政治"作为一个概念，是"从希腊语的 polis 一词演化而来的，它的最初含义是指希腊的古代城邦，即城市国家。西方政治学的奠基人之一亚里士多德撰写的名著《政治学》，就是在这个意义上使用'政治'概念的。在古希腊的政治思想家看来，政治主要指的是国家的活动。这种认识至今仍有广泛的影响"①。在中国古代，虽也有"政治"的概念，但"与古代西方对于政治的理解是不同的"②。中国古代的"政治"概念，"主要是统治的意思。它主要讲的是'治国之道'，即根据某种特定的道德伦理原则来建立国家制度，并通过这种制度和政治活动来治理国家。这种对政治即是'治国平天下'的理解，在我国传统社会中一直延续了两千多年"③。政治与人类社会的关系非常密切，从理论上说，有了人类社会，便有政治现象存在。虽然研究政治现象的政治学早在古希腊时期就出现了，但是对于"政治"概念的理解，在东西方政治学界却一直存在分歧，而且成了"众说纷纭、争论不休的话题"④。根据王惠岩等学者的研究，这些对"政治"概念理解上的争论与分歧，大致说来可以归纳为五大类：一是"用道德的观点解释政治，把政治等同或归结为伦理道德"⑤，二是"认为政治是一种法律现象，将政治说成是立法和执法的过程"⑥，三是"将政治视为争权夺力以及施展谋略和玩弄权术的活动"⑦，四是"将政治看作是'管理众人之事'即管理公共事务的活动"⑧，五是"把政治解释为围绕着政府制定和执行政策而进行的活动，是一种实现'社会价值的权威性分配的活动'"⑨。

第一种观点（即"用道德的观点解释政治，把政治等同或归结为伦理道德"），在中国古代与西方的古希腊时期，都有持论的代表人物。因为"无论是西方还是中国，在古代，政治学和伦理学是混在一起的。各个思想家都用道德的观点解释政治，认为政治的最高目的，就是为了使人和社会达到最高的道德境界"⑩。例如中国古代以孔子为代表的儒家思想，就是"道德政治的典型代表"⑪。关于这一点，我们从《论语·为政》与《论语·颜渊》中都能找到有力的证据。如《论语·为政》第一条曰："为政以德，譬如北辰，居其所而众星共之。"（意谓：以仁德从事国家治理，治国者就像是北极星，安处其位而众星皆环绕其周

---

① 王惠岩. 政治学原理［M］. 北京：高等教育出版社，1999：1–2.
② 王惠岩. 政治学原理［M］. 北京：高等教育出版社，1999：2.
③ 王惠岩. 政治学原理［M］. 北京：高等教育出版社，1999：2.
④ 王惠岩. 政治学原理［M］. 北京：高等教育出版社，1999：2.
⑤ 王惠岩. 政治学原理［M］. 北京：高等教育出版社，1999：2.
⑥ 王惠岩. 政治学原理［M］. 北京：高等教育出版社，1999：2.
⑦ 王惠岩. 政治学原理［M］. 北京：高等教育出版社，1999：3.
⑧ 王惠岩. 政治学原理［M］. 北京：高等教育出版社，1999：3.
⑨ 王惠岩. 政治学原理［M］. 北京：高等教育出版社，1999：4.
⑩ 王惠岩. 政治学原理［M］. 北京：高等教育出版社，1999：2.
⑪ 王惠岩. 政治学原理［M］. 北京：高等教育出版社，1999：2.

围。）认为统治者从事国家治理首先要加强自己的道德修养，才能以德服众。也就是说，从事国家治理的政治家首先应该是个道德家。又如《论语·为政》中记载，有人问孔子为什么不从政，孔子答曰："《书》云：'孝乎！惟孝，友于兄弟。'施于有政，是亦为政，奚其为为政？"（意谓：《尚书》说："孝呀！只有孝顺父母，才能推及友爱兄弟。"我将孝悌之义推而广之，使其影响及于政治，这也就是参与了政治，为什么一定要做官才算是参与政治呢？）孔子认为从事教化民众的工作就是参与政治。也就是说，教化民众是政治的重要组成部分。很明显，这仍然是在强调政治与道德伦理的密切关系。又如《论语·颜渊》记载了子贡与孔子的对话，有曰："子贡问政。子曰：'足食、足兵、民信之矣。'子贡曰：'必不得已而去，于斯三者何先？'曰：'去兵。'子贡曰：'必不得已而去，于斯二者何先？'曰：'去食。自古皆有死，民无信不立。'"（意谓：子贡问孔子如何治国为政，孔子回答说："使粮食充足，使兵器充足，受百姓信任。"子贡又问："如果迫不得已而三样去一样，那么先去哪一样？"孔子回答说："去兵器。"子贡再问："如果迫不得已而要再去一样，那么先去哪一样？"孔子回答说："去粮食。自古以来，人都免不了一死，但是百姓对国家不能失去信任，没有信任，国家就不可能存在。"）孔子认为获得人民的信任是统治者治国安邦的根本。信任关乎道德，孔子将信任与治国紧密联系在一起，说明在他心目中政治跟统治者的道德修养是不可分的。很明显，这仍然是强调政治与道德的关系。又如《论语·颜渊》中记载，齐景公问政于孔子，孔子答曰："君君，臣臣，父父，子子。"（意谓：做国君的要像个国君，做臣子的要像个臣子，做父亲的要像个父亲，做儿子的要像个儿子。）认为治国安邦的最高境界就是要让所有人都摆正自己的位置、谨守自己的本分。很明显，孔子是要求统治者加强道德修养，以宗法制度为基础，对百姓加强礼法教育。这仍然是将政治与道德伦理联系在一起。再如《论语·颜渊》中记载，季康子问政于孔子，孔子回答说："政者，正也。子帅以正，孰敢不正？"（意谓：政就是正的意思，您自己做到品德端正，那么还有谁敢不品德端正？）他认为从政首先就要加强自己的品德修养，为万民作出表率，为他人作出榜样。可见，孔子将"政"解释为"正"，意在强调说明"正就是正道，也就是符合礼义的道德"①。从中国古代的政治实践来看，"儒家强调'礼治'、'德政'

---

① 王惠岩. 政治学原理 [M]. 北京：高等教育出版社，1999：2.

就是要求统治者按照礼法来进行统治，并强调统治者要以身作则，自己本身首先要正，也即具有良好的道德素质，才能很好地进行统治"①。

除了中国古代思想家（特别是儒家代表人物）将政治等同于道德伦理之外，西方古代思想家中也有此种倾向者。如古希腊著名思想家柏拉图和亚里士多德"也把政治与伦理混在一起，柏拉图所设计的'理想国'就是'公道或正义之国'，而'公道'乃是灵魂的至德。公道既是个人的道德，也是国家的道德"②。柏拉图认为，政治制度不是"从木头里或石头里产生出来的"，"政治制度是从城邦公民的习惯里产生出来的；习惯的倾向决定其他一切的方向"③。而由习惯产生的政治制度又跟人的性格有关，"有多少种不同类型的政制就有多少种不同类型的人们性格"④。也就是说，有什么样的政治制度就有什么样的人格心灵。他认为在当时的四种政治制度（"第一种被叫做斯巴达和克里特政制，受到广泛赞扬的。第二种被叫做寡头政制，少数人的统治，在荣誉上居第二位，有很多害处的。第三种被叫做民主政制，是接着寡头政制之后产生的，又是与之相反的。最后，第四种，乃是与前述所有这三种都不同的高贵的僭主政制，是城邦的最后的祸害"⑤）之外，如果还有第五种政治制度，那么就可以称之为"贵族政治或好人政治"，并指出："如果有五种政治制度，就应有五种个人心灵"，"与贵族政治或好人政治相应的人"就是"善者和正义者"⑥。可见，柏拉图将"善"和"正义"作为政治最基本的特质。至于"善"与"正义"的具体内涵，柏拉图认为，"政治意义上的善应该是'哲学家管理国家，武士管理军队，支配人民工作，而人民则供给国家以劳动物质。'这就是公道，即每个人按其本性去做他们自己的事，而不管闲事。因此，正义就是各守本分。人类最高的生活就是公道或正义的生活，这就是政治活动的最高目的"⑦。这一观点，跟我们前述中国儒家代表人物孔子所宣扬的"君君，臣臣，父父，子子"（《论语·颜渊》）的政治思想是一致的，都是将政治等同于伦理道德的表现。古希腊另一位大思想家亚里士多德，也是将政治归结于"善"。在其所著《政治学》中，他明确提出，"一个城邦的目

---

① 王惠岩. 政治学原理 [M]. 北京：高等教育出版社，1999：2.
② 王惠岩. 政治学原理 [M]. 北京：高等教育出版社，1999：2.
③ 柏拉图. 理想国 [M]. 郭斌和，张竹明，译. 北京：商务印书馆，1986：314.
④ 柏拉图. 理想国 [M]. 郭斌和，张竹明，译. 北京：商务印书馆，1986：313–314.
⑤ 柏拉图. 理想国 [M]. 郭斌和，张竹明，译. 北京：商务印书馆，1986：313.
⑥ 柏拉图. 理想国 [M]. 郭斌和，张竹明，译. 北京：商务印书馆，1986：314.
⑦ 王惠岩. 政治学原理 [M]. 北京：高等教育出版社，1999：2.

的是在促进善德"①，意思是说国家存在的意义就在于提升人民的道德境界，"善德"是政治的意义所在。为此，他还具体描绘了理想的城邦生活的情境："各城邦中共同的'社会生活'——婚姻关系、氏族祠坛、宗教仪式、社会文化活动等——是常常可以见到的现象。这些事业都可以促进人间的友谊，而友谊仅仅是社会生活情调的表征。至于一个城邦的作用及其终极目的却是'优良生活'，而社会生活中的这些活动却只是达到这种目的的一些手段而已。城邦为若干家庭和［若干家庭所集成的］村坊的结合，由此结合，全城邦可以得到自足而至善的生活，这些就是我们所谓人类真正的美满幸福。"② 由此得出结论："政治团体的存在并不由于社会生活，而是为了美善的行为。［我们就应依照这个结论建立'正义'的观念。］所以，谁对这种团体所贡献的［美善的行为］最多，［按正义即公平的精神，］他既比和他同等为自由人血统（身分）或门第更为尊贵的人们，或比饶于财富的人们，具有较为优越的政治品德，就应该在这个城邦中享受到较大的一份。"③ 可见，在亚里士多德看来，政治团体存在的价值就在于促使人们贡献更多的"美善的行为"。换言之，即认为"国家是表现为最高的善，是人们的一种道德生活的体现。城邦的目的就是使人们在城邦中过有道德的生活"④。除古希腊的柏拉图与亚里士多德外，近代西方思想家也有将政治等同或归结为伦理道德的，如德国著名思想家康德与黑格尔就是"把国家与伦理合为一体，认为国家就是人类伦理精神的体现，是一个具有传统的道德精神的社会实体"⑤。换言之，就是认为政治与伦理是紧密联系的，彼此不可分割。对于东西方思想家的上述观点，现代学者王惠岩等认为，"所有这些观点都把政治视为一种最高的道德活动，认为只有通过有道德、有学问的贤人哲学家来统治，才能实现理想的政治目的"⑥。

第二种观点（即"认为政治是一种法律现象，将政治说成是立法和执法的过程"），在中国古代与西方近现代思想家中也都有典型代表。如中国先秦时代的法家代表人物韩非，"他反对孟子的'仁政'和'王道'，主张'霸道'和'以法

① 亚里士多德. 政治学 ［M］. 吴寿彭，译. 北京：商务印书馆，1981：139.
② 亚里士多德. 政治学 ［M］. 吴寿彭，译. 北京：商务印书馆，1981：140.
③ 亚里士多德. 政治学 ［M］. 吴寿彭，译. 北京：商务印书馆，1981：140.
④ 王惠岩. 政治学原理 ［M］. 北京：高等教育出版社，1999：2.
⑤ 王惠岩. 政治学原理 ［M］. 北京：高等教育出版社，1999：2.
⑥ 王惠岩. 政治学原理 ［M］. 北京：高等教育出版社，1999：2.

治国'。他把慎到的'势'、商鞅的'法'、申不害的'术'融为一体，形成了一整套法家的治国理论"①，其理论核心是"以法治国"。《韩非子·有度》有曰："以法治国，举措而已矣。法不阿贵，绳不挠曲。法之所加，智者弗能辞，勇者弗敢争。刑过不辟大臣，赏善不遗匹夫。故矫上之失，诘下之邪，治乱决缪，绌羡齐非，一民之轨，莫如法。"（意谓：以法治国，就是将所制定的法律付诸实施而已。法律不偏袒权贵，就像墨绳不迁就曲木一样。触犯法律就要受到制裁，智者不能逃避，勇者不敢抗争。大臣有罪不能饶过，小民有功不能漏赏。所以，矫正在上者的过失，究察在下者的奸行，治理乱局，判定错谬，削羡余，正是非，统一百姓的行为规范，没有比法律更有效的了。）前文我们说过，中国古代思想家都是将政治与"治国平天下"画等号的，因此，从这个角度来看，韩非的"以法治国"论跟近现代西方思想家将政治视为一种法律现象，认为政治就是立法与执法过程的观点没有两样。不过，相对于中国古代的韩非，西方近现代思想家对于这一观点的阐述显得更明确、更系统。如 17 世纪英国著名思想家洛克（John Locke，1632—1704）在其所著《政府论（下篇）》中，就曾明确指出："我认为政治权力就是为了规定和保护财产而制定法律的权利，判处死刑和一切较轻处分的权利，以及使用共同体的力量来执行这些法律和保卫国家不受外来侵害的权利；而这一切都只是为了公众福利。"② 这里，洛克已经将政治（权力）与立法、执法的关系说得非常明白了。至于政治为什么跟立法、执法有关，他也有清楚的论述，指出："上帝既把人造成这样一种动物，根据上帝的判断他不宜于单独生活，就使他处于必要、方便和爱好的强烈要求下，迫使他加入社会，并使他具有理智和语言以便继续社会生活并享受社会生活。"③ 也就是说，任何人都不是孤立的存在，必须融入社会，成为社会的人。而成为社会的人，就必须受相应法律的约束。对此，他明确说明了理由："人们既生来就享有完全自由的权利，并和世界上其他任何人或许多人相等，不受控制地享受自然法的一切权利和利益，他就自然享有一种权力，不但可以保有他的所有物——即他的生命、自由和财产——不受其他人的损害和侵犯，而且可以就他认为其他人罪有应得的违法行为加以裁判和处罚，甚至在他认为罪行严重而有此需要时，处以死刑。但是，政治社会本

---

① 王惠岩. 政治学原理［M］. 北京：高等教育出版社，1999：11.
② 洛克. 政府论（下篇）［M］. 叶启芳，瞿菊农，译. 北京：商务印书馆，2017：2.
③ 洛克. 政府论（下篇）［M］. 叶启芳，瞿菊农，译. 北京：商务印书馆，2017：48.

身如果不具有保护所有物的权力，从而可以处罚这个社会中一切人的犯罪行为，就不成其为政治社会，也不能继续存在；真正的和惟一的政治社会是，在这个社会中，每一成员都放弃了这一自然权力，把所有不排斥他可以向社会所建立的法律请求保护的事项都交由社会处理。于是每一个别成员的一切私人判决都被排除，社会成了仲裁人，用明确不变的法规来公正地和同等地对待一切当事人；通过那些由社会授权来执行这些法规的人来判断该社会成员之间可能发生的关于任何权利问题的一切争议，并以法律规定的刑罚来处罚任何成员对社会的犯罪；这样就容易辨别谁是和谁不是共同处在一个政治社会中。凡结合成为一个团体的许多人，具有共同制定的法律，以及可以向其申诉的、有权判决他们之间的纠纷和处罚罪犯的司法机关，他们彼此都处在公民社会中；但是那些不具有这种共同申诉——我是指在人世间而言——的人们，还是处在自然状态中，因为既然没有其他裁判者，各人自己就是裁决者和执行人，这种情况，如我在前面已经说明的，是纯粹的自然状态。"① 这里，我们可以看出洛克对于政治与立法、执法之间紧密关系的认识。又如 18 世纪法国著名思想家卢梭（Jean-Jacques Rousseau，1712—1778）在其所著的《社会契约论》一书中，明确指出："一个治理得很好的国家，是只需要很少的法律的，而在有必要颁布新的法律时，这种必要性早已为人们看出来了。第一个提出那些法律的人，只不过是说出了其他人已经感到的情况罢了。只要他确信别人也会像他那样做，这时候，把每个人都已决定要做的事形成法律，是不需玩弄手腕和多费唇舌就能使法律得到通过的。"② 虽然卢梭不像洛克那样强调立法在政治中的重要性与必要性，但还是承认了"治理得很好的国家"是需要立法的。他不仅承认要立法，还明确强调了政府所应该承担的执法责任："政府是介于臣民和主权者之间使这两者互相沟通的中间体。它的任务是执行法律和维护自由，既维护社会的自由，也维护政治的自由。"③ 这里，卢梭强调政府所应担负的执法责任，事实上就是在强调政治与执法的关系，因为政府是政治活动的主体。再如 20 世纪法律实证主义代表、奥地利犹太裔法学家凯尔森（Hans Kelsen，1881—1973）在其所著的《法和国家的一般理论》一书中，明确指出："我们只是把国家当成一个法律现象，一个法人……国家是国内法律秩序所创立

---

① 洛克. 政府论（下篇）［M］. 叶启芳，瞿菊农，译. 北京：商务印书馆，2017：52－53.
② 卢梭. 社会契约论［M］. 李平沤，译. 北京：商务印书馆，2011：116.
③ 卢梭. 社会契约论［M］. 李平沤，译. 北京：商务印书馆，2011：64.

的社团。国家作为一个法人，是这个社团的人格化，或者是构成这个社团的国家法律秩序的人格化。"① 虽然凯尔森只是"把国家说成是一种法律现象"，但是"实质上也就是把政治界定为一种法律现象，因为政治活动主要是通过国家来进行的"。②

第三种观点（即"将政治视为争权夺力以及施展谋略和玩弄权术的活动"），在中外思想界也早就有了。如中国先秦时代的法家，就是"把政治理解为对权力的追逐和运用。他们认为，政治就是集势以胜众，任法以齐民，因术以御群的事务"③。法家的代表人物韩非对此说得最为明白，如《韩非子·八经》有曰："凡治天下，必因人情。人情者，有好恶，故赏罚可用；赏罚可用，则禁令可立而治道具矣。君执柄以处势，故令行禁止。柄者，杀生之制也；势者，胜众之资也。废置无度则权渎，赏罚下共则威分。"（意谓：大凡治理天下者，一定会依循人之本性常情。人之本性常情，都是有喜好，也有憎恶，因此赏罚就有用武之地。赏罚有用武之地，则禁令法度就可以确立，治国之道就具备了。国君执掌权柄而天赋威势，所以能够令行禁止，号令一切。权柄是决定臣民生死之关键，威势乃臣服众人之凭借。任免官员若无法度为据，则君权就会被亵渎而失去其不可侵犯的神圣性；赏罚之权若不专属而与臣下共享，则君威就不复存在。）说的就是政治"集势以胜众"的道理。又如《韩非子·心度》有曰："夫国之所以强者，政也；主之所以尊者，权也。"（意谓：国家之所以强大，是因为政治清明；君主之所以位尊，是因为大权在握。）《韩非子·人主》有曰："万乘之主、千乘之君所以制天下而征诸侯者，以其威势也。威势者，人主之筋力也。"（意谓：大国之君之所以能统治天下而讨伐诸侯，凭借的是其威势。威势就像是君主的筋肉气力。）《韩非子·难势》有曰："抱法处势则治，背法去势则乱。"（意谓：坚守法度、保持威势，则天下太平；违背法度、失去威势，则天下大乱。）《韩非子·显学》有曰："威势之可以禁暴，而德厚之不足以止乱也。"（意谓：威势可以禁止动乱，而厚德不足以止乱。）这些说的也是政治"集势以胜众"的重要性。关于"任法以齐民"的道理，《韩非子·有度》也有明确的论述，前文已经说过。关于"因术以御群"的道理，韩非也有系统的论述，如《韩非子·内储说上七术》有曰：

---

① 转引自：王惠岩. 政治学原理 [M]. 北京：高等教育出版社，1999：3.
② 王惠岩. 政治学原理 [M]. 北京：高等教育出版社，1999：3.
③ 王惠岩. 政治学原理 [M]. 北京：高等教育出版社，1999：3.

"主之所用也七术，所察也六微。七术：一曰众端参观，二曰必罚明威，三曰信赏尽能，四曰一听责下，五曰疑诏诡使，六曰挟知而问，七曰倒言反事。此七者，主之所用也。"（意谓：君主用以控制驾驭臣下的权术有七种，需要着意考察臣下的隐情有六种。七种驭臣之术：一是从各方面参照观察臣下的所作所为，二是臣下有过一定要严惩以显示君威，三是信守奖赏承诺以促使臣下效忠而竭尽所能，四是听取各方面的意见而督促臣下尽职，五是以疑诏引发臣下猜度而用诡道驱使他们，六是实情尽在掌握之中而反过来询问臣下，七是故意正话反说并作出一些悖情反理之事以刺探臣下。这七种权术，都是做君主所使用的。）这可谓将政治"因术以御群"的实质说得淋漓尽致了。

西方学者也有持"政治即权斗""政治即权术"这种观点的，如 15 世纪意大利著名政治家与历史学家马基雅维利（Niccolò Machiavelli，1469—1527）就是其中的代表人物。在其所著的《君主论》一书中，马基雅维利就曾明确指出："任何人都认为，一位君主笃守信义，以诚实而非机巧立身行事，这是多么值得赞扬！然而，从我们这个时代的经验却可以看到：那些做成了大事的君主们都很少把信义放在心上，都深谙如何以他们的机巧把人们搞得晕头转向，并最终战胜了那些立足于诚信的人们。"① 即认为成功的君主都是不讲信义而深谙机巧、精于权谋的人。如果还嫌马基雅维利这种宣扬"政治即权斗""政治即权术"的思想不够明白、彻底的话，那么他接下来的表述就再清楚不过了："君主既必须是一只狐狸以便识别陷阱，又必须是一头狮子以便使豺狼畏惧。那些单纯依靠狮子之道的人不理解这一点。所以，当遵守信义变得对他不利时，并且当使他做出承诺的理由不复存在时，一位审慎的统治者就不能——也不应该——遵守信义。假如人们全都是良善的话，这一教导便谈不上良言善语；但因为人们是恶劣的，对你并不是守信不渝的，所以你也无须对他们遵守信义。一位君主也总是不乏正当的理由来掩饰其背信弃义。关于这一点，我们可以给出无数现代的例子为证，它们表明：许多和约与承诺由于君们的背信弃义而废止，最终成为一纸空文；而最懂得如何使用狐狸之道的人却取得最大的成功。但是，他必须很好地懂得如何掩饰这种特性〔兽性〕，必须做一个伟大的伪君子和假好人；人们是如此单纯，如此

① 马基雅维利. 君主论：拿破仑批注版 ［M］. 刘训练，译注. 北京：中央编译出版社，2017：226.

服从于当前的必然性，以致要进行欺骗的人总是可以找到上当受骗的对象。"① 除此，马基雅维利也跟韩非一样详细谈到了君主"因术以御群"。如关于如何选择大臣，他说："选择大臣对于一位君主来说非同小可；他们良善与否，取决于君主的审慎。人们对一位统治者的头脑形成的第一印象，就是看伴随他左右的人：如果他们是能力超群、忠心耿耿的，他就享有明智的名声，因为他知道如何识别他们能力超群、如何让他们维持忠心；但如果他们不是这样的，人们就总是对他做出不利的判断，因为他在这项选择上犯下了他的第一个错误。"② 关于如何识别大臣，他说："如果你看到一位大臣想着他自己甚于想着你，并且在一切行动中只追求对他自己有好处的，那么，这个人就绝不是一个好的大臣；你绝不能信赖他，因为国家掌握在他的手里，他就绝不应该想着他自己，而应该始终想着君主，并且他绝不应该想起任何同君主无关的事情。另一方面，为了使他保持良善，君主应该想着大臣——给他荣誉〔名位〕，使他富贵，让他对自己感恩戴德，与他共享荣誉、分担重任；这样他就会看到，如果没有君主，他就站不住脚；如此多的荣誉使他别无所求，如此多的财富使他更无所欲，如此多的重任使他害怕变革。因此，当大臣们〔对其君主〕以及君主们对其大臣如此相待时，他们就能够彼此信任；如果反之，结果对任何一方就总是有损害的。"③ 关于如何对待臣下的阿谀奉承，他说："我不想略而不谈一件重要的事情以及一种君主们很难防范自己不去犯下的错误，除非他们非常审慎或者做出很好的选择。这就是阿谀奉承者充斥宫廷；因为人们对自己的事务如此喜闻乐见，并且如此自欺欺人，以致他们很难防范这种瘟疫；并且，在试图防范的过程中，又会冒着被人蔑视的风险。因为一个人没有别的办法来提防阿谀奉承，除非人们知道他们对你讲真话不会得罪你；但是，当每个人都能对你讲真话的时候，他们就会缺乏对你的敬畏。因此，一位审慎的君主必须采取第三种方式：在他的国家里选择一些明智的人，应该只赋予这些人对他讲真话的自由，并只就那些他询问的事情，而非其他任何事情。但是，他应当询问他们一切事情，并且听取他们的意见；然后，他应当独自按照自己的方式做出决定。对于这些顾问委员会及其每一个成员，他的行为方式

---

① 马基雅维利. 君主论：拿破仑批注版［M］. 刘训练，译注. 北京：中央编译出版社，2017：228－230.
② 马基雅维利. 君主论：拿破仑批注版［M］. 刘训练，译注. 北京：中央编译出版社，2017：308.
③ 马基雅维利. 君主论：拿破仑批注版［M］. 刘训练，译注. 北京：中央编译出版社，2017：310－312.

要让每个人都认识到，谁愈是自由地畅所欲言，谁就愈受欢迎。除了这些人之外，他不应该再听任何人的意见；他应该推行已经决定的事情，并且对于自己的决定坚定不移。任何人如果不是如此，就要么被那些阿谀奉承者所毁，要么由于观点易变而频频变卦，从而导致不受人敬重。"① 马基雅维利上述的这些关于驭臣之术的论述，本质上都是其"政治即权术"观点的典型体现。除了中世纪的马基雅维利外，西方现代政治学者中也有持上述第三种观点的。如德国社会学家、政治学家、经济学家与哲学家马克斯·韦伯（Max Weber，1864—1920）认为"政治意指力求分享权力或力求影响权力的分配"②。又如美国政治学家哈罗德·D.拉斯韦尔（Harold D. Lasswell，1902—1978）认为"'政治行为'就是人们为权力而进行的活动"③，并说"研究政治就是研究权力的形成和分享"④。可见，他们都是将政治视为对权力的追求或分享。⑤

第四种观点（即"将政治看作是'管理众人之事'即管理公共事务的活动"）与第五种观点（即"把政治解释为围绕着政府制定和执行政策而进行的活动，是一种实现'社会价值的权威性分配的活动'"），主要盛行于现代西方政治学界。其中，前一种观点主要盛行于英国，其主要代表人物是保守主义政治哲学家奥克肖特（Michael Oakeshott，1901—1990）。另外，中国近代民主革命先行者孙中山也有类似奥克肖特的观点。他在阐述其"民权主义"思想时有曰："政治两字的意思，浅而言之，政就是众人之事，治就是管理，管理众人之事便是政治。有管理众人之事的力量，便是政权。"⑥ 王惠岩等认为，"虽然孙中山的定义对政治的实质及其内涵仍未作出准确的阐述，但这一定义无疑标志着我国近代政治观的一种进步"⑦。后一种观点主要盛行于美国，其主要代表人物是美国当代著名政治学家、政治行为主义倡导人和政治系统论创立者戴维·伊斯顿（David Easton，1917—2014）。其主要观点，王惠岩主编的《政治学原理》一书中有简

---

① 马基雅维利. 君主论：拿破仑批注版 [M]. 刘训练，译注. 北京：中央编译出版社，2017：314-316.
② 马克斯·韦伯. 经济与社会 [M]. 林荣远，译. 北京：商务印书馆，1997：731.
③ 转引自：王惠岩. 政治学原理 [M]. 北京：高等教育出版社，1999：3.
④ 转引自：王惠岩. 政治学原理 [M]. 北京：高等教育出版社，1999：3.
⑤ 上述对第一至第三种观点的梳理，是在王惠岩等人概述的基础上补充了中西原典材料而成。王惠岩等人的概述，请参见：王惠岩. 政治学原理 [M]. 北京：高等教育出版社，1999：2-3.
⑥ 孙中山. 孙中山选集 [M]. 北京：人民出版社，1981：692-693，转引自：王惠岩. 政治学原理 [M]. 北京：高等教育出版社，1999：3.
⑦ 王惠岩. 政治学原理 [M]. 北京：高等教育出版社，1999：3.

要介绍，① 兹不赘述。

政治学是一门古老而年轻的学科，因此有关学科性质的基本概念如"政治"，其定义总是纷繁复杂、莫衷一是的。这是正常现象，其他古老而年轻的学科在基本概念的定义上同样存在着纷争。虽然自古以来政治学界对于"政治"的定义存在着很大分歧，但是，有一点是所有学者都能认同的，即政治是一种社会活动，是一种社会现象。另外，还有一点，也应该是所有学者都能认同的，这就是政治跟国家政权及其运作有关。正因为如此，王惠岩主编的《政治学原理》给政治下了这样一个定义："政治是人类社会一种特殊的历史现象。它产生于人与人之间的利害冲突，是社会中占据统治地位的阶级，通过建立以暴力为基础的国家政权，利用法律这种强制性的手段来调节利益分配，解决社会冲突的活动。"②

从某种意义上说，政治可以说是一种艺术，也可以说是一种权术。至于什么情境下是艺术，什么情境下是权术，要视从事政治活动的主体——政治人的人格而定。兹不展开，后文将有详细论述。

第二节　修辞

与政治学一样，修辞学也是一门古老而年轻的学问，因此有关"修辞"的定义也非常多，而且分歧很大，让人莫衷一是。正因为如此，有必要在此先对"修辞"这一概念进行一番明确界定。

"修辞"一词，就现存可见的汉语文献来看，其最早的源头见于先秦《易·乾·文言》："子曰：'君子进德修业。忠信，所以进德也；修辞立其诚，所以居业也。'"唐人孔颖达《周易正义》疏曰："修辞立其诚，所以居业者，辞谓文教，诚谓诚实也；外则修理文教，内则立其诚实，内外相成，则有功业可居，故云居业也。"可见，先秦时代孔子所说的"修辞"是指"修理文教"，意谓对人民加强道德文明教育，是治天下的一项功业所在，不是指在语言表达上讲究技巧。但是，后来人们对"修辞"二字的含义作了望文生义的理解，所以"修辞"

---

① 王惠岩. 政治学原理 ［M］. 北京：高等教育出版社，1999：4.
② 王惠岩. 政治学原理 ［M］. 北京：高等教育出版社，1999：1.

二字便由原来的一个词变成了一个动宾短语，"修"被解释为动词"修饰"或"调整""适用""加工""选择"等，"辞"被解释成了名词"言辞"或"语辞"。由此，"修辞"二字遂由先秦时代的一个政治词汇变身为后代的修辞学术语。如宋人文天祥在谈到修辞与德业的关系时，曾对孔子所说的"修辞立其诚"及"修辞"二字作过如下阐释：

> 修辞者，谨饬其辞也。辞之不可以妄发，则谨饬之，故修辞所以立其诚，诚即上面忠信字，居有守之之意，盖一辞之诚，固是忠信；以一辞之妄间之，则吾之业顿隳，而德亦随之矣。故自其一辞之修，以至于无一辞之不修，则守之如一，而无所作缀，乃居业之义。……上言修业，下言修辞；辞之修，即业之修也。……辞之义有二：发于言则为言辞，发于文则为文辞。（南宋·文天祥《文文山集》卷十一《西涧书院释菜讲义》①）

可见，文天祥不仅将修辞与德业联系到了一起，而且明确将"修辞立其诚"作为修辞的准则提出来，这跟孔子的原话在含义上有了根本的区别。除此，文天祥还第一次明确将"修辞"解释为"谨饬其辞"，即将"修辞"二字看成一个动宾短语，将"修"解释成动词"谨饬"，而将"辞"明确解释为"言辞"与"文辞"。

尽管宋人文天祥事实上已经对孔子"修辞立其诚"的"修辞"二字作了重新阐释，使之由一个政治概念变成了一个学术术语，但是现代中国修辞学者对于"修辞"二字的理解却仍然存在着分歧。其中，在对"修"字的理解上，大家的分歧最大，或认为"修"字是指"修饰"，或认为是指"调整"与"适用"，或认为是指"加工"，或认为是指"选择"。

主张"修饰"说者，自古以来都有。如明人武叔卿曰："说理之辞不可不修；若修之而理反以隐，则宁质毋华可也。达意之辞不可不修；若修之而意反以蔽，则宁拙毋巧可也。"② 这就是典型的"修饰"说。现代学者中，主张"修饰"说者也不乏其人，如杨树达所著的《汉文文言修辞学》中，对于"修"字的解释是："《说文解字》九篇上《彡部》云：修，饰也。从彡，攸声。段玉裁注云：

---

① 转引自：易蒲，李金苓. 汉语修辞学史纲［M］. 长春：吉林教育出版社，1989：275.
② 转引自：陈望道. 修辞学发凡［M］. 上海：上海教育出版社，1997：2.

修之从彡者，洒刷之也，藻绘之也。《论语》十四《宪问篇》云：子曰：'为命，裨谌草创之，世叔讨论之，行人子羽修饰之，东里子产润色之。'《左传》成公十四年云：君子曰：'《春秋》之称，微而显，志而晦，婉而成章，尽而不污，惩恶而劝善，非圣人谁能修之？'《公羊传》庄公七年云：不修《春秋》曰：'雨星不及地尺而复。'君子修之，曰：'星霣如雨。'"① 虽然没有一字是杨树达自己的意见，但根据其所引《说文解字》与段玉裁《说文解字注》的释义及为其佐证的《论语》《左传》《公羊传》的三个例证，足以表明其是主张"修饰"说的。又如张弓在其所著的《现代汉语修辞学》中对"修辞"所下的定义，虽然没有用"修饰"一词，而是用了"美化"一词，但意思是一样的。其定义是："修辞是为了有效地表达意旨，交流思想而适应现实语境，利用民族语言各因素以美化语言。"② 并特别加以说明道："古语：'言以文远'（《文心雕龙·情采》赞语，暗用《左传》的话。《左传·襄公二十五年》：'言之无文，行而不远。'）以及'情欲信而辞欲巧'（《礼记·表记》），这两句话正可以借来帮助说明这个问题。"③ "这'文'就是'文饰条理'，就是我们说的'美化'。'言以文远'就是'语言因为美化才能够传远垂久'，这就是说明语言美化的功能。'情欲信而辞欲巧'是说内容要真实而文辞要'美化'，'巧'可以当作'美化'。这句话和《易·文言》中的'修辞立其诚'意思相近。这是说明语言美化与表达态度的关系，说明语言美化与表达的真诚态度的相应关系。"④ 可见，张弓是典型的"修饰"说持论者。又如李维琦在其所著《修辞学》的"绪论"部分，给"修辞"下的定义是："修辞就是修饰词语，充分发挥语言的交际功能。"⑤ 可谓旗帜鲜明地亮出了自己"修饰"说的观点。又如姜宗伦在其所著的《古典文学辞格概要》中，也对"修辞"的含义有明确的界定，说："修辞就是修饰词语，就是对语言进行修改、加工、润色，就是通过对语言的整理修饰，来提高语言的表达效果。"⑥ 可见，其是典型的"修饰"说持论者。除了修辞学者外，其他非修辞学者的语言学者也有持"修饰"说的。如《现代汉语词典》第六版对于"修辞"的释义是"修饰文

① 杨树达. 汉文文言修辞学 [M]. 北京：中华书局，1980：1.
② 张弓. 现代汉语修辞学 [M]. 石家庄：河北教育出版社，1993：1.
③ 张弓. 现代汉语修辞学 [M]. 石家庄：河北教育出版社，1993：1.
④ 张弓. 现代汉语修辞学 [M]. 石家庄：河北教育出版社，1993：1–2.
⑤ 李维琦. 修辞学 [M]. 长沙：湖南人民出版社，1986：1.
⑥ 姜宗伦. 古典文学辞格概要 [M]. 昆明：云南人民出版社，1984：3.

字词句，运用各种表现方式，使语言表达得准确、鲜明而生动有力"①。作为汉语最权威的词典，《现代汉语词典》不仅是第六版（2012 年）如此确凿地坚持"修饰"说，而且是长期以来一直坚持此说。如第三版的释义，跟第六版的释义一字不差。可见，《现代汉语词典》的编者们作为非修辞学专业的学者，其所持的"修饰"说观念几十年、几代人都没有改变，可谓是根深蒂固。虽然其观点不能说是主流，但对数量众多的非修辞学专业人士及普通大众来说，其影响是最大的。

主张"调整"与"适用"说的代表是陈望道，其在所著的《修辞学发凡》中不仅明确地阐明了自己所提出的"调整适用"说，还驳斥了"修饰"说的不当：

修辞原是达意传情的手段，主要为着意和情，修辞不过是调整语辞使达意传情能够适切的一种努力。既不一定是修饰，更一定不是离了意和情的修饰。以修饰为修辞，原因在（1）专着眼在文辞，因为文辞较有修饰的余裕；（2）又专着眼在华巧的文辞，因为华巧的文辞较有修饰的必要。而实际，无论作文或说话，又无论华巧或质拙，总以"意与言会，言随意遣"为极致。在"言随意遣"的时候，有的就是运用语辞，使同所欲传达的情意充分切当一件事，与其说是语辞的修饰，毋宁说是语辞的调整或适用。即使偶有斟酌修改，如往昔所常称道的所谓推敲，实际也还是针对情意调整适用语辞的事，而不是仅仅文字的修饰。②

由于陈望道在表明自己的观点时有详细的理据分析，比较具有说服力，因此不仅得到了国内修辞学界大多数学者的认同，也得到了海外学者的认同。如新加坡学者郑子瑜在其所著的《中国修辞学史稿》中，于"绪论"的开篇部分就表达了对陈望道"调整适用"说的认同，认为学术界很多人将"修辞"的"修"理解成"修饰"③，或是作"修饰"用，都是"从狭义来解说或使用'修'字

① 中国社会科学院语言研究所词典编辑室. 现代汉语词典［M］. 6 版. 北京：商务印书馆，2012：1465.
② 陈望道. 修辞学发凡［M］. 上海：上海教育出版社，1997：3.
③ 郑子瑜. 中国修辞学史稿［M］. 上海：上海教育出版社，1984：1.

的"①。他认为，"如果从广义来说，'修'字实含有调整或适用的意思"②，并转引了杨树达《汉文文言修辞学》所举的五个例子予以论证。第一个例子是："平江李次青元度本书生，不知兵。曾国藩令其将兵作战，屡战屡败。国藩大怒，拟奏文劾之，有'屡战屡败'语。曾幕中有为李缓颊者，倒为'屡败屡战'，意便大异。"（见杨树达《汉文文言修辞学》所引）第二个例子是："欧阳永叔守滁作《醉翁亭记》，后四十五年，东坡为大书重刻，作'泉洌而酒甘'为'泉甘而酒洌。'今读之，实胜原句。"（见王嘉璧辑《酉山臬》引《泊宅编》）第三个例子："荆公尝读杜荀鹤诗：'江湖不见飞禽影，岩谷惟闻折竹声'，改云：'宜作禽飞竹折。'"（见王嘉璧辑《酉山臬》引《零陵总记》）第四个例子是："东坡《超然台记》云：'美恶之辨战乎中，去取之择交乎前'，不若云：'美恶之辨交于前，去取之择战乎中'也。"（见王若虚《滹南遗老集·文辨》）第五个例子是："汪内相《劝主上听政表》云：'汉家之厄十世，知光武之中兴；献公之子九人，念重耳之独在。'盖佳语也。或曰：若移上句为下句，则善不可加矣。"（见陶宗仪《说郛·隐窟杂志》）郑子瑜认为，以上所举的五个例子，"实际上都没有修改一个字，只是把字、语或句倒置或交换位置罢了。像这样的修辞现象，只能说是调整或适用，不能说是修饰"③。可见，郑子瑜之所以认同陈望道的"调整适用"说，是有其道理的，绝不是盲从。他跟陈望道都认为，"修辞"的"修"应理解为"调整"或"适用"，而不是"修饰"。

主张"加工"说的，在现代中国修辞学者中也不在少数。如吴士文在其所著的《修辞讲话》中就明确主张说："修辞是语言的一种加工活动，即所说的'措词'。"④又如李德裕在其所著的《新编实用修辞》中也主张说："修辞活动，就是对语言进行加工的活动，修辞学也就是研究语言加工艺术的一种科学。"⑤他既讲到"修辞"，也讲到"修辞学"，全部以"加工"说一以贯之。又如朱星在其所编的《语言学概论》中说"修辞是讲词句的艺术加工的法则"⑥，其对"修辞"的定性表述也是属于"加工"说一类。可见，这些主张"加工"说的学者，是将

① 郑子瑜. 中国修辞学史稿 [M]. 上海：上海教育出版社，1984：1.
② 郑子瑜. 中国修辞学史稿 [M]. 上海：上海教育出版社，1984：1.
③ 郑子瑜. 中国修辞学史稿 [M]. 上海：上海教育出版社，1984：1-2.
④ 吴士文. 修辞讲话 [M]. 兰州：甘肃人民出版社，1982：2.
⑤ 李德裕. 新编实用修辞 [M]. 北京：北京出版社，1985：3.
⑥ 朱星. 语言学概论 [M]. 天津：天津人民出版社，1957：156.

"修辞"的"修"理解成"加工"了。

主张"选择"说的，在修辞学者中也大有人在。如张志公在《修辞是一个选择过程》一文中明确提出："修辞就是在运用语言的时候，根据一定的目的精心选择语言材料这样一个工作过程。"① 又如黄伯荣、廖序东主编的大学教材《现代汉语（修订本）》有曰："针对不同的表达内容和语境，如何选择最恰当最完美的形式以收到最好的交际效果，这就是修辞问题。"② 再如王希杰在其所著的《汉语修辞学》中对"修辞活动"下定义和对"修辞学研究的对象"进行论述时，也提出了对"修辞"一词的理解。在给"修辞活动"下定义时，他说："为了达到预期的最佳表达效果而对语言材料进行选择的过程，就是修辞活动。"③ 在论述"修辞学研究的对象"时，他说："修辞学的研究对象主要是各种同义手段的选择，也就是语言变体的选择。"④ 可见，这些主张"选择"说的学者，实际上是将"修辞"的"修"理解为"选择"了。

至于"辞"字，虽然早在南宋时文天祥就已经说过包括"文辞"（书面表达）与"言辞"（口头表达）两个方面，但是在文天祥之后仍然有学者坚持认为"修辞"的"辞"只是指"文辞"，不包括"言辞"。如明末清初著名学者顾炎武就曾明确说过，"从语录入门者多不善于修辞"（见《日知录》十九）⑤，意思就是说口语表达中不存在什么修辞问题，修辞只是书面表达的事。对此，陈望道认为"这只是礼拜文言时期的一种偏见"⑥，并明确提出了自己对这种偏见的批评意见：

在礼拜文言的时期，人们往往轻蔑语体（引者注：指口语表达），压抑语体，贬称它为"俚语"为"俗语"。又从种种方面笑话它的无价值。而以古典语为范围今后语言的范型。其实古典语在古典语出现的当时，也不过是一种口头语言，而所谓修辞又正是从这种口头语言上发展起来的。无论中外，都是如此。在中国，后来固然有过一大段语文分歧的时期，执笔者染上了一种无谓的洁癖，以谨

① 张志公. 修辞是一个选择过程 ［J］. 修辞学习，1982（1）：3.
② 黄伯荣，廖序东. 现代汉语（修订本）［M］. 兰州：甘肃人民出版社，1983：475.
③ 王希杰. 汉语修辞学 ［M］. 北京：北京出版社，1983：6.
④ 王希杰. 汉语修辞学 ［M］. 北京：北京出版社，1983：11.
⑤ 转引自：陈望道. 修辞学发凡 ［M］. 上海：上海教育出版社，1997：1－2.
⑥ 陈望道. 修辞学发凡 ［M］. 上海：上海教育出版社，1997：2.

谨守卫文言为无上的圣业。而实际从语体出身的还是往往备受非常的礼遇，如"於菟""阿堵"之类方言，竟至视同辞藻，便是其例。如所谓谐隐，逐渐发展，成为灯虎商谜，竟至视为文人雅事，也是其例。而（1）文辞上流行的修辞方式，又常常是受口头语辞上流行的修辞方式的影响的，要是承认下游的文辞的修辞方式，便没有理由可以排斥上游的语辞的修辞方式。（2）文辞和语辞（引者注：即文天祥所说的"言辞"）的修辞方式又十九是相同的，要是承认文辞的修辞方式，也便没有理由可以排斥语辞上同等的修辞方式。（3）既是文辞语辞共有的同等现象，即不追寻源头也决没有理由可以认为文辞独得之秘。就修辞现象而论修辞现象，必当坦白承认所谓辞实际是包括所有的语辞，而非单指写在纸头上的文辞。何况文辞现在也已经回归本流，以口头语辞为达意传情的工具。而我们听到"演说的修辞"云云，也早已没有人以为不辞了。这就是实际上已经把语辞认作修辞的工具了。①

由于陈望道的批评较为中肯，所以除了在20世纪二三十年代讨论白话文与文言文的时候有少数坚持"只有文言才能修辞，白话不能修辞"的声音外，之后学术界的意见基本趋于统一，即认为"修辞"的"辞"应该包括"言辞"（口语表达）与"文辞"（书面表达）两个方面。这既可以看成是对文天祥观点的继承，也可以看成是对陈望道意见的认同。

另外，还需说明的一点是，"修辞"二字在历史上也有被写成"修词"的，如20世纪初现代学者汤振常所著的《修词学教科书》（开明书店1905年初版，1906年再版②），书名就是用的"修词"二字。之所以会出现这种情况，新加坡学者郑子瑜认为，这是因为："自秦汉以来，词与辞时常被人浑用了，如《史记·儒林传》说：'是时天子方好文词'；韩愈《柳子厚墓志铭》说：'居闲益自刻苦，务记览，为词章，泛滥停蓄，为深博无涯涘，而自肆于山水间。'这里'文词'和'词章'，都是指文章而说，本来应该写作'文辞'和'辞章'才对，可是却被司马迁和韩愈浑用了。《后汉书·蔡邕传》说：'……辞章、术数、天文。'这个'辞章'的'辞'字便用得对了。"③ 可见，在郑子瑜看来，作为一个

---

① 陈望道. 修辞学发凡［M］. 上海：上海教育出版社，1997：2.
② 宗廷虎. 中国现代修辞学史［M］. 杭州：浙江教育出版社，1997：31.
③ 郑子瑜. 中国修辞学史稿［M］. 上海：上海教育出版社，1984：2－3.

修辞学术语，"修辞"不能写作"修词"。为此，他以汉人许慎《说文解字》对"辞"字的解释——"辞，讼也"，以及清人朱骏声《说文通训定声》的训释——"按分争、辨讼谓之辞"为依据，认为"辞""引申为言说的意思"①，并引证文献论证道："《荀子·正名篇》有'辞合于说'的话，注谓'成文为辞'。《易·系辞》说：'其旨远，其辞文，其言曲而中。'《礼记》三十二《表记》篇说：'情欲信，辞欲巧。'《论语》十五《卫灵公》篇说：'辞达而已矣。'说辞要文，要巧，要达，指的都是成文的辞，与文法上表示一个观念一个意思的'词'是不同的。《说文解字》段注说：'积文字而成篇章，积词而为辞。'例如'天作淫雨'一语，'天'是一个词，'作'是一个词，'淫雨'又是一个词，是共有三个观念不同的'词'，但合起来看，便是所谓'积词而成辞'的'辞'。所以'修辞'的'辞'，是'言之成文'的'辞'，并不是在文法上代表一个观念的'词'。"②

讲清了"修辞"一词的含义及其源头以及用字问题，下面我们就可以正式谈"修辞"作为修辞学术语所具有的学术含义，也就是"修辞"的具体定义了。

对修辞学有所了解者都知道，有关"修辞"的定义很多，众说纷纭，莫衷一是。不过，如果我们认真考察一下各家的说法，去异求同，则可以给"修辞"作这样一个去繁就简的定义：

所谓"修辞"，就是交际者（说写者）为了达到特定的交际目标而应合题旨情境③，发挥创意造言的智慧，有效调动语言资源，动用一切有效的表达手法，为实现达意传情效果最大化而在语言文字经营上所作的一切努力。

在语言文字经营上进行的努力，既有口语交际方面的，也有书面语交际方面的。在口语交际情境下，交际者为实现达意传情效果的最大化而进行一切可能的努力，在日常生活中经常可以见到。如：

有一次，我参加在台北一个学校的毕业典礼，在我说话之前，有好多长长的讲演。轮到我说话时，已经十一点半了。我站起来说："绅士的讲演，应当是像女人的裙子，越短越好。"大家听了一发愣，随后轰堂大笑。报纸上登了出来，

① 郑子瑜. 中国修辞学史稿［M］. 上海：上海教育出版社，1984：2.
② 郑子瑜. 中国修辞学史稿［M］. 上海：上海教育出版社，1984：2.
③ 参见：吴礼权. 现代汉语修辞学［M］. 4 版. 上海：复旦大学出版社，2020：1.

成了我说的第一流的笑话，其实是一时兴之所至脱口而出的。（林语堂《八十自叙》①）

从上述故事，我们可以清楚地看出，林语堂的演讲辞虽只有短短一句话，却实现了其现场演讲传情达意效果最大化的预期目标，成为广为传诵的名言，为人所称妙。之所以如此，是因为林语堂作为交际者很好地适应了演讲特定的情境（毕业典礼）与题旨（祝愿毕业生、让所有嘉宾高兴）要求，充分发挥了其作为著名文学家与语言学家所特有的创意造言的智慧，运用了人类在长期的语言实践中积累的比喻修辞手法，适情应景地建构了一个比喻修辞文本，既巧妙地批评了在他之前的讲演者长篇大论而又空洞乏味的讲演，又生动形象地讲明了一个很简单却又不是人人都能悟得出的"讲演哲理"：讲演应该简短，意思点到为止，给人留点回味的空间，才有意犹未尽的美感。尤其是作为一个绅士，更应该如此。啰唆冗长的讲演只能徒然浪费听众时间，让人生厌。② 如果林语堂不发挥创意造言的智慧，不动用比喻修辞手法，只是实话实说，用理性、直接的语言来表达他所要表达的上述意思，尽管语意表达很充足，道理说得很透彻，但肯定会拂逆了在他之前讲演的大人先生们的意绪③，同时也会让所有在场的嘉宾与师生大感失望，觉得有违邀请他来作毕业典礼演讲的初衷，这无疑会有损他作为一个世界级名人的正面形象。事实上，林语堂虽然接受的是西方教育，却深谙中国的人情世故，洞悉中国人的心理，所以能够恰切地把握演讲时的情境与题旨要求，既发泄了自己内心的不满之情，又不失礼仪与中国传统文人温情脉脉的风度，同时又寓教于乐，就有关演讲技巧与礼仪问题给所有嘉宾上了生动的一课。值得指出的是，交际者在语言文字经营上进行努力，最终是否能够实现达意传情效果最大化的预期目标，跟交际者是否具有足够的创意造言智慧有关。林语堂演讲在语言表达上的努力之所以能够成功，跟其运用比喻手法建构修辞文本时发挥出的超乎寻常的创意造言智慧有关。仔细分析一下林语堂的这个比喻文本，我们就能发现它有三妙：首先，他将"女人的裙子"作喻体来与本体"绅士的讲演"匹配，可谓独具匠心，出人意表，令人无法梦见。其次，本体中的"绅士"一词对喻体中的

---

① 转引自：金宏达. 林语堂名作欣赏［M］. 北京：中国和平出版社，2001：490.
② 参见：吴礼权. 现代汉语修辞学［M］. 4版. 上海：复旦大学出版社，2020：18.
③ 参见：吴礼权. 现代汉语修辞学［M］. 4版. 上海：复旦大学出版社，2020：18.

"女人"一词，对得自然，不牵强；"讲演"对"裙子"，别开生面。再次，"绅士的讲演"与"女人的裙子"相联系，搭挂合理。因为讲演者的讲演说得简洁，意思点到为止，往往会给人留下回味的空间；女人之所以穿裙子是为了突出其形体美，裙子过长就没有这种效果。超短裙（miniskirt，汉语译为"迷你裙"，真是妙不可言）之所以风行全世界，历久不衰，正是这个道理。① 可见，在口头表达的情境下，交际者（说话人）为实现其达意传情效果最大化的预期目标，在语言表达上所进行的一切努力确实是非常必要的。

在书面语交际情境下，交际者为实现达意传情效果的最大化而在语言文字经营上进行努力的，更是司空见惯。如：

汽车夫把私带的东西安置了，入座开车。这辆车久历风尘，该庆古稀高寿，可是抗战时期，未便退休。机器是没有脾气癖性的，而这辆车倚老卖老，修炼成桀骜不驯、怪僻难测的性格，有时标劲像大官僚，有时别扭像小女郎，汽车夫那些粗人休想驾驭了解。它开动之际，前头咳嗽，后面泄气，于是掀身一跳，跳得乘客东倒西撞，齐声叫唤，孙小姐从座位上滑下来，鸿渐碰痛了头，辛楣差一点向后跌在那女人身上。这车声威大震，一口气走了二十里，忽然要休息了，汽车夫强它继续前进。如是者四五次，这车觉悟今天不是逍遥散步，可以随意流连，原来真得走路，前面路还走不完呢！它生气不肯走了，汽车夫只好下车，向车头疏通了好一会，在路旁拾了一团烂泥，请它享用，它喝了酒似的，歙斜摇摆地缓行着。每逢它不肯走，汽车夫就破口臭骂，此刻骂得更利害了。骂来骂去，只有一个意思：汽车夫愿意跟汽车的母亲和祖母发生肉体恋爱。骂的话虽然欠缺变化，骂的力气愈来愈足。（钱锺书《围城》②）

上述一段文字，是描写小说主人公赵辛楣、方鸿渐、李梅亭、顾尔谦、孙柔嘉等一行五人应国立三闾大学校长高松年之邀，从上海出发前往内地就职途中乘汽车的情状。文字表达幽默生动，意趣横生，读来令人忍俊不禁，可谓魅力十足，让人历久难忘。③

————————————

① 参见：吴礼权. 现代汉语修辞学［M］. 4 版. 上海：复旦大学出版社，2020：18 – 19.
② 钱锺书. 围城［M］. 北京：人民文学出版社，2000：147.
③ 参见：吴礼权. 现代汉语修辞学［M］. 4 版. 上海：复旦大学出版社，2020：19 – 20.

那么，这段文字何以有如此独特的表达效果呢？这是因为小说作者钱锺书是一位著名学者与文学家，且对修辞学极有研究，在语言表达方面具有高度的创意造言智慧，所以能够娴熟地运用比拟、比喻、折绕等修辞手法，将赵辛楣等五人所乘汽车老旧、性能不稳定的状况生动地呈现出来，使身在其中的赵辛楣等乘车人的窘迫之状与颠簸难耐的感受也由此淋漓尽致地呈现出来，读之让人如历其境，感同身受，从而实现了小说所要达到的预期交际目标（即让读者在文本阅读接受中获得最大程度的审美情趣）。写汽车的破旧、性能的不稳定以及开起来颠簸的情状，作者运用了拟人手法（比拟手法分拟人、拟物两类），一连建构了七个修辞文本：一是"这辆车久历风尘，该庆古稀高寿"，是说车龄太长，应该报废；二是"这辆车倚老卖老，修炼成桀骜不驯、怪僻难测的性格"，是说汽车性能不稳定；三是"前头咳嗽，后面泄气，于是掀身一跳"，是说汽车行进过程中状况不断；四是"这车声威大震，一口气走了二十里，忽然要休息了"，是说汽车开行过程中时好时坏；五是"这车觉悟今天不是逍遥散步，可以随意流连，原来真得走路"，是说汽车行驶的速度极慢；六是"它生气不肯走了"，是说汽车坏了，开不动了；七是"（汽车夫）在路旁拾了一团烂泥，请它享用，它喝了酒似的，欹斜摇摆地缓行着"，是说汽车夫不懂修理以及汽车不正常的行驶状况。这七个比拟修辞文本，都是将无生命的汽车当作有性格、有情感、有脾气的人来写[1]，化平淡为生动，化抽象为具象，写尽了汽车的老旧残破之状与性能极不稳定的情形，读之让人印象十分深刻。运用比喻手法建构的修辞文本，如"有时标劲像大官僚，有时别扭像小女郎"，是通过本体"汽车"与喻体"大官僚"和"小女郎"的联系搭挂，让读者经由日常生活所见到的大官僚的傲慢、任性的形象与小女郎忸怩作态、撒娇卖萌的做派进行联想，进而理解到赵辛楣等人所乘汽车性能的不稳定性状。正因为上述诸多比拟、比喻修辞文本的建构，本来平淡的事情被写活了，那部破烂不中用的老爷车的情状便真切鲜活地呈现在读者面前，让人如睹其容，如坐其中。[2] 写汽车夫情急爆粗口，作者也建构了一个修辞文本，运用的是折绕手法："汽车夫愿意跟汽车的母亲和祖母发生肉体恋爱。"这话虽然说得有些绕，但所有读者都能明白其中的含义。如果直白地表达，那就索然无味了，作为文学作品来读，读者就失去了咀嚼回味的空间，这无疑是不利于小说审美价值的提升与作品的传播接受的。事实上，正因为作者运用了折绕手法建构修

① 参见：吴礼权. 现代汉语修辞学［M］. 4版. 上海：复旦大学出版社，2020：20.
② 参见：吴礼权. 现代汉语修辞学［M］. 4版. 上海：复旦大学出版社，2020：20.

辞文本，汽车夫所爆的粗口才有了文学的情味，不仅表意显得含蓄蕴藉，有耐人寻味的余韵，而且语带嘲弄讽刺之味却又不失幽默诙谐，令人为之喷饭。① 如果作者不懂文学创作的规律，没有创意造言的智慧，不懂小说读者的心理，不动用汉语表达中比拟、比喻、折绕等常用的修辞手法来建构上述诸多修辞文本，而是以寻常的笔触、理性的文字这样表达："这辆汽车已经十分破旧，性能也很不稳定，所以开起来摇晃颠簸得厉害，乘客都被颠得东倒西歪。加之发动机又时常出问题，汽车夫要不时下车修理，气得他破口骂娘。"② 那么，文字表达简则简矣，但读者对于赵辛楣、方鸿渐等一行五人行途的窘迫、车上的苦况等具体情状也就无法真切体味了，小说读来自然也就索然无味了。③ 可见，在书面表达的情境下，交际者（作者）为实现其达意传情效果最大化的预期目标，在文字经营上所进行的一切努力确实是非常必要的。

修辞既是交际者为了实现达意传情效果最大化而在语言文字经营上所作出的一切努力，那么就自然包括了前文我们说到的口语表达与书面表达时对字、词、句的调整、选择（或称"适用"）、加工（或称"修饰""美化"），也包括对篇章结构的谋划（如何开头，如何结尾，如何过渡与衔接，等等），当然也包括对前人创造的一些有效的表达式的运用。

对字、词、句的选择（或称"适用"），无论是在口头表达（如日常会话、演讲、辩论等）中，还是在书面表达（文学作品、书信公文等）中，都是交际者（说写者）为了实现达意传情效果最大化的预期目标所要经营努力的方面。如：

好多没办法的事都得马上有办法，小孩子不会等着"国联"慢慢解决儿童问题。这就长了经验。半夜里去买药，药铺的门上原来有个小口，可以交钱拿药，早先我就不晓得这一招。西药房里敢情也打价钱，不等他开口，我就提出："还是四毛五？"这个"还是"使我省五分钱，而且落个行家。这又是一招。找老妈子有作坊，当票儿到期还可以入利延期，也都被我学会。没功夫细想，大概自从有了儿女以后，我所得的经验至少比一张大学文凭所能给我的多着许多。（老舍《有了小孩以后》④）

———————————

① 参见：吴礼权. 现代汉语修辞学［M］. 4 版. 上海：复旦大学出版社，2020：20.
② 参见：吴礼权. 现代汉语修辞学［M］. 4 版. 上海：复旦大学出版社，2020：20.
③ 参见：吴礼权. 现代汉语修辞学［M］. 4 版. 上海：复旦大学出版社，2020：20.
④ 老舍. 老舍散文［M］. 杭州：浙江文艺出版社，2001：252.

上引这段文字，是作家老舍在日常生活中跟人讨价还价的经验之谈，是一个典型的日常修辞案例，说的就是口语表达中交际者在字句选择（或称"适用"）上进行经营努力的重要性。作为交际者，老舍半夜三更为了生病的孩子而到药房买药，还不忘跟药房讨价还价，说明老舍是一个修辞意识很强的人，无论何时何地，都不忘追求语言表达的效果。正因为如此，他才会因为说了一句"还是四毛五"，而让西药房给减了五分钱。那么，这句话到底有什么高妙之处，让老舍自己都感到洋洋得意呢？仔细分析一下，其实就是副词"还是"用得好，既简洁，又含义丰富，表意婉转，令人不得不佩服，[①] 是作者在字词选择（或曰"适用"）上的经营努力所取得的成功。因为在老舍半夜买药的特殊情境下，这副词"还是"有许多言外之意，说明自己到此买药不是第一次了，是老主顾了，行情我都知道了，你没有必要再跟我"打价钱"了；再说，既是老主顾，你总得关照点，价钱上要便宜点才是。如果把这些话都明白清楚地说出来，不仅费辞，效果也不好，药房偏不给你便宜，难道你孩子病了还为了五分钱不吃他的药？[②] 可见，在日常口语表达中，为了实现达意传情效果最大化而在字词选择（或曰"适用"）上有所经营努力，确实是有必要的，也是非常重要的。

口头表达是如此，书面表达也是如此。下面我们来看一个例子：

台湾湿度很高，最饶云气氤氲雨意迷离的情调。两度夜宿溪头，树香沁鼻宵寒袭肘，枕着润碧湿翠苍苍交叠的山影和万籁都歇的岑寂，仙人一样睡去。山中一夜饱雨，次晨醒来，在旭日未升的原始幽静中，冲着隔夜的寒气，踏着满地的断柯折枝和仍在流泻的细股雨水，一径探入森林的秘密，曲曲弯弯，步上山去，溪头的山，树密雾浓，蓊郁的水气从谷底冉冉升起，时稠时稀，蒸腾多姿，幻化无定，只能从雾破云开的空处，窥见乍现即隐的一峰半壑，要纵览全貌，几乎是不可能的。（余光中《听听那冷雨》[③]）

上引这段文字，其中"山中一夜饱雨"一句，是最得读者认同并称妙的。究其原因，是因为其中的一个形容语"饱"字用得传神有力，显出了作者运笔之匠

① 参见：吴礼权. 现代汉语修辞学 ［M］. 4 版. 上海：复旦大学出版社，2020：349.
② 参见：吴礼权. 现代汉语修辞学 ［M］. 4 版. 上海：复旦大学出版社，2020：348－349.
③ 白雪. 台港名家经典散文选 ［M］. 兰州：敦煌文艺出版社，1998：145.

心。因为"饱"是一个很寻常的形容词，表示充足之意，一般多用于形容人或动物进食充足。在上文的语境中，作者所说的"饱雨"是"大雨""豪雨"或"暴雨"之意。但是，作者描写山中夜雨之大，没有选用"大""豪""暴"等形容词修饰名词"雨"，而是选用了"饱"这一形容词。这是因为"大雨""豪雨"是个中性词，表现不出作者对山中这场夜雨的情感态度，而"暴雨"一词则包含有否定的情感态度。很明显，从上文中我们可以看出，对于这场山中夜雨，作者没有持否定的情感态度，而是持肯定的、欣喜的情感态度。因此，作者才遣置了一个形容词"饱"与名词"雨"匹配，从而准确、形象地写出了山中夜雨的情形和作者对这场雨的情感态度。可谓妙绝而不可更替。① 可见，余光中这一句的成功，也是其在字词选择（或曰"适用"）上经营努力的结果。

其实，为了实现达意传情效果最大化的预期目标，不仅要在字词选择（或曰"适用"）上经营努力，还要在句式的选择（或曰"适用"）上经营努力。如此，才有可能使达意传情效果臻至最大化。如：

> 我特别的恨你！你辜负了先生的教训，你这没骨气的无耻文人！（郭沫若新编历史剧《屈原》②）

上引文字，是郭沫若抗战时期所编历史剧《屈原》中的人物对话台词。其中，"你这没骨气的无耻文人"一句，原稿是"你是没骨气的无耻文人"。后来经过舞台演出，接受了演员的建议后，作者再经推敲，"才把判断词'是'改成指示代词'这'"③。那么，经过这样一改，到底产生了什么效果呢？这从比较中可以看出。原稿"你是没骨气的无耻文人"是一个判断句，从语气上看属于陈述句，从语法结构上看属于主谓句。一般说来，陈述句的语气都较平缓，所显示的感情色彩也不是太强烈。这明显与作者所要表达的意旨——显示婵娟对宋玉无耻行径的极度愤慨之情——不相匹配。而改句"你这没骨气的无耻文人"，从语气上看是个感叹句，从语法结构上看属于非主谓句。感叹句多能表达比较强烈的情感，非主谓句由于在结构上不能分析出主谓宾等结构成分，句子叙述的起点终点

---

① 参见：吴礼权. 现代汉语修辞学［M］. 4 版. 上海：复旦大学出版社，2020：348.
② 转引自：倪宝元. 修辞［M］. 杭州：浙江人民出版社，1982：125.
③ 倪宝元. 修辞［M］. 杭州：浙江人民出版社，1982：125.

不能区分出来，也就没有叙述的焦点与非焦点之别，因而整个句子都成了叙述的焦点，再加上指示代词"这"的指示，"没骨气的无耻文人"句中的"没骨气""无耻"两个修饰语都同时得到了强调。这样，剧中所要表现的主人公婵娟对反面人物宋玉的愤恨、轻蔑之情都达到了最高点。由此也将观众或读者的情绪带动了起来，产生的接受效果自然也更好了。① 可见，在句式的选择（或曰"适用"）上经营努力，确实是修辞的一个重要方面，其意义是不容小觑的。

说是如此，那么写又如何呢？下面我们来看一个书面表达的例子：

清朝初年的文字之狱，到清朝末年才被从新提起。最起劲的是"南社"里的几个人，为被害者辑印遗集；还有些留学生，也争从日本搬回文证来。待到孟森的《心史丛刊》出，我们这才明白了较详细的状况，大家向来的意见，总以为文字之祸，是起于笑骂了清朝。然而，其实是不尽然的。

这一两年来，故宫博物院的故事似乎不大能够令人敬服，但它却印给了我们一种好书，曰《清代文字狱档》，去年已经出到八辑。其中的案件，真是五花八门，而最有趣的，则莫如乾隆四十八年二月"冯起炎注解易诗二经欲行投呈案"。（鲁迅《隔膜》②）

上引鲁迅的两段文字，前一段末尾一句与后一段开头一句，作者都选择运用了否定句式来表达。这不是信笔而至，而是别有深意的修辞行为，是作者在句式选择上的一种经营努力。关于这一点，只要我们对上文语境略作分析，并将否定句改为肯定句进行效果比较，就能看得非常清楚。文章的前一段是说以前学术界普遍认为"清代的文字狱是起于笑骂了清朝"的观点是错误的。但是作者在这段的末一句作结论时，没有选用肯定句，说"其实是错误的"，而是用了一个否定句，"其实是不尽然的"（"是"是副词，"的"是语气词，二者配合，起强调作用。全句是否定句）。两相比较，很明显，用否定句比用肯定句效果好。因为学术问题很复杂，任何人没有十分的把握、没有掌握充足的材料是不可轻易地下决断的结论的。所以，对于文中提到的清代文字狱的起因，用肯定句表达"其实是错误的"，就显得语气过重，口气生硬了点，不易为接受者接受。而采用否定句

① 吴礼权. 现代汉语修辞学［M］. 4 版. 上海：复旦大学出版社，2020：363.
② 王得后，钱理群. 鲁迅杂文全编（下）［M］. 杭州：浙江文艺出版社，1996：401－402.

"其实是不尽然的"来表达，就显得语气轻，口气缓，表达上显得婉转，因而也就易于为人所接受。① 文章第二段开头的第一句，"这一两年来，故宫博物院的故事似乎不大能够令人敬服"，跟上一段的末尾一句一样，也是运用了否定句式来表达的。这一句话是指 1932 年至 1933 年间故宫博物院文物被盗卖一事。这件事应该说是非常严重的事态，完全可以用肯定句这样措辞："这一两年来，故宫博物院的故事很令人气愤（或很难令人敬服）。"但是，如果选择了这样一个肯定的措辞，那么第二句"但它却印给了我们一种好书"就显得突兀，文势上转得过于生硬。而选用了上引的否定句表达，就显得语气较轻，口气较缓，措辞婉转，第二句的转接就显得自然。② 可见，鲁迅这里的两个否定句的运用是一种在句式选择上的经营努力，是富有成效的修辞行为。

除了对字、词、句的选择（或称"适用"）外，交际者（说写者）为了实现其达意传情效果最大化的预期目标，还会在字、词、句的调整、加工（或称"修饰""美化"）上有所经营努力。如：

扫开一块雪，露出地面，用一枝短棒支起一面大的竹筛来，下面撒些秕谷，棒上系一条长绳，人远远地牵着，看鸟雀下来啄食，走到筛下时将绳一拉，便罩住了。（《从百草园到三味书屋》原稿③）

扫开一块雪，露出地面，用一枝短棒支起一面大的竹筛来，下面撒些秕谷，棒上系一条长绳，人远远地牵着，看鸟雀下来啄食，走到竹筛底下时候将绳一拉，便罩住了。（《从百草园到三味书屋》修改稿④）

上引两段文字，是鲁迅同一篇散文的不同版本，一是原稿之文，一是修改稿之文，⑤ 两者的差别只在末一句上。原稿"走到筛下时将绳一拉"，跟修改稿"走到竹筛底下时候将绳一拉"，两相比较，我们不难发现，其实后者与前者的差异只是将前者所用的三个单音节词"筛""下""时"分别改为双音节词"竹筛"

---

① 参见：吴礼权. 现代汉语修辞学［M］. 4 版. 上海：复旦大学出版社，2020：369.
② 参见：吴礼权. 现代汉语修辞学［M］. 4 版. 上海：复旦大学出版社，2020：369.
③ 转引自：倪宝元. 修辞［M］. 杭州：浙江人民出版社，1982：43.
④ 转引自：倪宝元. 修辞［M］. 杭州：浙江人民出版社，1982：43.
⑤ 倪宝元. 修辞［M］. 杭州：浙江人民出版社，1982：43.

"底下""时候"。① 这种修改只是文字表达上的调整，可以说是加工，也可以说是修饰与美化。因为这样一修改，在接受效果上有了变化，跟原稿以单音节词呈现的形态相比，"在表达效果上有了较大的提升，视觉上的齐整匀称和听觉上的谐和顺畅之感毕现"②。可见，在字、词、句的调整、加工（或称"修饰""美化"）上有所经营努力，事实上也是具有价值的，属于一种修辞行为。

口语表达（特别是长篇演讲等）与书面表达（文章写作）中对篇章结构的谋划包括如何开头，如何结尾，如何过渡，如何衔接，等等。在这些方面的语言文字上所作的一切经营努力，都是修辞。事实上，在这些方面的语言文字上的经营努力一向都是交际者（说写者）特别是文章家最为关注的。比方说，中国古代的八股文写作，除了讲究排偶外，还特别讲究文章的谋篇布局技巧，即"起承转合"的技巧。诸如如何开题，如何破题，如何衔接，甚至包括起承转合时用什么虚词（古代统称为"虚字"）开头，每个部分用什么虚词结尾。特别是全文的收结部分，更是在开头与结尾的虚词运用上有讲究。这些文字上的经营努力，当然属于修辞。限于篇幅，我们在此不展开讨论。

口头交际与书面交际中为了提升表达效果，往往都要运用到一些修辞手法（即日常我们所说的"修辞格"或称"辞格"），这是对前人创造的一些有效的表达式的运用。这种语言文字表达上的经营努力，当然更是修辞了。这一点，无须赘述。

第三节　政治修辞

前文我们已经清楚界定了"政治"一词的概念内涵，也讲清了"修辞"一词的源头及学术界对于"修""辞"二字字义所指的不同理解，说明了"修辞"一词作为学术术语的具体内涵。在此基础上，我们给"政治修辞"下这样一个定义：

所谓"政治修辞"，就是政治人（特定身份的交际者、说写者）"为了达到

---

① 参见：吴礼权. 现代汉语修辞学［M］. 4 版. 上海：复旦大学出版社，2020：352.
② 参见：吴礼权. 现代汉语修辞学［M］. 4 版. 上海：复旦大学出版社，2020：352.

特定的交际目标而应合题旨情境"①，发挥创意造言的智慧，有效调动语言资源，动用一切有效的表达手法，为实现达意传情效果最大化而在语言文字经营上所作的一切努力。

这个定义跟前文我们所下的"修辞"的定义，在本质上没有什么区别，但有一个关键点是需要引起大家注意的，这就是"政治人"这一概念。了解了"政治人"这一概念的特定含义，那么也就容易理解上述"政治修辞"的定义了。

政治人，从言语交际学的视角看，就是一个具有特殊身份的"交际者"或曰"说写者"。只不过，跟普通的交际者（或曰"说写者"）不同，这里的交际者不是普通的自然人，而是一个具有特定政治身份的人，或是在特定的政治情境下临时被赋予了政治人角色身份的人。前者我们可以称为"职业政治人"，后者可以称为"角色政治人"。

职业政治人，就是以政治工作为职业、具有特定政治地位与党政职务的人。如现代西方世界的国王、女王、总统、总理、首相、部长、州长、国会议员等；中国古代社会的皇帝、宰相、大臣、谏官以及各级朝廷命官等。

角色政治人，是指自然人在跟职业政治人谈论政治话题时，经由当时特定的政治情境而临时获得政治人身份的交际者。这个政治人身份的获得，就像演员饰演某一角色所获取的身份一样。例如：

> 太祖初渡江，至宋石，驻薛姬家。饿甚，坐谷笼架上。问姬此何物，对曰："笼床。"烹鸡为食，问何肉，曰："炖鸡。"饭以大麦饭，曰："仁饭。"太祖嘿喜。盖龙床、登极、人范，皆语吉也。天下既定，召姬赏之，至今有薛家洼云。（明·文林《琅琊漫钞》②）

上引这段文字，是明成化年间进士文林所记的一则野史，说的是这样一个故事：明太祖朱元璋趁着元末乱世迅速崛起，势力坐大后，率军从长江北岸南渡，攻打元朝的南方战略重镇集庆（即今天的南京）。大军渡江后，兵至宋石，朱元璋借住在一户薛姓人家。薛家老婆子特别善解人意，当时朱元璋正饥肠辘辘，她就给他备饭。而与此同时，朱元璋则坐在谷笼（大约是南方盛放稻谷叫作稻箩一

---

① 参见：吴礼权. 现代汉语修辞学 [M]. 4 版. 上海：复旦大学出版社，2020：1.
② 转引自：吴礼权. 言语交际与人际沟通 [M]. 2 版. 广州：暨南大学出版社，2016：67.

类的农具）架上休息。因为一直都是生活在北方，朱元璋从未见过南方的这种农具，遂好奇地问薛婆子。薛婆子察言观色，早就看出了朱元璋的身份，知道他非普通人。她大概还知道，朱元璋率领的这些军队是造蒙古人的反，汉人大将军肯定都有登基坐殿的野心，遂有意讨好地回答说："笼床。"朱元璋一听，大为高兴。过了一会儿，薛婆子将炖好的鸡肉送上来。朱元璋大概没见到她杀鸡的过程，所以不知她端上来的是什么肉，遂顺口问了一句。薛婆子乃乘机回答道："炖鸡。"朱元璋听了，更是高兴。待朱元璋吃完了鸡肉，薛婆子又端来一碗大麦饭。朱元璋又问，她回答道："仁饭。"朱元璋听了更是心里窃喜，嘿嘿直笑。因为他知道，薛婆子说"笼床""炖鸡""仁饭"乃是谐音双关"龙床""登极""人范"，而这些词都是吉利语。朱元璋打下天下，登上皇帝宝座后，立即召见了薛婆子，并重赏了她。薛婆子所住的薛家洼，至今犹在。①

从上述这个故事情节中，我们可以清楚地见出，故事中的薛妪只是元末中国江南农村的一个乡下老婆子，没有任何政治身份。但是，因为跟她对话的受交际者朱元璋是典型的政治人（汉人起义军领袖），对话的内容实质上是肯定与赞赏朱元璋率领农民起义、推翻元朝统治的行为，表达的是希望朱元璋能够起义成功，取代元廷，坐龙床、登极为帝、为万民之表率（即"人范"）的良好祝愿。她在这场由自己一手导演的戏码中获得了角色政治人的身份。本来，朱元璋问她的都是日常生活中的事情，对话内容无关政治。如果薛妪真想讨好朱元璋，要说一些令朱元璋高兴的吉利话，完全可以不涉及政治话题，要演戏也只是日常生活的戏码。但是，薛妪却将吃饭休息的日常生活政治化，将之与登极坐殿的朝代鼎革大事联系在一起，由此将一场主客间应酬的日常生活戏码演成了一场政治戏码。可见，上述故事中的薛妪不仅是一个政治人，而且还是一个超级的政治人。只是她的这个政治人身份不是职业政治人身份，而是由她刻意跟典型的政治人朱元璋进行政治对话的政治情境所临时赋予的。

要理解上面我们所下的"政治修辞"的定义，除了要对"政治人"这一概念的特定内涵有充分了解外，还要特别注意一个关键词，这就是"题旨"。众所周知，"题旨"是修辞学上的一个术语，指的是交际者（也可以称之为"修辞者"）说写表达时所要传达的思想或情感。"政治修辞"定义中的"题旨"，当然也与说

---

① 参见：吴礼权. 言语交际与人际沟通 ［M］. 2 版. 广州：暨南大学出版社，2016：67.

写所要表达的思想或情感有关。但是，跟自然人的日常修辞不同，政治人的政治修辞所要表达的思想与情感都带有政治色彩，是就某一政治议题或话题所提出的政治主张或思想理念，是就某一政治议题或话题所持的立场或情感作出的政治表态。如果说得再直白、通俗点，就是说写的内容一定要跟政治上的人与事有关涉，不能是无关政治的家长里短，或是日常生活中自然人之间的那种海阔天空的闲聊。如果说写的话题或议题无关政治，那么，即使交际者与受交际者双方都是职业政治人，他们说写表达时在语言文字上的一切经营努力也都不是政治修辞。如：

> 有一天，参政员开会休息时，三三两两坐着闲谈，有人讲了些嘲笑胡子的笑话，说完还对沈老（沈钧儒）发笑，沈老是有一口不算小的胡子的。他立即笑着说："我也有一个胡子的笑话可以讲讲。"大家很诧异。沈老接着说："当关、张遇害之后，刘备决定兴兵伐吴，要从关兴、张苞二人中选一个当正先锋，叫他们当场比武，结果不分胜负，又叫他们各自讲述他们父亲的本领。关兴说他父亲过五关、斩六将；斩颜良、诛文丑，杯酒斩华雄，讲了一大套。张苞也说他父亲如何一声喝断灞陵桥，'如何'三气周瑜芦花荡等等，说得也有声有色。关兴急了，说：'我父亲丹凤眼，卧蚕眉，一口长髯，飘到胸口，人称美髯公，你爸爸比得了么？'正讲到这里，关羽忽然在空中'显圣'了，横刀怒目对关兴说：'你老子有这么多长处你不说，单提老子的胡子做什么？'"自然，大家听完也是哄堂大笑。（徐铸成《旧闻杂忆续篇·王瑚的诙谐》[①]）

在上引这则故事中，不论是说笑话的交际者，还是听笑话的受交际者，都不是普通的自然人，而是国民参政会（抗日战争期间由国民党、共产党及其他党派和无党派人士代表组成的最高咨询机关，是一个具有广泛政治影响的议会机构[②]）的参政员，是典型的职业政治人。作为交际者的沈钧儒，对于其他参政员拿他的胡子开玩笑的行为虽有不满，但是又不便于直接发作，直言斥其无聊。所以，为了表达内心的不悦之情，同时又能最大限度地维护同僚之谊与政治人物温文尔雅的风度，他便运用讽喻修辞手法，即兴编造了一个关兴与张苞比武而关羽显圣的

---

① 转引自：谭永祥. 汉语修辞美学［M］. 北京：北京语言学院出版社，1992：430.

② https：//baike. baidu. com/item/国民参政会/3707233？ fr＝aladdin.

故事，借故事中的关羽之口，不仅婉转含蓄地表达了自己的不满之情，同时还顺手牵羊地讽刺了其他参政员拿他胡子开玩笑的无聊行为，既讨了别人的便宜，又以生动的表达娱乐了大家，由此在中国政坛传下了一段佳话。不过，值得指出的是，即使故事中的交际者沈钧儒是典型的职业政治人，受交际者（众参政员）也是典型的职业政治人，沈钧儒为了实现其达意传情效果最大化的预期目标（讽刺参政员拿他胡子说笑的无聊行为）而在语言表达上作了经营努力（运用讽喻修辞手法即兴编造故事），并且在事实上取得了非常好的效果，但是他通过即兴编造故事而在语言表达上所作的一番经营努力（即建构讽喻修辞文本），仍然不能算是政治修辞。因为关张比武、关羽显圣的笑话不是政治话题，不带任何政治色彩，跟自然人日常生活中运用一定的表达技巧讲笑话、娱乐大众的日常修辞没有任何区别。

由以上所举的两个例子，我们可以清楚地看出，交际者为实现其达意传情效果最大化的预期目标而在语言文字表达上所作的一切经营努力，到底是否算是政治修辞，关键不在于交际者与受交际者的身份是否属于典型的职业政治人，而是要看其说写表达的内容是否跟政治议题或话题有关。如果有关，则是政治修辞；如果无关，就不是政治修辞，而是日常修辞。

对于交际者为实现其达意传情效果最大化的预期目标而在语言文字表达上所作的一切经营努力是否属于政治修辞，上面我们提出了一个简单而客观的判断标准，即以交际内容在议题或话题上是否具有政治色彩，是否跟政治有关涉作为依据。然而，这还不够。因为在现实政治情境下，有时候职业政治人作为交际者在跟受交际者进行交际时，虽然达意传情的预期目标也是为其特定的政治任务服务的，但在议题或话题上却有意规避或淡化其政治性色彩，让受交际者觉得交际者是在跟自己闲话家常，感觉跟自然人之间的日常修辞没有区别。其实，并不然。事实上，交际者的闲话家常只是表面现象，受交际者需要透过特定的交际情境以及对交际者身份背景及其心理的了解去把握其潜在的政治目的。这种情况的政治修辞，我们可以给它一个术语，称为"隐性政治修辞"。而从交际议题或话题本身就能判别的政治修辞，则可以称为"显性政治修辞"。

显性政治修辞，在现实政治生活中我们时时都能见到。如世界一些重要大国的外交部每日对外的记者会，各国报纸上有关国际与国内政治问题的评论，联合国大会上各国领导人根据大会主旨所作的代表本国立场的大会报告或发言，西方国家议会中不同党派的议员之间就某一政治议题所进行的交互诘难，等等，不一而足。在此，我们就不举例赘述了。

隐性政治修辞，出现的频率并不像显性政治修辞那样频繁，出现的范围也不像显性政治修辞那样广泛。但是，隐性政治修辞在政治生活中也并不是特别罕见，而是在古今中外的政治生活中时有所见。如：

> 张君嗣在益州，为雍闿缚送孙权。武侯使邓芝使吴，令言次从权请裔。裔自至吴，流徙伏匿，权未之知，故许芝遣裔。裔临发，乃引见，问裔曰："蜀卓氏寡女，亡奔相如，贵土风俗，何以乃尔？"裔曰："愚以为卓氏寡女，犹贤于买臣之妻。"（明·何良俊《语林·排调第二十七》①）

上引文字，说的是这样一个故事：三国时代，刘备统治的蜀汉有一个重要人才叫张君嗣，即张裔，蜀郡成都人，为蜀汉一代名臣。据《蜀志》记载，张裔是专门研究《春秋公羊传》等先秦史的，但也博涉《史记》《汉书》等汉代历史，是个学富五车的大儒。东汉末年，董卓用兵夺权后，自任太师，专断朝纲。当时，董卓手下的吏部尚书（专门掌管官员的任免选拔）叫周毖，尚书郎叫许靖。许靖，字文休，很有政治头脑，他便与周毖共谋利用掌管官员选拔任免大权秘密选拔物色贤才，以作匡正朝廷之计。后来，许靖与周毖各自举兵想杀掉大奸董卓。结果失败，周毖被害。许靖幸得一命，后来辗转到了蜀中（即四川），并做了广汉太守。刘备占领四川，并以此为基础建立蜀汉政权而称帝后，以许靖为太傅（即皇太子的老师），当时许靖已经七十岁了。许靖十分喜欢提拔后辈，爱举人才，喜欢清谈，品评人物优劣，当时是蜀汉德高望重的一位大臣，即使是丞相诸葛亮也是对他敬重有加的。正因为如此，凡经许靖称道的人，大致都是优秀的，丞相诸葛亮也是十分器重的。② 在受许靖称道的蜀中人物中就有张裔。据说，"许靖当初一入蜀中，就觉得张裔机敏能干，认为他是钟繇（在曹魏时代曾官至太傅，书法与王羲之齐名，时人并称为'钟王'。他的儿子钟会，则官至曹魏政权的丞相）之流的人才"③。正因为张裔在蜀地有很高的人望，所以刘备打下益州

---

① 转引自：吴礼权. 言语交际与人际沟通［M］. 2 版. 广州：暨南大学出版社，2016：90.
② 参见：吴礼权. 能说会道：说话的艺术（修订版）［M］. 广州：暨南大学出版社，2014：165.
③ 吴礼权. 言语交际与人际沟通［M］. 2 版. 广州：暨南大学出版社，2016：91.

后，就任命他为益州太守。张裔奉命前往益州就职，不意却被雍闿捉住，缚送给了东吴的孙权。丞相诸葛亮知道后，立即派专使邓芝到东吴，让他想方设法说服孙权，把张裔给要回来。① 邓芝奉命到了东吴，见到孙权后，按照外交礼仪向其提出了释放张裔的要求。但是，孙权却说他不知道有这么个人。邓芝以为孙权这是在推托，或是外交辞令。事实上，孙权还真的不知道有这么一回事儿。因为张裔被雍闿捉送到东吴后，吴国君臣并不了解他的重要性，所以张裔就在吴国到处流迁，隐姓埋名过日子。所以，孙权不知道张裔在吴国，这也是事实。要知道，在那个时代，信息本来就不怎么灵通，吴国的情报人员大概工作也不怎么得力，以至像张裔这样杰出的蜀国名臣被捉到东吴后，根本就没人向孙权报告。正因为孙权不知有这回事，更不知张裔为何许人也，所以当邓芝跟他提出要带回张裔时，孙权想都没想，就一口答应了。因为在孙权看来，两国交好，人员相互引渡本是平常之事，没什么大不了。但是，考虑到张裔是蜀相诸葛丞相派特使来要回的人，所以在张裔临走前，孙权就礼节性地召见了他。召见时，孙权以为张裔只不过是个普通的四川人，也不算个什么人物，于是就没话找话，随口说道："听人说你们蜀地以前有个寡妇，好像是姓卓，竟然跟司马相如私奔了，寡人很不明白，贵乡的风俗怎么会这样呢？"张裔一听孙权这话，就知道孙权这话不是随便说的，其意是在嘲笑蜀汉民风不淳。出于自尊心，更是出于维护蜀汉的国家尊严，张裔也就不客气，遂不卑不亢地回敬了孙权一句："臣以为鄙国卓氏寡女，比起贵国的朱买臣之妻，似乎还要强点吧。"② 据说，孙权后来了解到张裔的情况后，对于放走他感到后悔不迭。事实证明，张裔确是蜀汉英才，他一回到成都，即被诸葛亮任命为参军（重要幕僚，即高级参谋、顾问之类），署府事（代理相府日常行政事务），累加辅汉将军。③

从以上所述张裔（即张君嗣）的身份背景与经历，我们可以清楚地看出，他跟吴国之主孙权一样，是一个典型的政治人。他们有关两国民风问题的对话，看起来像是主客之间的闲聊，充其量也只是两个人在炫耀学识而已，完全无关政治。其实不然。他们的对话表面上是闲聊，实质上是外交博弈。而外交是政治的延伸，所以他们的博弈实质上就是政治博弈，属于政治修辞。因为二人为了实现

① 参见：吴礼权. 能说会道：说话的艺术（修订版）[M]. 广州：暨南大学出版社，2014：165.
② 参见：吴礼权. 言语交际与人际沟通 [M]. 2版. 广州：暨南大学出版社，2016：92.
③ 参见：吴礼权. 言语交际与人际沟通 [M]. 2版. 广州：暨南大学出版社，2016：92.

其贬损对方国家的目的，都运用了用典修辞手法，在语言表达上作了经营努力。

　　孙权的话："蜀卓氏寡女，亡奔相如，贵土风俗，何以乃尔?"讲的是这样一个典故：西汉时，蜀地临邛（即今之四川邛崃）有一巨富，名曰卓王孙。卓王孙膝下有一女卓文君，不仅善鼓琴，擅棋画，非常有才情，而且非常貌美，"眉色远望如山，脸际常若芙蓉，皮肤柔滑如脂"。凭着姿色与才情，卓王孙将其许配给某皇孙。不料，文君命运多舛，未成婚皇孙即离世。于是，文君只得寡居在家。其时，司马相如虽早已是著名的辞赋家与音乐家，却因家贫而不得志，正寄住在好友、临邛县令王吉处。王吉与卓王孙有往来，因而司马相如得以结识卓王孙。有一次，卓王孙在家宴请县令王吉，请司马相如作陪。卓王孙虽是商人，却也有附庸风雅之好。席间，主客免不了要奏乐作赋。司马相如早就闻知卓王孙之女有才有色，遂演奏了一曲《凤求凰》。卓文君早已慕相如之才，又闻知其风流倜傥，遂为其乐声挑动了芳心。于是，二人就互生了爱慕之心。但是，卓王孙坚决不允，百般阻挠。最后，卓文君无奈，只得与司马相如私奔，一同逃到了成都。到了成都后，二人无以为生，于是就在成都开起一家小酒店，文君亲自当垆卖酒。卓王孙闻之，深以为耻，只得给了女儿一笔钱，并将女儿与司马相如接回临邛。① 今天我们都觉得司马相如与卓文君的爱情故事非常具有浪漫色彩，在中国历史上也不乏赞赏他们是为了爱情而勇敢冲破封建阻力的正人君子与才子佳人。但是，在孙权与张裔生活的三国时代，人们绝不会认同司马相如与卓文君私相结合的行为，更不会认为这是才子佳人的佳话，而一定会认为是有伤风化的可耻行径。因为在中国古代人的观念里，一个女人死了丈夫，要么殉情，要么守节，根本就不应该再嫁人。因为"烈女不嫁二夫男"，乃是社会习俗。而新寡的文君竟然爱上了别的男人，甚至还跟他私奔，这让当时的人们无论如何都难以接受。正因为如此，孙权翻出这个典故，目的就是要让蜀汉出丑，讽刺蜀汉民风不淳。因为司马相如与卓文君都是蜀汉中人。② 可见，孙权跟张裔讲司马相如与卓文君的典故，绝不是日常闲聊与宾主应酬的寒暄，而是外交博弈，是一种典型的政治修辞。只是这种政治修辞的属性被表面的闲聊形式所遮蔽了而已，这是典型的隐性政治修辞。

　　下面我们再来看张裔回答孙权的话："愚以为卓氏寡女，犹贤于买臣之妻。"

---

① 参见：吴礼权. 言语交际与人际沟通 [M]. 2 版. 广州：暨南大学出版社，2016：93.
② 参见：吴礼权. 言语交际与人际沟通 [M]. 2 版. 广州：暨南大学出版社，2016：93.

这句话也是用了一个典故，说的是这样一个故事：西汉时，会稽吴（今属江苏）人朱买臣（字翁子），乃一介寒儒，家贫无以为生，每日靠上山打柴卖柴艰难度日。虽然生活艰难，但他从不气馁，对自己的未来充满信心。每日食不果腹，但仍行歌诵书，不以为意。他的妻子是个嫌贫爱富的人，看到自己的丈夫不长进，连妻子儿女的温饱问题都解决不了，却还好意思每天信心满满，摇头晃脑读几卷破书。最后，他的妻子终于忍无可忍，坚决要求跟朱买臣离婚。但朱买臣仍然很乐观，就跟她说："你眼光要放远点，困难只是一时的，你稍稍忍耐一下，我保证五十岁时一定会富贵发达的。现在我都已经四十岁了，再等我几年，那时富贵了，我会好好补偿你，报答你，好不好？"他的妻子不仅听不进去，而且觉得可笑，认为丈夫是在吹牛，是在做白日梦。于是，继续与丈夫闹，天天缠着他闹离婚。最后，朱买臣没有办法了，只得遂了她的心愿，跟她离了婚。朱买臣的妻子离婚后，不久就改嫁了一个田夫。毫无疑问，这个田夫家肯定要比买臣家过得好。没想到，到了汉武帝时代，朱买臣突然时来运转，得到当时的大官人严助的极力荐举，由不名一文的穷书生一夜间摇身成为会稽太守。平步青云，当了太守的朱买臣，走马上任后的第一件事便是衣锦还乡，名义上是视察地方工作。史载，他衣锦还乡时是"乘传入吴"的，即坐着公家的车马回到家乡吴地。他坐在车里，一路走一路看，突然看到正在整治道路，迎接他这个太守的人群中有他的前妻与前妻现任丈夫。于是，朱买臣便命车夫停下车，"命后车载其夫妇舍园中"。用今天的话来说，就是朱太守命令后面随行的车马把他的前妻及前妻现任丈夫一并载上，带到了一个高级别墅中。朱买臣的前妻被太守大人热情款待了一个月后，越想越惭愧，遂上吊自杀了。据历史记载，朱买臣后来竟然做到了丞相长史的高位，算得上是一个大器晚成者。① 从上引故事所提供的上下文语境，我们可以清楚地看出，张裔之所以要跟孙权讲朱买臣的典故，绝不仅仅是主客应酬的原因，而是要对孙权先前借讲司马相如与卓文君私奔的典故来贬损蜀国民风不淳的不友好行为予以反唇相讥。只是因为他的反唇相讥是顺着孙权的问话而来，不仅显得非常自然得体，符合外交上的不卑不亢原则，而且用典非常巧妙、贴切，针对性很强。从表意的角度看，张裔所用朱买臣之典有二妙：一是因为朱买臣也是西汉时代的人，与司马相如属于同一个时代，二人有可比性；二是朱买臣

---

① 参见：吴礼权. 言语交际与人际沟通［M］. 2 版. 广州：暨南大学出版社，2016：93－94.

的家乡在吴地，而吴地正是交际者孙权统领的国土。① 正因为如此，孙权听了张裔所讲朱买臣之典，自然就能明白其真实的用意：相比于蜀汉，东吴的民风更坏。我们蜀汉的女子卓文君爱的只是司马相如的才华，悦的是他的风流才情；而你们东吴的朱买臣之妻爱的却是钱，嫌贫爱富。自然卓文君比买臣之妻品位要高了不少，蜀汉也自然比东吴要强。② 可见，张裔跟孙权讲典故已经超出了日常生活与政治生活中宾主应酬答问中的斗嘴或炫才的范围，进入到外交博弈的层面，具有了鲜明的政治修辞色彩。只是这种色彩被孙权与张裔宾主二人温文尔雅的应酬答问形式所遮蔽，被其文人式的炫才示雅的谈吐所淡化，属于典型的隐性政治修辞。

隐性政治修辞，不仅出现于古代的外交情境下，也会出现于现代的外交情境下。下面我们来看一个例子：

1979 年 1 月 1 日，卡特政府最终实现了中美关系正常化，我在中国的处境因此也有所不同了。1 月份，精明干练的邓小平副总理到访华盛顿，我、威尔玛和白修德应邀前来参加卡特总统为邓小平举行的晚宴。于是我们乘坐同一辆出租车来到白宫东侧入口处，共同见证这一历史性的事件。低调而具有商务风格的入口处站满了目光锐利的年轻人，我们穿过走廊，走上楼梯，经过美国海军陆战队的管弦乐队，这时我们发现走廊两边每隔 10 英尺便站着一个身穿饰有金穗制服的年轻男女接待人员，其中男士英俊帅气，女士美丽大方。尽管如此，与英国皇家骑兵卫队不同，这些接待人员并没有眺望远方，而是礼貌但敏锐地注视着我们每个人。我意识到出于安全的考虑，这些接待人员的数量超过了宾客的数量，如果有什么意外发生，这些人立刻就能把我们全部打倒在地。我把这些想法告诉护送我们前往白宫东厢的那位热忱而帅气的军官，他回答说："是的，还有一些你不会理解的事情。"

不久，房间里聚集了众多的社会名流，有些人有些面熟，而有些人则彼此认识。如同在任何一次东亚秘密会议上一样，我开始介绍朋友们互相认识，诸如将鲍大可介绍给比尔·西华尔（Bill Seawall），后者是泛美航空公司的总裁。但我发现温斯罗普街的行为方式都是喜欢避开法律合伙人和参议员。他们都不是研

① 参见：吴礼权. 言语交际与人际沟通 [M]. 2 版. 广州：暨南大学出版社，2016：94.
② 参见：吴礼权. 言语交际与人际沟通 [M]. 2 版. 广州：暨南大学出版社，2016：94.

究生。

随后镁光灯亮了，媒体记者进入房间并聚集在房间的末端，于是我们便被推在众人面前。我较早通过了迎宾队列。经翻译（哈佛大学 1952 届毕业生）提示，邓小平想起了我的名字。进入宴会大厅后，我找到了我的座位号和席位卡。我位于宴会贵宾桌首桌，我座位的右边是"雪莉·麦克莱恩"（Shirley MacLaine），左边则是"罗莎琳·卡特"（Rosalynn Carter）。

这真是莫大的荣幸！我大概是被视为 30 年来积极提倡中美关系正常化一派的代表，如今一切如愿以偿。然而我并没有为此制订计划，所作贡献还不足。然而能坐在著名女演员和第一夫人中间，就像一头驴见了干草垛。

这是一次没有主人的奇妙晚宴。我们处在一个真正的历史转折点，但我们席上连非正式的敬酒都没有。突然我想到了卡特政府整个体系面临的灾难。卡特总统坐在那里全神贯注地思索着什么，并没有将我们作为一个团体来照顾。罗莎琳·卡特就坐在他的一旁，美丽知性且十分善于交际。如果她能够帮忙处理她丈夫小团体的情况，或许他能够获得连任。

雪莉·麦克莱恩之所以出现在这里，是因为她一直跟进了宴会的准备情况。她曾带领一个美国妇女名流团体前往中国旅行，受到了极大的文化冲击，令其以往所有经历失色。她故意询问"文化大革命"时期一位艺术家种植西红柿的事，以此套邓小平的话，邓小平回答说："可能他喜欢西红柿。"

我与中国领导人邓小平的对话如下：

邓小平："您贵庚？"

费正清："72 岁。"

邓小平："我 74 岁。"

费正清："但您还有头发，我却没有了。"

邓小平："显然您用脑过度了。"

真是错失良机啊！我们本应该斟酒一同追忆周恩来，随后再举行一场中国式的聚会。然而我什么也没有做，真是彻头彻尾的失败。（费正清：《我和邓小平的对话》，载《北京晚报》，2013 年 8 月 26 日；又见《人民网》：http：//culture. people. com. cn/n/2013/0826/c22219-22699283. html）

这个故事中的交际者邓小平，不仅在中国妇孺皆知，在世界政坛也是众所周知，属于典型的职业政治人。故事中的受交际者费正清（John King Fairbank，1907—1991），是美国著名的历史学家与汉学家，哈佛大学终身教授和哈佛大学费正清东亚研究中心的创始人。[①] 从身份上来说，费正清是学者，属于自然人的角色。但是，因为他是美国最著名的中国问题专家，1979 年邓小平访美是为了中美建交的大事而去，费正清作为时任美国总统卡特的中国问题顾问，在中美建交的特定政治情境下，参与到了中美建交这一具有世界影响的政治与外交事件中，自然便被赋予了一种"政治人"的角色身份，属于前文我们所说的"角色政治人"。加上他跟邓小平对话时的具体情境是在卡特总统为邓小平举办的宴会上，这样，费正清的"角色政治人"的身份就更明显了。这次对话的交际者是邓小平，受交际者是费正清。从言语交际的视角看，"邓小平问费正清年龄，这是中国式的关爱友好。费正清得知邓小平比他年龄还大两岁后的感慨，则是西方式的恭维逢迎。邓小平最后再度回应，可视为中国式投桃报李的礼貌客套。二人在卡特总统举办的宴会上相聚的这番闲聊，看似没有什么明确的交际目标，实际上则有潜在的交际目标，这就是相互示好，活跃宴会气氛，为营造中美两国友好的关系暗中添柴加温"[②]。如果邓小平与费正清都是普通的自然人，而非政治人，如果他们二人的对话不是在中美建交与卡特总统为邓小平举行的国宴这一特殊情境之下发生的，那么交际者邓小平为了示好于受交际者费正清而在语言表达上的经营努力（用"贵庚"表尊敬），就是自然人的日常修辞。然而，事实上邓小平不是寻常的自然人，而是职业政治人，费正清也不是普通的自然人，而是特定政治情境下的"角色政治人"，再加上中美建交的大背景与卡特总统的国宴场合这些政治情境要素的加持，这便让邓小平跟费正清的闲话家常成了典型的政治修辞。因为这一修辞行为有着鲜明的政治取向，意在为中美友好关系的建立筑牢政治情感的基础（费正清对中国的认知能够左右卡特总统与美国政界人士对中国的认知）。

政治修辞在表现形式上有多种，如西方国家的总统国情咨文，议会中的质询与答询，不同党派议员之间的交互诘难，总统、首相、国会议员、州长以及地方议会议员竞选活动中不同候选人的政策宣示与政治承诺、政治口号以及不同竞选人之间的唇枪舌剑，外交官员在外交场合的正式发言，政府部门发言人在新闻发布会上代表政府的讲话、表态，等等，都是典型的政治修辞。因为这些口头的表

---

① 费正清. 百度百科（第 67 版）. https：//baike. baidu. com/item/费正清/3213415? fr = aladdin.
② 吴礼权. 言语交际与人际沟通 ［M］. 2 版. 广州：暨南大学出版社，2016：66.

达都需要说话人（职业政治人）适应特定的题旨与情境的要求而在语言表达上作一定的经营努力，不是信口开河、不假思索、张口就来的。现实政治生活中，我们经常看到许多职业政治人在公开场合的讲话都是一字一顿、字斟句酌的，这就是他们在语言表达上进行经营努力的表现，属于一种政治修辞行为。

又如，中国古代大臣写给皇帝的奏章，皇帝任免官员或颁行政令的诏书，官府上传下达的公文，官府为安定民心而发布的各种安民告示，等等，也是典型的政治修辞。因为这些书面的表达都是非常讲究程式与字句的，是写作者（职业政治人）适应特定的题旨与情境的要求而在文字表达上作一定的经营努力，不是信手拈来、无须推敲、一挥而就的。事实上，在中国历史上，无论是皇帝的诏书，还是官府的公文，都是由专人负责起草的。之所以由专人负责起草，乃是因为诏书与公文跟治国安邦有极大的干系，不容有任何的差错，表情达意要准确圆满。而要达到这种要求，就非要有极好的文字表达能力不可，也就是要擅长在文字表达上经营努力，有高度的文字表达技巧。相比于口头表达，书面表达上的经营努力空间更大，也更为中国古人所看重。《论语》十四《宪问》篇记载孔子说过这样的话："为命，裨谌草创之，世叔讨论之，行人子羽修饰之，东里子产润色之。"译成现代汉语，就是：郑国外交公文的写作，先由裨谌起草，然后由世叔提出修改意见，再经外交家子羽进行修改，最后由东里子产（即公孙侨、公孙成子，郑国最著名的政治家）加工润色定稿。孔子讲的虽然只是外交公文的写作，但其他公文写作受重视的程度也是可想而知的。事实上，中国古代的政治人都特别重视在书面表达上进行文字经营努力。也正因为如此，今天我们所熟知的中国古代名臣写给帝王的奏章书信，或是讨论国家大政的政论文章，诸如汉人贾谊的《过秦论》、晁错的《论贵粟疏》、邹阳的《狱中上梁王书》，三国时诸葛亮的《前出师表》《后出师表》，晋人李密的《陈情表》，唐人韩愈的《争臣论》，宋人欧阳修的《朋党论》、苏洵的《辨奸论》，等等，都是在文字表达上经营努力有成的政治修辞范本，是千古传诵的雄文。

除了上述诸多形式外，政治修辞还有其他很多形式。如中国古代的咒语、谶言、民谣、口号，乃至诗歌，其中不少就不乏政治修辞的属性。比方说，《尚书·汤誓》中的"时日曷伤，予及汝皆亡"，是夏末民众诅咒暴君夏桀的咒语，意思是说"你这个太阳为什么不毁灭？如果你毁灭，我宁愿与你一同毁灭"，这是运用比喻与设问的修辞手法，强烈地抒发了广大人民对暴君夏桀的无比愤恨之情。又比方说,《古诗源·桓灵时童谣》中的汉代童谣"举秀才,不知书;举孝廉,父别居",运用映衬修辞手法,深刻地揭露了汉代人才举荐制度的黑暗情形。又比方说,唐末大诗人皮日休的《打油诗》"欲知圣人姓,田八二十一。欲知圣人名,果头三曲律",是鼓动民众起来追随黄巢一起造反的谶言,属于政治预言诗,运用析字修辞手法("田八二十一",离合的是"黄"字;"果头三曲律",离合的是"巢"字①),神化黄巢是圣人,为其造反进行宣传造势。又比方说,秦末戍卒陈涉揭竿而起,举旗反秦时发出的"王侯将相,宁有种乎"的呐喊,运用设问修辞手法,鼓动因雨失期当斩的九百戍卒一同起来造反。再比方说,唐代高适揭露军中腐败的《燕歌行》,杜甫反对战争的《兵车行》,白居易讽刺唐玄宗荒淫误国的《长恨歌》,都是以诗歌的形式表达自己的政治思想,跟上述咒语、谶言、民谣、口号一样,都在语言文字表达上进行了经营努力(运用了特定的修辞手法),明显都具有政治修辞的性质。

第四节　政治修辞的主体与受体

　　政治修辞的主体与受体,如果从言语交际学的视角看,就是交际者与受交际者的性质。但是,从政治修辞学的视角看,并非所有的交际者与受交际者都能成为政治修辞的主体与受体。事实上,从政治修辞的实践来看,无论是成为政治修辞的主体,还是成为政治修辞的受体,都是要具备一定条件的。我们认为,要成为政治修辞的主体或受体,既跟交际双方的身份角色有关,又跟其言语交际的话题性质有关,还跟交际双方为实现达意传情效果最大化而在适应特定的题旨情境与语言文字表达上的经营努力有关。因此,"职业政治人"未必都能成为政治修辞的主体或是受体,"非职业政治人"(即"自然人")在特定政治情境的加持下也未必不能反客为主而成为政治修辞主体,或是成为合格的政治修辞受体。

　　虽然从逻辑上我们可以对"政治修辞主体"与"政治修辞受体"两个概念的内涵作出上述清晰的界定,但是由于政治修辞活动非常复杂,涉及的因素非常

---

①　参见:吴礼权. 现代汉语修辞学［M］. 4 版. 上海:复旦大学出版社,2020:305.

多，因此如何判定什么样的交际者是政治修辞主体，什么样的受交际者是政治修辞受体，事实上并不容易，需要我们根据具体情况予以具体分析。下面我们就分两个方面来谈这个问题。

一、非政治修辞主体或受体的三种情形

为了廓清政治修辞主体与普通交际者、政治修辞受体与普通受交际者之间的分际，加深对政治修辞主体与政治修辞受体概念内涵的认识，我们先要排除三种非政治修辞主体或受体的情形。

第一种情形是，如果交际者和受交际者双方都只是普通的"自然人"，既不是"职业政治人"，也不是"角色政治人"，那么，不管他们言语交际时的话题或议题是否涉及政治问题，也不管他们言语交际时在语言表达上有多少经营努力，他们也不可能成为政治修辞的主体或受体。

从理论上说，政治修辞本质上也是一种语言活动，是言语交际的一种。因此，从言语交际的视角看，政治修辞的主体与政治修辞的受体，其实就是交际者与受交际者的性质。但是，政治修辞毕竟不是一般的语言活动，亦非寻常的言语交际，而是事涉政治问题。因此，政治修辞作为言语交际的一种，其交际者与受交际者自然也不同于普通言语交际的交际者与受交际者。如果交际者与受交际者都是"自然人"，而非"政治人"（包括"职业政治人"与"角色政治人"），那么言语交际时涉及政治话题或议题的可能性就不大，因而他们成为政治修辞的主体或受体的可能性也就不大。即便他们言语交际时讨论的话题或议题是有关政治的内容，按照现实社会的普遍认知，他们有关政治问题的讨论，一般也会被视为一种不切实际、不合身份的"政治八卦"，而绝不会被认为是一种政治修辞。比方说，两个中学生谈论叙利亚战争，以"示现"修辞手法将战争的场面叙述得活灵活现。据此，我们可以说这两个中学生的交谈跟修辞有关，但不会认为他们的交谈具有政治修辞的属性，而只会认为是日常修辞。又比方说，两个美国街头流浪汉在 2020 年 11 月谈论即将举行的美国第 46 任总统竞选，以"示现"修辞手法对选举的结果及未来美国政治的走向作了绘声绘色的畅想。据此，我们也可以认定这两个流浪汉的谈话跟修辞有关，但不会认为他们的谈话具有政治修辞的性质，而只会认为他们的谈话是一种日常修辞。之所以如此，乃是因为这两组谈话

的交际者与受交际者都不具备政治人的身份，因此他们言语交际中虽涉及政治话题却仍然不会被认为具有政治修辞的属性。相反，按照现实社会普遍的认知，他们谈论政治的言语行为只会被人视为闲谈。究其原因，就是这两组对话的交际者与受交际者中没有一个人具有职业政治人的身份角色，也没有任何一个人在谈论政治议题或话题的情境下临时获得角色政治人的身份。因为从政治修辞的实践看，能够成为"角色政治人"的自然人，事实上跟普通的自然人是有所不同的。一般说来，能够成为"角色政治人"的自然人，大多具有较高的社会地位、学识水平且跟政治场域的人与事有着密切关系。如研究政治问题的学者、对政治问题有卓越见解的社会精英等，这些人跟职业政治人之间的距离非常近，只要条件许可，瞬间便能完成由自然人向职业政治人的角色转换过程。[①] 正因为如此，上面我们所说的两个中学生、两个流浪汉都只能算是普通的交际者或受交际者，无缘成为政治修辞的主体或受体。

第二种情形是，如果交际者与受交际者双方都是"职业政治人"，交际者跟受交际者进行交际时在语言文字表达上有明显的经营努力，但言语交际所涉及的话题或议题跟政治无关，那么，交际者就不能成为政治修辞的主体，而受交际者也无缘成为政治修辞的受体，交际双方只能算是日常修辞的表达者与接受者。

下面我们来看一个例子：

侯白好俳谑，一日杨素与牛弘退朝，白语之曰："日之夕矣"。素曰："以我为牛羊下来耶?"（明·何良俊《语林·排调第二十七》[②]）

上引文字说的是这样一个故事：隋朝的侯白是一个诙谐滑稽的人，喜欢开玩笑说笑话。有一天，宰相杨素、吏部尚书牛弘入朝议事完毕，一起走出朝堂。侯白见二人昂昂然，一本正经的样子，遂顿生调侃之心。等到他们走近，便眼望落日，即景生情地说道："日之夕矣。"（即太阳下山了。）杨素一听，立即明白其意，笑着回道："好哇，你在说我们是'牛羊下来'吧?"[③] 最后，当然是以三人相视一笑收场。

① 参见：吴礼权. 政治修辞的主体与受体［J］. 淮北师范大学学报（哲学社会科学版），2020（6）：6.
② 转引自：吴礼权. 能说会道：说话的艺术（修订版）［M］. 广州：暨南大学出版社，2014：24.
③ 参见：吴礼权. 能说会道：说话的艺术（修订版）［M］. 广州：暨南大学出版社，2014：25.

从政治修辞学的视角看，这个故事中的三个人物都属于典型的"职业政治人"。根据史料显示，侯白，字君素，临漳人，生性好学，才思敏捷，为人滑稽诙谐，尤其善于辩论。应科举而中秀才后，官任儒林郎（一种学官）。大概因为官不大，所以他常是"通脱不持威仪"（不喜欢摆什么架子）。因为"好为俳谐杂说"（喜好说笑话），所以人人见了他都愿跟他玩，相互调侃。因为他学问很好，所以隋文帝就安排他在秘书省修国史。工作表现好，也有成绩，隋文帝命"给五品食"（即享受五品官的待遇），可是，他这人天生命苦，享受五品官的待遇才一个多月就死了。① 可见，侯白官虽然不是很大，但确是"职业政治人"。至于杨素，则是隋朝政坛的重要人物，也是中国历史上的名人。史载，杨素，字处道，弘农华阴人，出身于士族大家，长于文章，还写得一笔非常好的草书和隶书。北周武帝（宇文邕）时，官任司城大夫等职。他善于钻营，会看人，与当时的隋国公也就是国丈杨坚深相结纳。静帝（宇文阐）幼年即位，杨坚任丞相，大权独揽。静帝大定元年（581），杨坚取静帝而自代，史称隋文帝，改元开皇，国号隋。隋朝建立后，杨素屡向杨坚献灭陈之计。开皇八年（588）杨坚命他率水军从三峡东下，次年灭陈，因功封为越国公。后又领兵镇压荆州和江南各地的反隋势力，为杨坚大隋政权结束南北朝分立局面、统一中国立下了汗马功劳。后官至尚书左仆射（宰相之位），执掌朝政。文帝开皇二十年（600）参与宫廷阴谋，废太子杨勇，拥立杨广（即炀帝）。文帝仁寿四年（604）杨广杀父称帝，杨素因拥立有功被封为楚国公，官至司徒（宰相）之位。② 可见，杨素是一个位极人臣的权臣，是典型的"职业政治人"。而故事中的另一个人牛弘，虽权位不及杨素显赫，但也是朝中的要角。③ 史载，牛弘，字里仁，安定人，隋文帝时历任秘书监、吏部尚书等职。虽然没有什么显赫的经历，但官职却不小，尤其他所任的吏部尚书，那可是掌管全国官员升迁、考绩、任免等生杀大权的职位，谁不巴结他？只怕巴结不上呢。④ 可见，牛弘虽然官阶不是顶高，但权势不小，明显也是典型的"职业政治人"。

虽然侯白、杨素、牛弘都是典型的"政治人"，作为交际者的侯白对受交际

---

① 参见：吴礼权. 能说会道：说话的艺术（修订版）［M］. 广州：暨南大学出版社，2014：24.
② 参见：吴礼权. 能说会道：说话的艺术（修订版）［M］. 广州：暨南大学出版社，2014：24.
③ 参见：吴礼权. 言语交际与人际沟通［M］. 2 版. 广州：暨南大学出版社，2016：87.
④ 参见：吴礼权. 能说会道：说话的艺术（修订版）［M］. 广州：暨南大学出版社，2014：24 – 25.

者杨素、牛弘两位权臣的调侃具有很高的修辞水平，但是由于他们的对话内容不涉及政治议题，只是同僚之间的调侃取笑，因此他们的对话就不具有政治修辞的属性。正因为如此，在这个故事中，无论是交际者侯白，还是受交际者杨素、牛弘都不能算是政治修辞主体，而只能算是日常修辞主体，即普通的修辞者。

　　不过，应该指出的是，虽然在这个故事中交际者侯白与受交际者杨素都不算政治修辞主体，他们的对话也不属于政治修辞，而是属于日常修辞，但是，他们以"职业政治人"身份进行的日常修辞却具有很高水平。从日常修辞的视角看，这个故事之所以在中国士林中传为佳话，主要有两方面的原因：一是侯白调侃杨素与牛弘的水平非常高明，既戏骂了二位权臣是牛羊，又使他们不以为忤，反而觉得快乐；二是杨素与牛弘都是饱学之士，是懂得修辞与幽默的知音。正因为如此，侯白故作感叹地说出"日之夕矣"一句，杨素便立即意会到是在调侃自己与牛弘，是将他们比作"牛羊下山"。如果杨素不是饱学之士，不知道侯白"日之夕矣"之句是引自《诗经·王风·君子于役》，那么就不能理解侯白的话并非纯粹触景生情，感慨"一天又过去了"，而是要让他与牛弘由此及彼，联想到《诗经》接下来的另一句"牛羊下来"，以此谐音双关"牛杨退朝下班"，调侃二人是牛羊。① 事实上，杨素不仅是位极人臣的大官，而且也是饱读诗书的读书人。所以，当侯白"日之夕矣"一句刚出口，他便想到了《诗经·王风·君子于役》一诗，脱口而出对上了侯白想说的下句："牛羊下来"，这是作为受交际者的杨素的聪明之处。而作为交际者的侯白，其聪明之处在于没有将《诗经》中的这两句同时说出，而是只说上一句"日之夕矣"，让受交际者杨素与牛弘自己意会他想说的下一句。② 这是在巧用"藏词"和"双关"两种修辞手法，通过先说"日之夕矣，牛羊下来"两句的前一句，藏掉要说的后半句，利用读书人个个皆知《诗经》的语境，自然而然地让他们联想到诗的后一句"牛羊下来"。同时，又利用杨素的"杨"姓与"羊"同音，巧妙地将杨素、牛弘联系在一起，以他们二人之姓关合"牛羊"二字，从而与杨、牛退朝下来的情景联系起来，说他们是"牛羊下来"，不着痕迹地戏骂了杨素和牛弘两个权臣。但因为骂得无恶意，又排调得诙谐机趣，令被调侃的杨素、牛弘也觉得有趣，自然就不能怪罪于他，而只得佩

　　① 参见：吴礼权. 言语交际与人际沟通［M］. 2 版. 广州：暨南大学出版社，2016：87.
　　② 参见：吴礼权. 言语交际与人际沟通［M］. 2 版. 广州：暨南大学出版社，2016：87.

服他的排调水平的高妙了。^① 正因为交际者侯白的调侃极具智慧，所以这个故事才会在中国士林中广泛流传，成为中国历代文人津津乐道的佳话。

第三种情形是，如果交际者是"职业政治人"，受交际者不是"职业政治人"，交际者跟受交际者进行交际时在语言文字表达上有明显的经营努力，但言语交际所涉及的话题或议题跟政治无关，那么，交际者就不能成为政治修辞的主体，而受交际者也无缘成为政治修辞的受体，交际双方只能算是日常修辞的表达者与接受者。

下面我们也来看一个例子：

蓬皮杜担任法国总统时，一次友人来访，对他抱怨说，近来常常跟妻子吵架。

蓬皮杜劝了他一番后，说："我从来没有和我妻子吵过架。因为任何重要的事情都由她决定，例如出去旅行，买什么样的东西，定菜谱，选家具，购书，看戏，看电影等等，都由我妻子决定，我只决定一些细小琐碎的事情呢。"

他的友人问："是哪些琐碎的事情呢？"

总统回答："不过是肉和蔬菜的价格，工人的工资，武器出口，法郎贬值什么的。"（段明贵《名人的幽默·夫妻的分工》^②）

这个故事中的交际者是蓬皮杜，即乔治·让·蓬皮杜（Georges Pompidou，1911—1974，或译为庞毕度），先后任法国总理（1962—1968）和总统（1969—1974），在总统任内逝世。^③ 可见，蓬皮杜是典型的"职业政治人"。故事中向蓬皮杜诉苦的朋友，我们不知道他是不是政坛中的人物，但是不管他是不是，在这个故事中他都不具有"政治人"的角色身份。因为从政治修辞学的视角看，他跟蓬皮杜交谈的话题只是个人生活琐事，无关政治，所以在跟蓬皮杜的言语交际情境下就无缘成为"政治人"的角色。蓬皮杜是"职业政治人"，这是不可改变的事实，而且他劝朋友的话也在语言表达上有经营努力（运用了"设彀"与"倒

---

① 参见：吴礼权. 能说会道：说话的艺术（修订版）[M]. 广州：暨南大学出版社，2014：25.
② 段明贵. 名人的幽默（增订本）[M]. 北京：新华出版社，1998：55.
③ https：//baike. baidu. com/item/乔治·让·蓬皮杜/3799829？fromtitle＝%E8%93%AC%E7%9A%AE%E6%9D%9C&fromid＝674960&fr＝aladdin.

反"两种修辞手法），巧妙地向朋友说明了一个有关夫妻相处的道理："男人别跟女人在家庭琐事上计较，男人要眼光远大，精力要放在做大事上。"由于表达巧妙，不仅具有说服力，而且幽默风趣，所以在世界上传为佳话。这里，蓬皮杜的身份虽然是法国总统，是典型的"职业政治人"，但是由于他跟朋友的对话跟政治完全没有关系，只是关乎生活琐事，所以他劝说朋友的一番话虽极具表达力，但仍不具有政治修辞的属性。正因为如此，蓬皮杜在此次跟朋友的交谈中也不是政治修辞的主体，而只是日常修辞的表达者。而他的朋友在第一话轮作为交际者时，只是日常修辞的表达者，而不是政治修辞的主体（因为他向受交际者蓬皮杜诉苦的内容不涉及政治话题，只是夫妻关系的不和谐）；在第二话轮作为受交际者时，只是日常修辞的接受者，而不是政治修辞的受体（因为蓬皮杜向他讲的是夫妻相处之道，不涉及政治议题）。

二、政治修辞主体或受体的三种情形

非政治修辞主体或受体的三种情形，上面我们业已清楚地作了说明。下面我们要讨论的，则是政治修辞主体或受体的三种情形。

第一种情形是，如果交际双方都是"职业政治人"，言语交际时涉及的话题或议题跟政治问题有关，且在话题轮转时在语言文字表达上有经营努力，那么二者都有可能成为政治修辞的主体；如果一方在语言文字表达上有经营努力，而另一方没有经营努力，那么有经营努力的一方为政治修辞的主体，而没有经营努力的另一方则是政治修辞的受体。

下面我们来看一个例子：

晋侯复假道于虞以伐虢。

宫之奇谏曰："虢，虞之表也。虢亡，虞必从之。晋不可启，寇不可玩。一之谓甚，其可再乎？谚所谓'辅车相依，唇亡齿寒'者，其虞、虢之谓也。"

公曰："晋，吾宗也，岂害我哉？"

对曰："大伯、虞仲，大王之昭也。大伯不从，是以不嗣。虢仲、虢叔，王季之穆也，为文王卿士，勋在王室，藏于盟府。将虢是灭，何爱于虞！且虞能亲于桓、庄乎？其爱之也，桓、庄之族何罪？而以为戮，不唯偪乎？亲以宠偪，犹尚害之，况以国乎?"

公曰:"吾享祀丰洁，神必据我。"

对曰:"臣闻之，鬼神非人实亲，惟德是依。故《周书》曰:'皇天无亲，惟德是辅。'又曰:'黍稷非馨，明德惟馨。'又曰:'民不易物，惟德繄物。'如是，则非德，民不和，神不享矣。神所冯依，将在德矣。若晋取虞，而明德以荐馨香，神其吐之乎?"

弗听，许晋使。

宫之奇以其族行，曰:"虞不腊矣。在此行也，晋不更举矣。"

……冬，十二月丙子朔，晋灭虢，虢公丑奔京师。师还，馆于虞，遂袭虞，灭之。(春秋·左丘明《左传·僖公五年》①)

上引《左传》的这则历史记载，说的是这样一个故事:鲁僖公五年，晋侯(此指晋献公)再次向虞国请求借道以讨伐虢国。虞国大夫宫之奇听说此事，立即向虞公(虞国国君)进谏阻止，说:"虢国是虞国的战略屏障，虢国要是灭亡了，虞国就会随之而亡。晋国的野心不可助长，外敌的危险不可忽视。僖公二年晋国已经为了灭虢借道一次，我们借道一次已经很过分了，怎么还可以有第二次呢?俗话说:'车厢夹板与车是相互依存的，嘴唇与牙齿是互为表里的，没有嘴唇，牙齿就要受冻'，这说的就是虞国与虢国的相互依存关系。"虞公不以为然，回答说:"晋与虞都是姬姓同宗，难道会害我们吗?"宫之奇说:"太伯、虞仲都是太王(即周古公亶父)之子。太伯是嫡长子，因为不从父命，所以没有继承王位。虢仲、虢叔都是王季(即周文王之父)之子，是周文王的卿士，对周王室有功，功劳簿还藏在官府里。从历史上看，虢与晋的关系远比虞与晋的关系要亲。现在晋国连虢仲之后的虢国都要灭，它哪里还会爱我们虞仲之后的虞国呢?况且虞国能亲于晋献公的曾祖父桓叔、祖父庄伯吗?按道理，晋国应该是爱护桓叔、庄伯二族的。现在，桓叔、庄伯二族有什么罪过呢?却要遭到晋国杀戮，不就是因为地位尊崇而让晋献公感到自己的地位受到了威胁吗?对于至亲之人仅因其地位尊崇让他受到威胁就要加害，何况我们虞国是一个国家呢?"虞公对宫之奇的

---

① 左丘明. 春秋左传(上)[M]. 大连:大连出版社，1998:128. 特别说明:本书所引古文，除了限于客观条件而不得不转引自他人著作者，本人直接引自古书(包括现代排印的古书繁体版)的文字，都经过本人重新校对，校点与分段亦为本人所为，与所引之书有差异。以下同此，不再说明。

说法不以为然，说："我祭祀神灵的祭品丰盛洁净，神灵一定会保佑我的。"宫之奇见虞公听不进去，又开导说："臣听说有这样一句话：鬼神并不是亲近所有人，而是依附那些有德之人。所以《周书》里有句话说：'上天没有特定的亲近之人，而只辅助有德之人。'又说：'不是祭祀的黍稷有香气感动神灵，而是人君有德才香气远溢，感动神灵。'又说：'人们祭祀鬼神不必更换祭品，只有有德者的祭品，鬼神才会享用。'如此看来，若人君无德，那么人民不会亲附，鬼神也不会接受其祭祀的供物。鬼神所凭依的，只是人君的德行。如果晋国要并吞了虞国而修明道德，再以馨香的祭品祭鬼神，难道鬼神享用的东西还会吐出来吗？"但是，虞公仍然听不进宫之奇的谏言，最终还是答应了晋国的使者，同意借道于晋以伐虢。宫之奇觉得虞公不可救药，预计虞国必将灭亡，便带着全族之人离开了虞国，临行前对人说："虞国等不到腊祭那一天了。晋国之师灭亡虞国就在此次灭虢行动中，不用另外发兵了。"鲁僖公五年冬十二月初一，晋国攻灭了虢国，虢公丑出逃而至周都。晋国军队回师途中，驻扎于虞国，趁机袭击了虞国，将虞国灭了。

　　从这个故事，我们可以清楚地看出，宫之奇与虞公都是"职业政治人"，他们对话的议题是借道于晋国的问题，是关乎虢国与虞国生死存亡的大事，所以这个对话内容明显属于政治修辞。但是，从宫之奇与虞公的对话来看，宫之奇为了谏阻虞公借道于晋，在语言表达上付出了极大的经营努力，运用"引用"与"设问"手法，建构了很多"引用"修辞文本与"设问"修辞文本，以期借祖宗的嘴为自己代言，并通过反问的语气，提升谏止借道于晋的说服力。结合宫之奇的虞国大夫的政治身份，还有他跟虞公对话的话题属性，以及他为说服虞公在语言表达上的经营努力表现，我们可以确定作为交际者的宫之奇，在这次对话中属于政治修辞主体。但是，受交际者虞公却不是政治修辞主体。这是因为虞公虽是"职业政治人"，跟宫之奇对话的话题也属于政治议题，但他在跟宫之奇的对话互动中始终没有在语言表达上作出过经营努力，都是直来直去的寻常表达，没有在反驳或拒绝宫之奇谏说的过程中运用过任何修辞手法以提升其反驳或回绝的力度，而只是以权力的傲慢简单粗暴地予以回应。因此，在这场政治修辞中，虞公不是政治修辞主体，而只是一个政治修辞受体，属于受交际者的角色。

　　第二种情形是，如果交际双方都是"职业政治人"，言语交际时涉及的话题或议题跟政治问题有关，且在语言文字表达上有经营努力，那么二者都有可能成为政治修辞的主体和受体（表达时是主体，接受时是受体）。

下面我们来看一个例子：

司马景王东征，取上党李喜以为从事中郎。因问喜曰："昔先公辟君，不就；今孤召君，何以来？"

喜对曰："先公以礼见待，故得以礼进退。明公以法见绳，喜畏法而至耳。"（南朝宋·刘义庆《世说新语·言语第二》①）

上面的文字记载，说的是这样一个故事：司马师（即司马景王）出兵伐东吴时，以威逼手段胁迫上党人李喜为从事中郎（帝王的近侍官，相当于高级幕僚）后，曾不无得意地问李喜："以前，先公（指司马师之父司马懿）征召您，您不肯应召就职；如今孤下令传唤您，您怎么就来了呢？"李喜心知司马师这是在以势压人，虽然心理上极度厌恶，但迫于现实政治，也不能实话实说，遂婉转有致而又不卑不亢地回答道："先公以礼见待，故得以礼进退。明公以法见绳，喜畏法而至耳。"《世说新语》没有记载司马师听了李喜的话是什么反应，想必应该是羞愧难当，无地自容。

在这个故事中，交际者是司马师，受交际者是李喜。司马师的身份，众所周知，是三国曹魏时代权臣司马懿的长子，亦是司马懿死后曹魏政权的实际权力执掌者，具有卓越的军事才能，是西晋王朝的开创者与奠基人，既是晋文帝司马昭之嫡长兄，也是晋武帝司马炎之嫡伯父。西晋取代曹魏而一统天下后，被追封为景皇帝。李喜是曹魏时代的高士，颇负名望，司马懿操控曹魏时代朝政时，为了篡夺曹魏政权，培养自己的势力，就想拉拢李喜。但是，李喜早就看清了司马氏与曹氏斗争的残酷现实，于是就想回避，不愿卷入政治斗争旋涡。故此司马懿请他为官，他婉言谢绝了。当时，司马懿为了维持局面，还不敢公然迫害高士李喜，所以李喜能够推托掉司马懿所封的官职。但是，到了司马师时期，司马氏篡魏的野心已不再隐瞒了，迫害异己分子也变得公开化了。因此，在此情势下，司马师召命李喜出来做官，李喜就不敢再推托和拒绝，于是便成了司马师东征的幕僚。这样，也便有了上述故事中李喜与司马师的一番问答。从司马师与李喜的身份，我们可以清楚地见出，这场对话的交际双方都是政治修辞学意义上典型的"职业政治人"，他们的对话内容涉及的是司马懿与司马师二人对于网罗人才的态度，属于政治议题。因此，他们的对话明显具有政治修辞的性质。在这场政治对话中，交际双方互为交际者与受交际者（司马师说话时是交际者，李喜是受交际者；李喜回答时，李喜是交际者，司马师是受交际者），二人的一问一答之所以都显得非常耐人寻味，被《世说新语》记载下来成为历史佳话，乃是因为二人的问答都在语言表达上作了经营努力。司马师的问话："昔先公辟君，不就；今孤召君，何以来？"表面上是说："昔日我爹礼贤下士，对你礼遇有加，客客气气请你出山为官，你却不肯就任；今天我令人传召，你怎么就来了？"好像只是一个简单的疑问句，实际上并不是如此，而是运用"折绕"手法建构的一个修辞文本，表达的是这样一层意思："李喜，你为何敬酒不吃要吃罚酒，牵着不走，打着倒退？"很明显，这是以权力者的傲慢向德高者的清高示威。不过，这种示威意味由于表达得比较婉转，所以就显得不是那么咄咄逼人，而是略带一点脉脉温情，不失一个政治人物的风度。作为受交际者，李喜听懂了交际者司马师的话外音、弦外意。所以，当他随着话轮转换而成为交际者回答问题时，就展现出比司马师更高的政治修辞智慧。从修辞学的视角看，李喜对司马师问话的回答——"先公以礼见待，故得以礼进退。明公以法见绳，喜畏法而至耳"，也是一个运用"折绕"手法建构的修辞文本。乍听起来，这话说得似乎很客观、很中听；既回答了自己前后行为不一的原因，又歌颂了司马懿礼贤下士、司马师法治清明的圣武。[①] 其实，李喜话里有话，绵里藏针，这句话真正要表达的深层语义不是歌颂，而是讽刺、批评，饱含着对司马师作威作福、实行高压政治手段的血泪控诉。[②] 正因为如此，李喜的回答才会被传为政治修辞的佳话，被《世说新语》记载下来而流传千古。

从上述分析，我们可以清楚地见出，司马师与李喜都是政治修辞的主体，同时也是政治修辞的受体。因为他们同时符合了三个条件：一是他们都是"职业政治人"，二是他们对话的议题涉及政治问题，三是他们在语言表达上都作了经营努力（都运用了"折绕"修辞手法）。这三个条件决定了他们的对话具有政治修辞的属性，因而他们也就自然成为政治修辞的主体与受体。

---

① 参见：吴礼权．唇枪舌剑：言辩的智慧（修订版）[M]．广州：暨南大学出版社，2014：67.
② 参见：吴礼权．唇枪舌剑：言辩的智慧（修订版）[M]．广州：暨南大学出版社，2014：67.

第三种情形是，如果交际双方有一方是"职业政治人"，而另一方不是"职业政治人"，但是"非职业政治人"在与"职业政治人"的言语交际中主动作为，巧借某一政治话题或议题的交流而临时获得"角色政治人"的身份，且在语言文字表达上有所经营努力，那么"非职业政治人"就可以成为政治修辞的主体，而"职业政治人"则成了政治修辞的受体。

下面我们来看一个例子：

秦二世议欲漆京城，优旃曰："善，主上虽无言，臣固将请之。漆城虽于百姓愁费，然漆城荡荡，寇来不能上，固是良策；但漆物必用荫，城漆可办，顾难为荫室耳。"二世笑而止。（明·乐天大笑生《解愠编》卷十一①）

上引这则记载，说的是这样一个故事：秦二世一天突发奇想，想将京城咸阳油漆一遍。这当然是非常荒唐的想法，所以没有得到任何大臣的赞同。但是，伶人（供皇帝娱乐的弄臣）优旃却表示赞同，对秦二世说道："皇上的主意好！皇上即使不说，微臣也会坚决请求皇上这样做。油漆城墙，虽然对于百姓来说会增加点赋税负担，但是漆城荡荡，寇来不能上，这本来就是良策。不过，有一点，微臣要提醒皇上，漆城时必须让漆荫干，不能在太阳底下暴晒。所以，漆城不难，只是要找一个足够大的荫室！"②秦二世并不傻，一听优旃这话，立即明白了什么意思，遂大笑而作罢。

在这个故事中，秦二世是话题抛出者，从言语交际学的视角看，属于交际者；优旃是顺承秦二世话题的应接者，属于受交际者。从政治修辞学的视角看，秦二世是皇帝，当然是典型的"职业政治人"。优旃是伶人，不算"职业政治人"。但是，因为他跟秦二世对话，谈论的油漆京城的话题属于政治议题，所以在此特定的政治情境下获得了"角色政治人"的身份。作为"角色政治人"，优旃巧妙地利用话轮转换的机会，实现了由受交际者到交际者的身份转换（秦二世提出油漆京城时，秦二世是说话人，属于交际者；优旃是听话人，属于受交际者。优旃借机回应秦二世的提议时，则是说话人，属于交际者），利用自身的优伶身份，通过说笑的方式对秦二世漆城的荒唐计划予以谏止。但是，他的谏止不

---

① 转引自：吴礼权. 唇枪舌剑：言辩的智慧（修订版）[M]. 广州：暨南大学出版社，2014：111.
② 参见：吴礼权. 唇枪舌剑：言辩的智慧（修订版）[M]. 广州：暨南大学出版社，2014：111.

是直来直去，更非实话实说，而是在语言表达上作了经营努力，运用了"承转"修辞手法，先顺着交际者秦二世的意思，说漆城计划是个好想法，然后再逆转语义指向，指出漆城想法的荒唐性，表意婉转含蓄而又不失机趣，既照顾了秦二世的面子，又以滑稽诙谐的表达娱乐了秦二世，让秦二世愉快地接受了其谏议，从而顺利实现了自己预期的政治修辞目标（谏止秦二世的漆城计划），由此在历史上留下了一段政治修辞的佳话。

由上述分析，我们可以清楚地见出，伶人优旃虽然不是"职业政治人"，但是在与"职业政治人"秦二世交际沟通的特定政治情境下临时获得了"角色政治人"的身份，同时谈论的话题又具有政治谏议的性质，提出谏议时在语言表达上作了经营努力（运用了"承转"修辞手法），达到了预期的政治修辞目标，因此，在跟秦二世的政治对话中，优旃作为受交际者成为政治修辞主体。而秦二世作为交际者，则在话轮转换中变成了受交际者，成为政治修辞的受体，而没能成为政治修辞的主体。之所以如此，是因为他虽是"职业政治人"，对话的议题（漆城）也具有政治属性，但在对话中他没有在语言表达上作出过经营努力，因此他的表达不是修辞，自然也不能成为政治修辞主体。

由上面的论述，我们可以清楚地见出，政治修辞主体与政治修辞受体是两个具有特定内涵的学术概念。政治修辞受体，是相对于政治修辞主体而存在的。因此，成为政治修辞学意义上的政治修辞受体并不难。只要他是一个"职业政治人"或是"角色政治人"，在跟政治修辞主体（交际者）进行言语交际时交际内容涉及政治话题或议题，且能理解（听懂或读懂）政治修辞主体（交际者）政治修辞的微言大义，那么他就可以成为一个合格的政治修辞受体。但是，要想成为政治修辞学意义上的政治修辞主体，则必须同时具备三个条件：首先是必须具备"政治人"（包括"职业政治人"或"角色政治人"）的身份，其次是跟具有"政治人"身份的受交际者交流沟通（包括口头或书面）的内容必须涉及政治议题或话题，再次是在跟受交际者交流沟通时必须在语言文字表达上作出过经营努力。之所以强调要具备"政治人"的身份，是因为只有具备了"政治人"的身份，交际者与受交际者谈论的政治议题或话题才会通过参与交际的"政治人"对现实政治生活产生影响；强调交流沟通的内容必须涉及政治议题或话题，是因为内容与政治无关，就不具备政治修辞的属性；强调在语言文字表达上的经营努力，是因为没有语言文字表达上的经营努力，就谈不上修辞。而谈不上修辞，自然也就不能成为政治修辞。

综上所述，我们可以发现，政治修辞主体，可以是某次政治修辞活动中的交际者，也可以是受交际者，还可以是交际者与受交际者双方。交际者是政治修辞主体的，如前文我们举到的宫之奇谏借道之例，主动向虞公（虞国国君）进谏，阻止其借道于晋以伐虢的宫之奇是交际者，同时也是政治修辞主体（受交际者虞公虽是"职业政治人"，但他在对话中没有在语言表达上作出过经营努力，不是修辞者，自然也就不是政治修辞主体，而只能是政治修辞受体）。受交际者是政治修辞主体的，如前文我们举到的优旃谏止秦二世漆城之例，对秦二世漆城计划提出反对意见的优旃（伶人，在与秦二世对话中获得"角色政治人"身份）本来是受交际者，但在进谏过程中，经由话轮转换而从受交际者转换成交际者，最终成了政治修辞主体。而原来提出漆城计划的交际者秦二世，虽然是典型的"职业政治人"，但他提出漆城计划时没有在语言表达上作出过经营努力，不是修辞者，自然也就不是政治修辞主体。交际双方都是修辞主体的，如前文我们举到的司马师与李喜的对话之例，交际者司马师与受交际者李喜都是"职业政治人"，谈论的话题涉及政治问题，二人表情达意时都在语言表达上作出过经营努力，所以二人都是政治修辞的主体（司马师是第一话轮中的政治修辞主体，李喜是第二话轮中的政治修辞主体）。

上文我们说过，政治修辞受体的确认，相对来说比较简单。政治修辞主体的确认虽然有点复杂，但根据上文提出的三个标准，也是可以清楚界定的。不过，还有一点值得指出，那就是作为政治修辞文本（包括口头与书面）的建构者，政治修辞主体事实上还存在"有定"与"未定"两种情况。

"有定政治修辞主体"，是指政治修辞文本（包括口头与书面）的建构者是确定的，是某一个具体的、个体的人。如上文我们举到的谏说虞公借道于晋的宫之奇，暗讽司马师专制的李喜，嘲讽秦二世漆城荒唐的优旃，都是"有定政治修辞主体"，因为他们都是特定政治情境下政治修辞文本（包括口头与书面）的确切建构者。

"未定政治修辞主体"，是指政治修辞文本（包括口头与书面）的建构者是不确定的。如《后汉书·五行志（一）》记载的汉末民谣"直如弦，死道边；曲如钩，反封侯"，是以"映衬"手法建构的政治修辞文本，抒发的是对汉末社会黑白颠倒的现实政治世情的无奈之情。又如《后汉书·五行志（一）》所载民谣

"千里草，何青青；十日卜，不得生"，是以"析字"手法建构的政治修辞文本，是对乱国者董卓（"千里草"是"董"字的析分，"十日卜"是"卓"字的析分）的诅咒。又如元末民谣"石人一只眼，挑动黄河天下反"，是以"协律"手法建构的政治修辞文本（"眼"与"反"押韵协调），是鼓动民众起来造反，推翻元朝腐朽统治的。再如1915年民谣"大总统，洪宪年，正月十五卖汤圆"，是以"双关"手法建构的政治修辞文本，表达了广大中国人民对袁世凯冒天下之大不韪，公然废除中华民国体制，恢复帝制的愤怒之情（"汤圆"又称"元宵"，谐音"袁消"，即袁世凯消灭）。以上这些民谣都是典型的政治修辞文本，但是它们的建构者的身份都难以确切认定。之所以会发生这种情况，是因为在中国封建时代言论极其不自由，发布不利于统治者的政治言论往往会因言获罪，遭遇政治风险甚至生命危险。所以，一些抒发对现实政治不满或是鼓动造反的民谣，往往以无名的形式在民间流传，很难确切认定其文本建构者。事实上，这类政治修辞文本往往不是由某一个个体独立建构出来的，而是由众人集体创作的，或是文本建构出来后在流传过程中又经他人加工润色，因而文本的建构者就变得更加复杂了。诸如此类的政治修辞文本的建构者，就是我们所说的"未定政治修辞主体"。

第五节　政治修辞情境

"政治修辞情境"也是一个具有特定内涵的学术概念，特指在政治交际活动中对实现特定政治修辞预期目标有直接影响作用的时空人文环境。具体包括政治交际活动中所涉及的人、时、地等环境因素。

前文我们说过，"政治修辞"是政治人为了达到特定的交际目的而应合题旨情境，发挥创意造言的智慧，有效调动语言资源，动用一切有效的表达手法，为实现达意传情效果最大化而在语言文字经营上所作的一切努力。从"政治修辞"这个定义我们就可以清楚地看出，政治人在政治交际活动中之所以要在语言文字表达上经营努力，目的是实现达意传情效果的最大化，从而达到特定的政治交际目的。而要达到这一目的，作为交际者的政治人除了在语言文字表达上经营努力之外，首先必须牢固确立两个意识：一是"应合题旨"，二是"应合情境"。如果不能牢固确立这两个意识，那么他在语言文字表达上的一切经营努力都是毫无意义的，其政治修辞必然是失败的。

"应合题旨"，就是围绕交际的中心主旨，时刻牢记交际的任务。这一点，对于任何一个思维正常的交际者，包括具有特定身份的"政治人"，都是容易做到的。但是，有时也不尽然。下面我们来看一个例子。

陶谷使吴越，忠懿王宴之，因食蝤蛑，询其族类，忠懿命自蝤蛑至蟛蜞，凡取十余种以进。谷曰："真所谓一蟹不如一蟹。"宴将毕，或进葫芦羹相劝，谷下箸，忠懿笑曰："先王时，庖人善为此羹，今依样馔来者。"谷一语不答。（明·何良俊《语林·排调第二十七》[①]）

上引这段记载，说的是这样一个故事：陶谷奉宋太祖赵匡胤之命出使吴越国，吴越王钱俶（即忠懿王）设宴盛情款待。吴越国地处江南水乡，多江多湖且临海，因此不仅淡水鱼虾丰富，而且海鲜水产品也很多。大概是考虑到陶谷是北国人，没有机会品尝到南国的海鲜，为了表达对大宋特使陶谷的尊崇之意，同时也为了借此表示吴越国跟大宋的友好关系，吴越王钱俶极尽地主之谊，让御厨准备了很多高级海鲜，让陶谷大开了眼界。食至蝤蛑（一种青蟹）时，陶谷因不曾见过此物，遂忍不住问起蝤蛑的名称及其同类海鲜的情况。吴越王钱俶一一为其热情介绍，并令御厨从蝤蛑到蟛蜞（亦为蟹类）连续呈上了十多种。没想到，吃着吃着，陶谷突然当着吴越王钱俶的面，感慨地说道："真所谓一蟹不如一蟹！"吴越王钱俶虽然听懂了陶谷的话外音是在贬低自己与吴越国一代不如一代，但是为着吴越国与大宋友好合作的大局，他还是忍住没发作。但是，到宴会快结束时，他特意让御厨上了一道葫芦羹，并殷勤地向陶谷介绍说："这葫芦羹是先王时御厨最拿手的汤羹，今日让御厨依样做来。"陶谷听了吴越王钱俶这话，原来的嘚瑟顿时不见，低头一言不发。[②] 原来，是吴越王巧妙地借葫芦羹揭了他的旧伤疤。因为陶谷曾向宋太祖邀功请求升官，结果被宋太祖拒绝，并嘲讽他只能写写诏书之类的东西，都是依样画葫芦，根本没有什么才学。

从上述故事，我们可以清楚地看出，陶谷作为宋太祖派往吴越国的特使，在

---

① 转引自：吴礼权. 言语交际与人际沟通 ［M］. 2 版. 广州：暨南大学出版社，2016：18.

② 参见：吴礼权. 言语交际与人际沟通 ［M］. 2 版. 广州：暨南大学出版社，2016：18 – 19.

与吴越王钱俶的外交活动中彻底失败了，不仅有辱大宋王朝的国家使命，而且也使自己受辱蒙羞。那么，为什么会有这个结果呢？这是因为他作为代表大宋王朝的使者，在执行外交使命时没有牢记此次出使吴越国的使命，在跟吴越王的交际沟通中没有时刻围绕大宋与吴越国友好合作的政治修辞目标，也就是没有牢固树立"应合题旨"的意识。虽然陶谷出使吴越国，在正史与野史（包括上引这个故事）中都没有明确的时间记载，我们不知道是在宋太祖平江南之前还是之后，但是，不论是在平江南之前还是之后，陶谷作为大宋使臣出使到吴越国，面对吴越王钱俶热情的宴请，却说出"一蟹不如一蟹"的话，不论是从表层语义看，还是从深层语义看，都是有失身份的，而且是有失厚道的。因此，我们认为，作为交际者，陶谷的言语交际非常不得体，完全忘记了此次吴越国之行的使命，忘记了与吴越王钱俶进行"人际沟通"的目标，压根儿就是文人好逞口舌之快劣根性的暴露。[①] 如果上述陶谷出使吴越国的故事发生于宋太祖平江南之前，那么宋太祖派他出使的目的肯定是为了结交吴越王钱俶，希望在即将开始的平江南战争中能够得到吴越国的策应。也就是说，在此前提下，交际者陶谷与受交际者钱俶所要达成的人际沟通目标就是友好增信。[②] 如果上述陶谷出使吴越国的故事发生于宋太祖平江南之后，那么吴越王钱俶作为平江南之役有大功者，交际者陶谷受命出使吴越国，就应该是带着致谢的目的而来的。也就是说，在此前提下，交际者陶谷与受交际者钱俶所要达成的人际沟通目标就是致谢固好。[③] 由此可见，作为政治人（交际者）的陶谷无论是在何种情况下出使吴越国，他所要达成的政治交际的目标都是向受交际者（吴越王钱俶）示好，而不是嘲讽。[④] 正因为没有牢固树立"应合题旨"的意识，作为政治人的陶谷才会在与吴越王钱俶的外交活动中忘记了出使的使命，以致外交失利，还因失言而使自己人格蒙羞。

"应合情境"，相对于"应合题旨"，明显要难得多，因为它涉及的方面很多，包括人、时、地等环境因素，所以尤其需要交际者用心体会、准确把握。政治修辞学上所讲的"应合情境"，简单地说，就是要求政治人（包括职业政治人与角色政治人）在政治交际活动中必须适应政治交际活动当下的人、时、地等时空人

---

① 参见：吴礼权. 言语交际与人际沟通［M］. 2 版. 广州：暨南大学出版社，2016：21.
② 参见：吴礼权. 言语交际与人际沟通［M］. 2 版. 广州：暨南大学出版社，2016：21.
③ 参见：吴礼权. 言语交际与人际沟通［M］. 2 版. 广州：暨南大学出版社，2016：22.
④ 参见：吴礼权. 言语交际与人际沟通［M］. 2 版. 广州：暨南大学出版社，2016：22.

文环境。具体地说，就是要充分掌握政治交际活动中所要面对的交际对象（即受交际者）的背景（包括其身世、职业、文化程度、爱好、性格及其心理特点），准确把握政治交际活动当下的特定时机（包括特定的时代大背景与特定的当下小背景），高度贴合政治交际当下的特定场合。通俗地讲，就是要求政治人（交际者）在政治交际活动中"看对象说话""见时机说话""分场合说话"。如果做不到这三点，那么政治人（交际者）在语言文字表达上所作的一切经营努力都是无效的，是无用功。比方说，我们上面举到的陶谷与吴越王钱俶的外交博弈（政治修辞的另一种表现形式），就是一个非常好的例子。

陶谷之所以失败，究其原因，除了上面我们所说的在"应合题旨"方面出了问题，还有一点就是在"应合情境"方面犯了大错，在跟受交际者钱俶的政治交际活动（外交是政治的延伸）中没有适应交际活动（国宴招待）当下的人、时、地等时空人文环境，即既未考虑到受交际者钱俶这一特定的交际对象的背景及其心理，也未考虑到交际当时的时机（国宴）与场合（身在吴越国）。事实上，陶谷之所以会借吃蟹而贬低吴越王钱俶及其吴越国，是因为他并不完全了解吴越王钱俶的背景与作为，而是想当然地认为钱俶只是一个无所作为的小国之君。其实，吴越王钱俶是一位非常有识见、有道德、有才能的明君。史载，吴越王钱俶（929—988），初名弘俶，字文德，是"吴越王钱镠之孙，钱元瓘第九子，忠逊王钱倧之弟，是五代十国时期吴越国最后一代国君。十多岁即任内衙诸军指挥使、检校司空。还外放做过地方官，曾为台州刺史。后晋开运四年（947）六月忠献王钱佐病逝，钱倧继位后，钱俶从台州被诏回，参与主持相府工作。但是，忠逊王钱倧继位不足一年，就在同年十二月三十日夜宴将吏时被三朝宿将胡进思发动政变而废黜。这样，钱俶就被推到了国君的位置上。但钱俶并不情愿，再三谦让后，才勉强于第二年（948）继位为吴越国之君。从此开始了长达三十年的执政生涯。在继位为吴越国之王前，钱俶已有足够的从政历练，曾先后任太师、尚书令兼中书令，累授天下兵马大元帅，为元帅三十五年。赵匡胤发动'陈桥兵变'而建立大宋后，钱俶曾出兵策应了宋军平定江南的军事行动，为功甚巨。江南平定后，钱俶虽入朝表贺，但仍为吴越国之王。宋太宗太平兴国三年（978），钱俶洞悉天下将归于一统的大势，乃主动献吴越国所辖十三州归宋。宋太祖、宋太宗两代君主都对钱俶恩礼甚厚，并累封其为邓王。作为一代国君，钱俶不仅执政颇有政绩，使吴越国成为当时的南方强国，而且为人也深受人敬重，胡进思发动政变废黜忠逊王钱倧后，他几次要求胡进思务必保全其兄性命，并预先做好准备，挫败了胡进思派刺客暗杀忠逊王钱倧的阴谋。另外，钱俶还是一位颇有才学的国君，颇知书，雅好吟咏，有《政本集》传世。可见，钱俶无论是事功，还是识见，或是做人，都是值得称道的，不失为一代明主"。①

作为宋太祖的特使，作为跟吴越王钱俶进行政治交际的交际者，陶谷如果事先对吴越王钱俶的上述为政、为人的背景有充分了解的话，相信他是不会也不敢跟吴越王说"一蟹不如一蟹"的话。他在受到吴越王钱俶的盛情招待之后说出侮辱吴越王钱俶的话，就说明他事先没有做好功课，没有对吴越王钱俶的身世背景与为人等方面有一个充分的了解，以致没有适应政治修辞情境对"人"之因素的要求，犯了没有"看对象说话"的错误。其实，除了没有"看对象说话"外，陶谷在跟吴越王的政治交际中也没有做到"见时机说话"。前文我们说过，如果陶谷这次出使吴越国是在宋太祖平江南之前，那么就是有求于吴越王钱俶，是为求援而来。在这样一个特殊的时机，侮辱与得罪吴越王钱俶，明显是非常不明智的。如果是在平江南之后出使，那么就是代表宋太祖来向吴越王钱俶表达谢意的。在这样一个时机，侮辱吴越王钱俶，那就更显得不近人情，有失做人的厚道。很明显，无论是哪种情况，作为出使吴越国的政治人，作为受吴越王盛情招待的交际者，陶谷在接受了吴越王钱俶的盛情招待之后说出"一蟹不如一蟹"的话，都是其政治修辞行为失当的表现，没有适应政治修辞情境对"时"之因素的要求，犯了没有"见时机说话"的错误。除此，作为政治交际活动中的交际者，陶谷还犯了一个错误，就是没有适应政治修辞情境对"地"之因素的要求，犯了没有"分场合说话"的错误。虽然宴请不是正式的政治场合，但是吴越王钱俶与陶谷的身份特殊，设宴的目的特殊（招待宋太祖特使），这就使吴越王钱俶招待陶谷的这场海鲜宴具有了鲜明的政治色彩，所以宾主饮宴的空间便成了外交活动的场合。在这样的场合，陶谷作为客人，在享用了主人吴越王钱俶的海鲜宴后，撇开政治与外交不谈，即使是按照日常修辞来看，依据人之常情，交际者陶谷也应该向受交际者吴越王钱俶表达感谢之意。在中国传统文化的情境下，宴请吃饭自古以来就是一种具有象征意义的交际行为。吴越王钱俶是一国之君，陶谷是大宋特使，自然这场饭局就更具政治涵意了，食案杯盏之间便是政治的场域。很明

---

① 参见：吴礼权. 言语交际与人际沟通 [M]. 2 版. 广州：暨南大学出版社，2016：20 – 21.

显，在这样一个特殊的场合，作为政治人与交际者的陶谷，即使觉得吴越王钱俶招待的海鲜不合胃口，也应该出于礼节地表达感谢之意，而不应该当场说出"一蟹不如一蟹"这样别有用意的话，既否定了主人吴越王钱俶盛情招待的善意，又侮辱了其人格。可见，陶谷完全违背了政治修辞情境对"地"之因素的要求，犯了没有"分场合说话"的错误。正因为陶谷作为交际者在与吴越王钱俶的政治交际中没有适应政治修辞情境的要求，在人、时、地三个情境要素的把握上都犯了致命的错误，所以给了受交际者吴越王钱俶反唇相讥的机会，不仅在外交上失利，有辱大宋特使的使命，还自取其辱，被吴越王钱俶揭了旧伤疤，使其读书人的斯文丧失殆尽。

与陶谷相反，吴越王钱俶在跟陶谷的政治交际中则非常好地适应了政治修辞情境的要求，在人、时、地三个情境要素的把握上都做得非常出色。首先，在对"人"之情境要素的把握上，吴越王钱俶表现得最为出色。当陶谷以蟹为喻，讥讽吴越国国君一代不如一代时，他作为君王竟然没有立即发作，而是隐忍，这是因为他早已了解了陶谷文人无行的老底，所以他不必急着以君王之威挫其锐气，而是优雅地待客到席终，通过最后上葫芦羹之举，在不露痕迹中云淡风轻地对其老底略加了提点，使陶谷的人格尊严顷刻间崩塌了。这是吴越王钱俶的过人之处，也是他作为政治人善于把握政治修辞情境中"人"之要素的表现。史载，陶谷（903—970），本姓唐，字秀实，因避后晋开国皇帝石敬瑭名讳而改姓陶。邠州新平（在今陕西境内，治所在今彬州）人。他在中国历史上之所以有名，固然与他的学识有关，但更与他会做官有关。他历仕四朝，屹立不倒，而且官还越做越大。他走上仕途是在后晋，在石敬瑭手下混事时，曾先后任著作佐郎、集贤校理、监察御史、虞部员外郎、知制诰等职。石敬瑭死后，在晋出帝（又称少帝）朝中，先后出任仓部郎中、太常少卿、中书舍人等职。过了三年，刘知远代晋，建立后汉政权，陶谷又在新朝担任给事中。又过了四年，郭威代汉，建立了后周政权，陶谷再转东家，在太祖郭威手下又做起了右散骑常侍。又过了三年，郭威死，柴荣继任为后周之帝，死后庙号曰世宗。陶谷在世宗时，先为户部侍郎，后为翰林学士。后因论"平边策"为世宗赏识，调任兵部侍郎，又加翰林承旨。又过了不久，世宗又加其为吏部侍郎。按理说，世宗待陶谷不薄，陶谷当报其知遇之恩。但是，结果不然。显德六年（959），世宗柴荣因病驾崩，其子柴宗训继任为帝，死后庙号曰"恭帝"。恭帝年幼，由符太后代摄政事。第二年，即显德七年（960 年，恭帝还没来得及改年号），时任后周殿前都点检的赵匡胤，见符太后与恭帝孤儿寡母尚不能驾驭局面，觉得有机可乘，遂在部将石守信、赵普等人的暗中策划下，谎报军情，说北汉与辽会师南下，欲攻大周，请求符太后发兵北上防御。符太后不知是计，乃允赵匡胤之奏请。可是，兵出大梁（即今之河南开封），行军至陈桥驿（在今河南封丘东南）时，赵匡胤却授意部下为其披上黄袍，拥立他为皇帝。这便是历史上著名的"陈桥兵变"。兵变成功后，赵匡胤要想坐上皇帝宝座，按照中国封建时代的规矩，还得履行一个手续，这便是要举行一个禅让大典。这事来得突然，加上赵匡胤及其手下一帮兄弟如石守信之流都是武夫出身，他们不知道怎么办禅让大典。符太后是女流之辈，周恭帝还是个孩子，他们也不知道这些事。这样，到了黄道吉日，禅让大礼举行之时，竟然在位者与篡位者都没有人想到要准备一份禅文。结果，禅让大典开始后，大家都懵了，赵匡胤就更是尴尬。就在这关键时刻，陶谷从容不迫地从怀里掏出一份早就替周恭帝拟好的禅让诏书，帮助赵匡胤演完了一场戏，使其顺利坐上了皇帝的宝座。赵匡胤坐上皇帝宝座后，建立了新朝宋。陶谷自以为是新朝功劳最大的人，所以就有些居功自傲，曾跟人说自己的头骨相法不同寻常，命中当戴貂蝉之冠，意谓将得到宋太祖赵匡胤的重用。哪知这话传到赵匡胤耳中，更引起了赵匡胤的反感。因为在禅让大典上陶谷代周恭帝拟禅位诏书的事，已让他打心眼里鄙视陶谷的为人。所以，赵匡胤就跟别人说："翰林草制，皆检前人旧本，俗所谓依样画葫芦耳！"意思是说，翰林学士拟诏书只是照抄前代公文而已，并无创见，就像俗话所说的"照葫芦画瓢"而已。这话传到陶谷耳里，陶谷差点气死。他没想到，赵匡胤不仅不报答自己的拥立之功，竟然还这样糟蹋自己。陶谷生了几天闷气，又奈何不了赵匡胤，遂在画堂（宫中殿堂）之上题了一首自嘲诗曰：'官职须从生处有，才能不管旧时无。堪笑翰林陶学士，年年依样画葫芦。'赵匡胤见了，当然知道他这是在发牢骚，遂一笑了之，未升其官职，只是改任他为礼部尚书，仍依前为翰林承旨，充任皇帝机要秘书的角色。[①] 由此可知，陶谷的人品确实是不值一论。他被宋太祖赵匡胤看不起，也不是没道理的。正因为吴越王钱俶事先做了功课，对陶谷为官无品、为人无行的老底都有所了解，所以当陶谷以蟹为喻讥讽他时，他能将宋太祖讥讽陶谷"依样画葫芦"的典故信手拈来以反唇相讥，让

---

① 参见：吴礼权. 言语交际与人际沟通 ［M］. 2 版. 广州：暨南大学出版社，2016：19 - 20.

陶谷瞬间人格崩塌，尊严全无。对于政治修辞情境"时"之要素的把握，吴越王钱俶做得也相当好。他引宋太祖赵匡胤讥讽陶谷"依样画葫芦"的典故，不是在陶谷讥讽他"一蟹不如一蟹"的当时，而是等到上葫芦羹之时，这样就显得自然而然。这其实是刻意选择时机，是其作为"政治人"有意识地适应政治修辞情境之"时"的要求。同时，吴越王钱俶讥讽陶谷"依样画葫芦"的话，从说话的地点来看是在宴席之上，是非正式的外交场合，且紧密结合了上汤羹的时机，这又可以看作是有意识地适应政治修辞情境之"地"的要求，使讥讽显得适得其所，少了为讥讽而讥讽的嫌疑，既为陶谷留了颜面，又凸显了自己作为一国之君的优雅风度。

通过上例的分析，我们可以清楚地发现，适应政治修辞情境的要求，是政治人在政治交际活动中取得政治修辞成功的关键。正因为如此，我们研究政治修辞学，就必须重视对"政治修辞情境"这一概念的界定。否则，就无法对政治修辞文本进行分析。中国有句古话："工欲善其事，必先利其器。"我们研究一门学问，特别是要建立一门全新的学科，要想使所建构的理论体系严密完善，第一步就应该对相关的学术概念（术语）作出清楚明白的界定。只有如此，我们的理论分析才能有自己得心应手的"工具"，我们的理论阐释才有其基本的立足之基。

第六节 政治修辞学

政治修辞学，顾名思义，就是一门研究政治修辞现象及其规律的学问。它涉及对政治人（包括职业政治人与角色政治人）的政治修辞行为进行观察与分析，对古往今来、古今中外政治人政治修辞实践的成功经验与失败教训进行分析与总结，对政治人在政治修辞活动中所要适应的题旨情境因素进行研究，提炼政治修辞的有效技巧，总结政治修辞的基本原则。

除此之外，政治修辞学研究还应对诸如"理想政治"与"现实政治"的矛盾，"政治修辞"与"人格定位"、"政治人"与"自然人"的分野，"政治人"的政治修辞与情绪控制等理论问题予以探讨。为了保证研究的科学性与学术体系的严密性，政治修辞学的研究还要对政治修辞的相关学术概念予以界定，对政治修辞学研究的方法予以思考，确定适合的政治修辞学研究方法，确立一个可行的政治修辞文本分析范式，以期建立起一个从理论架构到文本分析、案例解剖的完整的政治修辞学学科体系，为政治修辞学这门新生的学科发展奠定坚实的基础。

第二章
内容、方法与意义

政治修辞学是一门全新的学科，也是迄今尚未开拓的学术研究领域，专业的学术研究成果目前尚未见到，当然更无可以依傍的现成学术体系。为此，除了在第一章对政治修辞学所要涉及的基本概念进行界定外，还要在这一章对政治修辞学研究所要涉及的内容，所要运用到的方法，以及研究政治修辞学的意义作一个清楚明确的交待。

第一节　政治修辞学研究的内容

政治修辞学所要研究的内容，从理论上说，涉及的面是很广的，我们不可能在本书中都一一论述到。但是，从实践上看，如下七个方面的内容是我们任何从事政治修辞学研究的学者都不可回避的。下面我们就此略而述之。

一、政治修辞主体与受体

这是政治修辞学研究最基本的问题，也是研究的原点或曰起点的问题，属于政治修辞学研究的题中应有之义。从言语交际学的视角看，政治修辞的主体与受体跟交际者与受交际者是一个性质。但是，从政治修辞学的视角看，并非所有的交际者与受交际者都能成为政治修辞的主体与受体。从政治修辞的实践看，无论是要成为政治修辞的主体，还是成为政治修辞的受体，事实上都是要具备一定条件的。政治修辞的主体与受体，既跟交际双方的身份角色有关，又跟其言语交际的话题性质有关，还跟交际双方为实现达意传情效果最大化而在语言文字表达上的经营努力有关。因此，职业政治人未必都能成为政治修辞的主体或是受体，非职业政治人在特定政治情境的加持下也未必不能反客为主而成为政治修辞的主体，或是成为合格的政治修辞受体（对此我们在第一章中已经有所论述）。可见，什么样的人能够成为政治修辞的主体或受体，什么样的人不能成为政治修辞的主体或受体，是需要我们认真予以研究并加以厘清的。

二、政治修辞情境

这是政治修辞的核心问题之一，当然亦是政治修辞学研究的题中应有之义。前文我们已经说过，政治修辞情境，是特指在政治交际活动中对实现特定政治修辞预期目标有直接影响作用的时空人文环境。其中包括政治交际活动中所涉及的人、时、地等环境因素。政治修辞研究之所以要关注人、时、地等环境因素，乃是因为政治修辞是一种言语行为，是政治人为了达到特定的交际目的而应合题旨情境，发挥创意造言的智慧，有效调动语言资源，动用一切有效的表达手法，为实现达意传情效果最大化而在语言文字经营上所作的一切努力。可见，政治修辞是一种"有所为而为"的言语行为，具有极强的目的性。正因为如此，政治修辞的主体（政治人）在实施政治修辞行为时，必然要考虑到政治交际活动中所涉及的人、时、地等情境因素。

人的因素，就是考虑"是跟谁说话"，解决的是"看对象"问题。我们都知道，政治修辞是一种具有特定预期目标的言语行为，因此交际者（政治人、政治修辞主体）的言语交际不是自说自话，而是直面受交际者（政治人、政治修辞受体）而进行的。为了使受交际者听得懂、听得进，交际者势必在交际进行之前就要对受交际者的背景（包括身世、职业、文化程度、爱好及其个性特点等）有所了解。同时，还要在交际进行的当下对受交际者的心理状态有所把握。只有这样，才能有的放矢，选择恰当而有效的表达手法，实现达意传情效果的最大化，进而实现其政治修辞的预期目标。中国有句俗话，叫作"见人说人话，见鬼说鬼话"，说的正是这个道理。

时的因素，就是考虑"在什么时机说话"。政治修辞虽属言语交际活动，但毕竟跟一般的言语交际活动有所不同。因为涉及政治问题，言语行为的后果具有较大的社会效应，什么话在什么时间节点说比较好，在什么时间节点说不好，其实都是很有讲究的。下面我们看一个例子：

刚刚！安倍晋三宣布辞职，因溃疡性结肠炎复发

腾讯新闻　https：//new.qq.com/rain/a/20200828A0I2HY00　2020－08－28

　　8月28日，北京时间16：00，日本首相安倍晋三在官邸召开记者会，宣布自己辞去首相一职，理由是"发现旧疾溃疡性结肠炎复发，为避免个人健康状况影响执政，决定辞去日本首相的职务"。安倍表示不设临时代理，任职到选出下一任首相为止。

　　事实上，这并不是安倍第一次因为身体状况而辞职。作为一名溃疡性结肠炎患者，他已经被这种疾病折磨了几十年，工作时需要频繁"跑厕所"。

　　上述新闻报道中，提到了当事人安倍晋三辞职的原因。其实，安倍晋三的溃疡性结肠炎据他自己说早在17岁时就有了。但是，在他从政几十年间却始终没有公开向日本民众清楚说明过，只是在2007年9月第一次出任首相不到一年而突然辞职时才曝出病因。但是，2012年12月再度拜相后又不再提起了。这并不是说他第二次拜相后身体就没有问题了，而是因为他是政治人物，身体健康是敏感的政治议题，跟其参政执政的合理性有着必然的联系。如果安倍晋三当年进入政坛之初就暴露了其身体问题，那么就不会有第一次拜相之事的发生。而没有第一次的拜相，自然也就没有第二次拜相的事实存在。2020年8月14日，安倍晋三在带病执政长达七年半之后，先后于6月与8月两次到庆应义塾大学医院体检，第二次体检因为长达七个半小时，引起了媒体与民众的广泛注意与猜测。但是，事后安倍晋三却没有向媒体与民众说明情况。2020年8月24日安倍晋三第三次前往庆应义塾大学医院，对外说明的理由是听取体检结果。但是，出来后却没有向媒体与民众报告结果。之所以不报告结果，后来的事实证明，这是安倍的政治算计。据观察者网报道："8月23日，日本首相安倍晋三自第二届内阁成立以来的连续在任天数达到2 798日，与日本前首相佐藤荣作并列。24日，安倍刷新历史纪录，超越佐藤荣作，成为日本连续执政时间最长首相。"众所周知，佐藤荣作是安倍晋三的外叔公，也是安倍晋三崇拜的政治偶像。安倍选择在连续执政时长

刚刚超过佐藤荣作的 8 月 24 日再次入院体检（或曰接受体检报告），明眼人都看得出来是有政治深意的。早已知道自己病因的安倍在 8 月 24 日从医院出来后，仍然没有向媒体与民众报告病因。可见，这一切都与政治有关。到了 8 月 28 日，安倍晋三突然召开记者会，公布了病因，并宣布辞职。从新闻传播学的视角看，安倍晋三 8 月 28 日公布病因并宣布辞职只是一个新闻事件。但是，从政治学的视角看，则不是那么简单了，它有太多的政治算计与考量。因为此时日本新冠病毒肺炎疫情正处于反弹时机，政府民意支持度下滑，日本经济严重衰退，因疫情而延后的 2020 年奥运会是否能够举行存在着越来越多的不确定性，内政外交的诸多困境短期内看不到解决的可能性，因此在连续执政时长成为日本历史之最的时刻，安倍以旧疾复发，不想因为自己的身体原因而影响国家的决策为由宣布辞职，可谓是既合乎人情常理，又具有政治道德的高度。因为这一说辞既顺利实现了安倍早已盘算好的"借坡下驴"计划，不失体面地在政治高光时刻全身而退，为其日后的东山再起预留了空间（安倍在记者会上明言辞去首相职务后继续留任议员职位），又巧妙地遮蔽了其对继续执政不确定性后果的恐惧，使其事实上的政治逃亡变身为完美优雅的政治谢幕。从政治修辞学的视角看，安倍晋三在 2020 年 8 月 28 日公布自己的病因并宣布辞职的决定，适应了政治修辞情境的需要，在"时"的选择上最为恰当。如果选择在 8 月 14 日第一次入院体检后透露自己的病因，他就有迫于政治与舆论压力而被迫提前辞职的风险。这样，他就不能实现其成为日本历史上连续执政时间最长的首相的政治夙愿。如果选择在 8 月 24 日再次入院后就向外界说明病因，则又会被人解读为他是有意要在超过佐藤荣作连续执政时长后才向日本民众报告病情。这样，他在政治上就失去了应有的道德高度，无疑是断送了其日后东山再起的希望。由此可见，安倍晋三选择在 2020 年 8 月 28 日召开记者会对外界说明病因并宣布辞去首相之职，是基于政治修辞情境的"时"之因素。事实上正是对"时"之因素把握得恰到好处，安倍的第二次辞相得以彻底摆脱第一次辞相时的被动与尴尬，从而创造了一种政治谢幕的优雅模式，成为政治修辞的范本。直至今日，无论是政治界，还是舆论界，几乎没有多少人对安倍第二次辞职的说辞提出质疑，就足以说明这一点。

"地"的因素，就是研究"在什么场合说话"的问题。前文我们说过，政治修辞的主体都是政治人，其社会角色与社会地位跟自然人完全不同。自然人在与他人的言语交际中尚且要注意"分场合说话"，明白"到什么山上唱什么歌"的道理，政治人自然更要适应政治修辞情境的"地"之因素，围绕既定的政治修辞目标，谨慎措辞。因为政治人在公开场合涉及政治话题或议题的任何言语表达都不仅关系到其作为一个政治人的个人形象，还关系到其所服务的政府或国家的形象。下面我们来看一个例子：

美媒爆料：特朗普欲从 TikTok 交易中收取 300 亿美元

腾讯新闻　http：//www.ijiandao.com/2b/baijia/377790.html　2020－08－21

参考消息网 8 月 21 日报道　据美国消费者新闻与商业频道网站 8 月 19 日报道，白宫经济顾问拉里·库德洛当天表示，特朗普总统想截留中国方面获得 TikTok 交易的一部分款项。

库德洛说："我想他可能想在中方出售 TikTok 获取的收入中扣除一部分。这种事情前所未有，但并不意味着现在不能这么做。"

报道称，特朗普已经表示，美国政府应从出售 TikTok 美国业务的交易中收取部分费用。交易额可能高达 300 亿美元。但是，目前尚不清楚政府究竟以何种方式收取部分出售款，以及法律是否允许这样做。

库德洛说，"不清楚"美国财政部是否最终会收到某种形式的付款。但是，他承认这"非比寻常"。他说："总统在这些事情上有他自己的想法……没有什么是铁定的。我们甚至还没拿到全部报价和与之配套的东西。那要到 9 月中旬。"

上述新闻报道，说的是美国总统唐纳德·特朗普（Donald Trump）为了遏制中国的崛起，遏制中国高科技企业的发展，对中国高科技互联网企业字节跳动公司的短视频社交软件——抖音的海外版 TikTok 在美发展进行封杀。众所周知，美国一向标榜自己是全世界自由市场经济的典范。但是，特朗普却为了美国的利益，不仅赤裸裸地抛弃并破坏自由市场经济规则，以流氓霸凌手段巧取豪夺中国的高科技企业，而且还不顾美国总统与美国政府的形象，竟然要从这起强买强卖的掠夺式交易中收取中介费。这是亘古未见的，既强烈地凸显了帝国主义霸凌与巧取豪夺的本质，又毫不掩饰地展露了美国执政者真实的本色，让世界各国都为之瞠目结舌。按照正常的政治逻辑，这种强盗式、掠夺式的强买行为是世界上任何国家、任何政府都做不出来的，然而特朗普领导的美国政府竟然要这样做，而且作为总统的特朗普还毫不掩饰地公开将收取中介费的打算说了出来。由此让世界各国都看到了美国的真面目，其长期以来一直伪装并标榜的自由市场经济典范的世界领袖形象便顷刻间崩塌了。这种对美国形象毁灭性的打击，从政治修辞学的视角看，在很大程度上就是由作为政治修辞主体的特朗普在公开场合的表态造成的。

中国有句古话，叫作："有其父，必有其子。"其实，在古往今来的政治界，也有类似的现象，那就是"有其君，必有其臣"。美国总统特朗普与其国务卿迈克·蓬佩奥（Mike Pompeo）就是典型例子。蓬佩奥在国内外公开场合的发言，不时就会出现背离政治修辞情境的"地"之因素的情况，结果不仅使其个人人格形象荡然无存，而且也使他所代表的美国政府与国家形象荡然无存。下面我们就来看一个例子：

蓬佩奥：我们撒谎欺骗偷窃　这才是美国的荣耀

央视网新闻　https：//baijiahao.baidu.com/s?id=1631567618089856557&wfr=spider&for=pc　2019-04-23

上周二（4月16日）特朗普为沙特出手，第二次动用否决权，否决了美国国会制定的一项决议。该决议要求他结束美国参与沙特联军发动的也门战争。舆论认为，即使是对于沙特这样的争议国家，美国也会根据利益制定不同的外交政策。

4月15日，美国国务卿迈克·蓬佩奥在美国得克萨斯州A&M大学（德州农工大学）进行演讲，并回答学生们提出的问题。一名学生就针对美国对沙特这样争议国家的外交政策进行了提问，蓬佩奥回答道："我曾担任美国中央情报局（CIA）的局长。我们撒谎、我们欺骗、我们偷窃。我们还有一门课程专门来教这些。这才是美国不断探索进取的荣耀。"这几句话也引发了现场热烈的鼓掌。

上述新闻所报道的蓬佩奥演讲，虽然发生在美国国内的大学校园里，但毕竟是在面对美国德州农工大学学生的公众场合，加之有无远弗届的现代媒体与互联网，因此蓬佩奥的演讲无异于面向全世界的所有公众。正因为如此，蓬佩奥演讲的效应就被无限放大了，成为其自己抹黑美国中情局与摧毁整个美国形象的最有效的广告。因为这一公开场合的自曝家丑，让全世界都看清了美国中情局的本来面目，看清了美国伪君子的嘴脸。同时，也赠予了全世界所有国家回击美国霸凌政治的武器。如 2019 年 7 月 24 日，在中国外交部发言人华春莹主持的记者会上，有外国记者提问说："23 日，美国联邦调查局局长雷在参院司法委员会称，中国对美国构成的情报威胁比其他任何国家都更严重。FBI 在美国进行了多项涉及窃取美知识产权的调查，其中无论是经济间谍活动还是防扩散活动，几乎都指向中国。中国正对美打一场战争。中方对此有何评论？"华春莹回答说："这不是雷先生第一次发表类似言论。有关指责完全是子虚乌有，自欺欺人。大家很清楚，我昨天在这里也提到，现在的美国国务卿、昔日美国最大的情报机构负责人蓬佩奥先生在今年 4 月的一场公开演讲上公然宣称，'我们撒谎、我们欺骗、我们偷窃，这是美国不断探索前进的荣耀'。但中国不一样。我们一不偷、二不抢、三不撒谎。我们完全是靠自己的智慧和汗水取得了今天的骄人成就。如果说中国在打一场战争，那打的就是捍卫自身正当权益的正义战争。"① 华春莹当着全世界媒体的面，对美国如此这番无情的嘲弄，让一向标榜正义的美国在全世界颜面尽失。之所以如此，就是因为蓬佩奥身为美国国务卿，作为政治修辞的主体在表达政治见解时背离了政治修辞情境对"地"之因素的要求，从而陷自己与美国于窘境。如果蓬佩奥演讲的场合不是德州农工大学，而是在美国中情局内部，就不会产生如此负面的政治影响了。不过，从客观上说，蓬佩奥说出真相，有助于世界各国认清美国的本质。

由上述例证，我们可以清楚地看出，作为政治修辞的主体，政治人为了实现其政治修辞的预期目标，不仅要讲究表达的技巧，而且要适应政治修辞的情境，即正确处理政治修辞对于"人""时""地"三因素的要求。前文我们已经说过，政治修辞学是一门研究政治修辞现象及其规律的学问，如何适应政治修辞的情境，亦即如何正确处理政治修辞对于"人""时""地"三因素的要求，事实上是有一定规律的。因此，对于这种带有规律性的东西，政治修辞学的研究就必须予以重视并加以理论总结，从而实现对政治修辞主体的政治修辞实践予以有效指导的目标。

---

① 中华人民共和国外交部. 2019 年 7 月 24 日外交部发言人华春莹主持例行记者会 ［EB/OL］. ［2019 - 07 - 24］. https：//www. fmprc. gov. cn/web/fyrbt_673021/jzhsl_673025/t1683016. shtml.

三、理想政治与现实政治的矛盾

这方面内容的研究，对于分析政治人（即政治修辞主体）的政治修辞行为，以及理解政治人在特定政治情境下建构的政治修辞文本，具有至关重要的意义。如果不能对理想政治与现实政治的矛盾有透彻的了解，我们对于很多现实政治现象与政治修辞现象就难以理解，更难以从理论上予以阐释。对古今中外政治史有所了解者都知道，自古以来有很多思想家或政治学者对理想政治的境界提出过设想（说是幻想更合适）。如中国古代思想家孔子所向往的"天下大同"的社会理想，就是中国儒家所普遍认同的理想政治境界。《礼记·礼运》对此有清楚的描述，曰："大道之行也，天下为公，选贤与能，讲信修睦。故人不独亲其亲，不独子其子，使老有所终，壮有所用，幼有所长，矜寡孤独废疾者皆有所养。男有分，女有归。货恶其弃于地也，不必藏于己；力恶其不出于身也，不必为己。是故谋闭而不兴，盗窃乱贼而不作，故外户而不闭，是谓大同。"（意谓：大道通行之时，天下是全体人民所共有的，有贤德、有才能的人被选拔与举荐出来治理天下，人人讲诚信，邻里重和睦。因此，人们都有博爱天下之心，不只是奉养自己的父母，不只是抚养自己的儿女，而是使天下所有的老人都能得到奉养而终其天年，所有壮年人都能人尽其用而为社会奉献力量，所有孩童都能健康成长，老而无妻的鳏夫、老而无夫的寡妇、幼年丧父的孤儿、老而无子的老人、残废有病的人，都能得到照顾供养。男子都各有其职责，女子都适时而嫁。人们虽然憎恨货物被弃于地而白白糟蹋，却也没有因此而将之据为己有之心；人们虽恨自己没有力气，却也没有恃力而为自己谋取私利之想。所以，阴谋诡计被遏制而不会发生，偷盗行窃和乱臣贼子也不会产生，百姓家家户户夜里都不必关闭大门，这就是大同社会。）孔子所说的"大道"，其实就是他心目中的理想政治境界，亦即"大同社会"。孔子之所以提倡"为国以礼"（《论语·先进》），强调"君君，臣臣，父父，子子"（《论语·颜渊》）的人伦秩序，目的是要统治者率先垂范，自我约束，遵守礼法规范，从而教化民众，使他们"非礼勿视，非礼勿听，非礼勿言，非礼勿动"（《论语·颜渊》），实现天下的不治而安。孔子之所以提倡"为政以德"（《论语·为政》），强调"政者，正也。子帅以正，孰敢不正？"（《论语·颜渊》）的理念，目的是要统治者首先要加强自身道德修养，作天下万民之表率，从而以上化下，实现天下的不治而安。然而，现实政治并不是像孔子所设想的那样，中国几千年的封建社会，从未有过"天下为公"，而只有"天下为私"。国是一姓之国，天下是一姓之天下。夺得天下者，必欲子孙相传而千秋万代不易。没有"选贤与能"，而只有"选伪与恶"。阴谋家为了取得统治权，满足自己的一欲之私，完全可以突破道德底线，极尽卑鄙之手段，玩尽一切之阴谋，以臣欺君者（如曹操、曹丕、赵匡胤等）有之，屠兄弑父者（如秦二世胡亥、隋炀帝杨广、唐太宗李世民等）有之。没有"讲信修睦"，只有尔虞我诈，你争我夺。

西方思想家也有对理想政治提出设想的，如古希腊思想家柏拉图与亚里士多德，都曾有过这方面的具体论述。柏拉图认为，理想的政治境界是哲学家成为政治家，政治家就是哲学家。他之所以强调要由哲学家从政，理由是："哲学家是能把握永恒不变事物的人，而那些做不到这一点，被千差万别事物的多样性搞得迷失了方向的人就不是哲学家。"① 认为"一个人如果不是天赋具有良好的记性，敏于理解，豁达大度，温文尔雅，爱好和亲近真理、正义、勇敢和节制，他是不能很好地从事哲学学习的"②。也就是说，能够学习哲学并成为哲学家的人都非同寻常，他们不但智力超常（如"具有良好的记性""敏于理解"等），而且有高尚的品德（如"豁达大度""温文尔雅""爱好和亲近真理、正义、勇敢和节制"等）。而不是哲学家，就没有资格"当城邦的领袖"③，也就是没有资格从政，成为政治家。亚里士多德也有类似于柏拉图的观点，他曾明确指出："政体的正宗类型有三，而其中最优良的政体就该是由最优良的人们为之治理的政体。这一类型的政体的统治者或为一人，或为一宗族，或为若干人，他或他们都具有出众的才德，擅于为政，而且邦内受治的公众都有志于，也都适宜于，人类最崇高的生活。"④ 也就是说，只有具备"出众的才德"的人，才能成为政治家，才适合从政，带领城邦内的人民过"人类最崇高的生活"。柏拉图与亚里士多德虽然没有具体描绘理想政治的境界，但明确对从事政治活动的政治家的资质提出了要求，这实际上也就是对理想政治境界作出了说明。因为政治家是实现政治理想的主

① 柏拉图. 理想国 [M]. 郭斌和，张竹明，译. 北京：商务印书馆，1986：228.
② 柏拉图. 理想国 [M]. 郭斌和，张竹明，译. 北京：商务印书馆，1986：233.
③ 柏拉图. 理想国 [M]. 郭斌和，张竹明，译. 北京：商务印书馆，1986：228.
④ 亚里士多德. 政治学 [M]. 吴寿彭，译. 北京：商务印书馆，1981：173-174.

体，有什么样的政治家，就有什么样的政治境界。西方近现代思想家，诸如英国的托马斯·莫尔（St. Thomas More，又作 Sir Thomas More，1478—1535）、意大利的托马斯·康帕内拉（Tommas Campanella，1568—1639）、英国的罗伯特·欧文（Robert Owen，1771—1858）、法国的克劳德·昂利·圣西门（Claude-Henri de Rouvroy，Comte de Saint-Simon，1760—1825）与夏尔·傅立叶（Charles Fourier，1772—1837）等人先后主张的"空想社会主义"，也都是对理想政治的设想。然而，在西方，不论是古代，还是现代，从柏拉图、亚里士多德直到托马斯·莫尔、夏尔·傅立叶，他们所设想的理想政治境界，事实上都是没有实现过的。

前文我们说过，政治修辞学是一门研究政治修辞现象及其规律的学问，是以政治人（政治修辞主体）的政治修辞行为为研究对象的。因此，研究政治修辞学就不能不对"理想政治与现实政治的矛盾"问题予以认真研究。否则，我们就不能从理论上阐释现实政治情境下政治人的某些政治修辞行为。

四、政治修辞与人格定位的关系

前文我们说过，"政治修辞"是跟"日常修辞"相对应的一个概念。它是指政治人（特定身份的交际者、说写者）为了达到特定的政治交际目标而应合特定题旨情境，发挥创意造言的智慧，有效调动语言资源，动用一切有效的表达手法，为实现达意传情效果最大化而在语言文字表达上所作的一切经营努力。虽然从本质上说，"政治修辞"与"日常修辞"一样，都是表达者（交际者、说写者）为实现达意传情效果最大化而在语言文字表达上所作的一切经营努力，但是在努力所要企及的目标上还是有所差异的。"日常修辞"在语言文字表达上所作的一切经营努力，最终目标是实现达意传情效果的最大化，也就是将所传之情、所达之意充分地展露出来，并希望得到最好的接受效果。而"政治修辞"在语言文字表达上所作的一切经营努力，最终目标并不仅仅止于将所传之情、所达之意充分地展露出来，实现达意传情效果的最大化，还要借此凸显自己政治人的人格形象。换言之，就是要通过修辞行为实现自己政治人的人格定位。关于这一点，我们从西方社会许多政治人物的政治演说，特别是竞选演说中可以看得更清楚。从历史上看，许多西方政治人物包括一些著名的政治家，他们在政治场合的发言，在竞选时对选民的承诺，是否是心口一致的，这在他们的政治实践或是实现竞选目标后的实际表现中就能清楚地看到。事实上，他们很多人的政治修辞都只是玩弄语言文字技巧，并无诚意兑现他们对人民或选民的政治承诺。但是，在他们进行心口不一的政治修辞表演时，他们总是力求通过语言文字表达上所作的一切经营努力来予以掩饰或美化，从而彰显其作为政治人不同于芸芸众生的高尚人格形象。至于他们的人格形象是否真的高尚，只有他们自己心里最清楚，芸芸众生只有在事后才能有所了解。前文我们说过，政治修辞学涉及对政治人的政治修辞文本的分析。因此，如果我们不对政治人的"政治修辞"与其"人格定位"的关系予以研究，那么就不可能在对具体的政治修辞文本进行分析时有"透过现象看本质"的精准。正因为如此，对"政治修辞与人格定位关系"的研究，自然也就成了政治修辞学研究绕不过去的课题之一。

五、政治人与自然人的分野

前文我们说过，"政治人"与"自然人"是政治修辞学中的一对相对应的概念。从本质上说，"政治人"就是上文我们说到的政治修辞的主体。从言语交际学的视角看，"政治人"其实就是一个具有特殊身份的"交际者"或曰"说写者"。只不过，跟普通的交际者（或曰"说写者"）不同，这个交际者不是普通的自然人，而是一个具有特定政治身份的人，或是在特定的政治情境下临时被赋予了政治人角色身份的人。前者我们可以称其为"职业政治人"，后者可以称其为"角色政治人"。[①] 不过，跟"职业政治人"不同，"角色政治人"的身份不具有固定性，离开了特定的政治交际情境，其"政治人"的身份便不复存在。[②] 可见，要想成为"政治人"，事实上是有一定条件的。至于"自然人"，则是指"政治人"之外的一切不具有政治背景与政治身份，且在跟他人的言语交际中不涉及政治议题或话题的普通人。政治修辞学既然研究政治修辞现象及其规律，以政治人的政治修辞行为作为研究对象，那么就必然要先对"政治人"与"自然人"的分野进行研究，将之纳入政治修辞学研究的视野之中。

---

① 参见：吴礼权. 修辞与政治修辞 [J]. 淮北师范大学学报（哲学社会科学版），2020（5）：10.
② 参见：吴礼权. 政治修辞的主体与受体 [J]. 淮北师范大学学报（哲学社会科学版），2020（6）：5.

六、政治人的政治修辞与情绪控制

众所周知，人是情感动物，有喜怒哀乐等各种情感情绪。政治修辞学研究的"政治修辞主体"，一般说来都是具有一定政治背景与政治身份的"政治人"。因此，相对于"自然人"，"政治人"从理论上说肯定在学识、道德、涵养等方面都会胜人一筹，具有较高站位，也有相当的理性与情绪控制能力。然而，"政治人"毕竟还是人，也跟寻常人一样有喜怒哀乐等情感情绪。正因为如此，我们时常会见到不少位高权重的政治人物在公众场合因情绪失控而口不择言的情况，结果引起轩然大波，甚至成为政治事件，最终不仅影响自己的政治前程，更有甚者还会殃及其所在的政治集团，使其政治集团的整体形象受损。如日本前首相麻生太郎、美国前总统唐纳德·特朗普，都时有在公众场合发言情绪激动而口不择言，从而导致政治风波的情况出现。这些都是众所周知的，也是大家耳熟能详的了，用不着我们一一列举了。既然政治人是政治修辞学研究的重要对象，那么政治人的政治修辞与其情绪控制问题，自然也是政治修辞研究的题中应有之义。因为只有总结归纳出政治人在实施政治修辞行为时如何进行有效的情绪控制的相关经验，政治修辞学的研究才能真正为政治人的政治修辞提供理论指导，从而提升其政治修辞实践的成功率。

七、政治修辞的基本原则及其技巧

本书第一章在给"政治修辞"下定义时就明确指出，政治修辞是政治修辞主体（政治人）为了达到特定的政治交际目标，为实现达意传情效果最大化而在语言文字表达上所作的一切经营努力。但是，要达到既定的政治交际目标，事实上仅靠"语言文字表达上所作的一切经营努力"（即修辞技巧的运用）是不够的，还需要政治修辞主体很好地"应合特定题旨情境"，即紧扣政治修辞所要表达的中心主旨，适应政治修辞行为实施当下所要面对的人、时、地等情境因素的客观要求。这样，政治修辞主体（政治人、表达者）在充分发挥创意造言的智慧，有效调动语言资源，动用一切有效的表达手法，在语言文字表达上进行一切经营努力之后，才会得到预期的理想效果。可见，政治修辞的成功与否，不仅仅涉及修辞技巧问题，而且还有一个应合特定题旨情境的问题。前文我们谈到"政治修辞情境"问题时，曾经强调过，政治修辞的情境是非常复杂的。因此，政治修辞主体（政治人）在实施具体的政治修辞行为时并没有一成不变的规律可以把握，也没有现成的操作指南可以作为指导。这就需要政治修辞学的研究直面难题，通过对古今中外的政治修辞实践进行观察分析，从中总结归纳出一些行之有效的政治修辞的基本原则，从而为政治修辞主体（政治人）的政治修辞提供理论上的指导与实践操作上的借鉴。至于政治修辞的技巧（即有效的表达手法，或曰修辞手法、修辞格）问题，当然更是政治修辞学研究的题中应有之义了。不过，应该指出的是，政治修辞学所要研究的"政治修辞"技巧，虽然在很大程度上跟"日常修辞"技巧在本质上没有什么不同，但是在实际应用中还是有所差异的。对修辞学有所了解者都知道，日常语言表达中的修辞手法是非常多的。就汉语来说，根据相关统计，古今汉语表达中出现过的修辞手法就达 230 多种①。但是，我们的研究发现，在古今中外政治修辞实践中，实际应用到的修辞手法并不是太多。其中，政治人最为钟情的几种修辞手法分别是：比喻、排比、折绕、设问、讽喻、倒反、引用、用典、双关、留白、设毂、呼告、示现、承转、衬跌、层递等。在这些最常用的修辞手法中，又以比喻修辞手法的运用频率最高。这一现象的出现，恐怕是跟比喻修辞手法特有的表达力有关。因为运用比喻手法建构的政治修辞文本，不仅表意生动、形象、有力，而且有时还别具婉约含蓄的韵味与幽默诙谐的机趣，因而在政治场域中不时可以发挥"四两拨千斤"的特殊作用，能够有效地化解政治对话中可能出现的尴尬，彰显表达者的人格魅力与品德修养。② 其实，相对于"日常修辞"，"政治修辞"不仅运用的修辞手法在数量上有限，高频使用的修辞手法趋于集中，而且即使是同一修辞手法的运用，也会在价值取向上有所差异。跟自然人的"日常修辞"相比，政治人的"政治修辞"在选择某一修辞手法建构相应的修辞文本时，往往更倾向于使预期目标与文本接受的实际效果趋于一同，从而发挥出政治修辞的最大效益。③ 可见，"政治修辞"与"日常修辞"在修辞技巧的运用方面事实上也是有不少差别的，需要我们在政治修辞学的研究中予以关注。

---

① 参见：吴礼权. 政治修辞与比喻文本建构［J］. 阜阳师范大学学报（社会科学版），2020（3）：37.
② 参见：吴礼权. 政治修辞与比喻文本建构［J］. 阜阳师范大学学报（社会科学版），2020（3）：37.
③ 参见：吴礼权. 政治修辞与比喻文本建构［J］. 阜阳师范大学学报（社会科学版），2020（3）：35.

第二节 政治修辞学研究的方法

政治修辞学作为一门研究政治修辞现象及其规律的学问，要求研究者必须客观、辩证地认识和分析政治修辞主体（政治人）的一切政治修辞行为，并透过其所建构的政治修辞文本分析其深层的政治修辞意涵，考察政治修辞主体（政治人）的政治修辞与其所要实现的政治修辞预期目标之间的矛盾，找出政治修辞如何适应特定的政治修辞题旨与情境而实现达意传情效果最大化的规律，从而为政治修辞主体（政治人）的政治修辞实践提供理论指导。

正因为如此，政治修辞学的研究就必须注意采用正确、科学的研究方法。唯有如此，才能透过现象看本质，真正揭示出政治修辞现象发生的内在动因与规律。众所周知，科学研究的方法有很多，不同的学科虽然有共通共用的研究方法，但是不同的研究方法对于不同的学科还是有适用度大小的问题。就我们的认知而言，适合于政治修辞学的研究方法主要有如下几种。

一、归纳法

归纳法，是一种从具体到抽象、由个别到一般的研究方法，是几乎所有学科都通用的研究方法。政治修辞学是一门科学，其研究自然也要用到归纳法。前文我们说过，政治修辞学是研究政治修辞现象及其规律的学问。而政治修辞现象是非常复杂的，要想透过现象看本质，揭示出政治修辞的规律，我们就不能凭空想象，或是只作一些理论上的逻辑推导就轻易下结论，而必须要通过对大量政治修辞现象的考察与分析，从一个个具体问题与个案出发，从中总结归纳出带有共性的东西，最终得出带有普遍性的结论。这样，我们才能用这种具有普遍性的结论作为理论指导，为政治修辞主体（政治人）的政治修辞实践提供具有价值的借鉴。比方说，通过对古今中外众多政治修辞主体（政治人）的大量政治修辞文本进行分析，我们发现很多政治人都喜欢运用诸如比喻、排比、引用等修辞手法建构政治修辞文本①，而且事实上都取得了非常好的效果。由此，我们可以得出一个结论，并将之作为一种带有普遍性的规律确定下来，从而为政治修辞主体（政治人）的政治修辞实践提供参考与借鉴。

二、观察法

观察法，是指研究者根据一定的研究目的、研究提纲或观察表，用自己的感官和辅助工具去直接观察被研究对象，从而获得资料的一种方法。科学的观察具有目的性和计划性、系统性和可重复性。常见的观察方法有：核对清单法、级别量表法、记叙性描述法。观察一般利用眼睛、耳朵等感觉器官去感知观察对象。由于人的感觉器官具有一定的局限性，观察者往往要借助各种现代化的仪器和手段，如照相机、录音机、显微录像机等来辅助观察。② 政治修辞学运用观察法，跟其他学科有所不同，它不需要借助科学仪器，而只需要研究者对政治修辞主体（政治人）的为人处世行为与其实施政治修辞行为之间的关系进行观察。换言之，就是要观察政治人的政治人格与其政治修辞是否具有匹配性。《论语·公冶长》记有一则故事：孔子有一个得意弟子叫宰予（即子我），天资非常高，孔子对他本来是寄予厚望的。但有一次孔子却发现他竟然大白天在睡觉（"昼寝"），孔子非常生气，情不自禁破口大骂道："朽木不可雕也，粪土之墙不可圬也！于予与何诛！"（意谓：腐朽的木头无法用以雕刻，粪土垒起的墙壁无法涂抹装饰！我对于宰予这样的人还能指责他什么呢？）并由此发出感叹道："始吾于人也，听其言而信其行；今吾于人也，听其言而观其行。于予与改是。"（意谓：起初我对于他人，都是听他怎么说，就相信他会怎么做；现在我对于他人，则是不仅要听他怎么说，还要看他怎么做。这个理念的转变，就是从宰予的事开始的。）由孔子的话，我们可以懂得这样一个道理：对于任何人，我们都不能只看他嘴上是怎么说的，还要看他实际上是怎么做的。按照儒家理想化的观点，政治人（即古之所谓"君子"，今之所说"统治者""领导者"）应该都是万民的表率，是"喻于义""贤与能"和"言必信，行必果"的道德楷模，跟"喻于利"的普通人（古之所谓"小人"）有本质的不同。事实上，古今中外的政治人并不都是道德高尚之人，

---

① 参见：吴礼权. 政治修辞与比喻文本建构［J］. 阜阳师范大学学报（社会科学版），2020（3）：37.
② https://baike.baidu.com/item/观察法/1210099？fr=aladdin.

嘴里讲的是仁义道德、心里想的是男盗女娼之徒并不在少数。因此，我们研究政治修辞学就必须要认真观察政治修辞主体（政治人）的道德人格，要"听其言而观其行"。唯有如此，我们对其政治修辞的真实内涵才能有确切把握，对其建构的政治修辞文本的分析才能准确到位。否则，便会被他们漂亮的政治修辞所欺骗，文本的分析结果也就不会准确。关于这一点，相信对古今中外政治现实（包括过往与当下）有所留心的人，都会有深刻的体认。这里我们就不举例展开论述了，相信读者诸君都有自己的观察与思考。大家若有兴趣，可以参考我已发表的相关论文。

三、问卷调查法

问卷调查法，是国内外社会调查中较为广泛使用的一种方法。问卷是指为统计和调查所用的、以设问的方式表述问题的表格。问卷法就是研究者用这种控制式的测量对所研究的问题进行度量，从而搜集到可靠的资料的一种方法，大多用邮寄、个别分送或集体分发等多种方式发送问卷，由调查者按照表格所问来填写答案。一般来讲，问卷较之访谈表要更详细、完整和易于控制。问卷法的主要优点在于标准化和成本低。因为问卷法是以设计好的问卷工具进行调查，问卷的设计要求规范化并可计量。① 虽然问卷调查法是社会调查的一种常用方法，在诸如社会学等学科研究中运用比较广泛，但同样也适合政治修辞学的研究，特别是对政治修辞主体（政治人）的人格评价，以及对其所建构的政治修辞文本成败的评价，都具有直接的效果，可操作性也很强。之所以这样说，是因为对政治修辞主体（政治人）的人格评价，并不取决于政治修辞主体（政治人）本身，而是取决于社会大众。社会大众虽然不是政治人，但对政治人的道德人格却是有一定要求的，其评价标准也是有定的。正因为如此，如果要对政治修辞主体（政治人）的人格进行评价，最直接有效的方法应该是问卷调查。至于对政治修辞主体（政治人）为实现特定政治交际预期目标而建构的政治修辞文本的成败进行评价，问卷调查法同样是最直接有效的。因为政治人所建构的政治修辞文本是否成功，评价权不在政治人，而在政治人所建构的政治修辞文本的接受者。只有接受者认同

---

① https：//baike. baidu. com/item/问卷调查法/4023685？fr = aladdin.

了，才算是成功。否则，便是失败。因此，对政治人的政治修辞文本进行成败效果的评价，运用问卷调查法无疑也是行之有效的，既直接，又客观。

四、心理分析法

心理分析法，是现代犯罪心理学最常用的一种研究方法。它是指依据犯罪人犯罪心理与外在表现之间的必然联系、诸因素与犯罪心理形成之间的必然联系，通过对外在犯罪行为及其客观后果和对犯罪人犯罪心理形成起作用的因素进行研究，分析犯罪心理形成的原因与发展变化的规律。心理分析的方法主要有：①因素分析法；②心理实验法；③类型分析法；④相关设计法；⑤观察法等。[1] 前文我们说过，政治修辞主体是政治修辞学研究的主要对象之一。政治修辞主体虽然并不是犯罪人，但是作为政治人在实施特定的政治修辞行为时必定是为了实现其特定的政治修辞预期目标的。换言之，政治人的政治修辞行为都是有其心理动机的。为了实现其特定的政治修辞预期目标，政治人在建构政治修辞文本时肯定要揣度接受者的心理，并迎合其心理预期，有时甚至不惜牺牲政治人格与良知而违背诚信原则，作出一些言不由衷的政治承诺或政治表态。正因为在现实政治生活与政治修辞文本建构中存在这种情况，如果不采用心理分析法，我们恐怕很难准确解读政治修辞主体（政治人）的政治修辞真意，无法判定其政治修辞行为的社会价值。可见，在政治修辞学的研究中，运用心理分析法也是非常必要的。

第三节　政治修辞学研究的意义

政治修辞学的研究，除了跟其他学科的研究一样，具有理论与实践意义外，还有第三个方面的意义，这就是学科建设上的意义。

---

① https：//baike. baidu. com/item/心理分析法/11044559？fr = aladdin.

一、学科建设上的意义

前文我们曾经指出，政治修辞学是一门既关涉政治学，又关涉修辞学的多元性、交互融合的学科。因此，从学科发展的角度看，政治修辞学是一门全新的学科，也是一门具有广阔发展前景的学科。它的发展不仅会大大拓展政治学研究的视野，丰富政治学的内容，而且也会对修辞学的研究产生革命性的影响，使修辞学原本具有的多元融合的学科特点更为鲜明，使修辞学所能发挥的理论与实践价值更加突出。然而，由于受到长期以来学术研究所形成的专业分工过细的影响，研究政治学的学者不关心修辞学，也不懂修辞学，因而想不到从修辞的角度来研究政治学，拓展政治学的空间；而研究修辞学的学者因不懂政治学，因而也想不到从政治的视角切入而进行修辞学的研究。正因为如此，长期以来，政治学与修辞学就像是两条平行线，总是各自发展，彼此没有交集，以致各自的研究道路都越走越窄，理论创新与学科发展都受到严重制约，总是走不出因循守旧、陈陈相因的格局，致使两个本来具有强劲生命力的学科都出现了发展受阻的窘境，尤其是修辞学。事实上，政治学与修辞学是可以交互渗透、融合发展的。深谙政治学的人应该都明白，从某种意义上说，政治其实就是一门修辞的艺术。对此，身在现实政治情境中的政治人，应该会有更深的体会。现实政治生活中，成功的政治人其实都是非常精于修辞的，善于适应题旨情境的要求而"看对象说话""见时机说话""分场合说话"，使其政治言语表达总是显得非常合宜、得体。既然政治与修辞有着如此密不可分的关系，那么，从理论上说，政治学研究就没有理由不关注修辞学的研究成果，更没有理由不重视从修辞学研究中汲取理论营养；而修辞学研究也没有理由不拓展研究视野，将研究的触角伸展到政治话语领域，从而将政治与修辞结合到一起，建立一门政治修辞学的新学科。然而，由于事实上中外政治学与修辞学的研究都有"老死不相往来"的学术传统，以致迄今为止我们都未曾见到立足"语言本位"，从语言表达视角切入的政治修辞学研究的具体成果，包括专业的学术论文与成系统的学术专著。可以说，迄今为止学术界将政治修辞学作为一门独立的新学科加以建设的意识始终没有出现。因此，我们认为加强政治修辞学的研究，在学科建设上的意义是非常明显的。

二、理论上的意义

众所周知，任何一门学科的建立都必有其理论基础，有适合自身体系框架的一套学术理论作为支撑。政治修辞学作为一门独立的新学科，其同样也要有自己的理论基础，有一套自圆其说的政治修辞学理论。上文在谈到政治修辞学的研究内容时，曾经提到诸如"政治修辞情境的适应"问题，"政治修辞与人格定位"问题，"政治修辞与情绪控制"问题，"政治修辞的基本原则"问题，等等，这些都是政治修辞学研究要回答的基本问题，是不可能从别的学科中找到现成理论的，必须从政治修辞学的视角出发，立足学科体系框架，提出一套对各种具体的政治修辞现象及其规律都有解释力的理论。另外，还要对诸如"政治人"与"自然人"，"修辞"与"政治修辞"，"政治修辞"与"日常修辞"，"职业政治人"与"角色政治人"，"显性政治修辞"与"隐性政治修辞"，"政治修辞的主体"与"政治修辞的受体"等诸多涉及政治修辞学的学术概念作出明确界定。因为这些都是政治修辞学的理论基础，只有对这些学术概念作出清晰的界定，确立与之相对应的学术术语，才能正本清源，使相关的研究得以在特定的范围内顺利展开，使政治修辞学作为一门独立的学科能够在专业性与科学性上得以凸显。可见，开展政治修辞学的研究将会有力地促进政治学与修辞学理论的发展，因为从政治学与修辞学的结合点上开展政治修辞学的研究，势必要解决一系列的理论问题。而这些理论问题的解决，最终都会对丰富政治学与修辞学的理论，促进政治学与修辞学理论的进一步创新与发展起到助推的作用。

三、实践上的意义

相对于学科建设上的意义与理论上的意义，政治修辞学研究在实践上的意义更为明显。我们知道，政治修辞学的研究不仅要解决上文所说的一系列政治修辞的理论问题，还要解决政治修辞主体（政治人）在政治交际活动中为了实现特定的政治修辞预期目标，实现达意传情效果最大化的目的所要采用的语言表达手段（修辞技巧）问题。这个问题，对于政治修辞主体（政治人）是非常实际的，对其政治交际活动的效果也有着直接的指导意义。可以通过归纳法，从古今中外政治人的政治修辞实践中总结经验教训，概括出切实有用的表达手段（修辞技巧），从而为身处现实政治情境中的政治修辞主体（政治人）的政治修辞实践提供借鉴。除了实务操作上的指导作用外，政治修辞学在理论研究上的成果还可以对政治修辞主体（政治人）的政治交际活动提供理论上的指导，使其在所有的政治交际活动中始终牢记政治修辞所要适应的政治情境的要求，自觉遵循现实政治情境下的政治修辞基本原则，努力突破现实政治情境的非理想政治情境因素的干扰，创造出理想政治情境下才能实现的政治修辞境界，从而顺利实现其政治修辞的预期目标，同时彰显其作为政治人应有的人格形象。

第三章
政治修辞的基本原则

　　众所周知，人类社会是非常复杂的。而相较于人类社会的复杂性，政治社会的复杂性又远在其上。因此，作为政治修辞主体的政治人，如何适应政治场域风云变幻、纷繁复杂的情境，充分发挥其创意造言的智慧，从而实现其政治修辞的预期目标，就显得特别重要，也特别具有挑战性。

　　前文我们说过，修辞是一种具有创造性的语言活动，没有一成不变的规律；修辞文本的建构，也没有固定不变的、放之四海而皆准的有效模式。政治修辞的情况亦然。甚至相较于日常修辞，政治修辞需要政治人适应特定的交际情境进行创造性发挥的地方更多。为了保证政治修辞预期目标的实现，政治人不仅要具备很好的政治情境的适应能力与高度娴熟的修辞技巧，还要特别重视遵循政治修辞的基本原则。因为相对于修辞技巧，政治情境的适应能力与政治修辞的原则遵循是方向问题，而修辞技巧只是技术问题。技巧上弱一点，最多只是在政治修辞的预期目标实现上效果差一点；而在原则遵循上出现错误，则会出现事与愿违的结果，那就全盘皆输了。正因为如此，相对于自然人的日常修辞，作为政治修辞的主体，政治人在其政治交际活动中尤其要重视遵循政治修辞的基本原则。

第一节　政治境界与政治修辞的基本原则

　　政治的境界，有理想与非理想两种。理想的政治境界，是古往今来所有人都向往的。但是，它只存在于人们的幻想中，是善良的人们在精神上的一种寄托。而非理想的政治境界，亦即现实的政治境界，则是人类社会的真实状态，是一种连续性的、"写真"式的常态。既然政治境界有理想与现实两种,那么作为政治修辞主体的政治人,在政治交际活动中的政治修辞行为就要适应特定的政治情境,遵循与特定政治境界相匹配的政治修辞基本原则。如此,才有可能实现其政治修辞的预期目标。

一、理想的政治境界

有关理想的政治境界,古今中外的政治家与思想家都曾有过向往,也曾有过论述。如中国古代就有过三种模式的理想政治境界。第一种模式是最高层级的,就是本书第二章提到的中国古代思想家孔子所向往的"天下大同"的社会。这种模式的政治境界,其实就是中国古代儒家所普遍向往的理想政治境界。这种理想的政治境界,在《礼记·礼运》中有清楚的描述。在以孔子为代表的儒家看来,人类社会最理想的政治境界就是天下一家,财富公有,贤人当政;人人讲诚信,彼此和睦相处;大家都有博爱之心,尊老爱幼,关爱弱势人群;所有人都不贪财好利,不惜力偷懒;天下没有一个不尽职的男人,也没有一个嫁不出去的女人;人民淳朴,生性善良,既无耍阴谋诡计的野心家,也无偷盗行窃的不良之辈,更无祸乱国家的乱臣贼子;家家温饱,户户富足,路不拾遗,夜不闭户。

第二种模式的理想政治境界,就是孟子所向往的"王道社会",其是次高层级的。对于这种理想的政治境界,孟子曾在游说梁惠王(即魏惠王)实行"保民而王"的政治主张时作过清楚的描绘,"五亩之宅,树之以桑,五十者可以衣帛矣。鸡豚狗彘之畜,无失其时,七十者可以食肉矣。百亩之田,勿夺其时,数口之家可以无饥矣。谨庠序之教,申之以孝悌之义,颁白者不负戴于道路矣。七十者衣帛食肉,黎民不饥不寒"(《孟子·梁惠王》)。由此可见,在孟子看来,实现"王道"的社会是美好的政治境界。在这种政治境界中,天下所有老百姓都有自己一定数量的田地栽桑种粮,还有一定规模的家庭养殖业;统治者对老百姓很仁爱,不轻易征发徭役,保证老百姓的农耕与养殖时间不被挤占,因而天下万民都没有饥寒之虞;所有人都有接受学校正规教育的机会,都懂得孝敬父母、友爱兄弟的道理;老人普遍受到尊重并得到优待,五十岁可以吃肉,七十岁可以穿丝织品。

第三种模式的理想政治境界,就是东晋大文学家陶渊明所向往的"桃花源"

社会，跟先秦时代老子所向往的"小国寡民"的社会有点相似，是最低层级的。在这种理想的政治境界中，人们生活于一个与世隔绝的，相对封闭、自足、自由的社会中。这里没有官府，也没有剥削，当然更没有苛捐杂税和繁重的徭役与兵役；人们和睦相处，自耕自食；这里环境优美，有"夹岸数百步，中无杂树，芳草鲜美，落英缤纷"的桃花林；这里"土地平旷，屋舍俨然，有良田美池桑竹之属。阡陌交通，鸡犬相闻"，人们"其中往来种作"，生活恬静自适；这里的人民"男女衣着，悉如外人。黄发垂髫，并怡然自乐"；这里民风淳朴，人民热情好客，偶见外来之客进入他们的世界，"便要（邀）还家，设酒杀鸡作食。村中闻有此人，咸来问讯"（《桃花源记》）。

上述三种模式的政治境界，事实上在中国古代从未实现过。在世界历史上，也未见其他国家实现过。因此，它们都只是理想的政治境界模式，虽然真实地反映了无数理想主义者对现实政治境界的不满之情，真切地流露了他们对理想政治境界的热烈向往之情，但毕竟只是一种善良而不切实际的政治幻想。

西方思想家，不论是古希腊时期的哲学家，诸如柏拉图与亚里士多德等人，还是近现代空想社会主义理论家，诸如英国的托马斯·莫尔、意大利的托马斯·康帕内拉、英国的罗伯特·欧文、法国的克劳德·昂利·圣西门及夏尔·傅立叶等人，虽然都未曾像中国的先哲孔子、孟子、陶渊明那样具体描绘过理想的政治境界的模式图画，但都提出过他们对理想政治境界的设想。如柏拉图曾提出，理想的政治就是"哲学家应为政治家，政治家应为哲学家"[1]。他认为政治家之所以要成为哲学家，是因为只有"哲学家是能把握永恒不变事物的人"，而非哲学家则"做不到这一点"，他们往往"被千差万别事物的多样性搞得迷失了方向"。[2]认为"一个人如果不是天赋具有良好的记性，敏于理解，豁达大度，温文尔雅，爱好和亲近真理、正义、勇敢和节制，他是不能很好地从事哲学学习的"[3]。也就是说，只有天赋优越、智力超常（如"良好的记性""敏于理解"等禀赋），且有高尚品德（如"豁达大度""温文尔雅""爱好和亲近真理、正义、勇敢和节制"等）的人，才有资质学习哲学并成为哲学家。而只有成为哲学家，才有资格

---

① 柏拉图. 理想国 [M]. 郭斌和，张竹明，译. 北京：商务印书馆，1986：1.
② 柏拉图. 理想国 [M]. 郭斌和，张竹明，译. 北京：商务印书馆，1986：228.
③ 柏拉图. 理想国 [M]. 郭斌和，张竹明，译. 北京：商务印书馆，1986：233.

"当城邦的领袖"①，也就是成为政治家。亚里士多德虽然对于成为政治家没有提出明确的标准，但在论述政体类型时表达了类似于柏拉图的观点。他曾明确指出："政体的正宗类型有三，而其中最优秀的政体就该是由最优良的人们为之治理的政体。这一类型的政体的统治者或为一人，或为一宗族，或为若干人，他或他们都具有出众的才德，擅于为政，而且邦内受治的公众都有志于，也都适宜于，人类最崇高的生活"②。很明显，在亚里士多德看来，政治家应该具备"出众的才德"，且有出众的政治才干，这样才能表率万民，带领城邦内的人民过上"人类最崇高的生活"。可见其中，柏拉图与亚里士多德都是将理想的政治境界跟理想的政治领袖的资质画等号的。这跟中国古代儒家所倡导的"以德治国"的政治理念相类似，强调的是营造德化万民的政治环境的重要性。至于托马斯·莫尔、托马斯·康帕内拉、罗伯特·欧文、克劳德·昂利·圣西门、夏尔·傅立叶等西方近现代思想家所主张的"空想社会主义"，跟中国古代思想家与古希腊哲学家所设想的理想政治境界都有所不同，这主要表现在它不再强调政治的理想境界与政治人的理想人格的密切关系，也就是说不再对从事社会公共事务的政治人的品德提出具体要求，而主要专注于社会制度的设计。其中，最核心的观点是：主张废除私有制，消灭阶级差别，共同劳动，平均分配产品，建立社会平等（主张仍然保留私有制的早期社会主义学说，称为空想社会主义；主张实行公有制的早期社会主义学说，则称为空想共产主义）。③

跟中国古代思想家与文学家所憧憬的理想政治境界只是"镜中之花，水中之月"一样，西方思想界从古希腊的柏拉图、亚里士多德，直到近现代的托马斯·莫尔、托马斯·康帕内拉、罗伯特·欧文、克劳德·昂利·圣西门、夏尔·傅立叶等所设想的理想政治境界，事实上至今都是未曾实现过的，也只是一种虚无缥缈的幻想而已。

二、现实的政治境界

有关现实的政治境界，相信所有稍微对现实政治生活有所关心的人，多少都

---

① 柏拉图. 理想国 [M]. 郭斌和, 张竹明, 译. 北京：商务印书馆, 1986：228.
② 亚里士多德. 政治学 [M]. 吴寿彭, 译. 北京：商务印书馆, 1981：173 - 174.
③ https：//baike. baidu. com/item/空想社会主义/821744? fr = aladdin.

有些直观的感受。即使是确因身处环境的局限，或是眼界不够、所见世面不多，也能通过历史的记载或现代传媒而对古往今来人类社会现实的政治境界有所了解。比方说，我们通过阅读《史记·屈原贾生列传》中有关屈原的生平事迹，就可以管中窥豹，大致了解到屈原生活的战国时代末期的现实政治境界究竟如何。

屈原者，名平，楚之同姓也。为楚怀王左徒。博闻强志，明于治乱，娴于辞令。入则与王图议国事，以出号令，出则接遇宾客，应对诸侯。王甚任之。

上官大夫与之同列，争宠，而心害其能。怀王使屈原造为宪令，屈平属草稿未定，上官大夫见而欲夺之。屈平不与，因谗之曰："王使屈平为令，众莫不知，每一令出，平伐其功，以为'非我莫能为'也。"王怒而疏屈平。

屈平疾王听之不聪也，谗谄之蔽明也，邪曲之害公也，方正之不容也，故忧愁幽思而作《离骚》。离骚者，犹离忧也。夫天者，人之始也；父母者，人之本也。人穷则反本，故劳苦倦极，未尝不呼天也；疾痛惨怛，未尝不呼父母也。屈平正道直行，竭忠尽智以事其君，谗人间之，可谓穷矣。信而见疑，忠而被谤，能无怨乎？屈平之作《离骚》，盖自怨生也。《国风》好色而不淫，《小雅》怨诽而不乱。若《离骚》者，可谓兼之矣。上称帝喾，下道齐桓，中述汤武，以刺世事。明道德之广崇，治乱之条贯，靡不毕见。其文约，其辞微，其志洁，其行廉。其称文小而其指极大，举类迩而见义远。其志洁，故其称物芳；其行廉，故死而不容。自疏濯淖污泥之中，蝉蜕于浊秽，以浮游尘埃之外，不获世之滋垢，皭然泥而不滓者也。推此志也，虽与日月争光可也。

屈原既绌，其后秦欲伐齐。齐与楚从亲。惠王患之，乃令张仪佯去秦，厚币委质事楚，曰："秦甚憎齐，齐与楚从亲，楚诚能绝齐，秦愿献商於之地六百里。"楚怀王贪而信张仪，遂绝齐。使使如秦受地，张仪诈之曰："仪与王约六里，不闻六百里。"楚使怒去，归告怀王。怀王怒，大兴师伐秦。秦发兵击之，大破楚师于丹、淅，斩首八万，虏楚将屈匄，遂取楚之汉中地。怀王乃悉发国中兵，以深入击秦，战于蓝田。魏闻之，袭楚至邓。楚兵惧，自秦归。而齐竟怒，不救楚，楚大困。

明年，秦割汉中地与楚以和。楚王曰："不愿得地，愿得张仪而甘心焉。"张仪闻，乃曰："以一仪而当汉中地，臣请往如楚。"如楚，又因厚币用事者臣靳尚，而设诡辩于怀王之宠姬郑袖。怀王竟听郑袖，复释去张仪。是时屈平既疏，不复在位，使于齐，顾反，谏怀王曰："何不杀张仪？"怀王悔，追张仪，不及。

其后，诸侯共击楚，大破之，杀其将唐眜。

时秦昭王与楚婚，欲与怀王会。怀王欲行，屈平曰："秦，虎狼之国，不可信。不如毋行。"怀王稚子子兰劝王行："奈何绝秦欢？"怀王卒行。入武关，秦伏兵绝其后，因留怀王以求割地。怀王怒，不听。亡走赵，赵不内。复之秦，竟死于秦而归葬。

长子顷襄王立，以其弟子兰为令尹。楚人既咎子兰以劝怀王入秦而不反也。屈平既嫉之，虽放流，眷顾楚国，系心怀王，不忘欲反。冀幸君之一悟，俗之一改也。其存君兴国，而欲反覆之，一篇之中，三致志焉。然终无可奈何，故不可以反。卒以此见怀王之终不悟也。

人君无愚智、贤不肖，莫不欲求忠以自为，举贤以自佐。然亡国破家相随属，而圣君治国累世而不见者，其所谓忠者不忠，而所谓贤者不贤也。怀王以不知忠臣之分，故内惑于郑袖，外欺于张仪，疏屈平而信上官大夫、令尹子兰。兵挫地削，亡其六郡，身客死于秦，为天下笑。此不知人之祸也。易曰："井渫不食，为我心恻，可以汲。王明，并受其福。"王之不明，岂足福哉！

令尹子兰闻之大怒，卒使上官大夫短屈原于顷襄王。顷襄王怒而迁之。

屈原至于江滨，被发行吟泽畔。颜色憔悴，形容枯槁。渔父见而问之曰："子非三闾大夫欤？何故而至此？"屈原曰："举世混浊而我独清，众人皆醉而我独醒，是以见放。"渔父曰："夫圣人者，不凝滞于物而能与世推移。举世混浊，何不随其流而扬其波？众人皆醉，何不哺其糟而啜其醨？何故怀瑾握瑜，而自令见放为？"屈原曰："吾闻之，新沐者必弹冠，新浴者必振衣。人又谁能以身之察察，受物之汶汶者乎？宁赴常流，而葬乎江鱼腹中耳。又安能以皓皓之白，而蒙世之温蠖乎？"乃作《怀沙》之赋。

…………

于是怀石，遂自投汨罗以死。

屈原既死之后，楚有宋玉、唐勒、景差之徒者，皆好辞而以赋见称。然皆祖屈原之从容辞令，终莫敢直谏。其后楚日以削，数十年竟为秦所灭。

（汉·司马迁《史记·屈原贾生列传》①）

① 司马迁. 史记 [M]. 北京：中华书局，1982：2481－2491.

从《史记》所记屈原的遭遇，我们完全可以断定：屈原生活的时代不存在理想的政治境界。因为按照中国儒家对理想政治境界的标准，这个时代的现实政治完全背离了《礼记·礼运》对"大道之行"的"大同社会"之描述——"天下为公，选贤与能，讲信修睦"。战国七雄的国君，无论哪一位事实上都是意欲取周天子而代之的乱臣贼子。他们不可能有"天下为公"的胸怀，而只有"天下为私"的一己之念。他们为了维护自己的权位与所统治的诸侯国的安全，可能也有"选贤与能"之心，但事实上他们中的很多人都做不到。比方说，屈原所侍奉的楚怀王、顷襄王，不信任和重用"其志洁，其行廉""博闻强志，明于治乱，娴于辞令"的能吏贤臣屈原，而宠信专进谗言、妒贤嫉能的上官大夫、令尹子兰，终致屈原落得个被流放而含冤投江的悲惨结果。至于"讲信修睦"，无论是《史记·屈原贾生列传》中提到的秦惠王、张仪君臣，还是楚怀王、顷襄王与上官大夫、令尹子兰，都是完全与之背道而驰的。秦惠王为了实现其灭六国而一统天下的野心，遂行其"远交近攻，各个击破"的战略，设计拆散了齐、楚"合纵"之亲，终致楚国在秦楚大战中孤立无援而大败；秦昭王以与楚怀王相会为由，诱骗楚怀王入秦，楚怀王一入武关，秦昭王便派秦军截断其后路，扣押楚怀王索取利益，终致楚怀王客死于秦。为拆散齐、楚"合纵"之盟，张仪假意辞去秦国之相、侍楚怀王而为臣，并以秦愿以商、於之地六百里为诱饵欺骗楚怀王放弃齐楚"合纵"之盟，等到楚怀王派人到秦国办理商、於之地六百里的割让事宜时，回到秦国后的张仪又矢口否认原先的承诺，改六百里而为六里，结果引得楚怀王大怒，再次引爆了秦楚大战，终致楚国大败，不仅楚军被斩首八万，还丧失了汉中战略要地。可见，秦惠王、秦昭王与张仪身为大国君臣，完全背离了政治人"讲信"的基本信条，堕入了不信不义的无耻之境。上官大夫、令尹子兰虽与屈原同朝为官，却妒贤嫉能，千方百计在楚怀王与顷襄王面前进谗言陷害屈原。作为政治人，上官大夫、令尹子兰完全背离了政治人"修睦"的基本信条。至于被太史公司马迁评论为"不知忠臣之分，故内惑于郑袖，外欺于张仪，疏屈平而信上官大夫、令尹子兰。兵挫地削，亡其六郡，身客死于秦，为天下笑"的楚怀王，则既非中国儒家先贤所寄望的"选贤与能，讲信修睦"的明君，也非古希腊柏拉图所说的"天赋具有良好的记性，敏于理解，豁达大度，温文尔雅，爱好和亲近真理、正义、勇敢和节制"① 的政治家兼哲学家，更非亚里士多德所说的"具有出众的才德，擅于为政"，能使"邦内受治的公众都有志于，也都适宜于，人类最崇高的生活"的统治者②，而是一个地地道道的"近小人，远贤臣"，是非不分，既无才德，又不擅为政的庸人与昏君。

由此可见，屈原生活的时代的现实政治境界是：小人得志当道，贤人受气遭贬；执政者不是天下为公，而是为了一己之私，不惜以涂炭天下生灵为代价。

除了通过阅读古代历史文献了解人类社会过往的现实政治境界，还可以通过现代传媒了解当今世界的现实政治境界。比方说，我们通过电视、报纸与互联网，可以及时了解世界各国发生的政治事件，观察不同政治人物的所作所为，研究各国现行的政治生态，进而清楚地观照各国的现实政治境界。

三、政治境界的分野

政治境界，无论是从理论上来看，还是从实践上来看，都存在着理想与现实（即"非理想"）两种。理想的政治境界，虽然非常令人向往，但事实上自古及今都从未实现过。而现实的政治境界，则始终伴随着人类社会发展的每个阶段。

不过，应该指出的是，政治境界从理论上来说虽然有"理想的政治境界"与"现实的政治境界"之分，但是在实际上两者绝不是水火不容、绝无交集的。从理论上说，在理想的政治境界下，人们（包括政治人与自然人）都能"讲信修睦"。但是，在实际社会生活与政治实践中却未必能够贯彻到底。因为即使是在理想的政治境界下，事实上也是难以保证每个人（包括政治人与自然人）的每句话都是实话，每个人每时每刻都能对他人心平气和。

比方说，日常生活中，别人有缺点，或是做错了事，如果不能直言指出来，那就跟"讲信"的原则冲突了。如果说了实话，符合了"讲信"的原则，却又因伤害了对方的感情而损害了"修睦"的原则。因为人是情感动物，会有情感情绪。一旦不能有效控制情感情绪，势必就会在言语或行为中伤害到他人，这就影响到了"修睦"。可见，"讲信"与"修睦"是有矛盾冲突的。因此，政治人即使智慧远超自然人，也不一定都能在政治交际活动中完美地处理好"讲信"与

---

① 柏拉图. 理想国［M］. 郭斌和，张竹明，译，北京：商务印书馆，1986：228.
② 亚里士多德. 政治学［M］. 吴寿彭，译，北京：商务印书馆，1981：173 – 174.

"修睦"的关系。而不能处理好这两者之间的关系，那么势必就不能臻至理想的政治境界。

又比方说，"选贤与能"也是理想政治境界的一种重要指标，但是如果所选出的人"贤"有余，而"能"不足，那么势必就会影响到他所治理的国家或社会的人民的幸福；如果选出来的人"能"有余，而"贤"不足，则势必又不能达到"天下为公"的境界，同样也会影响到他所治理的国家或社会的人民的幸福。事实上，既"贤"且"能"的执政者在人类历史上是凤毛麟角的，难得一见。就中国历史而言，如果真有这样的执政者，那么也就只有传说中的上古尧、舜二帝符合这个条件了。《史记·五帝本纪》记载的五帝，其中的黄帝、颛顼、帝喾虽有治世之功，但都传位于其子孙，并没有达到"天下为公"的境界。所以，他们只能算是"能"，而不能称为"贤"。汉人司马迁在《史记·五帝本纪》中对尧的记载是："帝尧者，放勋。其仁如天，其知如神。就之如日，望之如云。富而不骄，贵而不舒。黄收纯衣，彤车乘白马。能明驯德，以亲九族。九族既睦，便章百姓。百姓昭明，合和万国。……驩兜进言共工，尧曰不可而试之工师，共工果淫辟；四岳举鲧治鸿水，尧以为不可，岳彊请试之，试之而无功，故百姓不便。三苗在江淮、荆州数为乱。于是舜归而言于帝，请流共工于幽陵，以变北狄；放驩兜于崇山，以变南蛮；迁三苗于三危，以变西戎；殛鲧于羽，以变东夷：四罪而天下咸服。……尧立七十年得舜，二十年而老，令舜摄行天子之政，荐之于天。尧辟位凡二十八年而崩。百姓悲哀，如丧父母。三年，四方莫举乐，以思尧。尧知子丹朱之不肖，不足授天下，于是乃权授舜。授舜，则天下得其利而丹朱病；授丹朱，则天下病而丹朱得其利。尧曰：终不以天下之病而利一人，而卒授舜以天下。"（意谓：尧帝，就是放勋。他的仁德像天一般深邃辽阔，他的睿智像神一般微妙难测。人们接近他，感觉犹如太阳一般温暖；人们远望他，感觉就像是头顶飘过的一片云。他富有而不骄奢，高贵而不放纵。他总是戴一顶黄色的帽子，穿一身黑色的衣服，坐一辆红色的车子，驾着白马。他敬重有德之人，使同族九代皆相亲相爱。使同族相亲、九代和睦后，他便开始考察百官。在他治下，百官政绩昭彰，诸侯各国和睦相处。……驩兜曾举荐共工，尧认为共工不值得信任，但驩兜仍任共工为师，结果证明共工果然是放纵邪僻之辈；四岳曾举荐鲧治理洪水，尧认为不可行，但四岳硬是请求试一试，结果鲧治水没有成效，所以百官都认为不合适。南方的江、淮流域与荆州一带居住有三苗，不时起来为非作乱。这时，舜巡视天下回来，向尧帝报告情况，请求将共工流放至幽陵，以便改变北狄之风俗；将驩兜流放至崇山，以便改变南蛮之风俗；将三苗迁徙至三危，以便改变西戎之风俗；将鲧流放至羽山，以便改变东夷之风俗。尧帝听从舜的建议，惩处了这四个罪人，于是天下人都心悦诚服了。……尧在位执掌天下七十年，这才发现了可以交接天下的合适人选舜。又过了二十年，尧因年事已高而决定退居二线，让舜代摄天子之政，并向上天举荐了舜。让出天子之位二十八年后，尧帝离开了人世。对于尧帝的离世，天下百姓悲痛欲绝，就像死了生身父母。尧帝离世后的三年之内，四面八方、天下各地，没听到有奏乐之声，这都是为了悼念尧帝的缘故。尧帝禅位于舜，而不传位于自己的儿子丹朱，是他认为其子不贤，德不配天子之位，才不足以治天下，因此才授权于舜。他认为，让位于舜，得其利者乃天下万民；而不得其利者，则丹朱一人而已。传位于丹朱，天下人皆蒙受其害，而只有丹朱一人得其利。尧帝说："我终究不能以天下人受害为代价而让一人得利。"所以他最终决定将天下传给舜。）从太史公司马迁的记载，我们可以清楚地了解，尧在民众的心目中是位道德高尚、智慧超群的君主。作为君主，他知人善用（反对任用共工与鲧），从善如流（听从舜的建议放逐四大罪人），又具有"天下为公"的胸怀（不传位于其子丹朱，而让位于舜）。他治理天下七十年，深受万民的拥戴，死后人民仍然怀念他。可见，他的执政是成功的，道德是高尚的，真正是"贤"且"能"的典型。在尧之后的舜，也是"贤"且"能"的典型。《史记·五帝本纪》记载说："虞舜者，名曰重华。重华父曰瞽叟，……舜父瞽叟盲，而舜母死，瞽叟更娶妻而生象，象傲。瞽叟爱后妻子，常欲杀舜，舜避逃；及有小过，则受罪。顺事父及后母与弟，日以笃谨，匪有解。舜，冀州之人也。舜耕历山，渔雷泽，陶河滨，作什器于寿丘，就时于负夏。舜父瞽叟顽，母嚚，弟象傲，皆欲杀舜。舜顺适不失子道，兄弟孝慈。欲杀，不可得；即求，尝在侧。舜年二十以孝闻。三十而帝尧问可用者，四岳咸荐虞舜，曰可。于是尧乃以二女妻舜以观其内，使九男与处以观其外。……舜入于大麓，烈风雷雨不迷，尧乃知舜之足授天下。尧老，使舜摄行天子政，巡狩。舜得举用事二十年，而尧使摄政。摄政八年而尧崩。三年丧毕，让丹朱，天下归舜。而禹、皋陶、契、后稷、伯夷、夔、龙、倕、益、彭祖自尧时而皆举用，未有分职。于是舜乃至于文祖，谋于四岳，辟四门，明通四方耳目，命十二牧论帝德，行厚德，远佞人，则蛮夷率服。……践帝位三十九年，南巡狩，崩于苍梧之野。……舜之践帝位，载天子旗，往朝父瞽叟，夔夔唯谨，如子道。封弟象为诸侯。舜子商均亦不肖，舜乃豫荐禹于天"（意谓：虞舜，名叫重华。重华的父亲叫瞽叟……舜的父亲瞽叟是个盲人，而舜的母亲早死，于是瞽叟就又娶了一个妻子，生下了象。象为人桀骜不驯。瞽叟喜欢后妻之子象，而常存杀舜之心，但都被舜巧妙地躲过了。舜一旦犯了点小错，就会遭受父亲重罚。尽管如此，舜仍侍奉父亲与后母甚恭，对后母所生之弟象也非常友好，而且对他们的孝顺与友爱一天比一天深厚，天长日久而没有丝毫的懈怠。舜是冀州人，曾耕种于历山，捕鱼于雷泽，烧陶于黄河岸边，制日常生活器物于寿丘，贩卖货物于负夏。舜父瞽叟愚昧，继母顽固，继弟象则桀骜不驯，他们都想杀了舜。但是，舜却恭顺地对待他们，从不违背为子之道，对父母孝顺，对弟弟友爱。他们想杀掉他时，他就躲起来，让他们找不到；而当他们有事需要他帮助时，他又总是及时出现在他们身边。舜年二十，即以孝顺名闻于天下；年三十，尧帝访察天下贤能可治天下者，四岳皆一致举舜，说他可以。于是，尧就将两个女儿嫁给舜以考察其在家的修齐之德，又让九个儿子跟他共处以考察其在外的为人处世能力。……尧帝又让舜深入山林，舜遇暴风雷雨都不迷路。由此，尧知道舜确实贤能，足可以托付天下。等到尧帝年老时，就让舜代行天子之政，自己则巡行四方。舜被举荐掌管天下事务二十年后，尧帝正式让他开始代行天子之政。舜正式代行天子之政八年后，尧帝过世了。为尧帝服丧三年后，舜将天子之位让给了尧帝之子丹朱。但是，天下之人都不朝丹朱而来归服舜。禹、皋陶、契、后稷、伯夷、夔、龙、倕、益、彭祖等贤能之人，虽在尧帝时就被举用，却一直没有就有的职位。于是，舜就往文祖庙，跟四岳协商大计，开放四门，了解并沟通四方之情。又命十二州牧讨论称帝应备之德，认为治天下要行厚德，远小人，那么蛮夷都会归服。……舜在位三十九年，南巡途中，死于苍梧之野。……舜即帝位时，打着天子之旗，去给父亲瞽叟请安，恭敬和悦，完美践行了为子之道。封其弟象为诸侯。舜知道其子商均不肖，不足以治天下，遂预先决定了让禹作为接班人，并向上天作了举荐。）由此可见，舜不仅有治世之才干（执政三十九年），克己奉公、勤于政事（死于南巡途中），而且有孝行（事不肖之父兄甚谨），具有"天下为公"的胸怀（临终前就作出决定，传位于禹而不传其子商均），亦可谓是"贤"且"能"的典型。

虽然尧、舜都是"贤"且"能"的典型，在他们的治理下，整体上算是臻至了理想的政治境界，但并不是非常完美。比方说，舜的父亲与继母及其继弟象有种种不肖之所为，说明尧帝对民众的教化尚有很大不足。又比如说，舜帝虽有"天下为公"的胸怀，但是他在"选贤与能"方面仍有不足，他所选定的接班人禹，虽然"能"有余（治水有功），但"贤"不足，即天子之位后，最终没能贯彻"天下为公"的用人原则，传位于其子启，从此"天下为公"的"大同社会"的理想政治境界不复存在，代之而起的是"天下为私"的"家天下"局面，从此人类社会进入到无休止的争权夺利的混乱时代，呈现的是现实的政治境界。不过，在现实的政治境界中，仍然有理想的政治境界的因子存在。比方说，在春秋战国时代，周天子的权威不复存在，周公礼法全面崩坏，乱臣贼子满天下，但仍然有像孔子、孟子这样向往"大同社会"的政治家，像老子、庄子这样主张清静无为、和平和谐的思想家，像墨子这样主张"兼爱""非攻""尚同""尚贤"且在实践中有"摩顶放踵而利天下"之作为的学者。如此等等，实际上都是春秋战国时代非理想的现实政治境界下理想政治境界的因子，是理想政治境界的火花在现实政治境界中的闪现。

上文我们说过，政治境界存在着理想与现实（非理想）的分野。因此，从理论上说，政治修辞主体（政治人）在适应特定政治情境的政治交际活动中，其政治修辞必须遵循不同的原则。在理想的政治境界下，政治修辞主体（政治人）的政治修辞可以遵循"坦诚相见""友善合作""慎言其余"的原则。因为，如果确是理想的政治境界，人们应该都是奉行"讲信"理念的。政治人作为自然人（普通民众）的道德表率，自然更是笃守"讲信"理念。因此，包括政治人在内的所有人，都完全可以有什么想法就坦诚地跟对方交流，知道什么说什么，心里有什么就说出来，不需要拐弯抹角，不需要闪烁其词，可以完美地贯彻"坦诚相见"（或曰"修辞立其诚"）的原则。如果确是理想的政治境界，人们应该都是奉行"修睦"理念的。政治人作为自然人（普通民众）的道德表率，自然更能处处彰显其"修睦"的风范。因此，包括政治人在内的所有人，都应该具有博爱天下、兼容并包的胸襟，思想情感的抒发与政治见解的表达都会以理性和平的方式呈现，绝不会有唇枪舌剑的火药味，可以完美地贯彻"友善合作"的原则。如果确是理想的政治境界，社会应该是处于一种"谋闭而不兴"的状态，人们（包括政治人与自然人）都是淳朴无邪的，没有城府，没有心机，因此政治人作为全体民众的道德表率，自然心地纯洁，不会在政治交际活动中为了某种政治目的而欺骗民众，而一定会秉持"知之为知之，不知为不知"的态度，实事求是地表达自己的观点与见解，完美地贯彻"慎言其余"的原则。而在现实（非理想）的政治境界下，政治修辞主体（政治人）的政治修辞就不一样了，必须遵循"知人论世""审时度势""因地制宜"的原则。因为在现实（非理想）的政治境界中，社会并未达至"讲信修睦"与"谋闭不兴"的状态，所以在这种政治境界下，政治人作为社会大众行为规范的标杆与关注的对象，为了实现特定的政治交际预期目标，在政治交际活动中就必须直面现实，努力适应特定的政治交际情境，为实现政治修辞的预定目标而贯彻"知人论世"的原则。除此，政治人还要根据政治情势的变化与特定政治场域的要求，在表达政治观点与见解时灵活应对，从众从俗（即"入乡随俗"），为实现政治修辞的预定目标而贯彻"审时度势"与"因地制宜"的原则。

虽然我们前文一再强调，理想的政治境界在人类社会中其实是不存在的，但是我们也不能否认非理想的现实政治境界下仍有理想政治境界的因子存在（上文我们已经说过）。正因为如此，在非理想的现实政治境界下，政治修辞主体（政治人）为了实现特定的政治修辞预期目标，在政治交际活动中除了要自觉地贯彻现实政治境界下政治修辞的三原则——"知人论世""审时度势""因地制宜"，还要彰显智慧、创造条件，尽可能地贯彻理想政治境界下所要贯彻的三原则——"坦诚相见""友善合作""慎言其余"。唯有如此，才更能彰显政治修辞主体（政治人）的人格魅力，使其政治修辞艺术超越技巧，臻至政治修辞的最高境界。有关这方面的内容，我们将在接下来的两节中进行论述。

第二节　理想政治境界的政治修辞基本原则

理想的政治境界，虽然在中国上古时代的传说中有过，汉人司马迁在《史记·五帝本纪》中还作了具体的人事描写，但毕竟只是一种按照儒家学说所构拟的"大同社会"模式的图解而已。事实上，理想的政治境界从来都是不存在的，只是古今中外思想家、政治家所作的理论上的一种构想。如果人类社会真的有理想的政治境界，那么政治修辞主体（政治人）的政治修辞只要遵循"坦诚相见""友善合作""慎言其余"三个基本原则，就可以顺利地实现其政治修辞的预期目标。

一、坦诚相见

"坦诚相见"作为理想政治境界下政治修辞的一个基本原则，其含义是指政治修辞主体（政治人）在政治交际活动中，无论是政治观点的表达，还是政治主张的提出，均本着"修辞立其诚"的原则，"吾口道吾心"，心里是怎么想的，嘴上就怎么说；说出来之后，就准备怎么做，不需要为了实现其政治修辞的预期目标而嘴上说一套，实际上则准备做另一套。换言之，也就是政治修辞主体（政治人）只需要将自己的所思所想对政治修辞受体讲清楚、说明白（也就是在"消极修辞"方面下功夫就足够了），而不需要为了实现其政治修辞的预期目标而在语言表达技巧上下功夫、在玩弄文字游戏上费尽心机。简言之，就是真心诚意地表情，明白清楚地措辞，保证政治表态、政治承诺与其行为结果相一致。

前文虽然已多次说过，理想的政治境界在人类社会是很难实现的。但是，我们也曾说过，理想的政治境界与现实的政治境界并非水火不容，而是有所交集的。即使是在现实的政治境界下，有时也会有理想的政治境界的因子存在。因此，"坦诚相见"的原则并非因为理想的政治境界不存在而无用武之地。相反，在非理想的现实政治境界下，适应特定的政治情境，积极、主动地遵循"坦诚相见"原则，有时会使政治修辞产生意想不到的正面效果。下面我们来看一个例子。

孝公既用卫鞅，鞅欲变法，恐天下议己。卫鞅曰："疑行无名，疑事无功。且夫有高人之行者，固见非于世；有独知之虑者，必见敖于民。愚者暗于成事，知者见于未萌。民不可与虑始而可与乐成。论至德者不和于俗，成大功者不谋于众。是以圣人苟可以强国，不法其故；苟可以利民，不循其礼。"孝公曰："善。"甘龙曰："不然。圣人不易民而教，知者不变法而治。因民而教，不劳而成功；缘法而治者，吏习而民安之。"卫鞅曰："龙之所言，世俗之言也。常人安于故俗，学者溺于所闻。以此两者居官守法可也，非所与论于法之外也。三代不同礼而王，五伯不同法而霸。智者作法，愚者制焉；贤者更礼，不肖者拘焉。"杜挚曰："利不百，不变法；功不十，不易器。法古无过，循礼无邪。"卫鞅曰："治世不一道，便国不法古。故汤武不循古而王，夏殷不易礼而亡。反古者不可非，而循礼者不足多。"孝公曰："善！"以卫鞅为左庶长，卒定变法之令。令民为什伍，而相牧司连坐。不告奸者腰斩，告奸者与斩敌首同赏，匿奸者与降敌同罚。民有二男以上不分异者，倍其赋。有军功者，各以率受上爵；为私斗者，各以轻重被刑大小。僇力本业，耕织致粟帛多者复其身。事末利及怠而贫者，举以为收孥。宗室非有军功论，不得为属籍。明尊卑爵秩等级，各以差次名田宅，臣妾衣服以家次。有功者显荣，无功者虽富无所芬华。令既具，未布，恐民之不信己，乃立三丈之木于国都市南门，募民有能徙置北门者予十金。民怪之，莫敢徙。复曰"能徙者予五十金"。有一人徙之，辄予五十金，以明不欺。卒下令。（汉·司马迁《史记·商君列传》①）

《史记》上述记载，说的是卫鞅（即卫国人公孙鞅，后有功于秦被封君，史称商鞅）被秦孝公任用为客卿后，不久便有替秦国变法的计划，但是秦孝公怕遭人议论。卫鞅为了打消秦孝公的顾虑，就劝谏说："行动犹豫不决，就不会立事扬名；做事瞻前顾后，就不会成就大功。况且自古以来，有超越常人之行者，本来就是要常被世俗之人非议的；有独到见解者，一定是会被芸芸众生讥嘲的。愚昧之人，即使事成之后也不明白成事的原因；睿智之人，事先就能预见即将发生之事。做事之前不能与众人一起谋划而分担忧虑，但事成之后却可以与众人共享成功的喜悦。追求至德境界的人不与世俗之辈同流合污，成就伟业的人不与庸碌之人合计共谋。因此，在明王圣主看来，只要能使国家强大，就不必沿袭先王旧法；只要有利于人民，就不必因循前代礼制。"秦孝公听了卫鞅这番话，情不自禁地赞扬道："说得好！"但是，秦国的大臣甘龙则不以为然，说道："不是这样。圣主治国，不改变民风民俗，而是予以教化；明君执政，不改变先王成法，而是厉行治理。顺应民风民俗予以教化，无需劳心费力便能成功；沿袭先王成法治理国家，官吏习惯、百姓安定。"卫鞅立即反驳道："甘龙所说的，都是世俗的陈词滥调，没有独到的见解。一般人都习惯于旧有的风俗，读书人则拘泥于书本知识。这两种人，若是让他们奉职守法尚可，但无法跟他们讨论法律制度的变革问题。夏、商、周三个朝代，礼法制度虽有不同，但都能一统天下，为天下之王；齐桓公、宋襄公、晋文公、秦穆公、楚庄王五位君主，实行的法律制度虽有不同，但都能各为一代之霸主。睿智之人制礼立法，愚昧之人则被礼法所制约；贤

---

① 司马迁. 史记 [M]. 北京：中华书局，1982：2227－2231.

能之人与时俱进，主动变法更礼；不肖之辈则因循守旧，被旧有礼法制度捆住了手脚。"秦国的另一位大臣杜挚也是反对变法的，见卫鞅说得凿凿有据，立即起来反驳道："无百倍之利，就无须变更既有成法；无十倍之功，便不必更替旧有之器。沿用先王旧有之法没有过错，因袭先圣既有之礼没走邪道。"卫鞅见杜挚不讲道理，只是以势压人，也不甘示弱，立即反驳道："治理天下没有一成不变的方法，有利于国家则不必依循前代旧法。昔日商汤、周武虽未沿袭先王旧法，却能称王天下；夏桀、商纣虽未变革前代旧礼，却最终身死国亡。可见，否定旧法的人不应该遭到非议，因袭成礼的人不值得赞扬。"秦孝公听了卫鞅这番话，再次肯定地说："说得好！"于是，任命卫鞅为左庶长，最终下达了变法的命令。卫鞅受命后，立即下令将秦国老百姓十户编成一什，五户编成一伍，使其彼此相互监督检举，一家犯法，其他各家连带治罪。有不告发奸恶的，处以腰斩之刑；告发奸恶的，受赏同于斩敌首；隐匿奸恶的，处罚同于降敌者。老百姓家有两男丁而不分门立户的，赋税增加一倍。老百姓有军功的，则各按相关标准封赏赐爵。老百姓因私斗殴的，则各按相关条例处以轻重不同的刑罚。努力从事农业生产，使粮食丰产、布帛增加的，则免除其所应服的劳役、减免其应交的赋税。从事工商业与因惰怠而贫困的，则将其妻儿收为官奴。秦国王室成员无军功的，则不能列入王室名籍。明确尊卑高低之序与爵位等级之别，各按等次占有田地、房产，家臣奴婢的衣物服饰也各按相应的等级确定。对国家有功的，社会地位就显赫荣耀；对国家无功的，即使富有也不算显贵。新法拟就后，并没有立即颁布，因为卫鞅怕老百姓不相信。为此，他在国都咸阳的市场南门竖起一根三丈长的大木，公开招募有气力的老百姓，宣称谁能将此木从南门搬到北门，就赏他十金。咸阳的老百姓都觉得奇怪，没人相信这是真的而去搬动大木。于是，卫鞅又发布命令说："能将大木搬到北门的，获赏五十金。"最后，有一位胆大的百姓将大木搬走了，卫鞅立即给了他五十金之赏，以此向秦国的老百姓表明，政府令出必行，绝不会有欺骗之事。之后，卫鞅拟定的新法就开始正式在秦国推行了。

稍有历史常识的人都知道，秦孝公时代的秦国在当时诸侯各国中并不是强国，而是偏远贫弱之国。但是，从秦孝公时代开始，秦国却迅速崛起，很快成了天下霸主，并最终完成了一统天下的终极目标。究其原因，就是商鞅变法为秦国打下了坚实基础。而商鞅作为一个外来的客卿，之所以能在秦国将其所拟定的新法推行开去，并最终取得变法的成功，则跟新法颁布前他的一个政治动作有着极大的关系，这就是都城南门"立木取信"事件。商鞅第一次发布"移木得金"之令，秦人之所以觉得奇怪，无人敢应，就是因为秦孝公时代不是"天下为公"与"讲信修睦"的时代，而是一个弱肉强食、尔虞我诈、你争我夺的时代。在这样的政治境界下，老百姓不相信政府的任何政令，乃是自然之理。商鞅的聪明之处在于，他看清了这一社会现状与政治情势，所以通过"立木取信"为即将开始推行的新法创造了一个"讲信"的理想政治境界。事实上，正是因为卫鞅"立木取信"的政治修辞行为，让秦国老百姓重拾了对政治人政治修辞"言必信，行必果"的人格信心，所以才为新法的顺利推行奠定了坚实的民心基础，也为秦国的强大奠定了坚实的政治基础。

下面我们再来看看现代政治人的政治修辞是如何贯彻"坦诚相见"原则，从而赢得了混乱的现实政治境界下人们的赞誉的。

美"吹哨官员"辞去最后一个政府职务，
此前曾称自己因反对特朗普推荐"神药"被降职

环球网 http://news.163.com/20/1007/19/FOC0CP7200018AOR.html 2020 – 10 – 07 19：07：00

【环球网报道　记者　侯佳欣】据《纽约时报》10月6日报道，此前遭降职的美国抗疫要员、资深疫苗科学家里克·布莱特6日辞去了他的最后一个政府职务，称自己被边缘化，无事可做。今年春天，他曾因抱怨科学领域的"任人唯亲"和政治干预而被降职。

报道称，六个月前，布莱特被解除了美国生物医学高级研究和发展局局长的职务，并被重新分配到美国国立卫生研究院一个影响力较小的工作岗位，该机构也隶属于美国卫生与公众服务部。在那里，布莱特带头开发新型即时新冠病毒检测（方法）。根据其律师介绍，他组建了一个团队，为推进病毒检测相关工作，他们促成了8份合同并将所有的预算全部用尽。

然而今年10月，他还是决定离开。究其原因，根据一份最新附录，布莱特的律师称，"出于政治考虑"，美国国立卫生研究院的官员拒绝了布莱特提出的全国性新冠检测的想法。律师还指责他们无视布莱特的请求，即投入100亿美元，以快速推进新冠疫苗。

尽管已经辞去政府职务，但其律师 6 日表示，布莱特博士"仍然非常担心"白宫将科学问题政治化，尤其是斯坦福大学胡佛研究所的斯科特·阿特拉斯博士到白宫之后。阿特拉斯是一名神经放射科医生，没有接受过流行病学或传染病方面的培训。阿特拉斯对戴口罩表示反感，他还相信"群体免疫"可以阻止新冠，这些令其得到了特朗普总统的青睐，成为白宫新的顾问。

布莱特的律师称，特朗普总统的新任科学顾问斯科特·阿特拉斯博士"没有传染病方面的背景"，在与美国卫生与公众服务部助理部长布雷特·吉罗尔每周一次的会面中，他显然是在替白宫"发号施令"。

据此前报道，4 月 22 日，布莱特指认，自己一天前遭降职的原因是反对使用羟氯喹等关联政治因素的药物来抗击新冠疫情。羟氯喹和氯喹一直为白宫所推崇，但布莱特认定这两种药物应对新冠疫情"缺乏科学价值"，屡次拒绝扩大其应用范围。布莱特也被媒体称作美国政府的"吹哨官员"。

布莱特 5 月 5 日向美国特别检察官办公室提交书面举报材料，称上个月自己被解除生物医学高级研究和发展局主任职务，是因遭到特朗普政府的报复。当地时间 5 月 6 日，特朗普在白宫椭圆形办公室被问及布莱特相关情况时称，"我没见过布莱特博士，我都不知道他是谁……"特朗普还提到，"对我来说，他看起来就像是一名心怀不满的员工，试图帮助民主党赢得选举"。

从上面的新闻报道，我们可以了解到，美国生物医学高级研究和发展局主任、抗疫要员和资深疫苗科学家里克·布莱特之所以在 2020 年 10 月 6 日宣布辞去在美国政府的最后一个职务，是因为在面对席卷美国近一年的新冠肺炎疫情不断恶化的现状时，他秉持一个科学家的良知与追求真理的理念，将疫情的严重性与对美国人民健康所造成的危害如实地告诉了公众与媒体，这是恪守理想政治境界的"讲信"理念的表现。但是，当时的美国并不是理想的政治境界，时任总统特朗普及其政府为了其竞选连任的政治目的，不断淡化疫情的危害性，置美国人民的健康于不顾。因此，里克·布莱特在如此严酷的现实政治境界下仍然抱持"讲信"的理念，在政治修辞中秉持"坦诚相见"的原则，就显得特别可贵。虽然遭到时任总统特朗普及其政府的严重打压，政治生涯遭遇了挫折，但里克·布莱特却做到了"出污泥而不染"，努力在现实的政治境界下秉持"讲信"理念，在针对新冠肺炎疫情进行发言（政治修辞）时遵循了"坦诚相见"的原则，因而赢得了美国媒体的普遍赞誉，被誉为新冠肺炎疫情中美国政府的"吹哨官员"。

由此可见，在现实的政治境界下，政治人的政治修辞是否遵循"坦诚相见"的原则，对于其人格形象的塑造事实上是有决定性影响的。由此也可以看出，在现实的政治境界下，遵循理想政治境界的"坦诚相见"原则对于政治修辞的成功事实上是具有重要意义的。

二、友善合作

"友善合作"作为理想政治境界下政治修辞的一个基本原则，其含义是指政治修辞主体（政治人）在政治交际活动中，无论是表达自己的政治观点、政治主张，或是跟政治受体（政治人或自然人）交流互动，均本着与人为善的心态，抱持友好合作的态度，即使不同意对方的观点，或是要反驳对方的说法，也能心平气和、态度和蔼地进行解释和说服，重视表达的方式方法，最大限度地展现自己的善意，给对方留足面子，让对方充分感受到合作的诚意。换言之，就是政治修辞主体要有兼容并包的雅量，友好善良的意愿，"修睦"合作的态度，在追求实现特定的政治修辞预期目标的同时，努力营造友善和谐的人际关系。

虽然理想的政治境界在人类现实社会中并不存在，但是对理想政治境界的追求在过去、现在和将来总是大有人在的。事实上，在现实的政治境界下，理想政治境界的某些种子有时也会落地生根，在政治人的政治修辞活动中有所萌发。因此，和"坦诚相见"原则一样，"友善合作"原则并非因为理想的政治境界不存在而无实践的机会。相反，在非理想的现实政治境界下，适应特定的政治情境，有意识地落实"友善合作"原则，往往会使政治修辞闪现人性的光芒，不失人世的温情，不仅有利于塑造政治修辞主体的人格形象，还会产生出乎意料的、具有正向积极意义的接受效果。

下面我们来看一个例子：

据说，罗斯福在当总统之前，曾在海军里担任要职。一天，一位朋友向他问起海军在加勒比海的一个岛建立潜艇基地的计划。

罗斯福向四周看了看，压低声音问：

"你能保密吗?"

"当然能。"

"那么，"罗斯福微笑着说："我也能。"（《修辞学习》1986 年第 6 期第 8 页①）

上述故事中的罗斯福，就是后来成为第二次世界大战的反法西斯英雄并且连任了四届美国总统的富兰克林·德拉诺·罗斯福（Franklin Delano Roosevelt，1882—1945）。文中所叙之事，应该发生于 1913 年罗斯福被威尔逊总统任命为美国海军助理部长时期。罗斯福此时虽然还不是美国总统，但是作为美国海军的助理部长，也算得上是一个真正的政治人了。而作为政治人，当他的朋友（是不是政界中人不得而知）向他打听美国海军在加勒比海建立潜艇基地的计划时，他无论如何回答都是政治修辞。因为他跟朋友交际的内容事涉美国国家秘密，政治属性非常明确。按照常理，罗斯福的朋友是不应该向罗斯福打听美国在加勒比海建立潜艇基地的计划的，但事实上他的朋友已经开了口，这无疑让作为政治人的罗斯福感到非常为难。如果为了朋友情谊而据实相告，作为政治人特别是身为美国海军助理部长的罗斯福就泄露了国家最高机密，犯了政治上的大忌；如果严词回绝，虽然维护了军人的职业操守，却会让朋友大丢面子，也会让外人觉得他不近人情，这对他日后与人相处，以及竞选总统会有负面影响。因为美国的总统选举主要是靠人气与人望，一个不近人情的候选人很难让人亲近并愿意相助。令人欣赏的是，罗斯福对于朋友给他出的难题，以高度的智慧与高超的表达技巧（运用了"设彀"修辞法）从容应对了。他既没有告诉朋友想知道的军事秘密，也没让朋友丢面子，反而让朋友被拒绝后更加敬佩他的睿智与幽默。可见，在非理想的现实政治境界下，政治修辞主体（政治人）的政治修辞若是能够有意识地主动、积极地遵循"友善合作"原则，不仅有助于顺利实现其政治修辞的预期目标，而且还能凸显其作为政治人的人格魅力、树立良好的公众形象。

下面我们再来看一个与上述故事相反的例子：

苏秦始将连横，说秦惠王曰："大王之国，西有巴、蜀、汉中之利，北有胡貉、代马之用，南有巫山、黔中之限，东有崤、函之固。田肥美，民殷富，战车

---

① 转引自：谭永祥. 汉语修辞美学 ［M］. 北京：北京语言学院出版社，1992：59 - 60.

万乘，奋击百万，沃野千里，蓄积饶多，地势形便，此所谓天府，天下之雄国也。以大王之贤，士民之众，车骑之用，兵法之教，可以并诸侯，吞天下，称帝而治。愿大王少留意，臣请奏其效。"

秦王曰："寡人闻之：毛羽不丰满者不可以高飞，文章不成者不可以诛罚，道德不厚者不可以使民，政教不顺者不可以烦大臣。今先生俨然不远千里而庭教之，愿以异日。"

苏秦曰："臣固疑大王之不能用也。昔者神农伐补遂，黄帝伐涿鹿而禽蚩尤，尧伐驩兜，舜伐三苗，禹伐共工，汤伐有夏，文王伐崇，武王伐纣，齐桓任战而伯天下。由此观之，恶有不战者乎？古者使车毂击驰，言语相结，天下为一，约从连横，兵革不藏。文士并饬，诸侯乱惑，万端俱起，不可胜理。科条既备，民多伪态；书策稠浊，百姓不足；上下相愁，民无所聊；明言章理，兵甲愈起；辩言伟服，战攻不息；繁称文辞，天下不治。舌弊耳聋，不见成功；行义约信，天下不亲。于是乃废文任武，厚养死士，缀甲厉兵，效胜于战场。夫徒处而致利，安坐而广地，虽古五帝三王五伯，明主贤君，常欲坐而致之，其势不能。故以战续之，宽则两军相攻，迫则杖戟相撞，然后可建大功。是故兵胜于外，义强于内；威立于上，民服于下。今欲并天下，凌万乘，诎敌国，制海内，子元元，臣诸侯，非兵不可。今之嗣主，忽于至道，皆惛于教，乱于治，迷于言，惑于语，沉于辩，溺于辞。以此论之，王固不能行也。"

说秦王书十上而说不行，黑貂之裘弊，黄金百斤尽，资用乏绝，去秦而归，赢滕履蹻，负书担橐，形容枯槁，面目犂黑，状有归色。归至家，妻不下纴，嫂不为炊，父母不与言。（汉·刘向《战国策·秦策一·苏秦始将连横》①）

上述历史记载，说的是这样一个故事：商鞅得秦孝公信任，帮助秦国变法成功，从此使秦迅速走上强国崛起之路。但是，秦孝公死后，秦惠王继位执政，就不再信任商鞅，反而因为商鞅当初变法时对他触犯新法予以罚处而记恨在心，欲置其于死地而后快。商鞅被迫无奈，为了自保，最后只好举其封地商、於徒众起而反抗。最后，商鞅兵败被擒，被秦惠王处以车裂之刑。就在秦惠王诛杀商鞅不久，苏秦到了秦国之都，意欲游说秦惠王接受其"连横"之策。秦惠王虽然因为

---

① 战国策［M］．上海：上海古籍出版社，1988：78－85.

商鞅的缘故而内心厌恶外来游士，但为了秦国的长久发展大计，还是接见了苏秦。苏秦见了秦惠王，便游说道："大王治下的秦国，西有巴、蜀、汉中，可取农耕物产之利；北面有胡貉、代马（指代北方各民族边塞地区），可供战备回旋之用；南有巫山、黔中，可作战略屏障；东有崤山、函谷关，是可凭借的坚固关隘。关中田地肥沃，人民殷实富裕。秦国有战车万乘，有奋击勇士百万，有沃野千里，有足够的财富积蓄，加上有地势上的优越，这就是人们常说的'天府'，堪称是天下雄国。凭大王的贤能，军民数量的众多，战车骑兵的运用，兵法教育的普及，完全可以兼并诸侯各国，一统天下，称帝而治。希望大王能够稍微留心这些优势，臣请求跟大王说一下预期的效果。"秦惠王回答说："我听说有这样一句话：'羽毛尚未丰满的，是不能高飞的；法律制度尚未健全的，是不能进行征伐的；对人民施恩尚不多的，是不能发动他们上战场的；政治教化尚未顺人心的，是不能劳烦大臣的。现在先生不以千里为远，亲自当庭教导我，希望假以时日，我再实行先生的计划。"苏秦不愿就此罢休，继续接着游说道："我原本就怀疑大王不能接受我的政治主张与计划。先古时代，神农氏讨伐补遂，黄帝战于涿鹿而擒蚩尤，尧帝伐驩兜，舜帝伐三苗，大禹伐共工，商汤伐夏桀，周文王伐崇，周武王伐商纣，齐桓公征战而霸天下。由上述事实来看，一统天下有不依靠战争的吗？在古代，各国使者的车马往来络绎不绝，外交活动频繁，相互游说对方国君与自己国家订立盟约；无论是合纵，还是连横，从来没有不使用武力的。外交军备并用，诸侯各国都混乱不堪，各种意想不到之事都出现了，根本无法予以治理。法律条文越来越细密，但人民反而越来越奸诈。政令越来越繁杂，人民感到无所适从。统治集团上下相怨，人民感到无所依赖。空洞的道理讲得越明白，战争就越是频繁发生。虽有巧言善辩的说客与奇装异服的策士从中斡旋，但诸侯各国之间的征战杀伐仍不停息。圣贤之理见于文书辞令不知有多少，但天下仍然治理不好。先王之道讲得口干舌燥、耳朵生茧，对国家治理也不见效。推行仁义，约盟起誓，诸侯各国还是彼此不亲。于是，只好改弦易辙，不思文治而尚武功，以重金奉养愿意效死卖命之士，修缮铠甲，磨利兵器，到战场上决一死战。无所事事就能获利，安坐不动就能扩张土地，即使是五帝三王五霸、明主贤君，也是常有此想而实际达不到的。所以，大家只好继之以战。远距离的，则两军对垒相攻；近距离的，则彼此短兵相接，然后就显现出了征战之功。决胜于战场，行义于国内，立威于天下，就能让人民臣服。当今要并吞天下，战胜万乘之国，使敌国屈服，操控天下，使天下百姓都成为自己的子民，使各国诸侯都臣服，除了战争就没有别的办法。现在的后继之君，轻忽最重要的治国之道，而被那些众说纷纭的所谓治国之道弄昏了头，被那些说客游士的巧辩之言所迷惑，并沉溺于其中而不能自拔。以此看来，大王不能推行我的主张，乃是必然。"这次游说秦惠王没有成功，之后苏秦又多次上书秦惠王推行自己的"连横"之策。但是，都没有受到秦惠王的重视而予以采纳。因为在秦国待得时间久了，苏秦原来所穿的名贵的黑貂之裘都破了，黄金百斤花完了，资用耗尽，生活没有着落，只好离开秦国而回故乡洛阳，他打着绑腿，穿着草鞋，背着书囊，挑着行李，神情憔悴，脸色漆黑，面有愧色。回到家里，妻子不下织布机，嫂子不给做饭吃，父母不跟他说话。

我们都知道，苏秦游说秦惠王的时代是中国政局最动荡、社会最混乱的战国时代。因此，毫无疑问，苏秦与秦惠王所处的政治情境属于典型的非理想的现实政治境界。尽管如此，刚继位为王的秦惠王虽因商鞅反叛的缘故而内心排斥外来游说之士，但仍然不失大国之君的风度，接见了前来秦都的说客苏秦。苏秦此行的目的是要游说秦惠王接受其主张的"连横"之策，帮助秦国实施"远交近攻，各个击破"战略，最终实现独霸天下的终极目标。从历史上来看，苏秦的想法跟秦国的长远战略目标是契合的。但是，此时秦惠王刚刚即位，觉得实行"连横"之策的时机尚不成熟，加上刚刚跟同样是游士出身的商鞅闹翻，所以他就更加无心采纳苏秦的政治主张了。但是，在拒绝苏秦时他没有直言，而是本着与人为善的心态，抱持对远道而来者的友好态度，运用"引用"修辞手法，借前人之言，婉转而又心平气和、态度和蔼地向苏秦作了解释说明，最大限度地展现了善意，给足了苏秦面子。很明显，作为政治修辞主体，秦惠王在非理想的现实政治境界下自觉遵循了"友善合作"的原则。因此，秦惠王拒绝苏秦的政治修辞就显得非常难能可贵，也非常得体，既有人情的温度，又有政治的高度。因为它很好地体现了东道主的待客之道，展现了大国之君谦谦君子的风度。但是，跟秦惠王相比，作为政治修辞的主体，苏秦的表现就很是令人失望了。秦惠王虽然拒绝接受其主张，但表达得非常婉转，且以"愿以异日"为说辞预留了回旋空间，算是给足了他面子。可是，苏秦却并不领情，反而情绪失控，直接抛出一个先入为主的结论："臣固疑大王之不能用也"，将秦惠王一棍子打死，认定他就是一个听不进正确意见的昏君。然后，又连篇累牍地引经据典，为自己的观点辩护，给秦惠王的感觉不仅是在炫耀才学，还有教训他的意味。这无疑会激起秦惠王内心更大的反感。至于结语的几句："今之嗣主，忽于至道，皆惛于教，乱于治，迷于言，惑于语，沉于辩，溺于辞。以此论之，王固不能行也。"简直就是赤裸裸地指着秦惠王的鼻子在骂人了。可见，作为政治修辞主体，苏秦对秦惠王的第二轮游说既有失政治人的风度，也有失做人的厚道。因此，最终导致游说秦惠王的政治修辞预期目标彻底落空，只得狼狈地离开了秦国，回到故乡洛阳则备受亲人的冷落。究其原因，主要是苏秦在跟秦惠王的政治交际活动中，没有主动适应非理想的现实政治情境，分析揣摩秦惠王的心理，遵循现实政治境界下政治修辞"知人论事"的原则，更没有像秦惠王那样有意识地突破现实政治境界的疆域，自觉遵循理想政治境界下政治修辞"友善合作"的原则，展现出政治人的人格高度。正因为如此，苏秦最终不能让秦惠王回心转意，实现自己的政治修辞预期目标。

三、慎言其余

"慎言其余"作为理想政治境界下政治修辞的一个基本原则，其含义是指政治修辞主体（政治人）在政治交际活动中，无论是表达自己的政治观点、政治主张，或是跟政治受体（政治人或自然人）交流互动时，均本着"知之为知之，不知为不知"的态度，以实事求是的精神，在披露事实、提出证据或展现才学时，不为了实现政治修辞的预期目标而隐瞒事实真相，或是有选择地提出证据，或是为了拔高自己的形象而强不知为知、以外行充内行。换言之，就是政治修辞主体在政治修辞活动中要体现科学、客观、谦虚的态度，慎重措辞。无论是提出观点，或是得出结论，都要基于客观事实，有几分材料说几分话，对于未知的事实或尚未了解的详情不轻率发言，对于不懂的知识领域不轻率置喙，以维护政治人诚实可信的良好人格形象。

从理论上说，无论是政治人，还是自然人，都应该遵循"慎言其余"的原则。《论语·为政》曾记孔子教导其弟子子路说："知之为知之，不知为不知，是知也。"（意谓：知道就说知道，不知道就说不知道，这才是明智的表现。）《论语·为政》又曾记孔子在教导其弟子子张如何从政为官时说道："多闻阙疑，慎言其余，则寡尤；多见阙殆，慎行其余，则寡悔。言寡尤，行寡悔，禄在其中矣！"（意谓：从政为官，要学会多倾听，对于不懂的，就存留于心；对于真正懂得的，就谨慎地说出自己的意见；对于不懂的部分，就保留意见不表达。这样，就能少犯错误。从政为官，还要学会多观察，对于不明白的，就放在心里；对于真正明白的，就谨慎地予以实践。这样，就能减少事后的懊悔。说话很少犯错误，做事很少有后悔，官职俸禄就都在其中了。）孔子教导子张从政如何发言的话，其实说的就是理想政治境界下政治修辞"慎言其余"的原则。

前文我们曾多次说过，人类社会几乎不存在理想的政治境界，而只有非理想的现实政治境界。但是，在非理想的现实政治境界下，理想政治境界的政治修辞原则并非就没有用武之地。事实上，在现实政治境界下适当运用理想政治境界下的"慎言其余"原则是非常有价值的。运用得当，不仅有助于政治交际活动中特定的政治修辞预期目标的顺利实现，而且还有助于树立政治修辞主体（政治人）诚实可靠的人格形象。下面我们就来看一个中国古代的例子。

　　汉哀帝语尚书郑崇曰："卿门何以如市？"崇答曰："臣门如市，臣心如水。"（明·何良俊《语林》卷四《言语第二上》①）

上引文字，说的是这样一个故事：西汉哀帝时，大汉王朝已经现出了没落气象。汉哀帝刘欣早已不能与其先祖汉高祖刘邦、汉文帝刘恒、汉景帝刘启相比了，更不用说与雄才大略的汉武帝刘彻相提并论了。正因为汉哀帝没什么能耐，执政也没什么作为，所以在臣子眼里也就没什么威信。尽管如此，当时大汉王朝表面上还是平静的，慑于传统的皇权观念，汉哀帝的许多臣下见了他还是有所畏惧的。当时有一个位高权重的大臣，名叫郑崇，字子游，出身于汉时高密世代高门望族。郑崇年少而为郡文学史时，因显现了不凡的文学才华而被大司徒（即丞相）傅喜所赏识。后来，傅喜得到一个机会，就向汉哀帝举荐了郑崇。汉哀帝对傅喜的意见非常重视，遂破格将郑崇提拔为尚书仆射。郑崇履职之初，因为接近汉哀帝，向汉哀帝提了很多忠谏，汉哀帝也大多采纳了。由于忠诚能干，不久郑崇就得到了汉哀帝的倚重。郑崇为人俭朴，上朝时总是穿一双草底朝靴，走起路来蹇蹇窣窣，所以汉哀帝常常跟他开玩笑说："我识郑尚书履声。"正因为郑崇位高权重，又是最接近汉哀帝的人，所以当时朝中官员都想走他的门路，希望得到

---

　　① 转引自：吴礼权. 说服力［M］. 广州：暨南大学出版社，2017：255.

晋升。虽然郑崇并没有收受他人的贿赂，但每天他府前门庭若市、车水马龙的情景，让人产生了联想。于是，就有人将此情况密奏了汉哀帝。汉哀帝闻奏，大为震怒，于是立即召郑崇来问。看在平日关系亲近的份上，汉哀帝虽然没有恶形恶状地质问郑崇，但口气中透着威严，柔软之中带着骨头地问道："卿府上为何整日门庭若市？"郑崇一听，知道情况不妙。如果不向皇上解释清楚，那便有灭顶的无妄之灾了。稳了稳神，郑崇从容答道："臣门前若市是事实，但是臣心如水也是事实。"汉哀帝一听，终于明白了，从此对郑崇信任有加，不再怀疑他。①

上述故事中的两个主角，一个是九五之尊的大汉王朝皇帝汉哀帝，一个是位高权重的尚书仆射郑崇，均为典型的职业政治人。他们对话的内容涉及国家法律与人事制度，属于典型的政治话题。因此，这场君臣的一问一答明显是典型的政治修辞。这场君臣对话，之所以在历史上传为佳话，乃是因为二人的对话都具有高度的修辞技巧。汉哀帝的问话："卿门何以如市？"从表面上看，只是一个问句，好像云淡风轻，但内里却含着深意："为什么有那么多官员要走你这个尚书仆射的门路？你是不是结党营私或是收受了人家的贿赂？"很明显，这句话是透着杀气的。如果郑崇不能解释清楚，那么势必就要被坐实结党营私或是收受贿赂的罪行。②可见，汉哀帝的政治修辞是相当高明的，可谓柔中带刚，绵里藏针，既没有拂去君臣关系温情脉脉的面纱，最大限度地维护了君臣之间良好的信任，又在事实上发挥了敲山震虎的震慑作用，申明了朝廷吏治的刚性原则。

至于郑崇，作为跟汉哀帝进行政治交际活动的政治修辞主体，其政治修辞无论是在战略上，还是战术上，都更显高明。先说战术上的高明之处。作为政治修辞的受体，面对汉哀帝的质问，应该如何解释，才能说服他相信自己是清白的呢？郑崇的聪明之处在于，他不像一般人那样遇事慌神，也不像有些人慷慨激昂地急于辩解，更没有像有些人摆事实讲道理以驳斥皇帝的无理指责与无端怀疑，而是云淡风轻地以两个"比喻"文本来回应："臣门如市，臣心如水。"这两个"比喻"文本的高妙之处在于，前一个"比喻"文本"臣门如市"，是顺着汉哀帝的意思予以肯定；后一个"比喻"文本"臣心如水"，是暗中对前一文本予以否定，从而为自己辩白。因为皇帝是九五之尊，有至高无上的权威，他是无理还是有理指责臣下，是有端还是无端责问大臣，都是不容辩驳的。郑崇懂得这一

① 参见：吴礼权. 说服力［M］. 广州：暨南大学出版社，2017：255 - 256.
② 参见：吴礼权. 说服力［M］. 广州：暨南大学出版社，2017：256.

点，所以对于汉哀帝的责问，他没有采取顶撞式的辩解，而是采取顺水推舟、逆来顺受的方式予以接受，坦诚地承认自己府前确实每天门庭若市，有很多官员找他。这样，就很快消解了汉哀帝的怒气，让他能够平心静气地接受他下面为自己辩白的内容。这叫礼尚往来，让汉哀帝知道，我不驳您的话，但您也要听听我的话。这是打心理战，是高明的侍对策略。事实上，正因为郑崇对汉哀帝的责问"卿门何以如市"予以了肯定，最大限度地消解了汉哀帝因不了解实情而早已蓄足的怒气，这才让郑崇后一句为自己辩解的话"臣心如水"易于为汉哀帝接受。

"臣心如水"是一个寻常的比喻，也是一个不寻常的比喻。因为以"水"来比喻心境，也是老生常谈，在喻体的选择上并无多少独创性，但是在此情此境中，郑崇以"水"来比喻自己面对众官员求托时的心境，则是再恰当不过了。因为"水"在中国是有特别含义的一种意象，老子说"上善若水"。水代表的不仅是一种平静的意象，而且还有一种清澈纯洁的意涵，一种无可阻挡的力量。因此，郑崇用"水"来比喻自己面对众人求托时的心境，既表现了他面对诱惑的一种定力，也表现了他清澈纯洁的心灵。很明显，这样的表白是足以感动汉哀帝的，足以让汉哀帝相信他的人格。既然人格被肯定了，那么哪还需要举什么事例来自证清白呢？相反，如果郑崇面对汉哀帝的责问，不运用"比喻"修辞策略，以"四两拨千斤"的方式来应对，而是实打实地据实论辩。比方说，不肯定"臣门如市"的事实，而是辩解说"我家并非每天都有很多人上门""上门的人也并不都是求托我做官的事"等，那么势必会越描越黑，让汉哀帝疑窦丛生。如果不以"臣心如水"来表白心迹，而是辩解说"我一向俭朴清廉，从未贪图过别人的钱财，也未结党营私"，那么汉哀帝会越发觉得他心里有鬼。可见，郑崇自证清白的话之所以具有强大的说服力，乃是因为其所建构的"比喻"文本具有一种不可替代的软实力。[①]

再说战略上的高明之处。我们都知道，郑崇生活的汉哀帝时代并非"天下为公""讲信修睦"的理想政治社会。汉哀帝对郑崇的猜疑，朝臣走郑崇的门路，都证明了郑崇生活的时代是一个非理想的现实政治社会。然而，令人欣慰的是，作为政治修辞主体的郑崇，虽然身处非理想的现实政治境界之中，却在侍对汉哀帝的质疑时，有意识地遵循了理想政治境界的"慎言其余"原则。面对汉哀帝

[①] 参见：吴礼权. 说服力 [M]. 广州：暨南大学出版社，2017：256 - 257.

"卿门何以如市"的强烈质问，郑崇坦然承认有"臣门若市"之事实，却没有跟汉哀帝辩解说上门的大臣们没有求托、走门路之意。这就是坦然、坦诚，有什么说什么，知道多少说多么，不以自己的臆测作为解脱嫌疑的依据。因为上门的大臣们到底有没有什么用意，只有他们自己心里最清楚，作为当事人同时也是被汉哀帝怀疑的嫌疑人，郑崇是不能轻下断言的。事实上，正因为郑崇有意识地遵循了理想政治境界的"慎言其余"原则，遂使汉哀帝彻底打消了对他结党营私的疑虑，认为他是一个坦荡荡的君子，所以继续对他信任有加。可见，郑崇政治修辞的成功，跟其身处非理想的现实政治境界之中而能有意识地遵循理想政治境界的"慎言其余"原则有很大关系。我们认为，相对来说，郑崇对"慎言其余"原则的遵循，比起上文我们说到的他在比喻修辞文本建构方面的高度技巧，显得更为重要。因为在皇帝面前以"知之为知之，不知为不知"的诚实君子形象出现，事实上要比巧言令色更能博得皇帝的信任。

下面我们再来看一个与郑崇表现相反的例子，这就是美国前总统唐纳德·特朗普有关新冠肺炎防治用药的发言。但凡留意过新闻媒体报道的人，都一定清楚地记得，美国媒体不止一次地报道过特朗普有关新冠肺炎用药问题的公开发言。作为美国总统，同时也是一个对医学完全无知的门外汉，为了自己能连任美国总统，特朗普多次"强不知而为知"，不断向美国民众推荐瑞德西韦、羟氯喹等药品，并信誓旦旦地说这些药品具有防治新冠病毒肺炎的特殊效果。结果，不仅误导了美国民众，造成了美国防疫政策的巨大混乱，最后连自己及其周围幕僚、家人都染上了新冠肺炎，成了世界政治上的一个笑话。事实上，作为美国总统，特朗普的发言不仅对其形象造成了重创，也对美国的国家形象造成了巨大打击。

可见，在非理想的现实政治境界下，政治修辞主体（政治人）也是需要自觉遵循"慎言其余"原则的。否则，不但其特定的政治修辞预期目标难以实现，甚至连自身的政治人格也要破产，从而导致政治生涯的失败。

第三节　现实政治境界的政治修辞基本原则

现实的政治境界，是我们每个人都可以了解的。只要不是不食人间烟火者，不是两耳不闻窗外事者，相信都能身在其中而对其真实情形有着深刻的认知。虽然现实的政治境界不像中国古代先哲所描绘的大同社会的理想政治境界那样美好，但是既然生活于其中，无论是自然人，还是政治人都必须直面现实，适应这种非理想的现实政治情境。尤其是政治人，更要对现实政治情境有清醒的认识，并在政治交际活动中自觉遵循现实政治境界下政治修辞的三个基本原则——"知人论事""审时度势""因地制宜"。唯有如此，才能适应政治交际活动的需要，顺利实现政治修辞的预期目标。

一、知人论事

"知人论事"作为现实政治境界下政治修辞的一个基本原则，其含义是指政治修辞主体（政治人）在政治交际活动中，为了实现其特定的政治修辞预期目标，必须对政治修辞的受体（包括政治人与自然人）进行研究，包括对其身份背景、职业、生活经历、文化程度、性格爱好与心理倾向等予以深入了解。因为只有这样，才能适应政治修辞受体的认知水平、心理状态，将自己的思想感情或政治主张等清楚、准确地传达出来，让政治修辞受体能够听得懂、听得进。简言之，就是政治修辞主体（政治人）要见人说话，看对象论事，准确把握对方心理，投其所好，根据不同的人采取不同的表达方式（亦即日常我们所说的"见什么人说什么话"），将话说到对方的心坎里，使其在愉悦的情感主导下欣然接受自己所要表达的思想、情感、理念、主张等。

关于这一点，早在先秦时代，韩非子就曾作过精辟的论述：

凡说之难，在知所说之心可以吾说当之。所说出于为名高者也，而说之以厚利，则见下节而遇卑贱，必弃远矣。所说出于厚利者也，而说之以名高，则见无心而远事情，必不收矣。所说阴为厚利而显为名高者也，而说之以名高，则阳收其身，而实疏之；说之以厚利，则阴用其言，显弃其身矣。此不可不察也。（战国·韩非《韩非子·说难》①）

————————

① 转引自：郑奠，谭全基. 古汉语修辞学资料汇编［M］. 北京：商务印书馆，1980：23.

韩非子上述所论，讲的是游说国君之道，正是跟政治修辞紧密相关的问题。众所周知，战国时代是一个战乱频仍、生灵涂炭的时代，但同时也是诸子百家各色人等纵横捭阖、叱咤风云的时代。不同学派的学者为了推行自己的政治主张，众多策士说客为了自己的荣华富贵，常常要游说各诸侯国之君。在韩非子看来，游说各诸侯国之君对于这些学者、说客或策士来说并非难事，难的是游说时将话说到被游说对象（各诸侯国之君）的心坎里。他认为，一个游说者（即交际者）要想让被游说的诸侯国之君（即受交际者）接受自己的政治主张，践行自己的治国安邦理念，就应该首先了解对方的所思所想（即心理），适应其心理倾向，然后选择恰当的表达方式，将自己的思想学说或政治主张推销给他，让他欣然接受。但是，交际者（即游说者）必须注意，如果受交际者（即被游说的君主）有沽名钓誉的心理，交际者却以厚利为诱饵来说服他，则必然不惬于其心。因为受交际者觉得交际者将他的境界看得太低了，认为他是贪图小利之俗辈，那么他必然对交际者产生抵触排斥心理，即使交际者的思想学说再怎么高明，政治主张再怎么正确，他也会在不悦心理的作用下断然拒绝。如果受交际者是个贪图厚利之辈，而交际者以虚誉清名来说服他，则必然不合其心意。因为受交际者觉得交际者以虚幻不实的东西来诱骗自己，没有解决问题的诚意，那么他必然不愿接受交际者的游说。如果受交际者内心想着的是厚利，而表面却标榜清高、崇尚令誉，交际者不能洞悉其真实心理，而以虚誉清名来游说他，那么他表面虽然会欣然接受，内心则会疏远交际者，绝不会践行他的主张；反之，若以厚利来游说他，受交际者虽满心欢喜，但表面却假装拒绝。① 所以，韩非子认为，对于这种受交际者（诸侯各国之君，即被游说对象）尤其要认真研究其真实心理，对症下药，才能保证游说取得成功。可见，韩非子早已看清了当时风行一时的游说活动之本质，将其视为政治修辞的一种典型形式，并且明确强调了在现实政治境界下遵循"知人论事"原则对于保证游说成功（即政治修辞的预期目标得以实现）的重要性。

除了韩非子深谙政治修辞需要遵循"知人论事"原则的重要性外，东汉大思想家王充对此也有深刻的认识。他曾从总结历史经验的角度，说过如下这样一段话：

---

① 参见：吴礼权. 言语交际与人际沟通 [M]. 2 版. 广州：暨南大学出版社，2016：154 – 155.

苏秦精说于赵，而李兑不说；商鞅以王说秦，而孝公不用。夫不得心意所欲，虽尽尧、舜之言，犹饮牛以酒，啖马以脯也。故鸿丽深懿之言，关于大而不通于小。不得已而强听，入胸者少。（东汉·王充《论衡·自纪》①）

在王充看来，苏秦的口才不是不好，但事实上他用精妙无比的言辞向赵国之相李兑推销其"合纵"之策，最终却失败了；商鞅也是一个能说会道的说客，他以"王道"游说秦孝公，结果秦孝公昏昏欲睡，不肯采纳他的策略。之所以会这样，原因就是苏秦游说李兑、商鞅游说秦孝公时都没有揣摸透受交际者的心理。当时赵相李兑的兴趣不在联合山东六国"合纵"而抗强秦，而是要在赵国弄权，架空赵肃侯。秦孝公发布招贤令，商鞅从魏国出走，远投秦国，厚贿秦孝公宠臣景监，得以晋见秦孝公。但是，第一次、第二次游说，商鞅都没有打动秦孝公，反而让他昏昏欲睡。而第三次再游说秦孝公时，却让他兴趣盎然，一连五日与之抵膝长谈，乐此不疲，从此对商鞅信而不疑，最终决定让他放手在秦国进行变法，终使秦国迅速崛起，成为天下之霸。② 他认为，商鞅的三次游说，前两次之所以失败，第三次游说之所以非常成功，究其原因，都与交际者（商鞅）揣摩受交际者（秦孝公）的心理有关。第一次，商鞅以"古帝君之德"游说秦孝公，不得其心；第二次以"王道"游说，又不惬其意；第三次用"霸道"游说，则让秦孝公大为高兴。这是因为这次游说深得秦孝公之心，切合了秦孝公急欲振兴秦国的迫切愿望，所以受交际者（秦孝公）视交际者（商鞅）为知音，从此信用有加。③ 正是基于苏秦与商鞅游说成败的历史经验与教训，王充才由此得出结论："夫不得心意所欲，虽尽尧、舜之言，犹饮牛以酒，啖马以脯也。故鸿丽深懿之言，关于大而不通于小。不得已而强听，入胸者少。"也就是说，交际者不了解受交际者的所思所想（即心理倾向），即使表达得再有技巧，说得天花乱坠，也好比是对牛弹琴，难入于其耳。纵然受交际者出于礼貌而勉强听之，也不会入于心，当然也就不会有什么效果。④

事实上，在现实政治境界下，政治修辞主体（政治人）在政治交际活动中若

---

① 转引自：郑奠，谭全基. 古汉语修辞学资料汇编［M］. 北京：商务印书馆，1980：45.
② 参见：吴礼权. 言语交际与人际沟通［M］. 2版. 广州：暨南大学出版社，2016：154–155.
③ 参见：吴礼权. 言语交际与人际沟通［M］. 2版. 广州：暨南大学出版社，2016：155.
④ 参见：吴礼权. 言语交际与人际沟通［M］. 2版. 广州：暨南大学出版社，2016：155.

是不自觉遵循"知人论事"的原则，那么其政治修辞的预期目标恐怕很难实现。反之，则很有可能实现。下面我们就来看一个战国时代的生动例证。

庄辛谓楚襄王曰："君王左州侯，右夏侯，辇从鄢陵君与寿陵君，专淫逸侈靡，不顾国政，郢都必危矣！"

襄王曰："先生老悖乎？将以为楚国妖祥乎？"

庄辛曰："臣诚见其必然者也，非敢以为国妖祥也。君王卒幸四子不衰，楚国必亡矣！臣请辟于赵，淹留以观之。"

庄辛去之赵，留五月，秦果举鄢、郢、巫、上蔡、陈之地。

襄王流掩于城阳，于是使人发骑征庄辛于赵。

庄辛曰："诺。"

庄辛至。襄王曰："寡人不能用先生之言，今事至于此，为之奈何？"

庄辛对曰："臣闻鄙语曰：'见兔而顾犬，未为晚也；亡羊而补牢，未为迟也。'臣闻昔汤武以百里昌，桀纣以天下亡。今楚国虽小，绝长续短，犹以数千里，岂特百里哉？

"王独不见夫蜻蛉乎？六足四翼，飞翔乎天地之间，俛啄蚊虻而食之，仰承甘露而饮之。自以为无患，与人无争也；不知夫五尺童子，方将调饴胶丝，加己乎四仞之上，而下为蝼蚁食也。

"夫蜻蛉其小者也，黄雀因是以。俯噣白粒，仰栖茂树，鼓翅奋翼。自以为无患，与人无争也；不知夫公子王孙，左挟弹，右摄丸，将加己乎十仞之上，以其颈为招。昼游乎茂树，夕调乎酸咸。

"夫黄雀其小者也，黄鹄因是以。游于江海，淹乎大沼，俯噣鳝鲤，仰啮菱衡。奋其六翮而凌清风，飘摇乎高翔。自以为无患，与人无争也。不知夫射者，方将修其碆庐，治其矰缴，将加己乎百仞之上，被礛磻，引微缴，折清风而抎矣。故昼游乎江河，夕调乎鼎鼐。

"夫黄鹄其小者也，蔡圣侯之事因是以。南游乎高陂，北陵乎巫山，饮茹溪之流，食湘波之鱼。左抱幼妾，右拥嬖女，与之驰骋乎高蔡之中，而不以国家为事。不知夫子发方受命乎宣王，系己以朱丝而见之也。

"蔡圣侯之事其小者也，君王之事因是以。左州侯，右夏侯，辇从鄢陵君与寿陵君。饭封禄之粟，而载方府之金，与之驰骋乎云梦之中，而不以天下国家为事。不知夫穰侯方受命乎秦王，填黾塞之内，而投己乎黾塞之外。"

襄王闻之，颜色变作，身体战栗。于是，乃以执珪而授之为阳陵君，［而用计焉］，与淮北之地也。（西汉·刘向《战国策·楚策四》①）

上面这段文字记载，说的是这样一个历史故事：楚国本来是与秦国旗鼓相当的大国、强国，但到了楚怀王之时，由于与秦国的多次军事博弈终告失利，国力逐渐下降。加上楚怀王本人老而昏庸，喜欢听信谗言，重用奸佞，结果内政不修，进一步削弱了自身的实力。到了晚年，楚怀王更加昏庸，竟然不顾忠臣劝谏，前往秦国。结果，到了秦国后被秦昭王扣押，客死于异国他乡。楚怀王死后，顷襄王继位为楚国之君。顷襄王（即楚襄王）执政之后，治国安邦的表现比其父楚怀王还要糟糕。他贵为一国之主，既不思发奋图强而雪父王客死秦中之耻，也不顾民生疾苦而发展国内经济，只是一味贪图安逸，整天被一帮佞臣弄臣簇拥，除了吃喝玩乐，什么作为都没有。眼看着曾经不可一世、如日中天的楚国一天天地衰落下去，楚国的有识之士都非常着急，忠良之臣更是心急如焚。② 当时，朝中有位老臣庄辛，乃是楚王室宗亲，因实在是对楚襄王的昏庸作为看不下去了，遂以特殊的身份，对不思进取的楚襄王直言提出了批评：

"大王身为一国之君，整天与一帮佞臣厮混，左边跟着州侯，右边伴着夏侯，车前马后则是鄢陵君、寿陵君如影随形。您这样一味骄奢淫逸，全然不以国政为念，恐怕要不了多久，就连我们的国都郢也要不保了！"

庄辛原以为这样的当头棒喝一定会对楚襄王有所触动，让他清醒过来。可是，万万想不到的是，楚襄王不仅对庄辛的逆耳忠言不以为然，还全然不顾长幼之序，很没礼貌地回应道：

"您是老朽昏庸，犯糊涂了呢？还是危言耸听，以预言楚国之祸为名而造谣惑众呢？"

庄辛见楚襄王竟然用这种口气跟他说话，知道他是不可救药了。于是，索性一不做，二不休，把话说到了绝处：

"老臣并非危言耸听，而是确实看到了您目前所作所为的后果。老臣之言只是据实直谏，并非预言灾祸而妖言惑众。大王若继续宠着州侯、夏侯等四人，继

① 朱东润. 中国历代文学作品选（上篇第一册）［M］. 上海：上海古籍出版社，1979：124 – 125.
② 参见：吴礼权. 言语交际与人际沟通［M］. 2版. 广州：暨南大学出版社，2016：156 – 157.

续不顾国政，楚国真的是要亡国的。大王也许不敢相信老臣之言，但老臣觉得危险就在眼前，所以请求大王允许老臣先往赵国避一避，暂留赵国观望一段时间，看看最后结果究竟如何。"

虽然庄辛把话说到了这个份上，但楚襄王仍然没有醒悟。庄辛见此，只得绝望地离开郢都，往赵国去了。在赵国逗留了五个月后，庄辛果然听到了不愿听到的消息：秦国大举攻楚，已经占领了楚国鄢、郢、巫、上蔡、陈等战略重地。

庄辛虽然痛恨楚襄王不争气，但内心还是深深地爱着自己的祖国，时刻关心着秦楚战争的进展，记挂着楚襄王的下落。就在庄辛忧心如焚，日夜悬望的时候，流落于城阳的楚襄王终于从亡国灭种的深重忧虑中清醒了过来，突然想起早先庄辛说的那番逆耳忠言，遂立即遣使往赵国，飞马征召庄辛回国。

楚襄王之使见到庄辛，向他说明了情况后，庄辛不计前嫌，立即答应道："好！"

庄辛回到楚国，见到了楚襄王。这时，楚襄王再也不像以前那样高傲了，见到庄辛就马上认错道："寡人悔不该没有早听您的话。而今事已至此，您看怎么办呢？"

庄辛见楚襄王已然认识到了错误，知道后悔了，觉得他还有希望，遂立即接住话茬，温和地鼓励他道：

"老臣以前听过这样一句俗话，说是见到兔子到了眼前，再回过头去叫猎犬，也还不算太晚；羊儿逃掉了，才想起要补好羊圈，也还不迟。老臣还听说，昔日商汤、周武都是以百里地盘而发迹起来，并拥有天下的；而夏桀、商纣则都是一国之主，拥有天下，最终却失去了天下，身死国亡而为天下笑。今天的楚国，实力虽大不如从前，国小民贫，但国土接长续短，也还有方圆数千里的面积啊！与昔日商汤、周武的百里之地相比，岂不是要大很多？"

说到这里，庄辛顿了顿，然后又接着说道：

"大王，您难道没有见过蜻蜓吗？蜻蜓有六只脚，四只翅膀，自由翱翔于天地之间，俯啄蚊虻而为食，仰饮清露而解渴，自以为与人无争，不会有什么祸患。殊不知，早有五尺童子刚刚调好了糖浆，粘在丝上要捕捉它于四仞高空之上，而以之为蝼蚁之食。"

见楚襄王听得认真，庄辛遂又接着说了下去：

"蜻蜓说来还是微不足道的，黄雀的情形也是一样。黄雀俯啄农人散落的稻粒，仰栖于茂密的树枝之间，振翅奋飞，翱翔于天空，自以为与人无争，不会有什么祸患。殊不知，早有公子王孙左手挟着弹弓，右手拿着弹丸，仰对十仞之上的天空，以其颈项为弹射的目标。黄雀白天还自由飞翔于密林茂枝之间，晚上就成了公子王孙的盘中之餐。在这么短暂的时间之内，结局就如此悲惨。"

说到此，庄辛又顿了顿。但见楚襄王正延颈专注地倾听着，遂又接着说道：

"其实，黄雀的悲惨结局也不算什么，黄鹄（即天鹅）的情况也是如此。黄鹄遨游于江海之间，栖息于大沼水泽，水下捕食鳝鲤，水上啄食菱苻，振翅高飞而凌清风，飘摇天地而翔云间，自以为与人无争，没有祸患。殊不知，早有猎人调好了弓弦箭矢，要将其从百仞高空射下来，使其受伤而死，望风而陨。黄鹄早上还自由翱翔于天上，晚上就成了猎人的盘中美餐。在这么短暂的时间之内，结局就如此悲惨。"

庄辛说到此，抬头看了看楚襄王，见其神情专注，知道他在用心倾听，遂又接着往下说道：

"黄鹄虽是大鸟，但其实也算不了什么，蔡圣侯的结局也是如此。蔡圣侯身为蔡国之君，不思进取，不顾国政，南游于高陂，北登于巫山，渴饮茹溪之清流，饥食湘波之鲜鱼，左搂幼妾，右拥宠姬，与她们尽情驰骋于高蔡之间，而不顾国计民生。他自以为不招惹他国，与人无争，就不会有祸患降临。殊不知，楚大夫子发早已奉楚宣王之命，发大兵，拿着绳索要来捆拿他呢。"

说到这里，庄辛觉得差不多，该收结上题了，遂立即换了一种口气说道：

"蔡圣侯的结局，其实也算不了什么，大王您的情况也跟他差不多。想当年，您不顾国政，整天与一帮佞臣弄臣混在一起，左边是州侯，右边是夏侯，车后跟着的是鄢陵君与寿陵君。大王与他们这些人吃着各封邑进贡的食物，车中载着由四方府库献纳的金帛，一起驰骋于云梦大泽周边，心中完全没有楚国的安危与人民的疾苦。大王当时可能这样想，楚国没有侵犯他国，别国当然也不会侵犯我国。殊不知，虎狼之秦的国舅爷穰侯正奉秦昭王之命，带着大军昼夜兼程，向着咱们楚国杀来呢。在您还没察觉之时，就已经兵临平靖关之南的鄢郢，最终迫使您堂堂楚国之王竟然仓皇出奔郢都，逃到平靖关之外的阳城流亡了。"

楚襄王听到这里，脸色大变，浑身颤抖。于是，立即授庄辛以楚国最高爵位上执珪，并封其为阳陵侯。之后，楚襄王听从庄辛所献之计，收复了淮水以北大片失地。

从上述故事，我们可以清楚地看出，庄辛劝谏楚襄王是为了楚国的前途命运，话题是劝楚襄王"亲贤臣，远小人"，奋发有为，振兴楚国。很明显，庄辛的劝谏属于典型的政治修辞行为。第一次劝谏时，作为政治修辞的主体（政治人），尽管庄辛满怀一腔爱国热情，但是，在实施劝谏的政治修辞行为时，由于没有对当下的政治情势作出清醒的评估，既没有考虑到楚襄王的为人特点，也没顾及其君王自尊自大的心理，因而没能遵循非理想的现实政治境界下政治修辞的"知人论事"原则，对楚襄王不思进取、不理朝政、任意胡为的荒唐行径进行了直言批评，犯了中国封建时代最大的政治禁忌——"批逆鳞"，让楚襄王作为楚国之君的自尊荡然无存，其至高无上的权威受到了极大的挑战。结果，不仅导致预期的政治修辞目标（即通过进谏使楚襄王改正错误）未能实现，而且君臣之间温情脉脉的最后一层面纱也彻底被撩去，从此君臣分道扬镳，不再相见，一个继续在楚国胡作妄为，一个去国离乡。第二次进谏时，政治情势发生了巨大的变化，作为政治修辞受体的楚襄王，在经历过几乎亡国灭种的沉重打击后，终于清醒过来，认识到了自己的错误，体会到了庄辛以前对他进谏的诚心与苦心。而作为政治修辞的主体，庄辛这一次也对以前的进谏方式进行了反省，摆正了君臣之间的关系，并对遭受沉重打击而失去信心的楚襄王予以深切的理解，知道楚襄王此时心理比较脆弱，最需要的是鼓励，所以在进谏时他特别注意了语言表达的策略，没有实话直说，而是采取了迂回曲折的表达方法，以讽喻策略循循善诱，八面设兵，最后才点出主旨，从而一语激醒梦中人。庄辛意欲对楚襄王推销的政治理念，其实就是这么简单的一句话："人无远虑，必有近忧。作为国君应该居安思危，不可贪图安逸而不思进取。"这个政治理念，按理作为国君应该是明白的，否则根本就不配做一国之君。但是，在那个时代，国君是世袭的，有没有能力，头脑清楚不清楚，根本与能不能做国君是脱钩的。所以，对于楚襄王这样的国君，庄辛首先只能承认"存在的就是合理的"，必须正视楚襄王是自己的国君，楚国是自己的国家这样的事实，同时确定这样的思想：一定要说服楚襄王振作起来，一定要让他明白"人无远虑，必有近忧"和"居安思危，振作进取"的为君之道。经过第一次进谏失败的教训，庄辛这次在推销他的政治理念，说服楚襄王时就十分注意表达的策略。他先是引了"见兔而顾犬，未为晚也；亡羊而补牢，未为迟也"两个俗语来安慰楚襄王，给他打气鼓劲，鼓励楚襄王不要气馁，可以重新振作有为。这是用的"引用"语言策略，具有特别大的说服力。因为谚语俗语，都是前人一代又一代知识经验的总结，是公认的权威结论。因此，引用前人的经典之言，特别是谚语俗语往往具有无可辩驳的说服力。楚襄王虽然不争气，但还不至于昏庸到连这个道理也不懂。事实上，后来楚襄王知道认错反省也证明他不太糊涂，智商还算正常。因此，庄辛的第一句话就是十分高妙的说辞，为下面的进一步谏说打下了坚实的基础。在此基础上，庄辛又运用了"用典"的语言策略，以汤武两明君以百里而昌，桀纣两昏君以天下而亡的历史事实，婉转地告诫了楚襄王如何做个仁君好王。接着，庄辛一连说了蜻蜓、黄雀、黄鹄自以为与人无争、自以为无患而被人射杀烹食的故事，这是运用了"讽喻"语言策略。讲这三个临时编造出来的故事，目的是要引出蔡圣侯贪图享乐，自以为与世无争、自以为无患，结果被楚宣王系而捕之的历史故事，从而自然地把话题引到真正想要说的话上：楚襄王您整天与州侯、夏侯、鄢陵君、寿陵君优游享乐，不理朝政，不思进取，结果就是秦王举兵差点把楚灭了，您现在也被逼到城阳流浪。这样，说得自然，道理讲得滴水不漏，让楚襄王无法辩驳；但道理陈述表达又非常婉转，给了楚襄王面子，使他能乐意接受，并深刻反省自己，在心灵深处激起巨大的震荡，以致"颜色变作，身体战栗"。最终，庄辛顺利地推销了自己的治国政治理念：人无远忧，必有近忧。国君应该居安思危，奋发进取，国家才能立于不败之地并有所发展。①由此可见，作为政治修辞行为的进谏，自觉遵循现实政治境界下的"知人论事"原则是多么重要。

战国时代的政治人（政治修辞主体），为了游说与进谏的成功，需要自觉遵循"知人论事"原则，是因为游说与进谏都是政治修辞行为，必须将话说到政治修辞受体的心坎里，突破其心理防线，或是从心理、情感上征服对方，这样才能最终实现政治修辞的预期目标。后世的政治人游走于中国古代官场，不仅游说、进谏需要自觉遵循现实政治境界下的"知人论事"原则，有时甚至在宦海生涯中受了委屈或冤屈需要为自己辩白，也需要自觉遵循"知人论事"的政治修辞原则，否则就无法在官场生存，甚至还要掉脑袋。下面我们就看一个鲜活的例证。

许允为吏部郎，多用其乡里。魏明帝遣虎贲收之。其妇出戒允曰："明主可以理夺，难以情求。"既至，帝核问之。允对曰："'举尔所知'，臣之乡人，臣所

① 参见：吴礼权. 能说会道：说话的艺术（修订版）[M]. 广州：暨南大学出版社，2014：106-107.

130

知也。陛下检校为称职与不？若不称职，臣受其罪。"既检校，皆官得其人，于是乃释。允衣服败坏，诏赐新衣。初，允被收，举家号哭。允新妇自若云："无忧，寻还。"作粟粥待。顷之，允至。（南朝宋·刘义庆《世说新语·贤媛第十九》①）

上面这则文字记载，说的是这样一个故事：三国魏明帝曹叡（曹操之孙、曹丕之子）执政时期，时任吏部郎的许允，因为所用之人多是他的同乡，结果被人举报。魏明帝闻知非常震怒，认为许允这是在假公济私、结党营私，遂派虎贲（即皇宫卫戍部队的将领，汉有虎贲中郎将，魏袭其制）前往收捕许允。许允一看皇帝竟然用虎贲之将来收捕自己，不知道自己犯了什么滔天大罪。许家人一见，更是吓得哭成了一团。但是，许允之妻阮氏却从容不迫，一点也不慌神，还安慰家人："大家不用害怕，更不必担心。"一边说着，阮氏一边命人去熬粥，并信心满满地说，粥熬好了，许允就会回来了。安定了家人后，阮氏又安慰了丈夫一番，临行前告诫他两句话："明主可以跟他讲道理，决不能跟他求情。"许允牢记妻子阮氏的嘱咐，到了朝廷，见了魏明帝，从容应对，没有丝毫慌张。魏明帝质问他为什么多用同乡之人，他从容回答道："孔子有言：'举尔所知。'臣的同乡，臣最了解他们。他们的情况臣知根知底，所以臣多用了些同乡。陛下不能只看臣所用之人多是同乡，也要看看臣所用同乡是否称职。若所用同乡皆不称职，臣甘愿领罪。"魏明帝一听，觉得许允说得也有道理。遂让相关官员一一检视他所用之人，结果发现都官得其人，很称职，没有职守上的瑕疵。于是，连忙将许允给释放了。许允告别时，魏明帝发现他的衣服被弄坏了，觉得过意不去，乃诏赐新衣，以示恩宠。②

这个故事中的主人公许允，是三国魏明帝时代的吏部郎，是负责官员选拔与考核的朝廷重臣，属于职业政治人。而传唤许允的魏明帝是九五之尊的皇帝，自然也是职业政治人。魏明帝传唤许允到朝廷不是要跟他闲话家常，而是要追究他任人唯亲、结党营私的法律责任。这样许允上朝面君的性质就具有了鲜明的政治色彩，其面对魏明帝时所辩解的一切话语都具有政治修辞的属性。故事的结局告诉我们，许允作为这场君臣政治交际活动中的政治修辞主体，最终成功地实现了

---

① 参见：搜神记·世说新语［M］. 钱振民，点校. 长沙：岳麓书社，1989：166.
② 参见：吴礼权. 言语交际与人际沟通［M］. 2版. 广州：暨南大学出版社，2016：174.

其预期的政治修辞目标——为自己洗清了任人唯亲、结党营私的冤屈，赢得了作为政治修辞受体的魏明帝的信任。那么，面对怒不可遏的魏明帝的质问，许允何以几句话就能化解，既为自己所蒙受的冤屈作了辩白，又赢得了魏明帝的尊敬呢？究其原因，主要是因为作为政治修辞的主体，许允听进了其妻阮氏（角色政治人，事实上是最高超、最出色的政治人）"明主可以理夺，难以情求"的建议，遵循现实政治境界下"知人论事"的原则，面对魏明帝的质问，不说一句求情的话，而是从容不迫地跟他讲道理。因为他了解魏明帝，知道他不是一个是非不分的昏君，只要能将道理讲明白，他肯定明断是非，不会冤枉人的。[①] 正因为如此，面对政治修辞受体魏明帝怒不可遏的质问时，许允保持了自己作为政治修辞主体的从容与淡定，并不急于为自己多用同乡的事实辩白，而是坦然承认，但是巧妙地抬出圣人孔子作为庇护神，引其"举尔所知"的用人荐才名言为依据，"有力地为自己多用同乡的行为作了辩白"[②]，让政治修辞受体魏明帝从心理上为之折服，无话可说。"加上最后检视用人效果的验证"[③]，更让魏明帝对其清白深信不疑。可见，在现实政治境界下，职业政治人在政治交际活动中遵循"知人论事"的政治修辞原则有着多么重要的意义。

二、审时度势

"审时度势"作为现实政治境界下政治修辞的一个基本原则，其含义是指政治修辞主体（政治人）在政治交际活动中，为了实现其特定的政治修辞预期目标，必须审时度势，准确把握政治交际的时机，选择恰当的修辞策略，将自己所要表达的思想、情感、理念、主张等适时传递给政治修辞受体，使政治修辞受体能够在最大程度上予以接受，从而实现政治修辞效果的最大化。换言之，就是政治修辞主体（政治人）要懂得看时机说话，在恰当的时机说恰当的话，让政治修辞受体觉得愉悦、自在而欣然接受，从而实现政治修辞的预期目标。

关于这一点，早在先秦时代，孔子就曾作过论述：

---

① 参见：吴礼权. 言语交际与人际沟通［M］. 2 版. 广州：暨南大学出版社，2016：174.
② 吴礼权. 言语交际与人际沟通［M］. 2 版. 广州：暨南大学出版社，2016：175.
③ 吴礼权. 言语交际与人际沟通［M］. 2 版. 广州：暨南大学出版社，2016：175.

侍于君子有三愆：言未及之而言，谓之躁；言及之而不言，谓之隐；未见颜色而言，谓之瞽。(《论语·季氏》①)

孔子上述这番话，意思是说：侍奉在君子（即统治者、领导、上司等）身边，陪他说话，有三种过失需要避免：一是没轮到自己说话时，却冒失地先开了口，这叫急躁；二是该自己说话的时候，却错过时机没有说话，这叫隐瞒；三是不看上司的脸色而自说自话，这叫瞎了眼。② 仔细分析一下孔子这里所说的"三愆"，我们就会发现，其中前"二愆"都与说话的"时机"有关。可见，在孔子看来，政治修辞（"侍于君子"者必是政治人，其与君子的言语互动自然属于政治修辞）要特别重视"时机"的把握。换言之，就是要懂得审时度势，见机说话。否则，就必然会犯错（即"有三愆"）。

下面我们来看一个战国时代的例证。

范雎既相，王稽谓范雎曰："事有不可知者三，有不可奈何者亦三：宫车一日晏驾，是事之不可知者一也；君卒然捐馆舍，是事之不可知者二也；使臣卒然填沟壑，是事之不可知者三也。宫车一日晏驾，君虽恨于臣，无可奈何；君卒然捐馆舍，君虽恨于臣，亦无可奈何；使臣卒然填沟壑，君虽恨于臣，亦无可奈何。"范雎不怿，乃入言于王曰："非王稽之忠，莫能内臣于函谷关；非大王之贤，莫能贵臣。今臣官至于相，爵在列侯，王稽之官尚止于谒者，非内臣之意也。"昭王召王稽，拜为河东守，三年不上计。（汉·司马迁《史记·范雎蔡泽列传》③)

上述故事，说的是王稽游说范雎，希望他向秦昭王推荐自己，以求加官晋爵。王稽之所以要求范雎进荐自己，乃是有其特殊的背景。

据《史记》记载，范雎乃魏国一介书生，虽年少就有凌云壮志，但并非出身豪门，又没有"官二代"的背景，所以一直仕进无门，空有治国安邦的理想而无法实现。后来，他学其他读书人的样子，也去周游列国，希望游说诸侯成功，弄

① 论语［M］. 赵海燕，注译. 大连：大连出版社，1998：189.
② 参见：吴礼权. 言语交际与人际沟通［M］. 2 版. 广州：暨南大学出版社，2016：142.
③ 司马迁. 史记［M］. 北京：中华书局，1982：2414 –2415.

个一官半职干干，一来可以解决温饱生存问题，二来可以实现自己的理想，同时也好光宗耀祖。可是，事情并没有想象得那么简单，游说了几年，也没有一个诸侯王信用他，更没人给他官做。于是，他只好回到魏国，先到魏都试试看，如果魏王信用他，为自己的国家服务，不是更好吗？可是，要游说魏昭王，先得打通关节，而这是需要很多钱的，而范雎家贫，无法筹集到足够的资金。最后，没有办法，范雎只得先到魏国中大夫须贾那里当差。一次，须贾奉魏昭王之命出使东方大国齐，范雎为随从。在齐都临淄逗留了好几个月，齐襄王也没给须贾一个确定的回话，倒是对须贾的随从范雎产生了兴趣。因为他听说范雎口才很好，非常赏识他，所以就赐范雎黄金十斤，还有牛肉美酒。范雎推辞不敢接受。须贾知道后，大为恼怒，以为范雎将魏国的机密泄露给了齐襄公，所以才得到厚赐。于是，令范雎收下齐襄王馈赠的牛肉与美酒，而退还了黄金。回到魏国后，须贾对范雎还是很生气，遂将出使齐国时齐襄王馈赠美酒牛肉与黄金给范雎的事告诉了魏相魏齐。魏齐乃魏国王室成员，乃魏国贵公子，他的权力与威风大着呢。魏齐听从须贾的一面之词，乃令左右以荆条板子痛打范雎，直打得范雎肋折齿断。范雎心知是须贾嫉妒生恨，诬陷自己，所以不想就这样死了。于是，打了一阵后，范雎就开始装死。魏齐左右不知就里，立即报告魏齐，说范雎已被打死了。魏齐听了，立即让人用草席将范雎的尸体卷了起来，扔在厕所里。又让喝醉的宾客往裹范雎的草席上便溺，以此侮辱他，惩戒其他人。过了很久，范雎从草席里探出头来，对守卫的人说道："您要是能让我离开，将来我一定重谢您！"守卫者可怜范雎，遂请求魏齐将范雎的尸体扔了。正好这时魏齐喝醉了，就糊里糊涂地答应了。这样，范雎才得以逃脱。

然而不久，魏齐突然后悔扔掉了范雎的尸体，他开始怀疑，范雎是不是没死？如果没死，那将来必是魏国和自己的大患。于是，魏齐就派人到处追踪搜查范雎的尸体。当时，魏国人郑安平听说了这件事，就秘密找到范雎，带着他一起逃亡了。为了躲避魏相的追踪与搜查，他们不仅隐匿起来，而且还让范雎改名换姓为"张禄"。

说也凑巧，这时秦王使者王稽出使魏国。郑安平假装士卒，侍候王稽。王稽问他：

"魏国有没有贤能之士，可以跟我一起去西边的秦国啊？"

郑安平立即回答说：

"在下有个同乡张禄先生，一直想见您，谈谈天下大事。不过，他有仇人，正在追杀他，所以不敢白天来见您。"

"那您带他晚上一起来。"王稽兴奋地回答道。

于是，当夜郑安平就带着范雎来见王稽。谈了没多久，话还没说完，王稽就知道，眼前这个书生不简单，是个治国安邦的大才。所以，没等范雎把话说完，王稽就打断了他的话，跟他约定了会面接头的时间地点，第二天就带着范雎离开了魏国。

但是，进入秦国境内后，遇到了巡视东部县邑的秦国权相穰侯的盘查。穰侯最排斥客卿和游士说客，所以前后两次对王稽进行了盘查。幸亏范雎有智慧，躲过了穰侯的搜查，顺利进入了秦都。可是，当王稽满怀喜悦之情向秦昭王举荐范雎时，却遭到了他的冷遇。因为这时秦昭王已在位三十六年，对山东六国用兵连连获胜，所以他只相信自己的武力，而不相信什么书生谋略。这样，范雎就被秦昭王晾在了一边长达一年之久。

范雎入秦后没有立即受到重用，还有一个重要原因，那就是穰侯等太后派势力对秦昭王施政的掣肘。穰侯与华阳君是秦昭王之母宣太后的亲弟弟，而泾阳君与高陵君则是秦昭王的同胞兄弟。当穰侯为秦国之相掌握行政权时，华阳君、泾阳君、高陵君则轮流担任秦国之将，掌握军权。他们都各有广袤肥沃的封土，加上有宣太后的庇护，真是富可敌国。到穰侯担任秦国之将，掌握军权时，他又想越韩、魏二国而伐齐之纲寿，以此扩大其陶邑封地。这明显是假公济私，以国家的名义出兵作战，收获的则是自己的私利。范雎看准这是一个很好的进谏机会，遂立即裂帛为书，向秦昭王挑明了穰侯用兵的私心，阐明了其对秦国国家利益的损害。秦昭王读完范雎的书信，这才知道他果然是奇才。于是，立即向王稽道歉，请他用专车接范雎来见。

范雎见到秦昭王后，秦昭王对他非常恭敬，三次长跪请教，最终以诚意打动了范雎。范雎遂将心中之策一一陈述，让秦昭王大喜过望，立即拜其为客卿，让他专谋兵事。不久，秦昭王听从范雎之策，出兵伐魏，取魏国怀地而还。过了两年，又取魏国邢丘之地。

随着范雎才华与谋略的不断展现，秦昭王对他也越发重用。到秦昭王四十一年（公元前 266 年）时，范雎不仅掌秦相之柄多年，还被秦昭王封为应侯，并拥有封地。

当范雎在秦国的地位越来越显赫时，王稽却一直默默无闻地做着一个谒者

（宫廷中掌管国君命令传达事宜的小官），多少年来一直没有得到提拔重用。看着自己引荐的魏国书生如今成了秦国一人之下、万人之上的秦相，还封了侯，王稽内心开始有些不平静，或曰不平衡了。如果说范雎是千里马，那么自己就应该算是发现千里马的伯乐。既然事实证明范雎确是个人才，那么自己能发现他、推荐他，说明自己也是一个人才啊！范雎能被重用，为何独独自己就被冷落闲置呢？越想心里越不是滋味，越想越觉得自己委屈。于是，王稽就想直接找秦昭王去理论。但是，再一想，他又犹豫了，觉得不妥。虽然自己的想法有道理，但这个道理经由自己的嘴巴说出来，未必效果好。要是秦昭王认同自己的想法还好，若是不认同，或是被认为是讨官、要官，那反而显得自己格调不高，不但升不了官，也许还会被羞辱一顿。相反，这层意思，这个道理，若经第三者的嘴巴说出来，就显得非常顺，而且冠冕堂皇。

想到此，王稽决定亲自跟范雎开口，求托他去跟秦昭王说。因为，一来范雎是秦昭王最信用的人，还被封了侯，以他与秦昭王的关系，说起来最为方便；二来范雎是秦国之相，为国荐才，乃是公事，理所当然，说起来冠冕堂皇；三来范雎曾受恩于自己，出于报答恩德的考虑，他推荐自己也是应该的，而且会比别人更尽心尽力；四来范雎是说客出身，他推荐自己，一定会说得很好听，让秦昭王信服。

虽然王稽觉得有很多理由，范雎都应该推荐自己，但是见到范雎后，他非常明智，并未以恩人自居，而是表现出下级对上级应有的恭敬态度，婉转地说道：

"丞相，世上之事有三种不可预知的情况，也有三种无可奈何的情况。"

"恩公，请道其详。"范雎客气有加地说道。

"大王到底什么时候突然驾崩，这是第一种不可预知的变故；丞相您什么时候突然舍王稽而去，这是第二种不可预知的事情；我何时突然伸腿而去，这是第三种不可预知之事。"

"那三种无可奈何的情况又是什么呢？"范雎望着王稽，满脸诚恳地问道。

"大王一旦驾崩，那时您纵然觉得没有报答我而感到遗憾，但为时已晚，无可奈何了！要是您哪天突然舍王稽而去，那时您觉得没来得及报答我而有遗憾，也为时已晚，无可奈何了！假如哪天我突然死了，您觉得没机会报答我而感到遗憾，那也晚了，无可奈何了！"

范雎听了王稽这番话，心里非常不是滋味，觉得非常愧疚。没说一句话，也没抬头望一眼王稽，范雎转身就进宫找秦昭王去了。

见了秦昭王，范雎没有客套，而是开门见山地说道：

"大王，臣本魏国一介书生，非王稽对大王之忠，不可能将臣带入函谷关；非大王之贤明，臣不可能位极人臣。今臣官居秦相，爵封列侯，而王稽仍只是一个谒者，这恐怕不是他当初冒死将臣带入秦国的本意吧。"

秦昭王听懂了范雎的意思，也觉得确实委屈了王稽，自认为这不是对待荐贤有功之臣应有的态度。于是，立即拜授王稽为秦国河东新郡之守，并特别恩准，可以三年不向中央政府汇报政治、经济、军事等工作。①

通过上面我们对王稽游说范雎，以及范雎游说秦昭王前因后果的完整梳理，我们可以清楚地看出，王稽求托范雎向秦昭王进荐自己是政治修辞行为，范雎游说秦昭王而希望秦昭王升王稽的官职也是政治修辞行为，因为王稽与范雎、秦昭王都是职业政治人，他们谈话的内容涉及王稽的官职升迁问题，而官职的升迁乃是政治问题。正因为如此，在上述这个故事中，无论是王稽求托范雎的一番话，还是范雎游说秦昭王的一番进谏，都是典型的政治修辞。

作为政治修辞的主体，王稽求托范雎之所以取得成功，其根本原因是他自觉遵循了"审时度势"的原则。因为王稽求托范雎之时，范雎不仅官至秦国之相，位居一人之下、万人之上，而且还被秦昭王封为应侯。可见，范雎作为一个外来的客卿此时已经在秦国政坛站稳了脚跟，跟秦昭王的关系也达到了最密切的程度。王稽正是清楚地看到了这一点，觉得这应该是范雎说话最有力的时机，也是自己求托他，让他报答自己当初冒着生命危险带他入秦的知遇之恩的最佳时机，所以他选择在此时求托范雎。可见，王稽是一个合格的政治人，也是一个高明的政治修辞主体，深谙政治修辞之道。除此之外，王稽作为政治修辞主体，还有一个更高明的地方，这就是他对世情人心的洞悉。当他作出决定，要前往求托范雎向秦昭王推荐自己时，不是以恩公自居，而是以下级见上级的姿态出现。之所以如此，是因为他清醒地意识到，眼前的范雎已经不是早年他冒着生命危险带进秦国的落魄书生了，而是位极人臣的秦国权相，眼下他必须直面自己与范雎政治地位悬殊的现实，摆正自己的位置，以下级见上级的心态求托范雎，而不是居功索求报答。因为现实生活中受人恩德者，并非都能做到有恩必报，相反还有些人一

---

① 参见：吴礼权. 言语交际与人际沟通［M］. 2 版. 广州：暨南大学出版社，2016：250－253.

阔脸就变，甚至翻脸不认人。① 如果王稽果真以恩公自居，直道本心，跟范雎实话实说，"我曾有恩于你，你现在位极人臣，正是报答我的好时机。否则，错过时机，后悔也来不及了"②，虽然于情于理都是对的，相信范雎从理智上也是能够认同的，但一定会有情感上的不快。而一旦产生情感上的不快，即使他迫不得已答应了王稽的请托，也会是不情不愿，这就必然会影响到他向秦昭王进荐王稽的效果。事实上，王稽是一个清醒的政治人，他洞悉世情人心，在求托范雎时以下级对上级的态度婉转进言，运用"折绕"修辞法，以"三不可知""三无奈何"这样曲里拐弯的说辞，婉转迂回地将其真意表达出来，让受交际者范雎思而得之，在赢得面子的同时，愉快地接受其请托。③ 由此可见，王稽最终求托成功，获得了秦昭王的重用，实在是与其高明的政治修辞艺术有关。而这高明的政治修辞艺术的核心，就是作为政治修辞主体的王稽自觉遵循了"审时度势"原则，在恰当的时机与有利的政治情势下实施了求托范雎这一政治修辞行为。

说到王稽求托范雎的成功，我们还要强调一点，这就是政治修辞固然需要遵循"审时度势"原则，但也不能忽视修辞技巧的运用。事实上，在上述王稽求托范雎成功的政治修辞案例中，作为政治修辞主体的王稽在修辞技巧上的表现也是可圈可点的，上面我们已经对其"三不可知""三无奈何"的"折绕"修辞策略的运用所产生的效果作出了分析。如果在政治交际活动中，政治修辞主体既无自觉遵循"审时度势"原则的意识，又无自觉运用修辞策略的意识，那么其政治修辞的预期目标就不可能达到。下面我们来看一个例子。

维私邀入内署。俄而玄宗至，浩然匿床下。维以实对，帝喜曰："朕闻其人而未见也，何惧而匿！"诏浩然出。帝问其诗，浩然再拜，自诵所为。至"不才明主弃"之句，帝曰："卿不求仕，而朕未尝弃卿，奈何诬我？"因放还。（《新唐书·孟浩然传》④）

上面这则历史记载，说的是盛唐诗人王维与孟浩然的故事。众所周知，王维

---

① 参见：吴礼权. 言语交际与人际沟通［M］. 2 版. 广州：暨南大学出版社，2016：254.
② 参见：吴礼权. 言语交际与人际沟通［M］. 2 版. 广州：暨南大学出版社，2016：254.
③ 参见：吴礼权. 言语交际与人际沟通［M］. 2 版. 广州：暨南大学出版社，2016：254.
④ 转引自：吴礼权. 言语交际与人际沟通［M］. 2 版. 广州：暨南大学出版社，2016：222.

是盛唐时代的著名诗人，诗、画俱佳，后世学者评价说他"诗中有画，画中有诗"。王维不仅文学造诣深，少年得志，早早就科举及第，做了状元，而且还特别会做人，深得唐玄宗信任，历任右拾遗、监察御史、河西节度使等要职。玄宗天宝年间，还官拜吏部郎中、给事中等职。同样是盛唐时代的著名诗人，堪称盛唐一代山水田园诗派的代表人物，也是王维好友的孟浩然，跟飞黄腾达、一路顺遂的王维相比，人生境遇就显得相当窘迫了。虽然他的诗写得好，连李白都写诗推崇说："吾爱孟夫子，风流天下闻。"（《赠孟浩然》）但跟才华横溢的李白一样，因为没有走通唐朝科举取士这条体制内的正规晋升之路，他只能落魄失意地颠沛流离。① 不过，在唐代，如果没有走通科举之路，还有一条路可走，这就是依靠朝廷重臣向皇帝举荐。如果获得皇帝青睐，也可"朝为田舍郎，暮登天子堂"，走上治国平天下的为官之道。应该说，孟浩然算是幸运的，因为他有一位好朋友王维。王维才学好，在朝廷中非常得势，深得唐玄宗倚重，自己"居庙堂之高"，却没有忘记"处江湖之远"的朋友孟浩然。② 《新唐书》的上述记载，说的正是王维心系好友孟浩然功名前程，意欲向唐玄宗举荐孟浩然，希望他也能得个一官半职的故事。一次，孟浩然进京，王维就私自将其带入自己的官署。没想到，这一天，九五至尊的唐玄宗不知为什么心血来潮，不打招呼就驾临了王维的官署。孟浩然乃一介平民，一听皇帝来了，顿时吓傻了。王维也慌了手脚，因为邀请孟浩然私入官署，可是件不得了的事。情急之下，只好让孟浩然隐匿于床下。③ 但是，最终王维还是觉得不妥，因为他知道，唐玄宗是个非常有才学、有才华的皇帝，突然驾临，肯定不是为政事，而是要跟他谈诗论画的。于是，他就灵机一动，想借这个机会推荐一下好友孟浩然，让唐玄宗赏个官给他做做。同时，主动向唐玄宗禀报实情，让孟浩然出见，还可免除欺君之罪。不出所料，早就闻说孟浩然大名的唐玄宗一听，顿时大喜，不无嗔怪地跟王维说："朕早就听说了他的大名，可惜无缘相见，既然来了，怎么害怕得躲起来呢?"王维听皇帝口气，知道没有怪自己的意思，遂连忙让孟浩然从床底下爬出来，跟唐玄宗见面。④ 其实，孟浩然是个诗人，唐玄宗知道他的名字也是因为诗，于是，就自然

① 参见：吴礼权. 言语交际与人际沟通 [M]. 2 版. 广州：暨南大学出版社，2016：222 - 223.
② 参见：吴礼权. 言语交际与人际沟通 [M]. 2 版. 广州：暨南大学出版社，2016：223.
③ 参见：吴礼权. 言语交际与人际沟通 [M]. 2 版. 广州：暨南大学出版社，2016：223.
④ 参见：吴礼权. 言语交际与人际沟通 [M]. 2 版. 广州：暨南大学出版社，2016：223.

而然地要求孟浩然当场作诗，看看其真实才学如何。没想到，孟浩然没有即景生情，投其所好，当场作出一首歌颂唐玄宗的诗，而是自诵了一首旧作。自诵旧作也就罢了，而且还恰恰是一首抒发个人怀才不遇牢骚的诗。因此，当他诵到"不才明主弃"一句时，唐玄宗终于忍不住生气了，说道："您没有明言向我求官，朕也从未有过嫌弃您的意思，您却诬我不是明主！"于是，立即下旨命其回乡。①

　　从政治修辞学的视角看，孟浩然虽然在见到唐玄宗时尚未走上仕途，算不得是一个政治人，却是当时文坛上的著名人物，连王维与李白都十分推崇并引以为友，而且唐玄宗也是久闻其名。以孟浩然如此优越的文坛地位，完全可以在见到唐玄宗后瞬间转变为一个政治人的角色。可惜孟浩然没有政治人的潜质，在与唐玄宗的政治交际活动（"侍对"）中没有自觉遵循"审时度势"原则的意识，抓住千载难逢的机会，也未能尽情展露自己的才学，运用恰当的修辞策略，向唐玄宗表达自己愿意效力国家而一展才华的意愿。正因为孟浩然在侍对唐玄宗的政治修辞活动中没有自觉遵循"审时度势"原则的意识，也未有自觉运用恰当修辞策略的努力，因而错失了良机，不仅未能获得唐玄宗的青睐而加官晋爵，实现由一介书生向朝廷命官的身份转换，而且还让唐玄宗为之震怒，最终落得个被"放还"的结局，从此失去了进入仕途的机会。如果孟浩然具备政治人的潜质，有自觉遵循"审时度势"原则的意识，那么一定会充分利用好友王维给他创造的面圣机会，在与唐玄宗侍对的特定时机主动作为（歌颂唐玄宗文治武功的成就，表达效力国家的意愿），选择恰当的修辞策略，诵出诸如"欲济无舟楫，端居耻圣明"（见孟浩然写给宰相张九龄的《望洞庭湖赠张丞相》）这样的句子，那一定会让唐玄宗龙颜大悦，立即可以由一个"角色政治人"迅速转换为一个"职业政治人"，进而开创一个美好的人生境界。然而，孟浩然在侍对唐玄宗的政治交际活动中没有遵循"审时度势"原则的自觉意识，也没有选择恰当的修辞策略以实现修辞目标的自觉意识，反而非常情绪化地诵了一首不合时宜的旧作《岁暮归南山》："北阙休上书，南山归敝庐。不才明主弃，多病故人疏。白发催年老，青阳逼岁除。永怀愁不寐，松月夜窗虚。"结果，唐玄宗听了感到非常不悦，从心底不予认同，当即勃然大怒，认为这是在诬他英名。从政治修辞学的视角看，孟浩然在侍对唐玄宗的政治交际活动中事实上是一个"角色政治人"，是政治修辞的主体，需要

──────────

　　① 参见：吴礼权. 言语交际与人际沟通［M］. 2版. 广州：暨南大学出版社，2016：223.

适应政治修辞受体唐玄宗的心理特点，主动恭维歌颂其治国安邦的成就，强调其知人善用的英明。这样，才能逼近自己所要实现的政治修辞的预定目标（求取官职，实现个人政治抱负）。然而，孟浩然作为政治修辞主体完全不懂政治修辞，其即席诵诗的修辞行为完全与其政治修辞的预定目标背道而驰。就他对唐玄宗已然诵出的三句来说，句句都是不得体的，接受效果极差。第一句"北阙休上书"，在朋友面前玩清高时可以说，但当着皇帝的面这样说，就让人觉得非常矫情，显得为人很虚伪。因为此时此刻面对皇帝诵诗，事实上就是在"北阙上书"。第二句"南山归敝庐"，直承第一句而下，给人的印象好像是说自己向往归隐南山、居于敝庐的生活。这样的表达，明显与即席求官的当下情境格格不入，让受交际者莫名其妙。至于第三句"不才明主弃"，表达就更加糟糕了。因为这句诗，就交际者孟浩然本人来说，是想在当下情境中赋予它这样一层意思："自己由于无才，所以至今尚未仕进，难一展才华为国效力、为君王尽忠"，好像是在表达谦虚之意。但实际上，这样的表达让听者唐玄宗觉得这话是在发牢骚，是在埋怨自己。因为听者认为对方所说的"不才"是中国人的谦逊之言，因而"不才明主弃"的实质含义是说像他这样有才的人君王至今未能任用。这样，听者自然而然地由此推导出对方的实质话语核心是骂自己不圣明，是昏君。其实，唐玄宗之所以说孟浩然"诬"他，正是按照我们上面所分析的思路来进行的。尽管我们都知道孟浩然没有这样的意思，但事实上却给唐玄宗造成了这样的误解。[①] 相反，如果孟浩然深谙政治修辞之道，有自觉遵循"审时度势"原则的意识，有自觉朝着预定政治修辞目标（逢迎唐玄宗而求取官职）努力的意识，以"折绕"修辞法诵出诸如"欲济无舟楫，端居耻圣明"这样的句子，结果肯定大不相同，当场就会被唐玄宗加官晋爵，自然一生风光无限、前程似锦。因为"欲济无舟楫，端居耻圣明"两句，就说者来言，尽管实质上是要求个一官半职，但打着的是不辱圣明帝王的旗号，同时还吹捧了对方是圣明的君主。这等巧妙的措辞不能打动对方之心，那是不可能的。而就听者来言，虽然明知对方是在求仕，但其表达十分婉转、巧妙，言语之间透着才学，且又称自己是圣明之君，这对于唐玄宗这样颇是风雅且自以为圣明的主子来说，是再中听不过的了。[②]

　　从上述中国古代正反两个方面的例子，我们足以清楚地见出，在政治修辞中

---

① 参见：吴礼权. 修辞心理学（修订版）［M］. 广州：暨南大学出版社，2013：9 – 10.
② 参见：吴礼权. 修辞心理学（修订版）［M］. 广州：暨南大学出版社，2013：9.

自觉遵循"审时度势"原则，往往是实现政治修辞预期目标最为关键的因素之一。

现代社会这方面的例子，更是不少见，相信大家都有观察与思考。这里就不举例和展开论述了。大家若有兴趣，可以参考我已发表的相关论文。

三、因地制宜

"因地制宜"作为现实政治境界下政治修辞的一个基本原则，其含义是指政治修辞主体（政治人）在政治交际活动中，为了实现其特定的政治修辞预期目标，必须根据政治交际活动当下特定空间的人文环境特点，选择恰当的修辞策略，将自己所要表达的思想、情感、理念、主张等恰切地传递给政治修辞受体，使政治修辞受体能够在愉悦的情感情绪状态下最大限度地予以接受，从而实现政治修辞效果的最大化。换句话说，就是政治修辞主体（政治人）要懂得见场合说话（也就是俗话所说的"到什么山上唱什么歌"），因地制宜，即景生情，配合特定空间的人文环境，选择恰切的修辞策略表情达意，最大限度地迎合政治修辞受体的心理，使其在愉悦的情感情绪状态下欣然接受，从而实现政治修辞的预期目标。

关于这一点，早在先秦时代，孔子和墨子就曾作过论述：

子曰："邦有道，危言危行；邦无道，危行言孙。"（《论语·宪问》①）

孔子上述这番话，意思是说：在一个政治清明的国家，人们可以有话直说，正道直行；而在一个政治错乱的国度，人们不仅行为要端正，凡事要小心，而且说话也要格外谨慎，切不可实话实说，更不可直言批评统治者。② 孔子这里的意思，用今天的俗话说，就是"到什么山上唱什么歌"，意在提醒政治人游走于不同的诸侯国要注意分场合说话，不要碰触政治禁忌而使自己陷入危险的境地。其中的"邦有道""邦无道"，所指就是"场合"（"有道""无道"之邦，就是最

---

① 论语 [M]. 赵海燕，注译. 大连：大连出版社，1998：151.
② 参见：吴礼权. 言语交际与人际沟通 [M]. 2 版. 广州：暨南大学出版社，2016：146.

大的"场合"①），也就是上面我们所说的"特定空间的人文环境"的概念，指的是"诸侯国的政治氛围"。② 孔子要求政治人游走于不同的诸侯国，言行要有所不同，这实际上要强调的正是政治修辞必须遵循"因地制宜"原则的重要性。由孔子的这番话，我们可以清楚地看出，孔子是深谙政治修辞之道的。作为政治人，他是一个非常清醒的现实主义者，并不是那么书生气，为人还相当世故，深谙处世之道，知道在什么"场合"说什么话，好汉不吃眼前亏，留得有用之身，以便日后干大事。③

比孔子稍晚的墨子，是墨家学派的创始人，生于春秋末战国初的乱世。为了宣传墨家学派的政治主张如"非攻""兼爱""节用""非乐"等思想，他亦与孔子一样，一生都在周游列国，到处游说诸侯各国之君，是一个典型的说客，当然也是一个深谙政治修辞之道的政治人。正因为如此，他对政治修辞需要遵循"因地制宜"原则的重要性有着切身深刻的认识，因而对此问题的论述也更为详细：

子墨子游，魏越曰："既得见四方君子，子则将奚语？"子墨子曰："凡入国，必择务而从事焉。国家昏乱，则语之尚贤、尚同；国家贫，则语之节用、节葬；国家憙音湛湎，则语之非乐、非命；国家淫僻无礼，则语之尊天、事鬼；国家务夺侵凌，则语之兼爱、非攻。故曰：'择务而从事焉。'"（《墨子·鲁问》④）

上面这段文字记载，是墨子回答魏越的话。魏越问他如果见到诸侯各国之君，准备怎么游说他们。墨子回答道："但凡进入一个国家，一定要选择最急迫的事情来游说国君，以便帮助他治国安邦，解决民生问题。但是，游说国君首先需要注意一个问题，这就是要了解这个国家的现状。如果那是一个政治混乱的国家，那么就要跟国君谈尊重贤良之才、加强内部团结问题；如果那是一个经济窘迫的国家，民不聊生，那么就要跟国君谈节约开支、丧事从简问题；如果那是一个好乐好酒成风的国家，那么就要跟他们的国君讲沉溺于音乐的害处，讲反对天命的意义；如果那是一个民风淫僻无礼的国家，那么就要跟他们的国君谈敬畏上

---

① 参见：吴礼权. 言语交际与人际沟通［M］. 2 版. 广州：暨南大学出版社，2016：146.
② 参见：吴礼权. 言语交际与人际沟通［M］. 2 版. 广州：暨南大学出版社，2016：146.
③ 参见：吴礼权. 言语交际与人际沟通［M］. 2 版. 广州：暨南大学出版社，2016：146.
④ 转引自：吴礼权. 言语交际与人际沟通［M］. 2 版. 广州：暨南大学出版社，2016：147.

天、虔诚事鬼的道理；如果那是一个好战成性的国家，那么就要跟他们的国君讲兼爱、非攻的道理。所以说：'游说一个国家要选择最急迫的事。'"①

从墨子跟魏越的对话中，我们可以清楚地看出，墨子所强调的"凡入国，必择务而从事焉"的观点，从政治修辞学的视角看，实际上就是在强调游说作为一种政治修辞行为必须遵循"因地制宜"原则的重要性。因为墨子这里所说的"凡入国"的"国"是指他所要游说的诸侯国，跟孔子所说的"邦有道""邦无道"的"邦"是一个概念，也就是上面我们所说的"特定空间的人文环境"的概念，指的是"诸侯国的政治氛围"。在墨子看来，进入一个诸侯国，要想游说其国君取得成功，只有适应了游说的"场合"（即所要游说的诸侯国的现状背景与政治氛围），然后再对症下药，选择最急迫的事情予以游说，才能收到好的效果。② 可见，墨子非常重视政治修辞中"因地制宜"原则的贯彻。

中国古代的政治人（诸如孔子、墨子）深谙政治修辞必须重视遵循"因地制宜"原则的道理，现代的中国政治人对此也有深刻的认知，并且有不少成功的实践。下面我们来看几个例子。

南洋爪哇有一个财产超过千万的华侨富翁。一次他外出访友，因未带夜间通行证，怕被荷兰巡捕查获，只得花钱请一个日本妓女送自己回家。日本妓女虽然很穷，但是她的祖国很强盛，所以她的地位高，行动也自由。这个中国人虽然很富，但他的祖国不强盛，所以他的地位还不如日本的一个妓女。如果国家灭亡了，我们到处都要受气，不但自己受气，子子孙孙都要受气啊!③

上引这段文字，是中国革命的先行者孙中山先生早年在海外宣传革命的一次演讲中所说的一段话，今天读来仍让人心灵震撼，具有强大的说服力。之所以有此独特的政治宣传效果，是因为孙中山先生作为政治修辞主体，在面对海外华侨这一特殊的政治修辞受体时，自觉遵循了政治修辞"因地制宜"的原则，即景生情，就地取材，以南洋富翁与日本妓女的故事为例证来说明自己所要宣达的主旨，让广大南洋华侨有亲切感与确凿感，说服力自然就大大加强了。如果孙中山

---

① 参见：吴礼权. 言语交际与人际沟通［M］. 2 版. 广州：暨南大学出版社，2016：147.
② 参见：吴礼权. 言语交际与人际沟通［M］. 2 版. 广州：暨南大学出版社，2016：146.
③ 转引自：黄中建. 升华演讲主题的技巧［J］. 演讲与口才，1999（10）：18.

先生以理性的语言宣示其所要表达的意旨："祖国是你们华侨的坚强后盾，如果祖国不强大、很疲弱，你们即使在海外他人的国度挣了钱，经济上是富人，但仍然是没有任何社会地位、政治和经济上不能与其他人有平等权的化外之民，生命和财产也不能有保障，不仅自己，甚至子子孙孙都永远摆脱不了受气还要受侮辱的悲惨命运。只有祖国强了，我们的华侨同胞才能在海外他人的国度有地位，挺起腰板做人。因此，我们华侨同胞应该深明大义，支持我们国内的同胞和革命党人革命，有钱出钱，无钱出力，推翻清王朝的腐败统治，建设民主富强的资产阶级共和国。"① 虽然这样的表达也能将道理说得透彻，让广大海外华侨明白其用意，但未必能够深切打动他们的心，激发出他们强烈的爱国之心，进而愿意慷慨解囊，将自己在海外辛苦打拼的血汗钱捐献出来支持国内革命。事实上，孙中山先生并没有单纯地跟听讲的海外华侨讲道理，而是"因地制宜"，从他们身边就近取材，以南洋富翁与日本妓女的故事为例，通过近代中国与日本在国力强弱上的对比，以事实说话，从而以不可辩驳的说服力征服了广大海外华侨的心，最终赢得了广大海外华侨对国内革命的有力支持。可见，孙中山先生既是一个伟大的政治人，也是一个非常高明的政治修辞主体，深谙在宣传革命这一特殊的政治修辞活动中自觉遵循"因地制宜"原则的重要性，而这也恰恰是他在海外从事革命宣传取得成功的原因所在。

---

① 吴礼权. 口若悬河：演讲的技巧（修订版）[M]. 广州：暨南大学出版社，2014：7 - 8.

第四章
政治修辞的技巧（一）

政治修辞，虽然也是语言活动的一种，但它毕竟跟一般的日常语言活动有很大的不同。因为政治修辞效果的好坏，不仅跟作为政治人的修辞者本人的前途命运密切相关，还跟国计民生、政权存亡、国家形象等密切相关。

众所周知，在日常生活中，作为自然人的交际者，为了达到其预期的交际目标，往往都会考虑说写表达的效果。为了取得尽可能好的表达效果，交际者都会在修辞上用心，讲究表达的技巧，这就是"日常修辞"。日常修辞之所以为人们所重视，是因为人们都明白一个道理：人是社会的人，不是孤立存在于世界上的。任何一个人要想生存于世界上，都必须融入社会，与他人打交道。事实上，任何人都是社会的一分子，从生到死，都离不开社会。因此，为了融入社会，就必须与人沟通交流。唯有沟通交流，个人才能获得相关资讯，获得他人的帮助，与他人展开协同行动，由此推动事业发展，社会进步，获得人生幸福。[①] 那么，如何与他人进行沟通交流呢？当然，方法与途径有多种，但最直接、最有效的恐怕还是语言（包括记录语言的符号体系——文字）[②]，因为"语言是人类最重要的交际工具"[③]。跟其他的沟通交流一样，以语言为工具进行的人际沟通交流，即言语交际，也有一个有效性的问题。如果言语交际不讲技巧，或是技巧运用不当，就有可能导致沟通交流的预期目标（如求托、说服、传情等）不能实现，或是影响人际关系（如拂逆了受交际者的情感情绪，让受交际者生气而怀怨生恨等）。

不过，应该指出的是，日常修辞不管多么失败，都不至于让交际者有性命之

---

① 参见：吴礼权. 言语交际与人际沟通［M］. 2 版. 广州：暨南大学出版社，2016：1.
② 参见：吴礼权. 言语交际与人际沟通［M］. 2 版. 广州：暨南大学出版社，2016：1.
③ 胡裕树. 现代汉语（重订本）［M］. 上海：上海教育出版社，2011：2.

忧（除非出现极端情况），更不会攸关国计民生，或是关乎政权存亡或国家形象。但是，政治修辞就不同了，如果不讲技巧，表达不当，就会导致严重的后果。如日本前首相麻生太郎，在 2016 年 6 月 17 日的一次演讲中针对日本老年人发表的有关"他们打算活到什么时候"的发言[1]，曾在日本社会引发了巨大的争议。当时舆论大哗，群情激愤，招致全社会的同声谴责。不仅发言人麻生太郎的个人信誉与道德人格受到日本社会的广泛质疑，他所在的政治集团——日本自民党也因此蒙受了耻辱，政党形象受到了重创。之所以有如此严重的后果，乃是因为发言人麻生太郎不是普通的自然人，而是有着特殊社会角色与身份的政治人，他的发言不是自然人的寻常闲聊，而是在表达政治见解、宣示政府的社会福利政策，是一种政治修辞行为。既然是政治修辞行为，就必须要考虑行为的后果，而不能"吾口表吾心"，实话实说。事实上，政治人也是可以实话实说的。但实话在表达方式上是有讲究的，这就是要有修辞技巧，既要将自己所要表达的真情实意清楚明白地表达出来，又不至于拂逆了接受者（社会大众）的情感情绪，让接受者能够接受、愿意接受，最起码能予以理解。只有做到了这一点，政治人的政治修辞才算是成功的。很明显，麻生太郎的政治修辞是失败的。

由上述麻生太郎事证，我们可以清楚地看到，相对于日常生活中的日常修辞，政治生活中的政治修辞具有更重要的意义。因此，政治人的政治修辞，在技巧上所要追求的境界应该更高。

前文我们说过，政治修辞的主体是政治人，日常修辞的主体是自然人。在日常生活中，自然人为了实现其交际目标，需要讲究修辞技巧；在政治生活中，政治人为了完成其特定的政治交际任务，更需要讲究修辞技巧。不过，应该指出的是，政治人与自然人讲究的修辞技巧是有所不同的。相对来说，自然人讲究的修辞技巧要广泛得多，而政治人讲究的修辞技巧在种类上更为集中，这跟自然人与政治人各自所要适应的题旨情境的差异有着密切关系。因为我们都知道，自然人的日常修辞所要面对的交际对象是广泛而不确定的（政治人的政治修辞所要面对的交际对象则可以看作一个整体，是相对集中而确定的，这是由其交际的性质决定的），所要完成的交际任务也是五花八门的（政治人的政治修辞任务都是有关政治方面的，是相对有限的），这就需要自然人根据说写表达时的特定情境，围

---

① 王欢. "大嘴"麻生疑再次祸从口出，演讲被指侮辱老年人引争议［N/OL］.（2016 - 06 - 21）. https：//world. huanqiu. com/article/9CaKrnJW2m8.

绕特定的交际任务，直面特定的交际对象（这些都是"题旨情境"的具体要素），灵活确定所要运用的修辞技巧（即"修辞手法"，或称"修辞格"），将所传之情、所达之意准确、充分、圆满地表达出来，从而达到接受效果的最大化。

对修辞学略有了解者都知道，一般修辞学著作或教科书讲到修辞技巧，仅汉语修辞技巧就有几十种之多。如陈望道《修辞学发凡》中讲到的修辞技巧（作者名之曰"辞格"）共计有"譬喻""借代""映衬""摹状""双关""引用""仿拟""拈连""移就""比拟""讽喻""示现""呼告""夸张""倒反""婉转""避讳""设问""感叹""析字""藏词""飞白""镶嵌""复叠""节缩""省略""警策""折绕""转类""回文""反复""对偶""排比""层递""错综""顶真""倒装""跳脱"等38种。又如吴礼权《现代汉语修辞学》中讲到的修辞技巧（作者名之曰"修辞文本模式"）也有几十种之多。第一版至第三版，共计有"双关""折绕""讳饰""藏词""留白""倒反""用典""推避""讽喻""譬喻""比拟""摹状""示现""列锦""飞白""对偶""排比""回环""错综""夸张""反复""设问""精细""倒装""层递""同异""异语""仿讽""别解""旁逸""歧疑""移时""拈连""借代""移就""映衬""析字""叠字""转品""顶真""引用"等41种。第四版则增加了"镶嵌""折算""歇后""互文""配字""协律""起兴""同语""衬跌""例示""易序""承转""移用"等13种，总数达54种之多。而一些汉语修辞学辞书所提及的修辞技巧（即"辞格"）甚至达数百种之多。如汪国胜、吴振国、李宇明汇编的《汉语辞格大全》，所收汉语修辞技巧（即"辞格"）计有"暗转""逼语""示姓"等231种（不包括同名异实与异名同实的情况）。其他语言中的修辞技巧，虽然跟汉语有所不同，但种类也都不少。

语言表达中之所以会有这么多的修辞技巧，是无数的自然人在长期的日常语言生活中不断创意造言而累积下来的结果。当然，政治人更不会缺乏创意造言的智慧。事实上，许多政治人不仅能够适应政治交际的特殊题旨情境而不时有新的修辞创造，而且还会创造性地运用自然人在日常语言生活中创造出来的既有修辞技巧，将其运用到极致，从而将政治修辞的效能发挥到最大值。

我们的调查研究发现，古今中外的政治人在政治生活中都非常重视政治修辞的技巧，即特定修辞手法的运用。其中，最为政治人所钟情的修辞手法分别是：比喻、排比、承转、折绕、设问、讽喻、倒反、镶嵌、引用、用典、双关、留白、设毂、呼告、示现、示例、仿拟、衬跌、层递、对偶等。下面我们分别予以论述。

第一节　以比喻述事说理

一、比喻的类别及其修辞功能

比喻，是一种通过联想将两个在本质上根本不同的事物经由某一相似性特点而直接联系搭挂于一起的修辞手法。① 以比喻手法建构的文本，称为比喻修辞文本。

从表现形式来看，比喻可以分为三类：一是"明喻"，二是"隐喻"（或称"暗喻"），三是"借喻"。② 明喻，是比喻中最常见的一种表现形式，它由本体、喻词、喻体共同组成，三个结构因子齐全。如：

> 春花秋月何时了？往事知多少。小楼昨夜又东风，故国不堪回首月明中。
>
> 雕栏玉砌应犹在，只是朱颜改。问君能有几多愁？恰似一江春水向东流。（南唐·李煜《虞美人》③）

词中末一句"问君能有几多愁？恰似一江春水向东流"，就是一个"明喻"。其中，"愁"是本体，"似"是喻词，"一江春水"是喻体。"一江春水"是具体的视觉形象，"愁"则是看不见摸不着的，是抽象的情感体验。两者之所以能够牵连搭配到一起，是因为"一江春水"是滔滔不绝的，而词人亡国去乡的愁情也是无穷无尽的。滔滔不绝的江水与无穷无尽的愁情有相似点，所以经由词人的相似联想，便结合到一起，构成了一个精妙的比喻文本，由此化抽象为具象，将词人的亡国之恨、去乡之愁形象生动地呈现了出来，读之让人不禁遐思无限，为之

---

① 参见：吴礼权. 现代汉语修辞学［M］. 4 版. 上海：复旦大学出版社，2020：77.
② 陈望道. 修辞学发凡［M］. 上海：上海教育出版社，1997：72.
③ 转引自：唐圭璋，等. 唐宋词鉴赏辞典（唐·五代·北宋）［M］. 上海：上海辞书出版社，1988：122.

无限感伤。

隐喻（即暗喻），有两种表现形式：一是古汉语的判断句模式，如：

孟子曰："上有好者，下必有甚焉者矣。君子之德，风也；小人之德，草也。草上之风，必偃。"（《孟子·滕文公上》①）

孟子这番话中有两个比喻，其中"君子之德"与"小人之德"为本体，"风"与"草"为喻体，喻词"如"省略。两个比喻句都采用古汉语的判断句形式呈现。"君子之德"，是指统治者的道德境界；"小人之德"，是指普通民众的道德境界。不管是"君子之德"，还是"小人之德"，都是抽象的概念。而"风"是空气的流动，是触觉可以感知的；"草"是植物，是视觉所能感知的，它们都是具体的事物。抽象的"君子之德""小人之德"与具象的"风""草"，本来没有本质上的联系，但是君子居于社会的上位，小人居于社会的下位，君子的一举一动能够影响到小人，君子的道德境界能够影响小人的道德修养，这是客观存在的事实。风吹使草伏，而草不能阻风，这也是客观存在的事实。这两个客观的事实虽然在本质上是不同的，但有相似性（即强能影响弱，而小不能影响大）。正因为如此，孟子将此二者匹配到一起，建构了两个比喻文本，以此形象生动地说明了一个道理："上有好者，下必有甚焉者矣"，告诫在上位的统治者要确立正确的爱厌观，要为万民作出正面形象的表率，而不是相反。

隐喻的第二种模式，是现代汉语的"什么是什么"的判断句结构形态。如：

听听，那冷雨。看看，那冷雨。嗅嗅闻闻，那冷雨。舔舔吧，那冷雨。雨在他的伞上，这城市百万人的伞上，雨衣上，屋上，天线上。雨下在基隆港，在防波堤，在海峡的船上，清明这季雨。雨是女性，应该最富于感性。（余光中《听听那冷雨》②）

上例的末一句"雨是女性，应该最富于感性"，就是一个隐喻。其中"雨"是本体，喻体是"女性"，喻词为"是"。从逻辑上看，"雨"跟"女性"不是同

---

① 孟子［M］. 李鸣，注译. 大连：大连出版社，1998：47.
② 白雪. 台港名家经典散文选［M］. 兰州：敦煌文艺出版社，1998：144.

类，不能构成判断关系。如果认为是判断，则是虚假判断。既然如此，作者就不能以判断句的形式表达。然而，作者事实上采用了判断句的形式表达。为了消除误解，作者在判断之后追补了"应该最富于感性"一句，这就消解了"雨是女性"的判断句属性，让接受者明白这是一个比喻。

借喻，是一种只出现喻体，本体与喻词都省略的比喻形式。如：

子曰："岁寒，然后知松柏之后凋也。"（《论语·子罕》①）

孔子的这句话是一个借喻，本体是"危难方显君子之德操"，喻词为"如"，二者一并省略，整个比喻只以一个喻体"岁寒，然后知松柏之后凋"（可以转换为"岁寒松柏而后凋"）呈现。

比喻的上述三种表现形式，相对来说，明喻运用得最为普遍，尤为社会大众所喜用；隐喻次之，借喻运用最少，主要为知识分子所喜爱，因为省略了本体与喻词，表意显得比较婉约蕴藉，契合了中国知识分子崇尚含蓄内敛的传统文化心理。

从语言实践的角度来看，比喻手法的运用具有多种独特的表达功能，一是可以"把未知的事物变成已知"，二是可以"把抽象的事说得很具体"，三是可以"把平淡的事物说得很生动"，四是可以"把深奥的道理说得浅显"。② 除此，比喻手法的运用，在特定情境下还具有另外三种特殊的表达功能：一是可以化具象为抽象，二是别具嘲弄讽刺之兴味，三是具有婉约含蓄的效果。③

从人类语言发展史的角度来看，比喻是所有语言中都存在的一种修辞现象，也是伴随语言生灭始终的一种语言现象，在任何语言中都是不可或缺的。因为从本质上说，它既是一种有效的语言表达手段，也是人类认知的一种有效方式。正因为如此，世界上的任何语言，无论是高度发达的语言，还是非常落后的原始部落语言，都有比喻修辞现象的存在。只要人们以语言为工具进行交际沟通，就有可能运用比喻修辞手法。事实上，古今中外，人们的语言表达，无论是口语还是书面语都不可能完全没有比喻手法的运用。关于这一点，我们不妨先来看看两千

---

① 论语 [M]. 赵海燕，注译. 大连：大连出版社，1998：101.
② 胡裕树. 现代汉语（重订本）[M]. 上海：上海教育出版社，2011：459-460.
③ 参见：吴礼权. 现代汉语修辞学 [M]. 4 版. 上海：复旦大学出版社，2020：96-97.

多年前中国的先圣是怎么说的。

　　　客谓梁王曰："惠子之言事也善譬，王使无譬，则不能言矣。"

　　　王曰："诺"。

　　　明日见，谓惠子曰："愿先生言事则直言耳，无譬也。"

　　　惠子曰："善！今有人于此，而不知弹者，曰：'弹之状何若？'应曰：'弹之状如弹。'则谕乎？"

　　　王曰："未谕也。"

　　　"于是更应曰：'弹之状如弓，而以竹为弦。'则知乎？"

　　　王曰："可知矣。"

　　　惠子曰："夫说者固以其所知，谕其所不知，而使人知之。今王曰'无譬'，则不可矣！"

　　　王曰："善！"（汉·刘向《说苑·善说》①）

　　这则历史记载，说的是这样一个故事：惠施在魏国为相时，曾有一位到访魏国之客（应该是一位游说之士）见到梁惠王（即魏惠王），跟他说："惠施说事情的最大特点就是善于打比方。如果大王不让他打比方，他就不会说话了。"这位访客的话，应该是别有用意的。他大概是认为惠施没什么本事，根本就没有能力治国安邦，不配做魏国之相，居一人之下，万人之上的高位。弦外之音是，他可以取惠施而代之。梁惠王是否听懂了他的话，不得而知。但是，梁惠王慨然应允了他的请求，说："好！"第二天，惠施入朝理政。梁惠王一见到他，就开门见山地说道："先生以后跟寡人谈论事情，有什么就直说吧，不要再打比方了。"惠施脱口而出道："好！"但接着又打起了比方，说道："现在这里有一个人，不知道'弹'是个什么东西，就问人说：'弹的形状像什么呀？'有人回答说：'弹的形状就像弹。'那么，问话人会明白吗？"梁惠王说："不会明白。"惠施接着说："那要是换一种说法：'弹的形状像弓，而用竹为弦'，那么是否就能了解了呢？"梁惠王说："可以了解了。"惠施见此，立即收结说："说话的人本来就应该用他所了解的事物来比喻他所不了解的事物，从而让他人对其所说事物有所了解。现

_____

　　① 转引自：郑奠，谭全基. 古汉语修辞学资料汇编［M］. 北京：商务印书馆，1980：34. 标点有改动。

在大王您要为臣'说话不要打比方'，那是无法办到的。"梁惠王听到这里，不禁心悦诚服地说道："说得好！"

惠施是两千多年前中国著名的学者，同时也是先秦时代著名的政治家与游说家，他对比喻的独特表达功能的认知无疑是非常深刻的。正因为他对比喻的独特表达功能有深刻的认知，而且在语言实践中也善于运用比喻手法，他才能成为名家的代表人物，成为战国时代叱咤风云的一代著名游说家与政治家。

如果要深究惠施对比喻情有独钟并对其独特的表达功能有深刻认知的原因，我们认为，这跟其修辞实践是分不开的。作为名家的代表人物，惠施在战国时代那种百家争鸣的学术氛围中，有阐明其所代表的名家学派的学术思想的责任，有跟其他各学派进行论辩的需要；作为一个政治家，为了推广名家治国安天下的政治主张，也为了自己安身立命的需要，他必须游说各诸侯国之君。正是因为有此两方面的需要，惠施才有了大量的修辞实践机会，并在实践中对比喻独特的表达功能有了深刻的认知。

二、政治修辞与比喻文本建构

其实，在中国历史上对比喻独特的表达功能有深刻认知的，并非只有惠施一人。早在惠施之前的春秋时代盲人乐师师旷就有过成功的比喻修辞实践，堪称一例经典的政治修辞范本。下面我们来看一下历史文献的记载：

晋平公问于师旷曰："吾年七十，欲学，恐已暮矣。"师旷曰："何不炳烛乎？"平公曰："安有为人臣戏其君乎？"师旷曰："盲臣安敢戏其君乎？臣闻之：少而好学，如日出之阳；壮年好学，如日中之光；老而好学，如炳烛之明。炳烛之明，孰与昧行乎？"平公曰："善哉！"（汉·刘向《说苑》卷三《建本》[①]）

这则历史记载，讲的是这样一个故事：春秋时代的晋平公是一个不学无术的君主，就像一个顽劣的孩子，突然有一天开窍懂事了，年届七旬时终于明白了"少壮不努力，老大徒伤悲"的道理，想起来要读书学习。当然，这确实是太晚

---

① 转引自：吴礼权. 言语交际与人际沟通 [M]. 2 版. 广州：暨南大学出版社，2016：61.

了点，晋平公自己也觉得不好意思。不过，最终他还是鼓起了勇气，将自己的想法偷偷地告诉了盲人乐师师旷，并怯生生地问道："乐师，您看我都七十岁了，现在想学习，恐怕已经太晚了吧。"师旷不假思索地回答道："那您何不点起蜡烛学习呢？"晋平公一听这话，顿时生气了，自己一片诚心请教，没想到师旷是这样一种态度。于是，便板起面孔，摆出君主的威仪，毫不客气地正告师旷道："为人之臣，岂有戏弄国君之理？"师旷一听，知道晋平公误解了自己的意思，遂连忙解释道："臣乃一盲人，岂敢戏弄国君您呢？臣听说有这样一种说法：少年好学，就像是旭日之光；壮年好学，好比是正午之光；老年好学，则好比是燃烛之光。虽然燃烛之光的光线稍嫌暗了点，但跟摸黑而行，哪个更好呢？"这一下，晋平公终于明白了师旷的意思，遂脱口而出道："说得好啊！"从此，晋平公就开始读书学习了。

　　晋平公与师旷上述有关"年老欲学是否可行"的对话，如果撇开对话人的身份角色，那就是一场普通的日常谈话，师旷"日出之阳""日中之光""炳烛之明"的比喻，就是日常语言生活中的日常修辞。然而，事实上上述对话的主体是春秋时代一对著名的君臣。君乃春秋时代晋国的晋平公姬彪（晋悼公之子，公元前557—公元前532年在位），臣乃晋平公的御用乐师师旷。晋平公其人，众所周知，在春秋时代也算是一代霸主。即位之初，也就是鲁襄公十六年（公元前557年），他就先后跟东方大国齐国与南方大国楚国各打了一仗。跟齐国的靡下之战，不仅大败齐军，而且逐齐师而深入其全境。兵锋所至，东到胶水，南及沂水，使齐国全境都陷入据城防守的不利局面。围困齐都临淄的晋军，更是大逞其威，不仅烧光其外城房屋，而且还杀尽其外城军民。跟楚国的湛阪之战，不仅大败楚军，而且深入到楚国方城山之外，二度攻入许国后才班师回晋。即位的第六年，即鲁襄公二十一年（公元前552年），晋平公挟强大的武力之威，迫使齐国之君齐庄公远至澶渊，跟宋、卫、郑、曹、莒、邾、滕、薛、杞、小邾等诸多小国共同与晋国结盟，并承认晋国的盟主地位，由此使晋国的霸主地位再度得以恢复。执政后期，因为贪图享乐，大兴土木，不理朝政，致使大权旁落而六卿专权，最终导致魏、赵、韩三家分晋的局面。师旷，字子野，虽是一个盲人，却有一技之长，善于弹琴，精于辨音。晋平公时铸有一个大钟（古代的乐器，可敲击为乐），众乐工都认为大钟之铸合乎音律，只有师旷独持异议，认为不然。于是，就请来当时的音乐权威师涓审度，果然不合音律。正因为师旷在音乐上有独特造诣，所以他能以一个盲人身份在宫廷行走，成为晋平公的乐师。①

正因为晋平公与师旷皆非寻常的自然人，而是典型的政治人，他们有关"年老欲学是否可行"的对话，也就不是寻常自然人的日常谈话，师旷"日出之阳""日中之光""炳烛之明"的比喻也就不是日常语言生活中的日常修辞，而是典型的政治修辞。作为政治修辞的主体，师旷的表现是非常出色的，其建构的比喻文本也堪称政治修辞的范本。不过，应该指出的是，师旷的政治修辞并非一开始就是成功的，而是经历了失败之后，通过调整修辞策略，最终才获得了成功。一开始晋平公跟他征询"年老欲学是否可行"时，他脱口而出，让晋平公点着蜡烛学习（"何不炳烛"），结果晋平公听了非常生气，认为他答非所问，是在戏弄国君。其实，就师旷的本意来说并非如此，他这样回答是在给晋平公面子，是委婉地告诉晋平公这样一个道理："年少不学习，年老才觉悟，虽然迟了点，但总比始终不觉悟，始终不肯学习要好。"只是在表达这层意思时，他没有考虑到晋平公是一个崇尚武功的霸主，因而犯了一个政治修辞的根本性错误，这就是违反了现实政治境界下政治修辞的第一原则——"知人论事"。因为按照晋平公的文化水平与实际理解能力，他最多只能接受这样的比喻："年老欲学为时已晚，犹如日暮。然日暮炳烛而行，亦无不可。"然而，师旷没有采用诸如此类表意浅显易懂的"明喻"方式来表达，而是采用了表意婉约含蓄的"借喻"方式，只说出比喻的喻体"炳烛而行"，而没有说出比喻的本体与喻词。我们都知道，政治修辞与日常修辞一样，都必须保证表达动机与表达结果的高度一致，这样才能实现预期的修辞目标。师旷第一次回答晋平公的话之所以失败，就是因为其表达动机与表达结果出现了不一致的情况。好在师旷是个极其聪明的政治人，在意识到自己已然违反了现实政治境界下"知人论事"的基本原则后，立即调转方向，迅速调整了修辞策略，根据晋平公的现实文化水平与理解能力，将比喻的方式由"借喻"改为"明喻"，建构了一个表意非常清晰且形象生动的比喻文本："少而好学，如日出之阳；壮年好学，如日中之光；老而好学，如炳烛之明。炳烛之明，孰与昧行乎？"这让晋平公豁然开朗，一下子就明白了其劝学进德的深意，并情不自禁地脱口而出对其进谏予以的"善哉"的最高评价。

中国古代的政治家很多，擅长政治修辞的高手不计其数。其实，在中国古

---

① 参见：吴礼权. 能说会道：说话的艺术（修订版）[M]. 广州：暨南大学出版社，2014：134.

代，不仅政治家擅长政治修辞，不少文人一旦涉足政治场域，需要开启与政治人物的政治话语模式时，也往往有不俗的表现。下面我们来看一个例子：

> 刘公干辩敏无对。坐平视甄夫人，配输作部。魏武至尚方观作，见刘匡坐磨石，公问石何如，刘因喻己自理。踞而答曰："石出荆山悬崖之颠，外有五色之文，内含卞氏之珍，磨之不加莹，雕之不增文，禀气坚贞，受之自然，顾其理，枉屈纤绕而得申。"公笑而释之。（明·何良俊《语林》卷四《言语第二上》①）

　　这则记载，讲的是这样一个故事，东汉末期的文学家刘桢（字公干，东平宁阳人），为人不仅机敏过人，而且辩才无碍。曹丕为太子时，时常召集一些当时有名的诗人和文学之士饮酒赋诗，谈论文学。一次，曹丕请诸位文学高士欢会。酒过三巡，喝得耳热意畅，曹丕突然心血来潮，让他的夫人甄氏出来与大家见面，大概有点炫耀自己太太美貌之意。因为这甄氏本是袁绍次子袁熙之妻，是当时美艳绝伦的一个美人。袁绍官渡之战失败后一蹶不振，三个儿子在其死后又为了争位而内讧，曹操趁机兵出辽东，将其残余势力全部消灭。甄氏就是这次战役的战利品之一。据说曹操早就垂涎甄氏美貌，意欲收为己有，没想到为其子曹丕捷足先登。曹操为此悔恨不已，但碍于父子情分，只能是哑巴吃黄连，有苦说不出。这事后来还被孔融拿来寻开心，杜撰了一个"周武王以妲己赐周公"的典故来戏弄曹操，让曹操更是气得要命。甄氏是太子夫人，虽然大家都耳闻其美貌，想一睹风采，但是封建时代这可万万使不得。因此，当曹丕让甄氏出来与大家相见时，所有与会的文学之士都识趣地匍匐在地，不敢平视甄夫人。唯独这个刘桢不知死活，竟然平视甄氏，两眼直勾勾地看了甄夫人半天。这是犯上的大不敬行为，依例是要处死罪的。对于刘桢平视甄氏，具有文人气质的曹丕倒是相当达观，没有跟刘桢计较什么。可是，曹操听说了此事后，却将之上升到政治伦理的高度，立即将刘桢逮了起来，本来要处死刑，后免死改送劳动改造。（事见《典略》，其原文曰："文帝为太子，尝请诸文学，酒酣坐欢，命夫人甄氏出拜。坐中咸伏，桢独平视，太祖闻之，收桢，减死输作。"）后来，曹操到尚方（即主造皇室刀剑等兵器及玩好器物的官署）视察工作，看见刘桢正弯着身子在磨石头。曹

① 转引自：吴礼权. 言语交际与人际沟通［M］. 2版. 广州：暨南大学出版社，2016：54.

操一见，立即想起往事，遂意味深长地问刘桢道："石头怎么样？"刘桢知道曹操说石头的用意，但仍改不了桀骜不驯的本性，踞坐而答说："石头出于荆山悬崖之顶，外有五色文采，内含卞氏宝玉的内质，打磨了也不会再洁白透明，雕刻了也不会再加文采，这是它的禀气坚贞，受之自然的本性，只是通过打磨可以使它纤曲缠绕不清的文理能够疏通顺畅而已。"曹操听了，笑了笑，就把他给释放了。①

刘桢与曹操的上述对话，明人何良俊的《语林》是将之视为文人佳话予以传播的。其实，这场对话从本质上说并不是文人的斗嘴或炫才，而是两个文人的政治博弈。其话语修辞的性质不是日常修辞，而是政治修辞。因为这场对话的两个主体都是政治人，而非自然人。尽管曹操有文学才华，是汉末非常有名也是非常有成就的诗人，但其政治人的身份与角色是没有改变的。表面上他是汉献帝的臣子，是协理朝政的丞相，实际上则是"挟天子以令诸侯"的皇帝，是当时国家的实际统治者。而刘桢虽然是东汉末期著名的文学家（与孔融、陈琳、王粲、徐干、阮瑀、应场六人号称中国文学史上著名的"建安七子"。尤其以五言诗最负盛名，后人将他与曹植并举，称为"曹刘"）②，但因为他犯了平视太子夫人甄氏这种在中国封建时代属于大逆不道的政治错误，所以被发配到输作部劳动改造，实际上他就是一个政治犯的角色。这样，当曹操在输作部视察见到他，并开启跟他的对话时，他自然也就被赋予了政治人的角色。他们的对话，也自然成为特定政治场域与情境下的政治修辞。

作为政治修辞的主体，刘桢虽然只是被临时赋予了政治人的角色，但在跟典型的政治人曹操的对话中却表现得特别出色，一个简单的比喻就使曹操消解了愤恨，并立即免除了其劳役拘禁之苦。那么，刘桢的政治修辞何以如此成功呢？这有两个方面的原因，一是因为刘桢在跟曹操的对话中很好地贯彻了"知人论事"的政治修辞原则，二是即兴创造了一个"磨石成玉"的比喻文本。众所周知，刘桢与曹操为汉末建安时期文学圈的同道，他当然知道曹操虽为一代奸雄，却是非常惜才爱才的，而且十分敬重刚正有骨气之士。所以，他在已然认识到自己过往的错误，并打算向曹操讨饶时，并没有以乞怜之态，屈膝卑辞地求之，而是一仍其旧，保持其一以贯之的恃才傲物的书生本色，以此赢得曹操发自内心的敬重。

---

① 参见：吴礼权. 能说会道：说话的艺术（修订版）[M]. 广州：暨南大学出版社，2014：72 – 73.
② 参见：吴礼权. 能说会道：说话的艺术（修订版）[M]. 广州：暨南大学出版社，2014：72 – 73.

当曹操别有用意地问他石头如何时，他虽表面倨傲无礼（"踞而答"），却巧妙地借着言语应答悄然放低了身段，顺着曹操的问话，即兴打了一个比方，通过玉石自比，说明自己性格亢直、不拘小节的作风，是天性本然，无法改变。只是觉得平视甄夫人确是理屈（利用玉之纹理屈曲来一语双关），于不露痕迹中婉转地向曹操认了错，讨了饶，让曹操不得不佩服其骨气与才气，遂"笑而释之"。

现代政治人在这方面的政治修辞实践也有很多成功的例子，相信很多人都听说过这方面的故事，或阅读过这方面的相关材料。大家若有兴趣，可以参考我已发表的相关论文，这里就不举例展开论述了。

第二节　以排比鼓动宣导

一、排比的类别及其修辞功能

排比，是一种将同范围同性质的事象用组织相似的句法逐一表出①，以期获得"形式齐整、表意充足酣畅效果"②的修辞手法。以排比手法建构的文本，称为排比修辞文本。

从表现形式上看，排比可以分为两类：一是以句法结构相同或相似的两个语言单位（包括句子或短语）并列铺排，二是以句法结构相同或相似的三句或三句以上的语言单位（包括句子或短语）连续铺排。

并列铺排式，"与对偶最相类似"③。不过，这种排比虽与对偶"颇有类似处，但也有分别：（一）对偶必须字数相等，排比不拘；（二）对偶必须两两相对，排比也不拘；　（三）对偶力避字同意同，排比却以字同意同为经常状况"④。如：

---

① 陈望道. 修辞学发凡［M］. 上海：上海教育出版社，1997：203.
② 吴礼权. 现代汉语修辞学［M］. 4 版. 上海：复旦大学出版社，2020：149.
③ 陈望道. 修辞学发凡［M］. 上海：上海教育出版社，1997：205.
④ 陈望道. 修辞学发凡［M］. 上海：上海教育出版社，1997：203.

昨夜睡中，我又梦到了母亲。依稀是旧日的家门，依稀是旧日的院落。（张过《昨夜，慈母又入梦》①）

例中"依稀是旧日的家门，依稀是旧日的院落"，就是二句并列式的排比。除了字数、句法结构上与对偶相同外，这一修辞文本在事意上是重复的，在字面上也是重复的，②跟对偶是有本质区别的，且在内容上排列的是同范围同性质的事象。

连续铺排式，以三句同范围同性质的事象连续铺排的为最常见，如：

整个晚间我们便什么也不做地扶车而行，不时肃立道旁，凝视着烧霞的长天。渐渐地，暮色被四野的虫声淹没。渐渐地，虫声被灌溉渠的水响淹没。渐渐地，水响被初生的月华淹没。（张晓风《一钵金》③）

例中"渐渐地，暮色被四野的虫声淹没。渐渐地，虫声被灌溉渠的水响淹没。渐渐地，水响被初生的月华淹没"，就是三句连续铺排，说的都是"同范围同性质的事象"，即"夏日傍晚田野的声响"。三项内容的叙述在句法结构上相同，只是字数不同而已④，是比较典型的连续铺排式排比文本。

三句以上同范围同性质事象的连续铺排，事实上也是不少见的。如：

1935 年的世界是一个多变的世界。这一年在世界上，波斯改国号叫伊朗了、英国鲍尔温当首相了、墨西哥革命失败了、意大利墨索里尼身兼八职并侵略阿比西尼亚了、法国赖伐尔当总理了、挪威在南极发现新大陆了、德国希特勒撕毁凡尔赛条约扩张军力了、捷克马萨利克辞掉总统职务了、土耳其凯末尔第三次连任总统了、菲律宾脱离美国独立了。（李敖《李敖回忆录》⑤）

例中"波斯改国号叫伊朗了、英国鲍尔温当首相了……菲律宾脱离美国独立

① 白雪. 台港名家经典散文选［M］. 兰州：敦煌文艺出版社，1998：90.
② 参见：吴礼权. 现代汉语修辞学［M］. 4 版. 上海：复旦大学出版社，2020：150.
③ 张晓风. 常常，我想起那座山［M］. 天津：百花文艺出版社，1997：159.
④ 参见：吴礼权. 现代汉语修辞学［M］. 4 版. 上海：复旦大学出版社，2020：149.
⑤ 李敖. 李敖回忆录［M］. 北京：中国友谊出版公司，2004：1.

了"等十句，都是同范围同性质的事象，是写当时世界各国政治格局的。各句句法结构相同，只是字句长短有所不同，也属于典型的连续铺排式排比文本。

以上都是以句子形式呈现的排比文本，事实上还有以短语形式呈现的排比文本。如：

> 我起来，走下台阶，独自微笑着、欢喜着。四下一个人也没有，我就觉得自己也没有了。天地间只有一团喜悦、一腔温柔、一片勃勃然的生气⋯⋯（张晓风《画晴》①）

例中"天地间只有一团喜悦、一腔温柔、一片勃勃然的生气⋯⋯"就是一个以短语形式呈现的排比文本。因为"一团喜悦""一腔温柔""一片勃勃然的生气"三项属于"同范围同性质的事象"，连续铺排，共同充当动词"有"的宾语。

人类的语言实践证明，以排比手法建构的修辞文本，具有其独特的表达力。这种文本除了表意上有充足酣畅的效果之外，还有视听觉形象上齐整、平衡、和谐（两项的排比在美学上属于"简单的平衡"，三项的排比则属于"代替的平衡"）的显著效果。② 从心理学的角度来看，以排比手法建构的修辞文本，由于修辞文本中多个相同或相似结构形式的句子的并置，不仅易于引发接受者文本接受中的"不随意注意"和"随意注意"，而且还会因整齐的文本形式格局引发接受者生理上左右平衡的身心律动，产生一种快感，从而提升文本接受解读的兴趣，加深对表达者所建构的修辞文本用意及内涵的理解把握。③

宋人陈骙《文则》（中国第一部系统的修辞学著作）"庚"条（一）有曰："文有数句用一类字，所以壮文势，广文义，然皆有法。"④ 说的就是排比手法的结构形式特点及其独特的表达力。其中，"壮文势，广文义"六个字概括得非常精辟。所谓"壮文势"，是指构成排比的几个结构相同或相似的句子连续铺排，不仅视觉上有整齐划一的均衡之美，而且在听觉上有语气一致的协调和谐之美，

① 白雪. 台港名家经典散文选［M］. 兰州：敦煌文艺出版社，1998：110.
② 参见 吴礼权. 现代汉语修辞学［M］. 4版. 上海：复旦大学出版社，2020：150.
③ 参见 吴礼权. 修辞心理学（修订版）［M］. 广州：暨南大学出版社，2013：158.
④ 陈骙. 文则［M］//蔡宗阳. 陈骙文则新论. 台北：文史哲出版社，1993：589.

视觉美感与听觉美感叠加在一起，给接受者的心理冲击就更大。特别是多句式排比，由于是以三个或三个以上的同范围、同性质、同结构的句子连续铺排，因而无论是视觉上还是听觉上都会有一种大河奔流而一泻千里的气势，给接受者的心理冲击会更大。所谓"广文义"，是指以排比手法建构的修辞文本在表意上不是以一个句子来完成，而是以两个或三个乃至多个句子共同完成，因而表意就会显得非常充分而酣畅，从而大大加深了接受者的印象。

正因为排比有"壮文势，广文义"的独特表达力，所以，古往今来，在人类的语言活动中，无论是日常修辞，还是政治修辞，都离不开排比手法的运用。有以排比说理的，有以排比抒情的，有以排比叙事写人的。不论表达者是出于什么目的而运用排比手法，都能使其表达效果趋于最大化。"用它说理，可以使论述详尽，条理分明；用它抒情，可以激发读者的感情，增强文章的感染力；用它叙事写人，可以使描写细腻深刻。"①

二、政治修辞与排比文本建构

我们的调查研究发现，相对于日常修辞，政治修辞更热衷于以排比手法建构修辞文本。因为政治修辞往往跟阐明思想理念、政治主张有关，跟宣导政策、疏解民意有关，所以更注重表达的说服力与煽情力，追求一种打动人心的力量。而排比手法先天独有的"壮文势，广文义"的表达力，恰恰契合了政治修辞的预期目标。下面我们先来看看中国古代政治家的政治修辞是如何运用排比手法的。

臣闻吏议逐客，窃以为过矣。昔缪公求士，西取由余于戎，东得百里奚于宛，迎蹇叔于宋，来邳豹、公孙支于晋。此五子者，不产于秦，而缪公用之，并国二十，遂霸西戎。孝公用商鞅之法，移风易俗，民以殷盛，国以富强，百姓乐用，诸侯亲服，获楚、魏之师，举地千里，至今治强。惠王用张仪之计，拔三川之地，西并巴、蜀，北收上郡，南取汉中，包九夷，制鄢郢，东据成皋之险，割膏腴之壤，遂散六国之从，使之西面事秦，功施到今。昭王得范睢，废穰侯，逐华阳，强公室，杜私门，蚕食诸侯，使秦成帝业。此四君者，皆以客之功。由此

① 汪国胜，吴振国，李宇明. 汉语辞格大全［M］. 南宁：广西教育出版社，1993：345.

观之，客何负于秦哉！向使四君却客而不内，疏士而不用，是使国无富利之实，而秦无强大之名也。

今陛下致昆山之玉，有随和之宝，垂明月之珠，服太阿之剑，乘纤离之马，建翠凤之旗，树灵鼍之鼓。此数宝者，秦不生一焉，而陛下说之，何也？必秦国之所生然后可，则是夜光之璧，不饰朝廷；犀象之器，不为玩好；郑、卫之女，不充后宫；而骏马駃騠，不实外厩；江南金锡不为用，西蜀丹青不为采。所以饰后宫，充下陈，娱心意，说耳目者，必出于秦然后可，则是宛珠之簪，傅玑之珥，阿缟之衣，锦绣之饰不进于前，而随俗雅化，佳冶窈窕，赵女不立于侧也。夫击瓮叩缶，弹筝搏髀，而歌呼呜呜快耳者，真秦之声也；郑、卫、桑间，韶、虞、武、象者，异国之乐也。今弃击瓮叩缶而就郑、卫，退弹筝而取昭虞，若是者何也？快意当前，适观而已矣。今取人则不然。不问可否，不论曲直，非秦者去，为客者逐。然则是所重者在乎色、乐、珠、玉，而所轻者在乎人民也。此非所以跨海内、制诸侯之术也。

臣闻地广者粟多，国大者人众，兵强则士勇。是以太山不让土壤，故能成其大；河海不择细流，故能就其深；王者不却众庶，故能明其德。是以地无四方，民无异国，四时充美，鬼神降福，此五帝三王之所以无敌也。今乃弃黔首以资敌国，却宾客以业诸侯，使天下之士退而不敢西向，裹足不入秦，此所谓借寇兵而赍盗粮者也。

夫物不产于秦，可宝者多；士不产于秦，而愿忠者众。今逐客以资敌国，损民以益仇，内自虚而外树怨于诸侯，求国之无危，不可得也。（秦·李斯《谏逐客书》，见《史记·李斯列传》①）

上引之文，乃李斯给秦王嬴政的进谏书，中心思想是要秦王收回驱逐客卿的成命，继续执行秦国历代君王制定并实施的"外才秦用"的人才战略。全文之意，转换成现代白话文本，大致如下：

听说秦国有官吏建议驱逐客卿，我个人认为这是错误的。昔日秦穆公为国访贤求才，施离间之计，西取戎王之臣由余为秦所用；以五张羊皮之资，东赎逃入

---

① 司马迁. 史记［M］. 北京：中华书局，1982：2541－2545.

楚国民间的百里奚奴身而任为大夫；得百里奚之荐，迎其友蹇叔于宋，封之为上大夫；以虔诚之礼，从晋国求得邳豹而任之为将，求得公孙支而任之为谋臣。这五位都不是出生于秦国之人，却为秦穆公所重任，由此秦国得以并吞二十余国，乃霸西戎。秦孝公任用卫人公孙鞅，为秦国革新变法，由此民风为之一变，民富国强，百姓皆乐于为国效力，诸侯都亲近归服于秦。凭借国力的强盛，秦国得以战胜楚、魏两大强国之师，占其上千里之地，至今还保持着安定强盛的局面。秦惠王任用魏人张仪为相，听从其连横之计，得以东拔三川战略要地，西并巴、蜀二国，北收本属魏国的三郡，南取楚国的汉中，囊括楚国九夷之族，控制楚国鄢、郢二都，向东占据成皋战略要塞，割取大片膏腴之地，由此拆解了山东六国合纵之盟，迫使各国向西对秦俯首称臣，战略之功持续至今。秦昭王任魏国书生范雎为相，得其助力，成功罢黜了独擅朝政三十余年的权相穰侯魏冉，清除了宣太后的势力华阳君，从而加强了王室的权力，遏制了豪门大族的势力，蚕食诸侯各国疆土，终使秦国一统天下的帝业基础得以建立。这四位先王能够建立不世之功，事实上都不是靠自己的能力，而是借助于外来客卿之功。由以上事实来看，外来客卿有哪里对不起秦国呢？假使当初四位先王拒外来客卿而不纳，疏远天下奇才而不用，那一定不会有今日秦国富实的国力，也不会有今日秦国天下独霸的盛名。

如今陛下所拥昆山之玉、随侯之珠、和氏之璧，所悬明月之珠，所佩太阿之剑，所乘纤离之马，所张翠凤之旗，所架灵鼍之鼓，这些天下至宝，没有一样是产自于秦国，但陛下却都非常喜爱，这是为什么呢？如果一定是要产自于秦国之物才能用，那么夜光之璧，就不该饰于秦国之廷；犀象之器，就不该视为玩好之物；郑、卫二国的美女，就不该充于后宫；而骏马駃騠，也不该关满外面的马厩；江南的金锡，也不该当作器用；西蜀的丹青，也不该用为饰采。凡是用以饰于后宫，充于堂下，娱乐心意，悦人耳目的，都一定要产自于秦国本土才可用，那么宛珠之簪，傅玑之珥，阿缟之衣，锦绣之饰，这些产自他国的珍物都不应进呈于陛下之前；而那些装扮入时、姿态优雅、艳丽窈窕的赵国之女，也不应立于陛下之侧。敲击土瓮，叩打瓦缶，弹着竹筝，拍着大腿，咿呀而歌，呜呜而呼，以快于耳的，这才是本色的秦国之音；郑、卫的民间音乐和《桑间》情歌，舜帝的《韶》乐和《虞》乐，周朝的《武乐》和《象》乐，则都是异国之乐。而今陛下弃击瓮叩缶之秦音，而欣赏郑卫的民间小调；撤去弹筝之曲，而选择舜虞韶乐，这样做，又是为了什么呢？说到底，无非就是为了称心快意于眼前，赏心悦目于当下而已。然而，陛下现在用人则不是这样。不问是否有才能，不论是非曲直，不是秦国本土之士就驱离，外来之客皆逐出。如此这般，陛下所看重的岂不就是外来的女色、音乐、珍珠、宝玉，而看轻的则是外来的人才吗？这可不是陛下一统天下、臣服诸侯应有的策略呀！

我听过这样一种说法："地广了，粮就多；国大了，人就多；武器精良，则士兵勇敢。"泰山不拒微尘细壤，所以能成就其巍峨高大；河海不弃涓涓细流，所以能成就其源远深广；帝王不嫌百姓人多，所以能彰明其德而成就大业。经略天下，地不论东西南北，人不论本国他国，一年四季都丰盈美好，鬼神都愿降福，这就是五帝三王之所以能够天下无敌的原因所在。而今陛下却要弃百姓而资助敌国，逐客卿而成就诸侯，使天下有识之士皆畏而却步，不敢向西，驻足而不入秦，这是所谓的"借寇敌以武器，资盗贼以食粮"呀！

物资不产于秦，但值得珍视的很多；贤士不生于秦，而愿效忠陛下的很多。而今陛下驱逐客卿而助敌国，自损百姓而益仇人，掏空自己而又结怨于诸侯，要想国家没有危险，那是办不到的。（以上文字为吴礼权译）

据《史记·李斯列传》记载，李斯本是楚国上蔡人，年少时曾为郡小吏，后师从荀卿学帝王之术。学成后，纵观大势，觉得楚王不足以成大事，而山东六国皆弱，遂辞别老师西入于秦。至秦时，恰逢秦庄襄王卒。李斯遂投于秦相吕不韦门下，求为舍人。吕不韦非常看重其才能，任之为郎。由此，有机会游说秦王嬴政，得其赏识而任之为长史。秦王嬴政听其计，暗中遣谋士游说山东诸侯，用计离间诸侯各国君臣，然后用兵各个击破。由此，秦国更加强大，而山东各国更加虚弱。李斯因有功于秦，被秦王拜为客卿。但恰逢此时，韩国人、郑国入秦为间谍，以替秦国修渠灌溉为名，企图实现耗秦国力而阻止其吞并天下步伐的目标。结果，事情败露，秦国宗室大臣纷纷上书，要求秦王嬴政下令驱逐一切外来客卿。李斯当然也在被驱逐之列。为了自己好不容易奋斗得来的功名，也为了其助秦王一统天下的宏大理想，李斯向秦王嬴政上了这篇劝谏书。秦王读了，立即收回了成命。由此，不仅李斯的荣华富贵保住了，秦王嬴政统一天下的终极战略目标也得以顺利实现。

那么，李斯的这篇《谏逐客书》何以有如此独特的表达力呢？这端赖李斯善用"壮文势，广文义"的排比手法，建构了一系列的排比修辞文本，使全文所要论证的"臣闻吏议逐客，窃以为过矣"的观点具有无可辩驳的说服力，使作者极力推阐的"秦成帝业，必用外才"的政治主张的正确性得到最大程度的彰扬。由此，创造了一例光耀史册的成功的政治修辞范本。

众所周知，李斯写作这篇《谏逐客书》时，已经被秦王嬴政剥夺了秦国客卿的官职，只是一个外来游士的身份，属于自然人的性质。但是，他上书所论之事是秦国的人才战略问题，他所对话的主体秦王嬴政是秦国之王。正是因为有这样一个特定的语境，遂使此刻没有官身的李斯被临时赋予了政治人的角色身份，其向秦王所上的这篇《谏逐客书》就成了政治修辞文本，而不是文人卖弄文才的日常修辞文本。

下面我们先来看全文的第一部分。开篇第一句"臣闻吏议逐客，窃以为过矣"，是全文的中心论点。这一句，表面看起来没有任何修辞技巧，简直就是直道本心的大白话。如果从日常修辞的视角看，这样的表达是非常不得体的。因为即使受交际者是普通人，直白而毫不遮掩地对其进行批评，也会有拂逆其情绪与情感的副作用，引发其不快，进而造成交际沟通的失败。更何况，这个受交际者不是别人，而是秦国至高无上的统治者秦王嬴政。但是，从政治修辞学的视角看，李斯这样开宗明义、开门见山地亮明观点，实在是一种非常高明的修辞策略。他虽没有运用任何修辞手法，却成功突破了秦王嬴政的心防，读了全文第一句就为之心神振动。因为这样直白的表达，彰显了李斯此刻不是以臣对君的政治站位与秦王对话，而是立足天下，将上书陈情变成了跟秦王嬴政就秦国的人才战略与天下统一问题进行的政治对话。应该说，李斯这样的政治修辞是一步险棋。但是，他随后的一系列排比文本建构，则让他的险棋转为胜棋。

从整体上看，"昔缪公求士，……""孝公用商鞅之法，……""惠王用张仪之计，……""昭王得范睢，……"，是四个"同范围同性质的事象"连续铺排，属于多句式排比修辞文本。通过罗列秦穆公、秦孝公、秦惠王、秦昭王的具体事例，有力地彰显了"此四君者，皆以客之功"的历史事实，使"客何负于秦哉！"的反问具有了振聋发聩的力量，使"向使四君却客而不内，疏士而不用，是使国无富利之实，而秦无强大之名也"的假设完全失去了成立的基础，由此有力地支撑了全文开篇所提出的论点。

从局部看，第一部分第二大句内的"西取由余于戎，东得百里奚于宛，迎蹇叔于宋，来邳豹、公孙支于晋"，是四个结构相同的句子的连续铺排，是典型的多句式排比修辞文本，将"昔缪公求士"的具体努力作了全面铺陈，使秦穆公善用域外人才与其"并国二十，遂霸西戎"的不世之功之间的因果关系得到清晰的说明。第四大句内的"移风易俗"，是两个结构相同的短语并列铺排（"移风"与"易俗"，皆为动宾结构的短语，内容上属同类事象）；"民以殷盛，国以富强""百姓乐用，诸侯亲服""获楚、魏之师，举地千里"，皆为两个结构相同或相似的句子并列铺排，是典型的对句式排比修辞文本。它们大规模地集结，鱼贯而下，以磅礴之势论证了"孝公用商鞅之法"的决策与其结果"至今治强"之间的因果关系。第五大句内的"拔三川之地，西并巴、蜀，北收上郡，南取汉中"，是四个结构相同的句子连续铺排；"东据成皋之险，割膏腴之壤，遂散六国之从"，是三个结构相同的句子的连续铺排；"包九夷，制鄢郢"，则是两个结构相同的句子的并列铺排。这三个结构形态不同的排比修辞文本的联合集结，使"惠王用张仪之计"令天下诸侯"西面事秦"而"功施到今"的旷世奇功得以充分彰显。第六大句的"废穰侯，逐华阳，强公室，杜私门"，是四个结构相同的句子的连续铺排，属于多句式排比修辞文本。通过对秦昭王用范睢之策而采取的一系列铁腕手段的提点，将"昭王得范睢"而成功实现君主集权，进而实现"蚕食诸侯，使秦成帝业"的因果关系清楚地揭示出来。

正是由于整体与局部都是以排比架构表义，彼此配合，分进合击，因而全文第一部分将排比"壮文势，广文义"的表达力发挥到了极致，使作者所欲论证的"臣闻吏议逐客，窃以为过矣"的论点具有无可辩驳的说服力，且能在第一时间让受交际者秦王嬴政心灵受到震撼。因为从心理学来看，排比文本的建构不仅能以最充足的语言资源（超常规的句子数量）使表义达到酣畅饱和的状态，而且还能以整齐划一的结构形式聚能蓄势，造就出视听觉上一种如同大河奔流、一泻千里的强烈冲击力，从而给接受者以深刻的印象与心理震撼。如果用以论证观点的四大句，不是以排比的手法呈现，而是精简为一句，说成"自穆公及于昭王皆用客而成大功"，虽然表义简洁明了，从理论上来说也可以作为论据，但绝对产生不了让秦王嬴政为之心灵震撼的效果。因为简括的表达，在形式上不具规模效应，不能发挥聚能蓄势的效果，因而就不能在心理上对接受者产生冲击力，由此加深其接受印象，深思文本的意涵。

全文的第二部分，也是论证开篇第一句"臣闻吏议逐客，窃以为过矣"这一论点的事实论据。但是，它不先谈外来人才，而是先谈外来物用。在说明这些外来物用的价值时，作者也是采用了排比手法，六大句中皆有排比修辞文本的建构。第一大句内的"致昆山之玉，有随和之宝，垂明月之珠，服太阿之剑，乘纤离之马，建翠凤之旗，树灵鼍之鼓"，是七个动宾结构的小句连续铺排，属于多句式排比修辞文本，用以强调说明秦王嬴政所用、所悦的外来宝物之多，由此引出"此数宝者，秦不生一焉，而陛下说（悦）之，何也？"的疑问。第二大句内的"夜光之璧，不饰朝廷；犀象之器，不为玩好；郑、卫之女，不充后宫；而骏马駃騠，不实外厩；江南金锡不为用，西蜀丹青不为采"，是六个主谓结构的小句连续铺排，亦属多句式排比修辞文本，从反面着笔，以"假设的现实"与第一大句"生活的现实"进行对比，从而彻底否定了宝物"必秦国之所生然后可"的合理性，巧妙地回应了上句引出的疑问，论证了"此数宝者，秦不生一焉，而陛下说（悦）之"的合理性。第三大句内的"饰后宫，充下陈，娱心意，说耳目"，是四个动宾结构的短语连续铺排，共同充当随其后的"必出于秦然后可"的主语；"宛珠之簪，傅玑之珥，阿缟之衣，锦绣之饰"，是四个偏正短语连续铺排，共同充当随其后的"不进于前"的主语。这两个主语因为都是以相同结构的四个短语连续铺排，因而就构成了排比修辞文本，它们前后配合，以最充足的语言资源（超常规的句子数量）与最整齐划一的结构形式，达到了"广文义"与"壮文势"的效果，从而有力地否定了物"必出于秦然后可"的合理性，从反面论证了全文第二部分所提出的"物不必出于秦然后可"的分论点。第四大句内的"击瓮叩缶，弹筝搏髀"，是两个结构相同的短语并列铺排，共同充当"真秦之声也"的主语，属于对句式排比文本；"弃击瓮叩缶而就郑、卫，退弹筝而取昭虞"，是两个结构相同的复句并列铺排，在意念上共同充当"若是者何也"的主语，亦属对句式排比文本。这两个排比文本的建构，都是通过并列铺排的对句式呈现，让"秦声"与"异乐"在形式与意义上均构成对比，从而有力地说明了一个道理：无论是"真秦声"还是"异国之乐"都是"快意当前，适观而已矣"。以此，再次呼应了全文第二部分所提出的分论点——"物不必出于秦然后可"。

以四大句谈完外来物用之后，作者突然杀了个回马枪，调转笔锋，回到了全文第一部分的主论点上，再次谈到了外来人才的任用问题，这就是第五大句："今取人则不然。不问可否，不论曲直，非秦者去，为客者逐。"从结构上分析，这一大句中也有排比文本的建构，分别是"不问可否，不论曲直"与"非秦者去，为客者逐"，前者是两个动宾结构的句子并列铺排，后者是两个主谓结构的句子并列铺排。两个排比文本以整齐的四字句鱼贯而下，不仅表义上显得充足酣畅，而且在文势上显得格外的强劲，淋漓尽致地展露了作者对秦王排外逐客之策的强烈否定态度。旗帜鲜明地表态后，作者又追补了一句，这就是第六大句："然则是所重者在乎色、乐、珠、玉，而所轻者在乎人民也。此非所以跨海内、制诸侯之术也。"其中，也有两个排比文本的建构。一是"所重者在乎色、乐、珠、玉"，一是"跨海内、制诸侯"。前者以四个名词连续铺排，共同充当动词"在乎"的宾语，属于多列项的排比修辞文本。它以形式上"色、乐、珠、玉"四项的数量优势与后句相对的"人民"一项进行对比，从而强调突出了秦王重外物而轻外才的本质；后者以"跨海内"与"制诸侯"并列，共同充当中心语"术"的修饰语，属于对句式的排比修辞文本，表面强调的是"跨海内"与"制诸侯"二者不可分割的关系，实际上是要告诉秦王"制诸侯"必须要有"跨海内"的博大心胸，要有海纳百川的雅量广纳天下英才。

通过全文第一部分有关秦国历代君王任用外才的历史回忆，全文第二部分有关当代秦王广纳天下色、乐、珠、玉等外物而用之的现实呈现，全文自然转入了第三部分的说理陈情。从逻辑语义的视角看，全文的第三部分包括四大句，每一大句内都有排比修辞文本的建构。第一大句内的"地广者粟多，国大者人众，兵强则士勇"，是三个主谓结构的句子连续铺排，属于多句式排比修辞文本，通过说明"地广"与"粟多"，"国大"与"人众"，"兵强"与"士勇"的关系，以严密的逻辑有力地强调了成大业者必须具有全局观与看清因果关系的睿智。第二大句"太山不让土壤，故能成其大；河海不择细流，故能就其深；王者不却众庶，故能明其德"，是由三个句法结构相同的因果关系复句连续铺排而成，从形式上看是排比，从意义上看则是比喻，即第三句"王者不却众庶，故能明其德"是本体，第一句"太山不让土壤，故能成其大"和第二句"河海不择细流，故能就其深"均为喻体，通过类比的方式说明王者应有博大的胸怀，要有容人的雅量。由于这个比喻在结构上以递进排比的形式呈现，因而所讲道理不仅显得生动形象，而且别具一种气势，有排山倒海的力量。第三大句内的"地无四方，民无异国""四时充美，鬼神降福"，各是一个对句式的排比文本。前者讲五帝三王包容天下的博大心胸，后者讲五帝三王治国时的崇高境界，由此阐明了"五帝三王之所以无敌"的原因。第四大句内的"弃黔首以资敌国，却宾客以业诸侯""使天下之士退而不敢西向，裹足不入秦""借寇兵而赍盗粮者"，都是对句式的排比修辞文本。第一个文本揭示逐客的本质，第二个文本预言逐客的后果，第三个文本讲逐客的危害性。三个排比文本相互配合，借力使力，遂使作者所要阐明的"逐客不利于秦"的道理具有无可辩驳的说服力。

全文的第四部分，是全文的收束。从篇章结构的视角看，第一句"物不产于秦，可宝者多"，呼应的是全文第二部分的主旨；第二句"士不产于秦，而愿忠者众"，呼应的是全文第一部分的观点；第三句"今逐客以资敌国，损民以益仇，内自虚而外树怨于诸侯"，是复述全文第三部分的要点；第四句"求国之无危，不可得也"，是直陈"逐客"的严重后果，呼应了全文开篇第一句的总论点。从修辞的视角看，第一句"物不产于秦，可宝者多"与第二句"士不产于秦，而愿忠者众"，是对句式排比文本；第三句的"逐客以资敌国，损民以益仇""内自虚而外树怨"，也是对句式的排比文本。这些排比文本，以并列铺排的形式呈现，通过形式与意义两个维度的对比，将全文所要强调的论点"吏议逐客，窃以为过矣"再度予以鲜明的呈现。

由以上分析，我们可以清楚地见出，李斯谏说秦王嬴政收回逐客成命的政治修辞，之所以具有强大的说服力，让秦王嬴政这等雄才大略的英主一读之下便为之神折心服，事实上跟作者李斯擅长排比修辞技巧，建构了大量排比修辞文本有关。假设李斯不运用排比手法，不建构排比修辞文本，只以直接理性的语言表达："臣闻吏议逐客，窃以为过矣。秦自穆公及于昭王，皆用客而成大功。今陛下所重色乐珠玉皆为外来，所轻何独外来之才?"这样，虽然观点也表达得非常清楚，但肯定不能让秦王为之神折心服，欣然接受其谏议，收回成命，官复其职。

可见，相对于自然人的日常修辞，政治人的政治修辞更要注重修辞技巧。如果是要推阐自己的政治理念或是政策主张，以期说服受交际者（执政者），令其欣然接受，擅长排比手法的运用与排比修辞文本的建构，对于达成预期交际目标无疑是有助益的。

对于这个道理，不只中国古代的政治家懂，现代的中国政治人物也是深谙个中三昧的。下面我们来看一个口语表达的例子：

任何社会都需要有自己的价值观，这样整个社会才有凝聚力，才会有共同目标。香港居民大多数是中国人，也有不少非中国籍居民。长期以来，中西方文化在香港相互辉映，相互交融。我们会继续鼓励香港文化多元化发展，但亦需要加强对中国优秀传统价值观念的尊重和认同，包括孝顺父母、重视家庭、谦逊厚道、自强不息；我们重视多元，但避免对立；我们崇尚自由，但讲求法制；我们尊重少数人的意见，但处处应以大局为重；我们维护个人权利，但更要承担社会责任。我希望这些理念可以成为香港团结的基石。（董建华《追求卓越，共享繁荣》①）

上引这段文字，是董建华 1997 年 7 月 1 日在香港特别行政区政府成立大会上所作施政报告的片段。施政报告属于政治演讲性质，这是众所周知的。演讲人董建华是香港特别行政区政府首任行政长官，听讲人是香港立法会全体议员。因此，从政治修辞学的视角看，在这场施政报告活动中，不论是演讲人，还是听讲人，都不是寻常的自然人，而是有特定角色身份的政治人。既然如此，演讲人董建华的施政报告就必须适应香港特别行政区政府成立大会这一特定的政治情境，考虑出席会议的第一届香港立法会全体议员的政治倾向与心理状态，不仅要将特区政府施政的出发点与基本思路讲清楚、说明白，而且还要具有说服力，给大家留下深刻的印象。这样，才能赢得全体立法会议员的信任，对施政报告的内容予以认同。

历史证明，董建华是一个出色的政治人，他的施政报告是非常成功的政治修辞范本。仅从上引这段文字就能管中窥豹。因为从政治修辞学的视角看，这段文字有两大成功之处：一是准确把握了政治演讲的基本原则，二是排比修辞手法的运用效果非常好。

我们都知道，政治演讲虽然也属于口语体，跟普通的演讲一样，要体现口语体的三大基本修辞特征：（一）选词用语上的通俗性、丰富性。（二）句式锻炼上的"简""短"性。（三）修辞文本建构上的灵活性、生动性。② 但是，政治演讲毕竟不同于普通演讲，因为它涉及的多是严肃的政治话题，不是普通的闲话家常，因此就需要演讲者准确把握政治修辞所需贯彻的三个基本原则：一是选词用语要雅正，即既要通俗又不能失之于庸俗，在书面语与口语、通用语与专用语的使用上有恰到好处的平衡。这样，可以让不同层次的受交际者都能接受，臻至雅

① 转引自：黄越. 匠心独运，浑然天成 [J]. 演讲与口才. 1997（11）：38.
② 参见：吴礼权. 现代汉语修辞学 [M]. 4 版. 上海：复旦大学出版社，2020：430.

俗共赏、老少咸宜的境界。二是句式简、短适度，即既不能太简而妨碍充分表义，又不能太繁而失之于冗杂；既不能太短而近于日常说话的节奏，又不能太长而近于欧化的句法。否则，就背离了政治演讲平易而不失庄重的语体风格要求。三是修辞手法的运用要适度，即要根据特定的演讲主题选择特定的几种修辞手法，不宜过多地运用各种修辞手法，使建构的修辞文本过于丰富多彩。这样，会在一定程度上消解政治演讲的严肃性。上引董建华的这段演讲词，仔细分析一下，就会发现其对上述政治修辞的基本原则贯彻得非常到位。因此，这段演讲词今天我们读来还觉得雅正得体，平易近人，具有感人至深的政治魅力。

下面我们来看这段政治演讲词在修辞手法方面的运用情况。从逻辑语义上分析，这段演讲词，由五个大句构成。除了第二大句"香港居民大多数是中国人，也有不少非中国籍居民"和第五大句"我希望这些理念可以成为香港团结的基石"没有运用任何修辞手法外，其他三大句都有修辞手法的运用，而且都无一例外地选择了排比手法。第一大句"任何社会都需要有自己的价值观，这样整个社会才有凝聚力，才会有共同目标"，其中的"社会才有凝聚力，才会有共同目标"，是两个动宾结构句的并列铺排，属于对句式的排比修辞文本。如果按照"语言经济"的原则，这个文本可以化对句为单句，说成"社会才有凝聚力和共同目标"，能够省去两个字。不过，应该指出的是，如果真的这样表达，虽然语义没有损耗，但在接受效果上会有不少损耗。一来排比表达的"壮文势"的心理震撼效果不复存在，二来对句式排比在视听觉上的对称平衡之美不能体现了。这对政治演讲追求接受效果最大化的预期目标是非常不利的。事实上，演讲人董建华没有采用单句表义的形式，而是采用了对句式排比文本，从而使演讲在语义表达上更加清晰，而且契合了中国人的审美习惯，听来倍感亲切。第三大句"长期以来，中西方文化在香港相互辉映，相互交融"，其中"相互辉映，相互交融"，是两个结构相同的短语并列铺排，共同充当主语"中西文化"的谓语，是以短语形式出现的排比修辞文本。它不仅有化长为短，有利于口头表达的效果，还有"壮文势"而强化接受印象的效果，以及听觉上的均衡和谐美感。第四大句"我们会继续鼓励香港文化多元化发展，但亦需要加强对中国优秀传统价值观念的尊重和认同，包括孝顺父母、重视家庭、谦逊厚道、自强不息；我们重视多元，但避免对立；我们崇尚自由，但讲求法制；我们尊重少数人的意见，但处处应以大局为重；我们维护个人权利，但更要承担社会责任"，由五个分句构成，以表示转折关系的关联词"但"作为纽结各个分句逻辑语义的形式标志，属于多句连续铺排的排比修辞文本。它以五个结构相似、形式上包含五个"但"字的偏正复句铺排而下，表意全面充分，语气坚定明确，既凸显了特区政府清晰的工作思路和坚决维护"一国两制、港人治港"基本原则的坚定立场，也使听众对特区政府未来的工作方向与基本方针有了清楚、明确、深刻的印象，[①] 可以说是非常成功的政治修辞文本。除此，还要指出的是，这一超大规模的排比文本内部还包孕了另一个排比文本，这就是第一分句内部的"孝顺父母、重视家庭、谦逊厚道、自强不息"，是以两个动宾结构的短语（孝顺父母、重视家庭）与两个并列结构的短语（谦逊厚道、自强不息）联合，共同充当动词"包括"的宾语，属于以短语连续铺排的排比修辞文本。这一修辞文本的建构，既将演讲人所要强调的"中国优秀传统价值观念"予以细化，有"广文义"的表达效果，又有强化听众印象的"壮文势"的接受效果。同时，这一分句跟其他分句在长度上拉开了差距，使第四大句由五个分句构成的排比修辞文本在句长形态上呈现出长短参差交错的格局。这样，既能有效打破演讲中相同结构的语言单位连续铺排可能带来的单调感、板滞感，消解接受者的审美疲劳，又能增加语言表达的灵动性，起到调节演讲语言节奏的效果。另外，第二大句"香港居民大多数是中国人，也有不少非中国籍居民"，虽然不是排比修辞文本，也没有运用其他修辞手法，却蕴含了很高的政治修辞智慧。因为按照逻辑语义，前句说"香港居民大多数是中国人"，后一句应该说"也有不少外国人"。这样说，从客观上看，符合香港居民结构的现实。但是，语言表达中"中国人"与"外国人"的并立，会造成政治上的歧解，让人对香港的主权地位产生错误的认知。而将"外国人"的客观语义转换成"非中国籍居民"的文字表达，则有突出强调香港的中国主权意味。

中国古今政治家都擅长运用排比手法，通过建构排比修辞文本，成功地实现了其政治修辞的预期目标，在中国政治史上留下了佳话。外国政治家也有非常擅长运用排比手法的，他们在特定情境下建构的具有特定政治意涵的排比修辞文本，有的也非常成功。如：

朋友们，今天，我要告诉你们，尽管我们面临着今天和明天的困难，我仍然

---

① 参见：吴礼权. 口若悬河：演讲的技巧（修订版）[M]. 广州：暨南大学出版社，2014：120.

存有一个梦想，这梦想深深扎根于美国之梦。我梦想有朝一日，这个国家会重新崛起，并将按其信条的真正含蕴去生活——"毫无疑问，人生来是平等的，我们坚信这些真理"。

我梦想有一天，乔治亚州的红土地上，奴隶的子孙和奴隶主的子孙会视如手足。

我梦想有一天，甚至在密西西比州——正燃烧着不公正的烈火，燃烧着压迫的烈火——也会转变为自由、公正的绿洲。

我梦想有一天，我的四个孩子生活在这样一个国家里，人们不再按其肤色而是凭着他们的品行相互对待。

我梦想有一天，阿拉巴马的州长、一个刻薄的种族主义者，不再提否决和无效之辞——总有一天，就在阿拉巴马，黑人小男孩和小女孩能同白人的小男孩和小女孩像兄弟姐妹一样携起手来。

我梦想有一天，每一个山谷都将填平，每一座丘陵、高山都将夷为平地，所有的坎坷之地都变成了平原，所有的曲折之处都将平直。上帝的荣光将再次显现，各位都会亲临这一切。

这是我们的愿望，我将带着这愿望回到南方。有了这一愿望，我们就能从绝望的群山中凿出一块希望之石；有了这一愿望，我们就能把喋喋不休的争吵灌制成一曲谐和美妙的交响乐；有了这一愿望，我们就能一起工作，一起娱乐，一起斗争，一起入狱，一起捍卫自由。坚信吧，总有一天我们会自由……（马丁·路德·金《我有一个梦》[①]）

上引文字，是马丁·路德·金（Martin Luther King, 1929—1968）1963 年 8 月 28 日在林肯纪念堂前所作的一次政治演讲的结束语部分。

相关史料显示，演讲人马丁·路德·金是美国历史上黑人民权运动的重要领导人，生于佐治亚州的一个牧师家庭，受过高等教育，并获得神学博士学位。1954 年起参加全国有色人种促进协会的活动，1955 年领导了蒙哥马利市黑人拒绝乘坐公共汽车运动，并发起成立了"南方基督教领袖会议"，1957 年被选为南方基督教领袖会议主席。1958 年在南方主要城市组织集会，发动黑人举行争取公民

---

① 参见：刘润清. 英美著名演说选注［M］. 北京：外语教育与研究出版社，1981.

权利。1963 年组织伯明翰黑人争取自由平等权利的大规模游行，把黑人运动由南方推向北方。1963 年 8 月还曾在华盛顿组织了一次集会，反对种族歧视，要求种族平等。1964 年迫使约翰逊总统签署了民权法案，同年荣获诺贝尔和平奖，被誉为"为世界有色人民树立了一个榜样"。他主张非暴力主义，多次被捕。1968 年3 月组织"贫民进军"，4 月途经田纳西州孟菲斯市时，被种族主义分子枪杀。上引这篇被世人称为"经典之作"的演讲发生在 1963 年 8 月 28 日，十个黑人组织在华盛顿举行 25 万人参加的"自由进军"，示威群众从华盛顿纪念碑出发，分两路游行到林肯纪念堂。在林肯纪念堂前，马丁·路德·金向广大黑人同胞发表了这篇演讲。全篇演讲以美国宪法和《解放黑人奴隶宣言》为依据，抨击了种族主义者对黑人施加的种种不平等的待遇，号召广大黑人同胞立即起来投入争取自由的斗争。①

　　由上述背景介绍，我们可以清楚地看出，演讲人马丁·路德·金不是一个普通人，而是美国历史上著名的黑人民权运动领袖，是典型的职业政治家，属于政治修辞学意义上的政治人。他演讲的内容是鼓动美国黑人争取自由与平等的政治权利，属于典型的政治话语。因此，在演讲过程中，政治人马丁·路德·金为提升其演讲表达力与感染力所作的一切创意造言的努力，都是政治修辞，而非日常修辞。

　　马丁·路德·金《我有一个梦》的政治演讲，大凡读过其文本的人，都会有一个共同的体认，这篇演讲最具感染力、最具煽情效果的部分是它的结尾几段文字，也就是我们上面引述的内容。之所以最具感染力、最具煽情效果，乃是因为演讲人运用了排比手法，建构了一系列排比修辞文本，可谓是将排比"广文义，壮文势"的表达力发挥到了极致。五个以"我梦想有一天"领起（英语原文以"I have a dream that……"结构式呈现）的结构相似的分句："我梦想有一天，乔治亚州的红土地上，奴隶的子孙和奴隶主的子孙会视如手足""我梦想有一天，甚至在密西西比州——正燃烧着不公正的烈火，燃烧着压迫的烈火——也会转变为自由、公正的绿洲""我梦想有一天，我的四个孩子生活在这样一个国家里，人们不再按其肤色而是凭着他们的品行相互对待""我梦想有一天，阿拉巴马的州长、一个刻薄的种族主义者，不再提否决和无效之辞——总有一天，就在阿拉

----

① 参见：吴礼权. 口若悬河：演讲的技巧（修订版）[M]. 广州：暨南大学出版社，2014：96 – 97.

巴马，黑人小男孩和小女孩能同白人的小男孩和小女孩像兄弟姐妹一样携起手来""我梦想有一天，每一个山谷都将填平，每一座丘陵、高山都将夷为平地，所有的坎坷之地都变成了平原，所有的曲折之处都将平直。上帝的荣光将再次显现，各位都会亲临这一切"，连续铺排（英语原文还穿插了两个独立句：I have a dream today!），鱼贯而下，淋漓尽致地展现了黑人对于争取与白人平等权利的强烈渴望，读之让人感动不已。① 五个结构相似的分句连续铺排之后，再以"这是我们的愿望，我将带着这愿望回到南方"（英语原文是 This is our hope，and this is the faith that I go back to the South with）一句为转接语，又建构了一个排比修辞文本，这就是以"有了这一愿望"（英语原文是 With this faith）领起的三个结构相似的分句的连续铺排："有了这一愿望，我们就能从绝望的群山中凿出一块希望之石；有了这一愿望，我们就能把喋喋不休的争吵灌制成一曲谐和美妙的交响乐；有了这一愿望，我们就能一起工作，一起娱乐，一起斗争，一起入狱，一起捍卫自由。"其中，第三个分句又内蕴了一个排比文本："一起工作，一起娱乐，一起斗争，一起入狱，一起捍卫自由"（英语原文是 to work together，to pray together，to struggle together，to go to jail together，to stand up for freedom together）。这个排比修辞文本，通过三个复句（皆以"有了这一愿望……"为架构）的连续铺排，以及五个结构相同的单句（以"一起……"为架构）的大规模集结，将演讲者所代表的全体美国黑人渴望自由平等人权的美好愿望展露得淋漓尽致。它犹如洪钟大吕，又如出征的战鼓，让听众听得热血沸腾，斗志昂扬，激励着黑人同胞为自由平等而生命不止，奋斗不息，鼓动性极大。② 可见，排比修辞文本的建构是马丁·路德·金这篇政治演讲取得极大成功的关键所在。

政治学的研究者应该都知道，排比手法的运用，在政治演讲中是最寻常的，特别是在宣传鼓动性的政治演讲中尤其常用。因为排比手法的运用，不仅可以使表意充足酣畅，情感展露得淋漓尽致，而且可以加强语势，在特定的政治情境下能极大地调动起接受者的情绪，使政治演讲的宣传与鼓动效果趋于最大化。因此，有经验的政治家在政治演讲中都有意识地运用排比手法，建构排比修辞文本。下面我们再来看一个政治家的政治演讲片段：

---

① 参见：吴礼权. 口若悬河：演讲的技巧（修订版）[M]. 广州：暨南大学出版社，2014：97.
② 参见：吴礼权. 口若悬河：演讲的技巧（修订版）[M]. 广州：暨南大学出版社，2014：97.

昨天对夏威夷群岛的进攻，给美国海陆军部队造成了严重的损害。我遗憾地告诉各位，很多美国人丧失了生命。此外，据报，美国船只在旧金山和火奴鲁鲁之间的公海上也遭到了鱼雷袭击。

昨天，日本政府已发动了对马来西亚的进攻。

昨夜，日本军队进攻了香港。

昨夜，日本军队进攻了关岛。

昨夜，日本军队进攻了菲律宾群岛。

昨夜，日本人进攻了威克岛。

今晨，日本人进攻了中途岛。（罗斯福《1941年12月7日——一个遗臭万年的日子》①）

上引文字，是美国第32任总统富兰克林·德拉诺·罗斯福（Franklin Delano Roosevelt，1882年1月30日—1945年4月12日）1941年12月8日在美国参众两院所作的一次政治演讲的片段。这次政治演讲的目的非常明确，就是呼吁美国参众两院议员凝聚共识，支持并批准政府对日宣战。

对世界史特别是第二次世界大战史有所了解者都知道，美国虽然早在第一次世界大战期间就已崛起为世界强国之一，但在第一次世界大战与第二次世界大战早期始终坚守所谓的"中立"国策。然而，1941年12月7日（星期日）凌晨，日本却对美国不宣而战，偷袭了美国在太平洋地区的主要海空军基地珍珠港，"击毁击伤美主要舰只十余艘、飞机一百八十八架，美太平洋舰队遭到惨重损失"②。虽然珍珠港事件是美国有史以来最大的耻辱，但要仅就此事而劝说参众两院改变在"二战"中的"中立"既定国策，授权总统发动一场空前规模的战争，卷入难以预料的第二次世界大战的漩涡中，那也是很难的。③然而，罗斯福总统却做到了。在珍珠港事件发生后，罗斯福向参众两院议员发表了一通政治演说。半小时后，美国参众两院就通过了对日宣战的决议。

那么，罗斯福总统的演讲何以有如此的魅力，能够在美国国会产生极大的影响，在极短的时间内获得对外宣战的授权呢？应该说，这其中跟罗斯福总统演讲

---

①　转引自：李增源. 如何在"渲染"中提高演讲的艺术表现力［J］. 演讲与口才，2002（10）：27.

②　夏征农. 辞海（缩印本，1989年版）［M］. 上海：上海辞书出版社，1990：1361.

③　参见：吴礼权. 口若悬河：演讲的技巧（修订版）［M］. 广州：暨南大学出版社，2014：121.

中讲究政治修辞的技巧不无关系。作为政治人，罗斯福深知自己虽贵为美国总统，是法律上认定的国家元首，但在美国特定的政治体制下，他的权力并不是不受约束的。事实上，参众两院对其权力的制约是非常大的，特别是总统要宣布对外国开战，那是一定要参众两院通过的，否则总统就根本不能发布对外宣战的命令。① 正因为对此有清醒的认识，罗斯福总统在决定到国会向参众两院议员发表演说时，就已经确定了明确的目标，必须说服参众两院议员支持自己对日宣战的决定，并且要国会在最短的时间内批准对日宣战的决议。为了实现这一目标，作为游说者的罗斯福没有就事论事，只谈当日凌晨发生的珍珠港事件，而是从更广阔的背景上来论说日本对美不宣而战的本质②，创造性地运用了一般政治人在政治演说中都会运用的排比手法，以时间轴与空间轴相辅相成的内在逻辑来架构排比文本，让"昨天，日本政府已发动了对马来西亚的进攻""昨夜，日本军队进攻了香港""昨夜，日本军队进攻了关岛""昨夜，日本军队进攻了菲律宾群岛""昨夜，日本人进攻了威克岛""今晨，日本人进攻了中途岛"六个结构相似的句子依时间之序、空间之序连续铺排，鱼贯而下，使日本军国主义侵略的步伐正随着时间的推移而由远及近地逼近美国本土的现实危机形象地呈现出来，由此有力地向参众两院的议员们表明了问题的严重性，美国的国家安全和民族生存面临严重危机③，从而让两院议员终于从"中立"政策的梦幻中惊醒，迅速批准了授权总统对日本宣战的决议④。可见，罗斯福政治演说的成功跟其创造性地运用排比修辞手法的智慧是有密切关系的。他能成为第二次世界大战反法西斯阵营的领袖与英雄，成为美国历史上唯一连任四届总统的人，不是没有原因的。

由以上诸例的分析，我们可以清楚地见出，排比虽是一种寻常的修辞手法，但在政治修辞中运用得当，往往能发挥举足轻重的作用。政论性的书面表达与政治演讲类的口语表达中，如果能够创造性地运用排比手法，建构适当的排比修辞文本，将会极大地提升或放大政治修辞的预期效果。

---

① 参见：吴礼权. 口若悬河：演讲的技巧（修订版）[M]. 广州：暨南大学出版社，2014：121.
② 参见：吴礼权. 口若悬河：演讲的技巧（修订版）[M]. 广州：暨南大学出版社，2014：121.
③ 参见：吴礼权. 口若悬河：演讲的技巧（修订版）[M]. 广州：暨南大学出版社，2014：121 - 122.
④ 参见：吴礼权. 口若悬河：演讲的技巧（修订版）[M]. 广州：暨南大学出版社，2014：122.

第三节 以承转化解脱困

一、承转的修辞功能

承转，是一种"说写表达中先顺承接受者之意而暗转笔锋或话锋以呈露己意"① 的修辞手法。以承转手法建构的修辞文本，称为承转修辞文本。

承转修辞文本的建构，一般说来，"都是基于前顺后逆的对比，以突如其来的语义转折令接受者始料不及，从而造成其心理落差的心理预期"②。正因为如此，在日常修辞中，承转修辞文本的建构往往由于表达上存在着前后句对立矛盾的语义落差，因而接受上往往会让人产生一种始料不及的错愕感，由此引发其回味深思。当接受者最终解读出文本的奥义精蕴，便会折服于表达者的文本建构智慧，并情不自禁地为之会心一笑。③ 例如：

萧伯纳有一次收到一个小姑娘的来信："你是我最敬佩的作家，为了表示敬意，我打算用你的名字来命名我的小狗，你同意吗？"

萧伯纳回信说："亲爱的孩子，读了来信，颇觉有趣，我赞成你的想法。但重要的是，你必须同你的小狗商量一下，看它是否同意。"（陈来生等《名人幽默》④)

上例说的是萧伯纳拒绝一位小姑娘天真要求的故事。众所周知，萧伯纳（George Bernard Shaw，1856—1950）是爱尔兰著名作家，生平创作丰富，有"剧本五十一部、小说五部和其他著作多种。其主要剧作有《华伦夫人的职业》《康蒂妲》《魔鬼的门徒》《人与超人》《巴巴拉少校》《苹果车》《真相毕露》等，

---

① 吴礼权. 现代汉语修辞学 [M]. 4 版. 上海：复旦大学出版社，2020：269.
② 吴礼权. 现代汉语修辞学 [M]. 4 版. 上海：复旦大学出版社，2020：269.
③ 参见：吴礼权. 现代汉语修辞学 [M]. 4 版. 上海：复旦大学出版社，2020：269.
④ 转引自：高胜林. 幽默技巧大观 [M]. 上海：上海科学技术文献出版社，2002：106.

其剧作富于创新精神，语言机智幽默"①，因而不仅被公认为20世纪前半叶世界文坛最著名的剧作家，而且还被公认为享誉世界的著名幽默大师。他因作品富有理想主义与人道主义精神色彩，1925年获诺贝尔文学奖。同时，他还是一个著名的社会活动家，是"费边社会主义的主要代表之一"②。因为名盛一时，以致引发当时世界上无数读者与许多上流社会女子的迷恋与热烈追捧，甚至天真无邪的小女孩也要给他写信。不过，萧伯纳并没有为盛名所累，也没有因为盛名而迷失自我，而是始终以优雅幽默的绅士风范示人。上面这则给小女孩回信的故事，就足以彰显这一点。

在上述故事中，萧伯纳作为收信的受交际者，对于写信的交际者小女孩提出的幼稚可笑的请求，实际上是彻底回绝了。但是并没有让小女孩感到难过与难堪，而是觉得风趣幽默。这也是这则故事在全世界广泛流传，并被传为佳话的原因所在。那么，萧伯纳的回复何以有如此深厚的魅力呢？其实，原因非常简单，就是他善于在日常修辞中运用承转手法建构修辞文本。针对小女孩信中提出的请求："我打算用你的名字来命名我的小狗，你同意吗？"萧伯纳没有直接予以回绝，而是顺着其愿望而爽快地一口应承下来，"亲爱的孩子，读了来信，颇觉有趣，我赞成你的想法"，让小女孩先狂喜一阵。然后，暗中逆转而换跑道，突然以和蔼可亲的口气跟小女孩商量起来，"但重要的是，你必须同你的小狗商量一下，看它是否同意"。虽然小女孩最终一定能明白萧伯纳的真实语义，但解读出来后肯定不会因此心灵遭受创伤，当然更不会对萧伯纳的拒绝抱有怨恨之情。相反，一定认为萧伯纳是爱狗、尊重狗的，是她的同道，情感上一下子就拉近了。因为萧伯纳让她跟小狗商量一下，是一种拟人的说法，既适合儿童思维，又显得形象生动而妙趣横生。

萧伯纳是西方的幽默大师，运用承转手法建构修辞文本的水平固然很高，但中国人在此方面也是很有天赋的。如：

一个雨天，某妇女率着一条狗上了公共汽车，她对售票员说："喂，如果我给这条狗买一张车票的话，它是否也能有个座位？"

售票员说："当然行，太太。不过，它也必须和其他乘客一样，不要把脚放

---

① 夏征农. 辞海（缩印本，1989年版）[M]. 上海：上海辞书出版社，1990：675.
② 夏征农. 辞海（缩印本，1989年版）[M]. 上海：上海辞书出版社，1990：675.

在座位上。"（高胜林《幽默技巧大观》①）

上面这个故事中的售票员，虽然不是文学大师，只是一个普通的公交车司乘人员，但他回答牵狗妇人的话也很幽默风趣，让人不得不佩服。之所以有此效果，明显跟他善于运用承转修辞手法有关。对于妇人违规牵狗上车，还提出给狗买票占座位的无理要求，售票员内心虽是持否定态度，却先爽快地顺其意而应之，好像是给足了她面子。但接下来立即逆转话锋，给妇人提出了一个前提条件，要求她的狗"也必须和其他乘客一样，不要把脚放在座位上"，一下子就让妇人从瞬间的得意中清醒过来，回归了理性，并经由逻辑的推理，明白了其话中的弦外之音。由于售票员拒绝的意思表达得婉转而幽默，没让妇人当众出丑，这就在最大程度上避免了其逆反心理的产生，由此引发其深思回味，不得不折服于售票员的表达智慧，心服口服之余，自然从内心深处发出会意一笑。②

由以上二例的分析，我们可以清楚地见出，在日常语言生活中，承转手法的运用往往能使所建构的修辞文本别具一种幽默风趣的效果，有利于化解言语交际中可能出现的尴尬，消解人际交往中可能出现的不必要的矛盾。

二、政治修辞与承转文本建构

承转手法的运用与承转修辞文本的建构，除了在日常修辞中有明显的效果外，在政治修辞中所能发挥的作用更大。下面我们来看两个例子。

美国前总统卡特竞选总统时，一位爱找茬的女记者访问了他性情暴躁的母亲。

女记者道："你儿子说如果他说谎话，大家就不要投他的票，你敢说卡特从未说过谎吗？"

卡特母亲答道："也许我儿子说过谎话，但都是善意的。"

"何谓善意的谎言？"

"你记不记得，几分钟前，当你跨进我家的门时，我对你说你非常漂亮，我

---

① 高胜林. 幽默技巧大观［M］. 上海：上海科学技术文献出版社，2002：106.
② 参见：吴礼权. 现代汉语修辞学［M］. 4版. 上海：复旦大学出版社，2020：269.

见到你很高兴。"（王政挺《中外奇辩艺术拾贝》①）

　　这个故事中提到的卡特，就是美国第 39 任总统，1977 年至 1981 年在任，任内实现了中美两国正式建立外交关系的重大历史使命。虽然卡特是典型的政治人，但他的母亲与故事中的女记者都不是政治人。不过，从政治修辞学的视角来看，由于女记者采访卡特母亲时正处于卡特竞选美国第 39 任总统的特定时期，采访的话题涉及总统竞选的政治话题，因而卡特母亲与采访她的女记者在谈论有关卡特是否说过谎的话题时，就被临时赋予了政治人的角色。二人的言语博弈，也就超越了日常修辞的范畴，而进入到政治修辞的领域，具有了鲜明的政治修辞色彩。

　　从上面故事所述的情节中，我们可以清楚地见出，卡特母亲虽然是个普通人，且性情暴躁，但在儿子卡特参加美国总统竞选这一特定的时期，却显得非常睿智且冷静。她清醒地认识到，在美国当总统可不是一件容易的事，而竞选总统并最终成功当选则更是困难重重。因为在竞选总统的过程中，竞选人必须经过全体民众特别是政敌或竞选对手无数次的道德检视。为了能够顺利当选，不仅自身在道德与能力上要真的过硬，而且还必须有应对"莫须有"的指控甚至谣言而进行辩驳的智慧与语言能力。② 故事中的那位女记者明显是一个职业的政治新闻记者，在总统竞选的关键时刻特意前往采访总统候选人卡特性情暴躁的母亲，肯定不是因为她跟卡特母亲有什么亲密的关系，或者是为了宣传卡特而去找卡特母亲挖掘少年卡特的不平凡事迹。相反，她是有意要找茬，给卡特挑毛病。因为通过卡特本人，她不可能获得攻击卡特本人的任何材料。总统候选人防记者犹如防贼，她不能从正常渠道获取自己想要的东西。③ 于是，女记者就别有用心地找到了卡特母亲，希望从她那里获得突破，找到一些有可能对卡特竞选总统不利的相关证据。未曾想到，卡特这位性情暴躁的母亲对政治却非常敏感，面对女记者别有用心的提问，保持了高度清醒的头脑，不但没有落入女记者预设的语言圈套，反而趁机对女记者的长相进行了辛辣的讽刺，让她自讨没趣。④

---

　　① 转引自：高胜林. 幽默技巧大观 [M]. 上海：上海科学技术文献出版社，2002：145 – 146.
　　② 参见：吴礼权. 言语交际与人际沟通 [M]. 2 版. 广州：暨南大学出版社，2016：331.
　　③ 参见：吴礼权. 言语交际与人际沟通 [M]. 2 版. 广州：暨南大学出版社，2016：331.
　　④ 参见：吴礼权. 言语交际与人际沟通 [M]. 2 版. 广州：暨南大学出版社，2016：331.

那么，卡特母亲何以由一个政治素人迅速成长为一个成熟的政治人，在美国总统竞选趋于白热化的关键时刻为自己的儿子守住了道德上的清白，并让找茬的女记者图谋不能得逞而狼狈逃去呢？

从政治修辞学的角度看，我们认为卡特母亲在这场与女记者的政治博弈中表现出的高度智慧是值得特别推崇的。这主要有两个方面。其一，卡特母亲作为被采访对象，虽然明知上门采访的女记者不怀好意，但仍遵循了理想政治境界所要遵循的"友善合作"的政治修辞基本原则，在女记者刚进她家大门时，就毫不吝啬地夸她长得漂亮。这种语言行为实质上是说谎，但社会都认同，是维护人际良好关系的一种礼仪。虽然只是礼仪，并非发自内心的真诚赞美，却可以真切地传递交际者希望与受交际者友好合作的善意。正是有了这一先发的友好合作的善意为铺垫，交际者后来对受交际者的反唇相讥就具有了合理性。因为我友善待你在先，你却对我不怀好意在后，那么我反击你也就理所当然了。① 仅此一点，我们就不能不说卡特母亲的政治智慧不逊色于任何政治家。其二，作为接受提问的受交际者，卡特母亲在这场与女记者的言语博弈中所运用的修辞策略非常高明。女记者作为这场政治言语博弈中的交际者，其所提出的问题："你敢说卡特从未说过谎吗？"表面看起来很寻常，也不难回答。以英语表达，说"Yes"或"No"就够了。但其实，女记者的这个提问并不简单，无论受交际者（卡特母亲）是说"Yes"还是"No"，都会掉入其预设的语言陷阱之中。如果卡特母亲说"No"，或是言之凿凿地回答说："我敢说卡特从未说过谎。"那么女记者就会据此断定卡特母亲此时正在说谎。因为逻辑与常识告诉我们，任何一个生活于现实社会中的人，可以尽最大努力做到诚实，但不可能一辈子不说一句谎话。这一点，应该是所有人都会承认的，无须提出论据予以证明。事实上，女记者正是基于这一逻辑前提与客观常识，才会设计出"你敢说卡特从未说过谎吗？"这一提问。只要卡特母亲敢于说"No"，那么她就有了突破口，可以借题发挥，顺理成章地得出一个结论："一个善于说谎的母亲，不可能教育出一个不说谎的儿子。"② 只要得出这个结论，卡特竞选总统就失去了正当的理由，因为他事先跟美国公众承诺过："如果他说谎话，大家就不要投他的票。"如果卡特母亲对于女记者的提问答之以"Yes"，或是说"卡特小时候说过谎话"，那么，女记者势必会据此玩弄逻辑游

① 参见：吴礼权. 言语交际与人际沟通［M］. 2 版. 广州：暨南大学出版社，2016：332.
② 参见：吴礼权. 言语交际与人际沟通［M］. 2 版. 广州：暨南大学出版社，2016：332.

戏，以偏概全，通过搬出卡特此前对公众所作诺言"如果他说谎话，大家就不要投他票"，顺势将卡特一军，使其信用破产，无法再将总统竞选活动继续下去。令人欣慰的是，作为这场言语博弈的受交际者，卡特母亲虽然平日性情暴躁，但关键时刻却能沉得住气，冷静应对，发挥了一个普通人寻常不可能有的政治智慧，选择了两个最有效的修辞策略，打出了一套政治修辞的组合拳，化危机于无形，不仅巧妙地摆脱了尴尬与困境，而且顺便对女记者的长相予以了嘲讽，使其狼狈而逃。卡特母亲选择的两个修辞策略，一是运用承转手法建构了一个承转修辞文本——"也许我儿子说过谎话，但都是善意的"，先顺着女记者的预设思路，承认儿子卡特说过谎话，从逻辑上堵住自己所作断语的漏洞，不让女记者有借题发挥的机会；然后再从人情上进行补正，突出强调了卡特说谎的正当性（对人抱持善意），从反面彰显了卡特心地善良、彬彬有礼的绅士形象，让人觉得她们母子二人都非常有人情味，是诚实可亲的人。卡特母亲选择的第二个修辞策略，是顺着女记者的第二个提问"何谓善意的谎言"，运用示例手法建构了一个示例修辞文本——"你记不记得，几分钟前，当你跨进我家的门时，我对你说你非常漂亮，我见到你很高兴。"通过举例说明的方式，以"当你跨进我家的门时，我对你说你非常漂亮，我见到你很高兴"作为"善意的谎言"的注脚，一下子就将女记者陷进了预设的语言陷阱，使其无法挣脱而困辱不堪。因为按照这个注脚，女记者进行逻辑反推，就不难理解卡特母亲的话语真义："其实，你长得并不漂亮，今天我见到你并不高兴。"可见，卡特母亲还真的不是一个普通人，而是一个成熟的政治人，仅从上述她与女记者的一番言语博弈就能见出其政治智慧与政治修辞的艺术。

涉及政治话题的言语博弈，不仅经常发生于有关国内政治问题的争执中，也不仅只发生于女人之间。事实上，外交活动中不同国家的外交家也有政治问题的争执，而从事外交活动的政治人物中喜欢斗嘴的男人更多。如：

前苏联著名外交家莫洛托夫是一位贵族出身的外交部长，他很善于在外交场合应付突然发生的情况。

在一次联合国大会上，英国工党的一位外交官向他发难说："你是贵族出身，我家祖辈是矿工，我们两个究竟谁能代表工人阶级呢？"

莫洛托夫不慌不忙地说："你说得对，我出身贵族，而你出身工人。不过，

我们两个都当了叛徒。"（张在新、张再义《外国名人辩才趣闻》①）

上引故事中两个斗嘴的主角，一是苏联外交部长、著名的外交家莫洛托夫，即维亚切斯拉夫·米哈伊洛维奇·莫洛托夫（Vyacheslav Mikhaylovich Molotov，1890—1986），一是英国工党出身的外交官。从政治修辞学的视角看，这二人都是典型的政治人，而非日常生活中的自然人。他们二人有关谁能代表工人阶级、谁是背叛工人阶级的叛徒的言语博弈，涉及的是意识形态问题的政治话语。因此，这二人在语言表达上的作为，明显属于政治修辞，而非日常修辞。

从故事所显示的斗嘴结果来看，最终是受交际者莫洛托夫胜出，而挑起言语博弈的交际者英国工党出身的外交官失利了。那么，莫洛托夫在这场政治博弈中何以能轻松获胜呢？

这主要得力于其选择了承转修辞手法，建构了一个有效的承转修辞文本："你说得对，我出身贵族，而你出身工人。不过，我们两个都当了叛徒。"这个修辞文本的第一句"你说得对，我出身贵族，而你出身工人"，是顺着交际者（英国工党出身的外交官）的话（"你是贵族出身，我家祖辈是矿工，我们两个究竟谁能代表工人阶级呢？"）而作出的回复，表面上看是承认对方的说法是对的，认同对方能代表工人阶级，是先进力量的代表，让交际者心生获胜的窃喜。但是，接下来的话却逆转语义，在事实上推翻了前面的说法，使交际者瞬间的窃喜化为乌有。因为"我们两个都当了叛徒"这一结语，在上下文语境的铺垫下，语义显得非常明确："你背叛了原本出身的工人阶级，现在成了资产阶级的代表；我背叛了原本出身的贵族阶层，现在成了工人阶级的代表。"那么，到底谁是先进力量的代表呢？到底是谁值得人们尊敬呢？一切尽在不言中。正因为莫洛托夫的承转修辞文本建构得巧妙，脱困境于自嘲，化尴尬为幽默，表意含蓄婉约，既旗帜鲜明地表达了自己的观点，又凸显了一个外交官在外交场合应有的彬彬有礼的形象，以及面对严肃话题而举重若轻的从容幽默的风度，所以这个故事才会在世界外交舞台广泛传播，成为外交家言语博弈的政治修辞范本。

---

① 高胜林. 幽默技巧大观［M］. 上海：上海科学技术文献出版社，2002：111.

第四节　以折绕含蓄表情

一、折绕的修辞功能

折绕，是一种"将本该一句话即可直说明白、清楚的，却为着委婉含蓄的目的，故意迂回曲折地从侧面或是用烘托法将本事、本意说将出来，让人思而得之"① 的修辞手法。以折绕手法建构的文本，称为折绕修辞文本。

折绕修辞文本，一般说来，在表达上有一种婉转深沉、余味曲包的妙趣；在接受上，由于表达者在文本语意的表达与接受之间制造了一定的"距离"，增添了接受者文本解读的困难，一旦接受者经过努力破除了解读的障碍而洞悉了修辞文本的真意后，便会情不自禁地生发出一种文本破译成功的喜悦心理，从而加深了对修辞文本主旨的理解认识。而修辞文本作为一种审美对象，其审美价值也就由此大大得以提升了。② 例如：

> 江上荒城猿鸟悲，隔江便是屈原祠。
> 一千五百年间事，只有滩声似旧时。（宋·陆游《楚城》③）

上引宋人陆游诗中的最后两句"一千五百年间事，只有滩声似旧时"，就是一个以折绕手法建构的修辞文本，意思是说"屈原死后的一千五百多年间，世上的一切都变了"。但是，这一语义的表达，诗人并没有直说，而是通过排除法，以"只有滩声似旧时"来逼出。表面上诗人似乎是在抒发一种沧海桑田的历史感慨，实则是以屈原自况，婉约含蓄地抒发了其北伐中原的报国之志不能实现而反被南宋统治集团内的投降派所排挤打压的痛苦之情。很明显，陆游的这种表达既符合中国人自古以来就推崇的"温柔敦厚"的诗教传统，又使诗歌别具一种"不

---

① 吴礼权. 现代汉语修辞学［M］. 4 版. 上海：复旦大学出版社，2020：39.
② 参见：吴礼权. 现代汉语修辞学［M］. 4 版. 上海：复旦大学出版社，2020：39－40.
③ 转引自：缪钺，等. 宋诗鉴赏辞典［M］. 上海：上海辞书出版社，2005：960.

著一字，尽得风流"的婉约蕴藉之美，有力地提升了作品的审美价值。

众所周知，词是诗的同道，是诗的一种变体形态。诗歌创作要追求含蓄蕴藉之美，词的创作自然也有这种审美追求的倾向。例如：

香冷金猊，被翻红浪，起来慵自梳头。任宝奁尘满，日上帘钩。生怕离怀别苦，多少事、欲说还休。新来瘦，非干病酒，不是悲秋。

休休，这回去也，千万遍《阳关》，也则难留。念武陵人远，烟锁秦楼。惟有楼前流水，应念我、终日凝眸。凝眸处，从今又添，一段新愁。（宋·李清照《凤凰台上忆吹箫》[①]）

上引宋人李清照的这首词，是写词人思念婚后不久即出门远游的丈夫赵明诚的闺阁之情。其中，上片末句"新来瘦，非干病酒，不是悲秋"，也是一个以折绕手法建构的修辞文本。这个修辞文本所要表达的真实语义，如果直白地表达，就是"思君人消瘦"；用北宋词人柳永的表达就是"为伊消得人憔悴"；用我们今天老百姓的大白话说，就是"老公，我想你"。但是，词人李清照没有这样写，而是将所欲表达的"相思人消瘦"语义，通过排除法的逻辑语义呈现，经由"病酒""悲秋"两种可能性的排除，巧妙地暗示出"老公，我想你"的意蕴，从而含蓄而深情地展露了内心的呼唤，表达了对远游丈夫的无限思念之情。很明显，这样的表达是得体而优雅的，既符合中国封建时代一个大家闺秀的身份及其情感展露的实际，又提升了作品的审美价值，使个性化写作转换成公众化写作，使个人的情感展露由私密空间进入公众视野，成为中国古代一个成功的"秀恩爱"修辞范本。

除了中国古典诗、词之外，折绕手法的运用在现代散文创作中也是司空见惯的。例如：

我们便到街上去走了一通，满眼是白旗。然而貌虽如此，内骨子是依旧的。因为还是几个旧乡绅所组成的军政府，什么铁路股东是行政司长，钱店掌柜是军械司长……这军政府也到底不长久，几个少年一嚷，王金发带兵从杭州进来了，

---

① 转引自：唐圭璋，等. 唐宋词鉴赏辞典（唐·五代·北宋）[M]. 上海：上海辞书出版社，1988：1188.

但即使不嚷或者也会来。他进来以后，也就被许多闲汉和新进的革命党所包围，大做王都督。在衙门里的人物，穿布衣来的，不上十天也大概换上皮袍子了，天气还并不冷。(鲁迅《范爱农》①)

上引鲁迅的一段文字，意在批评辛亥革命的不彻底性，所谓的革命者不久都蜕化变质了。② 其中，"在衙门里的人物，穿布衣来的，不上十天也大概换上皮袍子了，天气还并不冷"，就是一个以折绕手法建构的修辞文本，它辛辣地讽刺了新政府官员蜕化变质之快。由于表达者对于这层意思没有直言，而是通过新政府官员短期内服饰变化的轻描淡写来暗示，因此文本在表达上就显得含蓄婉转，内涵深沉而发人深思。在接受上，由于表达者文本语义表达的曲里拐弯，接受者要破译其表达的真实内涵，就必须费些心力思考。而当接受者经过努力而解读出表达者所意欲表达的真实内涵后，便会自然从心底生发出一种文本解读成功的心理快慰，从而加深对表达者所建构的修辞文本的印象和对文本主旨的深刻理解与认识——即表达者对辛亥革命不彻底性的痛心疾首之情。同时，文本含义的深藏不露，也使接受者在文本接受中有了回味咀嚼的空间，这在客观上大大提升了修辞文本的审美价值。③ 可见，鲁迅这种曲里拐弯的表达是有实际效果的，也是有其独到审美追求的，不是无所用心、徒然辞费的文字游戏之笔。

以折绕手法建构的修辞文本，除了表意婉转，含蓄深沉，可以加深接受者的印象外，有时还别具典雅的风格，有耐人寻味的韵致。例如：

老实讲，我是有收藏信件的癖好的，但亦略有抉择：多年老友，误入仕途，使用书记代笔者，不收；讨论人生观一类大题目者，不收；正文自第二页开始者，不收……有加新式标点之必要者，不收；没有加新式标点之可能者亦不收……(梁实秋《信》④)

上引梁实秋的这段文字，其真实语义是说："做官老友的来信，不是亲笔所

① 转引自：吴礼权. 现代汉语修辞学［M］. 4 版. 上海：复旦大学出版社，2020：40.
② 参见：吴礼权. 现代汉语修辞学［M］. 4 版. 上海：复旦大学出版社，2020：40.
③ 参见：吴礼权. 现代汉语修辞学［M］. 4 版. 上海：复旦大学出版社，2020：40.
④ 梁实秋. 雅舍小品［M］. 北京：文化艺术出版社，1998：14.

写，不收藏；一本正经，不说人话的来信，不收藏；废话连篇的来信，不收藏；新式标点都不会用的来信，不收藏。"但是，作者事实上没有这样写，而是以折绕手法建构了上述修辞文本。由于语义表达婉约含蓄，遂使阅读接受上多了一份耐人寻味的韵致。梁实秋的很多小品文虽然都极短，但十分耐读，不是平淡如水。究其原因，皆与其表义含蓄深沉的典雅风格有关。而这种风格的形成，又跟作者善于建构折绕修辞文本密不可分。

二、政治修辞与折绕文本建构

正因为以折绕手法建构的修辞文本在表义上具有深沉含蓄的效果，在接受上具有耐人寻味的审美价值，所以，折绕修辞文本的建构，不仅在日常修辞中常见，在政治修辞中更是成为政治家和政治人政治话语表达最钟情的策略之一。例如：

> 景公饮酒，七日七夜不止。
> 弦章谏曰："君从欲饮酒七日七夜，章愿君废酒也！不然，章赐死。"
> 晏子入见，公曰："章谏吾曰：'愿君之废酒也！不然，章赐死。'如是而听之，则臣为制也；不听，又爱其死。"
> 晏子曰："幸矣章遇君也！今章遇桀纣者，章死久矣。"
> 于是公遂废酒。（《晏子春秋》①）

上引这段文字，说的是这样一个故事：春秋时代的齐国君主齐景公，晚年颓废沉沦，耽于饮酒。有一次，竟然连续饮酒达七天七夜。大臣弦章实在看不过去了，就谏劝道："您纵心所欲，连续饮酒七天七夜，不理朝政，臣希望您把酒戒了！要不然，您就杀了臣吧。"齐景公听了弦章这话，当然非常生气。正在此时，齐国之相晏子进来晋见。齐景公就跟他说："刚才弦章跟寡人进谏，希望寡人把酒戒了，要不然就赐死他。寡人如果听了他的谏言，果真把酒戒了，那寡人便是为臣所制了；如果不听他的谏言，不戒酒，又舍不得就这样让他死了。"晏子一

---

① 转引自：吴礼权. 言语交际与人际沟通［M］. 2 版. 广州：暨南大学出版社，2016：194.

听齐景公这话，觉得他酒虽然喝多了，但还没到糊涂的地步。于是，趁机连忙接住话茬说道："太幸运了！弦章是遇到了您。如果今天弦章遇到的是夏桀、商纣这样的昏君暴君，早就死了。"齐景公一听这话，幡然醒悟，不仅没杀弦章，还主动把酒戒了。

故事中的三个主角齐景公和弦章、晏子，分别是齐国的君臣。从政治修辞学的视角看，三人都是典型的政治人。他们所谈论的话题虽然是饮酒，却不是普通的闲话家常，而是关乎齐国朝政的政治议题。这就决定了三人在表达方式上的选择及其遣词造句的努力，都属于政治修辞，而非日常修辞。既然是政治修辞，那么就需要遵循政治修辞的基本原则，讲究政治修辞的技巧。那么，齐景公和弦章、晏子三人在此方面的表现如何呢？根据上述故事情节，我们可以清楚地见出，齐景公基本符合要求，弦章是失败的，晏子的表现最为优秀。

根据历史记载，齐景公乃太公姜尚之后，姜姓，名杵臼，为齐庄公异母之弟，是齐国第二十五代君主，在位时间长达五十八年之久（公元前547—公元前490年）。即位之初，颇有一番雄心壮志，有意向其先祖齐桓公看齐，希望有朝一日也能"一匡天下"，成为天下霸主，恢复齐国昔日辉煌的国际地位。带着这种理想，年轻气盛的齐景公在贤相晏婴（即晏子）的辅佐下，即位之初还真的做了点事，有过一番作为。但是，"新官上任三把火"之后，人性的弱点就暴露了。史书说他"好治宫室，聚狗马，奢侈，厚赋重刑"（《史记·齐世家》），坏毛病一大堆。到了晚年，更是颓废堕落，嗜酒成性。① 可见，齐景公并不是什么明君。然而，大概是因为在齐国历史上他是在位最久的君主，所以他的自我感觉应该还是不错的。他敢任性地饮酒七日七夜，而全然不顾忌齐国朝臣们非议，甚至连晏子这样闻名当世的贤相也拿他没有办法，就很能说明问题。当然，最终齐景公的任性还是以理性收场，这也是历史记下这一事件的原因所在。从故事记载的事实来看，虽然齐景公饮酒七日七夜确实不是什么明君所当为，但事实证明他并不是昏君。弦章以"君从欲饮酒七日七夜，章愿君废酒也！不然，章赐死"的二难选择进谏，这是有违政治伦理的。说得严重点，这属于以下犯上的大不敬行为，有要挟君王的嫌疑。事实上，齐景公就是这样认为的。然而，齐景公并没有因此而生出杀了弦章之心。相反，当晏子晋见时，他还主动表达了自己的矛盾心情：不

---

① 吴礼权. 言语交际与人际沟通［M］. 2版. 广州：暨南大学出版社，2016：194.

杀弦章，则自己君王的威信与体面荡然无存，今后何以御群臣，理朝政？杀了弦章，则又于心不忍，因为弦章进谏也是出于爱国忠君之心。齐景公对晏子的这番真情表白，表面看来是实话实说，没有什么政治修辞技巧。其实不然，它蕴含了很大的政治智慧，有着极高的政治修辞技巧。因为从言语交际的视角看，齐景公作为交际者，在听了弦章的一番谏言后，早已心中有了定见，决意要放弃杀弦章之念，并主动戒酒。但是，君王的自尊束缚了他的手脚，让他无法遵从自己内心的决定，必须借助外力解放自己被捆绑的手脚，才能名正言顺地饶了弦章并宣布戒酒。晏子的晋见，给了他借助外力的机会。他向晏子倾诉心中的矛盾，就是希望晏子给他一个下坡的阶梯。事实上，晏子听懂了，跟他配合默契，顺势给他解了套，让他在历史上留下了"不为酒困"、好酒而不乱性的美名。可见，齐景公对政治修辞所应遵循的"知人论事"原则把握得很准确，传情达意婉转含蓄，既保住了自己的体面，又体现了礼贤下士、从谏如流的明君风范。因此，可以说，他的政治修辞是合格的。

　　弦章虽也是一个政治人，但相比于齐景公，在政治修辞上的表现却差了很多，进谏不仅没有达成预期目标，而且还让自己陷于万劫不复的绝境之中。如果不是晏子适时前来解救，小命就要不保了。之所以如此，是因为他犯了两大错误。一是没有遵循现实政治境界下政治修辞的第一基本原则——"知人论事"，二是没有讲究进谏的政治修辞技巧。作为政治人与进谏齐景公的交际者，弦章在进谏齐景公之前，事实上没有做好功课，即对齐景公其人及其当时的心理状态进行认真的分析。如果他当时能够考虑到，齐景公早年虽也有一番作为，但在执政半个多世纪后早已不复有当年的雄心壮志与励精图治的想法了，晚年的齐景公只是一个颓废的老人，早已沦落到唯酒为乐的地步了，那么他就不会贸然前往进谏，直言让齐景公戒酒了。正因为弦章犯了第一个错误，所以就必然要犯第二个错误，这就是进谏之时完全不讲究政治修辞的技巧，不知道跟君王说话要照顾其自尊与体面，表情达意要尽可能地婉转含蓄，不能过于直白，更不能显得生硬。但是，弦章恰恰违背了政治修辞的这些禁忌，只凭一腔忠君爱国的热情实话实说，强迫齐景公在杀了自己与戒酒之间作出选择，使齐景公觉得是受了臣下的要挟。最终，不仅自己陷于绝境，还让受交际者齐景公陷入两难境地，要背负昏君、暴君的恶名。可见，弦章作为政治人，其政治修辞是非常失败的。

　　相比于弦章、齐景公，晏子的政治修辞可算是水平最高的。在这场政治事件中，晏子只说了两句话，却同时让齐景公与弦章都得以成功脱困，同时也为自己作为齐国之相所应担负的责任作了完美的交待。之所以有此效果，乃是得益于晏子在两个方面的工作做得特别好。一是在贯彻政治修辞的基本原则方面特别到位，二是选择以折绕手法建构了一个非常得体而有效的修辞文本。晏子虽贵为齐国之相，处一人之下、万人之上的显要地位，但他进殿面君时，却有一个清醒的认识：自己只不过是齐景公治下的一介之臣。也就是说，齐景公作为齐国的一国之君在他心目中始终是处于最高位置的。这样，"角色"定位准确了，自己的姿态也就能摆正，不至于像弦章那样，以平视的眼光与同等地位的口气跟齐景公直来直去地说话，以致犯了"批逆麟"的错误。① 明白自己是谁，齐景公是谁，这是晏子比弦章聪明的地方，也是他能很好地贯彻政治修辞"知人论事"原则的原因所在。相对于弦章与齐国的其他大臣，晏子身为齐国之相，长期辅佐齐景公执政，君臣关系密切，所以他比别人更了解齐景公，知道晚年的齐景公垂垂老矣，早已颓废堕落而不会有什么进取之心了。跟这样的老朽昏庸的国君表忠心，进诤言，往往是不会有什么好结果的。如果像弦章那样直言相谏，那肯定是自寻死路。正因为深知晚年齐景公的为人及其心理状态，所以当齐景公纵酒七日七夜不止，晏子作为一人之下、万人之上的齐国之相，却选择了沉默，没有担负起首谏的应尽之责。这看起来似乎是晏子做人为官太过于圆滑了，实则不然。他的目的是有意让别的大臣先进谏，然后自己再见机行事，从中斡旋，以留足转圜空间。② 这是他善于选择进谏时机，有效贯彻政治修辞"审时度势"原则的表现。

除了在贯彻政治修辞的两个基本原则方面非常到位外，晏子进谏齐景公成功的原因，还与其以折绕手法建构的修辞文本非常高妙有关。从逻辑语义的视角看，晏子跟齐景公所说的"幸矣章遇君也！今章遇桀纣者，章死久矣"，意思是说"弦章做了您的臣子，而不是夏桀、商纣的臣子，是他运气好"，似乎只是在陈述一个客观事实而已。但是，从政治修辞学的视角看，这个句子的实质不是陈述句，而是比较句与评论句，是以折绕手法建构起来的一个修辞文本。它先以一个感叹句领起，且将主语"章遇君也"与谓语"幸矣"的语序予以倒装，以此加强感叹的力度，给受交际者头上戴上一顶大帽子，赞扬受交际者是明君，认为弦章运气太好了。很明显，这一句凌空而来，无疑会让听惯了顺耳谀媚之言的齐景

————————————

① 参见：吴礼权. 言语交际与人际沟通 ［M］. 2 版. 广州：暨南大学出版社，2016：196.
② 参见：吴礼权. 言语交际与人际沟通 ［M］. 2 版. 广州：暨南大学出版社，2016：196.

公听得非常受用。① 然后，以迅雷不及掩耳之势，立即追补一个条件复句，暗中逆转语意，巧妙地"将"了齐景公一"军"："今天弦章要是遇到了夏桀、商纣，他早就死了！"表面上好像仍是赞扬齐景公英明，是当世明君，实际上则另藏了一层深层语义：如果您想做明君，就赦免了弦章死罪，听从他的谏言把酒戒了；如果您不听弦章谏言而杀他，那么您就成了夏桀、商纣一样的昏君、暴君，会留下千古骂名，被人唾弃。② 齐景公虽然多喝了点酒，但并未糊涂，他听懂了晏子的言外之意，遂顺势借坡下驴，赦免了弦章并答应戒酒，一方面卖个面子给晏子，一方面借此展现自己从谏如流的明君雅量，同时帮自己从两难选择的困境中脱身，遵从了自己的本心，从而让自己在中国历史上留下一段佳话。

不仅中国古代的政治家善于运用折绕手法建构修辞文本，现代政治家也会在特定的场合，适应特定的交际对象，为完成特定的政治交际任务而运用折绕手法建构修辞文本。例如：

冯玉祥提倡廉洁劳苦。他在开封时，不准人们穿绸缎衣服，否则，便要使之难堪。

一天，他看见部下一个士兵穿了一双缎鞋，连忙上前去深深的一个揖，随着一个90度的鞠躬礼，然后，左一个大揖，右一个大揖，把那个士兵弄得惊慌失措，呆若木鸡。

最后冯玉祥告诉他说："我并不是给你行礼，只因为你的鞋子太漂亮了，我不敢不低头下拜哩！"（段明贵《名人的幽默·给缎鞋作揖》③）

上述故事中的冯玉祥是民国时代与抗日战争时期的著名将领，是众所周知的政治人物。作为高级将领，他提倡廉洁劳苦，并身体力行。因此，当他看见手下普通士兵穿缎鞋，觉得有违自己的治军理念而予以批评指正，这是完全正常的。但是，冯玉祥并没有对那位士兵直言批评，而是先走上前去向那士兵"深深的一个揖，随着一个90度的鞠躬礼，然后，左一个大揖，右一个大揖，把那个士兵弄得惊慌失措，呆若木鸡"，然后才告诉他其中的道理。如果是一般人或是普通军

① 参见：吴礼权. 言语交际与人际沟通［M］. 2版. 广州：暨南大学出版社，2016：197.
② 参见：吴礼权. 言语交际与人际沟通［M］. 2版. 广州：暨南大学出版社，2016：197.
③ 段明贵. 名人的幽默（增订本）［M］. 北京：新华出版社，1998：75.

官这样做，我们可以说他是玩幽默。但是，冯玉祥作为当时中国政坛与军界的著名人物，他这样做肯定就不是在玩幽默了，而是一种具有政治意涵的政治修辞行为，意在以夸张的行为引发全军将士的注意，让大家明白他对士兵穿缎鞋这种事是何等在意。至于他跟那士兵所说的"我并不是给你行礼，只因为你的鞋子太漂亮了，我不敢不低头下拜哩！"这番话，则更明显是一种政治修辞，是以折绕手法建构的修辞文本。这一文本表面上是赞扬士兵的缎鞋漂亮，实则是在批评他奢侈，对自己勤俭治军的理念构成了极大的挑战。由于这层意思表达得婉转含蓄，且不乏幽默，因而就更加令人回味，留下的印象就格外深刻。可见，冯玉祥虽是行伍出身，却也是政治修辞的达人。

中国古今政治家都很擅长以折绕手法建构修辞文本，从而实现其特定的政治修辞预期目标。西方政治家亦精于此道，尤其是在非理想政治情境下的言语博弈中更是常见。例如：

英国议会里的第一个女议员阿斯特曾经对丘吉尔说："如果我是你的妻子的话，我就在你的咖啡里放上毒药。"

丘吉尔反唇相讥："如果我是你的丈夫，我就把它喝下去。"（段明贵《名人的幽默·如果是夫妻》①）

上述故事中的阿斯特，是指阿斯特子爵夫人（Nancy Witcher Astor, Viscountess Astor, 1879—1964），本名南希·威彻·兰霍恩，生于美国弗吉尼亚，是英国历史上第一位女性下议院议员。丘吉尔是指温斯顿·伦纳德·斯宾塞·丘吉尔（Winston Leonard Spencer Churchill, 1874—1965），是第二次世界大战期间世界反法西斯战争的领袖之一，两度出任英国首相（1940—1945，1951—1955）。阿斯特夫人是英国保守党成员，丘吉尔原也是保守党成员，后来与保守党决裂，接受过自由党的任命，还参加过工党的竞选，最终回到了保守党内。上述故事中丘吉尔与阿斯特夫人的言语博弈，应该是发生于丘吉尔坐在非保守党议席上的事。从政治修辞学的视角看，丘吉尔与阿斯特夫人都是典型的政治人，因此他们的斗嘴就属于政治人之间的言语博弈，是政治修辞，而非日常修辞。二人的言语博弈虽

① 段明贵. 名人的幽默（增订本）［M］. 北京：新华出版社，1998：54.

然都充满了敌意与强烈的火药味，都是恶狠狠的咒人之语，但相对而言，丘吉尔的话要比阿斯特夫人的话在表情达意上显得婉转含蓄，既毫不掩饰地宣泄了对阿斯特夫人的愤怒之情，又不失幽默风趣，表现了一个政治家应有的雅量与绅士风度，从而赢得了广泛的认同，在世界政坛传为佳话。之所以有此独特的效果，是因为丘吉尔对于阿斯特夫人"如果我是你的妻子的话，我就在你的咖啡里放上毒药"的诅咒，没有直言反击，而是顺着她的话，以"四两拨千斤"的方式，建构了一个折绕修辞文本——"如果我是你的丈夫，我就把它喝下去"，婉约含蓄地表达了其对阿斯特夫人的极度厌恶之情。很明显，这种笑着骂人的优雅姿态，远比恶形恶状的叫骂效果好得多，给人的观感也好得多。如果丘吉尔不以折绕手法建构修辞文本，而是直言"你这样的女人，谁做了你丈夫，还不如死了算了"，那就大大降低了一个男人应有的站位，损害了英国首相与英伦绅士应有的形象。

下面我们再来看一例冷战时期美苏两个超级大国领导人的言语博弈：

美国总统尼克松和苏联领导人赫鲁晓夫举行会谈。

双方经过冗长的讨论后，对一个问题仍无法取得结果。于是，尼克松建议换个问题："我们已经揍死了这匹马，现在让我们换一匹吧！"

"我同意总统的说法，我们不应当为揍死一匹马花那么长的时间，但我仍然不明白你们国会为什么在这个重要的国事访问前夕通过这么一项决议。"赫鲁晓夫满脸阴云，厉声地喊道："这项决议名声很臭，就像是一堆刚拉出来的马粪发出的恶臭，没有别的东西比这味儿更难闻的了！"

尼克松决定要反击一下。他想起关于赫鲁晓夫的背景材料介绍，他青年时代曾当过猪倌，于是便以交谈的口吻说："恐怕主席弄错了，有一种东西却比马粪还难闻，那就是猪粪！"（段明贵《名人的幽默·比马粪臭的》①）

上引故事中的赫鲁晓夫，是指苏联领导人尼基塔·谢尔盖耶维奇·赫鲁晓夫（Nikita Sergeyevich Khrushchev，1894—1971），曾任苏共中央第一书记与苏联部长会议主席。尼克松是指美国第 34 任副总统与第 37 任总理查德·米尔豪斯·尼

---

① 段明贵. 名人的幽默（增订本）[M]. 北京：新华出版社，1998：100.

克松（Richard Milhous Nixon，1913—1994），其 1972 年秘密访华，打开了中美关系的大门。可见，赫鲁晓夫与尼克松都是世界著名的政治人物，是典型的政治人。因此，二人在外交场合所有涉及两国关系与世界政治问题的会谈，从根本上说都属于政治修辞。众所周知，赫鲁晓夫一向都是以言行粗鲁而闻名于世的。但是，作为苏联最高领导人，在跟时任美国副总统尼克松的会谈中，理应注意外交礼仪，表达不满之情时也应该控制情绪，讲究政治修辞的技巧。然而，赫鲁晓夫没有做到，以致被尼克松挖苦讽刺，不仅丢了自己的面子，也丢了超级大国苏联的面子。赫鲁晓夫跟尼克松爆粗口的美国国会决议，是指 1959 年 9 月赫鲁晓夫对美国进行历史性访问之前美国国会所作的《关于被苏联支配和奴役国家的决议》。对于美国这项不友好的决议，作为苏联领导人，站在自己所代表国家的立场上，对尼克松提出抗议与抱怨，这是人之常情。但是，宣泄情绪不顾场合，不讲究技巧，则就有失政治家的风度了。正因为赫鲁晓夫抱怨不讲技巧，出言粗俗，就使受交际者尼克松感到情感上很受伤。这样，便有了上述故事所描写的二人在外交场合上的言语博弈。从修辞的角度看，赫鲁晓夫的话——"这项决议名声很臭，就像是一堆刚拉出来的马粪发出的恶臭，没有别的东西比这味儿更难闻的了！"是一个以比喻手法建构的修辞文本，虽然有生动形象的效果，但在外交场合且以美国副总统尼克松为交际对象的特定情境下，明显是不得体的。因为"马粪"之喻，不仅鲜明地反映了赫鲁晓夫审美情趣的低俗，也暴露了其卑微的出身。结果，给尼克松的反击提供了突破口。尼克松的话——"恐怕主席弄错了，有一种东西却比马粪还难闻，那就是猪粪！"表面上看是在轻描淡写地纠正赫鲁晓夫的说法，好像是在陈述客观事实。实际上，则是以折绕的修辞手法，曲里拐弯地揭赫鲁晓夫出身猪倌的老底，让其人格形象彻底破产。可见，在外交场合运用折绕手法建构修辞文本，对于有效提升政治修辞的境界是不容忽视的。

第五节 以设问蓄势增能

一、设问的类别及其修辞功能

设问，是一种"胸中早有定见，话中故意设问"① 的修辞手法。一般说来，设问可以区分为两种基本类型："（一）是为提醒下文而问的，我们称为提问，这种设问必定有答案在它的下文；（二）是为激发本意而问的，我们称为激问，这种设问必定有答案在它的反面。"② 以设问手法建构的文本，我们称之为设问修辞文本。

为提醒下文而问的"提问"，在口语表达特别是在演讲或报告中，最为常见。书面表达中，也不乏其例。例如：

张生虽一介寒士，但毕竟是官居一品的礼部尚书的遗孤，且又来自向被誉为"国色天香"的牡丹之故乡、唐时之陪都洛阳，用张生自己的话说，他见过的玉人何止万千，为什么独有崔莺莺使他"眼花缭乱口难言，魂灵儿飞在半天"呢？

这是因了莺莺是一美于众美的殊美之女子。（李存葆《飘逝的绝唱》③）

上例中"他见过的玉人何止万千，为什么独有崔莺莺使他'眼花缭乱口难言，魂灵儿飞在半天'呢"，是提问；接下来的一句"这是因了莺莺是一美于众美的殊美之女子"，是回答。通过一问一答，作者所要表达的语意得到了强调。④

为激发本意而问的"激问"，在日常口语中最为常见。如我们常听人说"难道不是这样吗？""这个话难道还要我再说一次吗？"等，都是答案便在其反面的

---

① 陈望道. 修辞学发凡［M］. 上海：上海教育出版社，1997：140.
② 陈望道. 修辞学发凡［M］. 上海：上海教育出版社，1997：140.
③ 王剑冰. 2000 中国年度最佳散文［M］. 桂林：漓江出版社，2001：34.
④ 参见：吴礼权. 现代汉语修辞学［M］. 4 版. 上海：复旦大学出版社，2020：211.

"激问"。在书面表达中，"激问"修辞文本的建构也并不少见。例如：

我觉得，不管适之先生自己如何定位，他一生毕竟是一个书生，说不好听一点，就是一个书呆子。我也举一件小事。有一次，在北京图书馆开评议会。会议开始时，适之先生匆匆赶到，首先声明，还有一个重要会议，他要早退席。会议开着开着就走了题，有人忽然谈到《水经注》。一听到《水经注》，适之先生立即精神抖擞，眉飞色舞，口若悬河。一直到散会，他也没有退席，而且兴致极高，大有挑灯夜战之势。从这样一个小例子中不也可能小中见大吗？（季羡林《站在胡适之先生墓前》①）

上例中最后一句"从这样一个小例子中不也可能小中见大吗？"其真实语义就在其字面语义的反面。如果以一般的肯定句形式表达，口气就显得和缓多了，给人的印象也不会太深。相反，以"激问"修辞文本呈现，"明显比直陈语气重得多，给人留下的印象也要深得多"②。

设问作为语言表达中一种重要的修辞手法，不管是"为提醒下文而问"的"提问"，还是"为激发本意而问"的"激问"，它们的建构都是因为表达者在某种激情状态下意欲凸显自己的某种情意并希望接受者与自己达成情感上的共鸣，是表达者有意识地强化接受者注意的产物。正因为如此，设问修辞文本，一般说来，在表达上多有突出强调的效果，易于淋漓尽致地显现表达者文本建构的情意或意图；在接受上多因表达者所设定的"明知故问"文本模式而易于引发接受者的"不随意注意"，进而能深切理解表达者建构文本的意图，达成与表达者之间的情感思想的共鸣。③

二、政治修辞与设问文本建构

正因为设问修辞手法的运用与设问修辞文本的建构有提醒接受者注意与强化语义接受印象的独特效果，所以设问不仅在普通人的日常修辞中常见，在政治人

---

① 王剑冰. 中国当代散文排行榜（上）［M］. 桂林：漓江出版社，2004：19.
② 吴礼权. 现代汉语修辞学［M］. 4版. 上海：复旦大学出版社，2020：212.
③ 参见：吴礼权. 修辞心理学（修订版）［M］. 广州：暨南大学出版社，2013：83.

的政治修辞中更是常用。例如：

> 阳货欲见孔子，孔子不见，归孔子豚。孔子时其亡也，而往拜之，遇诸途。
>
> 谓孔子曰："来！予与尔言。"
>
> 曰："怀其宝而迷其邦，可谓仁乎？"
>
> 曰："不可。"
>
> "好从事而亟失时，可谓知乎？"
>
> 曰："不可。"
>
> "日月逝矣，岁不我与。"
>
> 孔子曰："诺，吾将仕矣。"（《论语·阳货十七》①）

上面这段记载，说的是这样一个故事：阳货（即阳虎）欲见孔子，孔子却避而不见。阳货登门拜访无果，乃留下一豚（大约相当于今天广东人最喜爱的烤乳猪）为礼而去。阳货走后，孔子回家见到那只烤乳猪，既高兴又发愁。高兴的是，烤乳猪是当时的高级食物，他是美食家，岂能不爱？发愁的是，他是个拘礼的人，如果吃了阳货的烤乳猪，那么按礼就应登门回访阳货。可是，阳货是鲁国权臣季孙氏的家臣。季孙氏架空了鲁国国君，而阳货又架空了季孙氏，成了鲁国实际上的最高统治者，是个十足的乱臣贼子。孔子乃宋国贵族后裔，身体里流着贵族的血，对于阳货这种出身低微的家臣，是打心眼里看不上。加上他非常执着于周公礼法，对于阳货这种乱臣贼子也非常厌恶。所以，他不可能放弃自己的原则去回访阳货。但是，他又实在舍不得阳货送的那只烤乳猪，于是就想到了一个变通的办法，让人打听阳货哪天不在家，然后趁机登门回访。这样，就可以心安理得地收了烤乳猪，又不至于要屈尊纡贵见阳货。一天，他打听确切，确认阳货不在家，就驾车前往回访。没想到，却在回来的路上意外地遇到了阳货。阳货一见孔子，可高兴了，立即对着孔子扯开了大嗓门，以居高临下的口吻说道："过来！我跟你说句话。"孔子本来就反感他，一听他竟然以这种口气跟自己说话，觉得这贱奴太不知天高地厚了，于是干脆就不搭理他。阳货猜到孔子的心理，却揣着明白装糊涂，故作姿态，语重心长地说道："胸有治国安邦良策，却不愿出

---

① 论语［M］. 赵海燕，注译. 大连：大连出版社，1998：193.

来为国家效力,忍心看着国家政治一直混乱下去,这叫'仁'吗?"孔子虽然觉得这话说得在理,却故意赌气没予以回应。阳货心知其意,遂自己回答道:"这不叫'仁'!"孔子当然知道阳货说得对,但仍然不予以回应。阳货见此,又对孔子发了一问:"心里想着要参与国家政事,却又屡屡错失良机,这叫'知(智)'吗?"这话虽然也说得在理,但孔子碍于面子,还是不愿意承认,当然更不愿意接话。阳货没办法,再次自己回答道:"这不叫'知(智)'!"然而,孔子仍然没有答话。阳货没办法,只好再补了一句:"时间一天天过去了,岁月不等人啊!"这一次,孔子终于被打动了,情不自禁地脱口而出道:"好!我将出来做官。"之后,大家都知道,孔子果然欣然出仕,从中都宰做起,一起做到了鲁国的大司寇,并代摄鲁相之职。[①]

　　故事中的阳货与孔子,都是春秋时代的名人,也是鲁国政坛上的重要政治人物。他们有关从政的话题,不是朋友之间的日常闲谈,而事涉鲁国国政的大事。阳货之所以拜访孔子,并苦口婆心地游说孔子半天,让他出山做官,不是因为同情他政治上的不得意,而是基于自己的政治图谋。熟知先秦史者皆知,春秋时代,周公礼法崩坏,诸侯各国各自为政,周天子名为天下共主,实则只是一个傀儡而已。而当时的鲁国国君,其境遇也不比周天子好到哪里去。因为当时鲁国的政权是由孟孙氏(一作仲孙氏)、叔孙氏、季孙氏三家把持着,鲁国国君只是一个傀儡而已。这三家之所以能把持鲁国朝政,乃是因为这三家之主分别是鲁桓公之子仲庆父(亦称孟氏)、叔牙、季友的后裔。因为这种特殊的身世,所以历史上称此三家为"三桓"。"三桓"名义上是共掌鲁国朝政,实际上权力大小是不平衡的,势力大小也是不一样的。其中,季孙氏势力最大,所以在鲁国的朝政问题上话语权也最大,鲁国宰执(即鲁国之相)一直由季孙氏把持。鲁昭公时,由季武子担任执政。季武子死后,由其子季平子(即季孙意如)继任。季平子任职未久,鲁昭公因不甘心做傀儡,便联合与季平子有仇的郈昭伯以及臧昭伯二家,举兵攻打季氏。没想到,就当季平子招架不住,鲁昭公的军队即将胜利时,原来按兵不动,坐观壁上的孟孙氏、叔孙氏二家出于利益的考量,突然出兵帮助了季平子。结果,鲁昭王功败垂成,不仅没有重拾君权,反而被季平子驱逐出境,逃到齐国政治避难去了。季平子执政没有多久,也死了,鲁国朝政乃由季平子之子季

---

　　①　参见:吴礼权. 言语交际与人际沟通 [M]. 2 版. 广州:暨南大学出版社,2016:172 – 173.

桓子（即季孙斯）执掌。① 虽说季孙氏在鲁国政坛总是担任一号人物，但是季府三朝家臣阳货则是一直掌控着季府的一切，甚至季武子、季平子、季桓子都被其玩弄于股掌之上。特别是到了季桓子时代，阳货的权力更是达到了登峰造极的地步。当时，阳货利用季桓子的懦弱，不仅挟季氏而号令鲁国，而且还拥兵雄踞阳关（即今之山东泰安东南），实际掌控了鲁国，可谓权倾朝野，显赫一时。一个奴仆出身的季孙氏家臣威风到了这个程度，按理说也该心满意足了。然而，阳货并没有这么想，他是一个不会满足的人，有着更远大的志向，他的最终目标是取季孙氏而代之，进而当鲁国的大王。阳货不仅敢想敢干，而且是想到做到。鲁定公八年（即公元前 502 年），他觉得时机已经成熟，便谋划了一个废除"三桓"势力的计划。可惜时运不济，最后在企图剪除"三桓"势力的过程中反而落败，狼狈地从阳关出奔到齐国。在齐国混了一段时间后，觉得没有前途，遂又经宋国出奔到了晋国，最终得到晋国正卿赵鞅（即赵简子，晋国执政）的信任，成为他的谋臣。当然，这是后话。② 事实上，在阳货游说孔子出仕（即上述故事所叙之事）的时候，阳货为了达到最终取代季孙氏的目标，不仅在阳关建立自己的军事据点，积累武力资本，而且还在政治上进行积极运作。他看到孔子当时兴办私学如火如荼，门下弟子众多，人才济济，遂打上了孔子的主意，拼命拉拢孔子，企图利用孔子的声望及其弟子的才能为自己所用。③ 可见，阳货游说孔子出仕不是普通朋友之间的日常闲谈，而是有所图谋的政治修辞行为。

从《论语》的记载，我们可以清楚地了解到，阳货游说孔子取得了成功。那么，阳货作为一个被孔子看不起的小人，怎么就能说服被世人奉为圣人的孔子呢？根据《论语》记录的二人对话，我们不难发现，这是因为阳货准确把握了孔子的心理，善于运用设问修辞手法，从而顺利实现了其政治修辞的预期目标。从政治修辞学的视角来看，阳货与孔子虽同为政治人物，且在鲁国政坛都具有影响力，在政治地位上不相上下，但是彼此在心理上却有很大的落差。孔子出身宋国贵族，在心理上具有很大的优势。况且孔子又是等级观念非常强的人，因此自我感觉更是优越。而阳货虽是宰执府的权臣与鲁国的实权人物，但因出身卑微，为孔子所不齿，因此在心理上就显得有些脆弱。不过，阳货作为一个政治人，自有

---

① 参见：吴礼权. 言语交际与人际沟通［M］. 2 版. 广州：暨南大学出版社，2016：171.
② 参见：吴礼权. 言语交际与人际沟通［M］. 2 版. 广州：暨南大学出版社，2016：171.
③ 参见：吴礼权. 言语交际与人际沟通［M］. 2 版. 广州：暨南大学出版社，2016：171.

其过人之处。他准确地把握了孔子鄙视自己出身卑微的心理，因此对于孔子抵制他游说的逆反情绪能够理解，且安之若素，并不因为孔子采取抵制态度就放弃。相反，为了使这场难得的游说机会发挥作用，为了达到说服孔子出仕的目的，他别出心裁地采用了"步步为营"的战术，① 以设问手法连续建构了两个修辞文本——"怀其宝而迷其邦，可谓仁乎？不可。""好从事而亟失时，可谓知乎？不可。"通过连用两个反义疑问句，从心理上打垮了孔子的自傲心理，消解了其抵制他游说的敌对情绪，使孔子明白自己既不是"仁"者，又不是"知"（智）者。由于这两个设问修辞文本以两个反义疑问句的形态呈现，语义（semantic meaning）信息中最重要的部分自然都安排在句子末端的加重语调上了，因此，这两个疑问句实际上便成了步步紧逼孔子的两座逐步推进的坚固堡垒，令孔子既无反攻之力，也无招架之功。② 最后，阳货便凭借这两座"语义的战堡"，向孔子发起了致命的一击，送出了最后一发炮弹——"日月逝矣，岁不我与"，使受交际者孔子在炮声中震醒过来，幡然醒悟："自己要想实现复兴周公礼法与天下大同的理想，只有一条路：出仕做官，在职任内推行自己的治世方略。"③ 可见，设问手法运用得恰当，设问修辞文本建构得具有创意，对于顺利实现政治修辞的预期目标具有非常重要的作用。

上面说的是中国古代政治人的政治修辞智慧，下面我们来看一例中国现代政治人的政治修辞范本。

1938 年夏的一天下午，我和灼南在鲁山城内游走，忽然大街上来了几辆军车，满载官兵，停在街上。从车上下来一位身材高大、虎背熊腰的将军，随从人员大多是佩戴黄色肩章的校官。我一眼认出这将军是冯玉祥，这是我第四次见到他。

次日听说冯玉祥将军要在城里开会，我和灼南即早早到会场等候。鲁山广场东边有个戏楼横额写着"河南省鲁山县军民联欢大会"字样。当时鲁山县的县长是高应笃，他率领县里各机关的头头们先来到会场。台上中间放了一张桌子，西边排列着好些长凳椅子，高县长和各机关头头们都端坐台上，恭候冯将军驾到。

---

① 参见：吴礼权. 唇枪舌剑：言辩的智慧（修订版）[M]. 广州：暨南大学出版社，2014：5.
② 参见：吴礼权. 唇枪舌剑：言辩的智慧（修订版）[M]. 广州：暨南大学出版社，2014：5.
③ 参见：吴礼权. 唇枪舌剑：言辩的智慧（修订版）[M]. 广州：暨南大学出版社，2014：5.

　　鲁山县的老百姓一听说冯玉祥来开会，男男女女老老少少倾城涌来，各机关、部队、学校的人相继入场。突然，有人喊了一声："立正！"顿时军乐齐鸣、全场肃立。这时，身材魁梧、穿着整齐的冯玉祥将军出现在主席台上，高应笃县长等人赶忙向冯将军行礼让座。冯将军站在台口，环顾四周，又回头看看台上，亲自动手把台上的长凳椅子往台下送。台上的人看到冯将军往台下送长凳椅子，立刻慌了手脚，争先恐后把台上的凳子椅子送到台下，在台前整整齐齐摆了两排。冯将军站在台口对下面说："老先生、老太太们，请你们到前面来，这里有凳子椅子，请你们坐着听……"一些老头老太太被请到凳子椅子上坐着。

　　一切就绪，司仪请冯副委员长讲话，在热烈的掌声中，冯将军开始演讲：

　　"各位老先生、老太太、兄弟姐妹们！各位青年学生们！全体官兵兄弟们！你们不是常听说'老冯老冯'的吗？我就是冯玉祥。咱们耳朵里是熟人，眼睛里是生人（他用手还指了指自己的眼睛），从今以后咱们眼睛里也是熟人啦！

　　"我代表国民政府，代表蒋委员长，向抗战前线的河南军民致以亲切的慰问和崇高的敬礼！（他举手行军礼，向全场巡视一周，全场报以热烈的掌声。）

　　"同胞们，弟兄们，日本帝国主义多少年来一直是欺侮我们中国的，现在竟敢冒天下之大不韪，把战争打到我们内地来啦！你们说顶天立地的中国人能当亡国奴吗？（台下一片应答声：'不能！''不能！'）

　　"不愿当亡国奴，就得抗战，全国上下，团结一致，把日寇打出中国去……

　　"同胞们，弟兄们，我们二十九军有个张连长，在前线浴血抗战，打得日寇鬼哭狼嚎。在一次白刃战中，抡起大刀砍死许多敌人，不料肚子上被敌人戳了一刀，肠子流出一堆。他忍着疼痛，用手把肠子一节一节按进肚里，解下'绑腿带'将伤口束住，再把皮带紧紧扎上，腾地一下站了起来，继续奋战，终将前面的日寇全部消灭。这位张连长不愧是'盘肠大战'的抗日英雄，我们都要学习他这种勇敢杀敌的精神。

　　"抗日，要军民合作共同对敌，军队要爱护老百姓，老百姓要关心军队。官兵弟兄们，你们的父母是什么人？（下面齐声答：'老百姓。'）弟兄们，我们都是老百姓的子弟，为了抗日才奔上抗战前线的。要想打走日本帝国主义，一定要爱护老百姓。凡是比你大的，都是你们的父老伯叔、大娘婶子。凡是同年纪的，就是你们的兄弟姐妹。如果欺负老百姓，就是欺负你们自己的父母兄妹，你们说对不对？（下边同声齐应：'对！'）

"老先生、老太太们，你们的子侄晚辈有没有当兵的？（下边答：'有！多得很！'）他们背井离乡为了什么？（下边答：'打日本！'）你们的子侄是背着锅、顶着房子上战场的吗？（台下一阵哄笑：'不是！'）他们在前线打日本，不能不吃粮、不休息……老先生、老太太们！当兵的如果有不对的，你们要打要骂都可以，同时也要关心爱护他们，把他们当成自家子弟看待。这样才能军民团结、一致抗日，你们说对不对？（下边一阵'对！对！'的回答。）"

这时，"唰唰唰"的大雨下起来了，却没有一个人离场。接着，冯将军又讲下去：

"同胞们！兄弟们！《孝经》上说：'临阵不勇者为之不孝。'我们中华民族是黄帝子孙，决不能受日本鬼子的欺侮而不奋起抗争，我们要誓死保卫祖宗遗留下来的大好河山，保卫我们祖宗的坟墓……

"古语说，根深蒂固，枝荣叶茂，泉甘水冽，源远流长，这是我们中华民族的传统精神。年轻人一定要尊敬长上，老一辈也要爱护下一代，尊老爱幼的民族传统要传下去。大家想想，有没有当爹妈的会说：'孩子，你学抽大烟吧！你去为非作歹吧？'（下边一阵哄笑：'没有！'）

"要打日本就得有好兵。过去人说：'好铁不打钉，好男不当兵。'那是不对的，'国家兴亡，匹夫有责'。今天要抗日，当代的好男儿一定要上战场打日本，当兵是最光荣的神圣职责，所以大家要服从国家法令踊跃从军。

"有一次我到德国去考察，半夜里房东老太喊着：'冯先生！冯先生！快开门来，我有好消息告诉你。'我把门一开，房东老太太哈哈大笑地告诉我：'好啦！我们德国恢复了兵役制，这样我的小儿子又有机会入伍从军，为国效力啦！冯先生，你该和我们一道共庆呀？'看看，人家德国的老百姓对保卫祖国是抱什么态度，这很值得我们学习啊！……"

…………

雨越下越大，群众的衣服都淋透了，但都不肯走。散会了，好些老百姓还站在会场目送冯将军离去。我和灼南也跟着这些老百姓一起目送冯将军的背影消失在远处才移动脚步……（王永川《冯玉祥将军在鲁山的一次演讲》[①]）

---

① 王永川. 冯玉祥将军在鲁山的一次演讲［J］. 演讲与口才，1992（8）：43－44.

　　上述故事中的演讲者冯玉祥（1882—1948），字焕章，安徽巢县（今安徽巢湖市）人，是中国现代著名的爱国将领。他曾任北洋陆军旅长和师长，陕西、河南督军及陆军检阅使。他于1924年发动"北京政变"，将所统率的军队改编为国民军，自任总司令兼第一军军长。1925年初电邀孙中山北上主持大局。"九一八事变"后，赞成抗日，反对蒋介石的不抵抗政策和独裁统治。1933年5月与中国共产党合作，在张家口组织察哈尔民众抗日同盟军，任总司令。1935年冬，任国民党政府军事委员会副委员长。抗日战争爆发后，任第三、第六战区司令长官，后被蒋介石撤职。抗日战争胜利后，继续与中国共产党合作。1946年出国考察水利。1948年回国参加新政协筹备工作，乘船途经黑海时不幸遇难。① 上述演讲，是冯玉祥抗日战争时期任国民党政府军事委员会副委员长时在河南鲁山县向当地群众所作的宣传抗日的讲话。②

　　冯玉祥是中国现代史上著名的将领，也是民国时代中国政坛具有举足轻重作用的政治人物，属于政治修辞学意义上典型的政治人。他所作的讲演，主旨是宣传与鼓动中国民众奋起抗击日本侵略者，是典型的政治话题。因此，他的这篇演讲就具有鲜明的政治修辞属性。从上述记载的故事情节中，我们可以清楚地看出，冯玉祥的这次政治演讲是非常成功的，取得了其政治修辞的预期效果。之所以如此，是因为冯玉祥除了善于运用呼告修辞手法，还巧用设问修辞手法，建构了大量设问修辞文本。前文我们说过，设问有两种类型，一是自己提出问题，然后自己回答；一是提出问题，不予以回答，答案就在问题的反面，主要靠反问语气来体现。冯玉祥的演讲中，两种类型的设问都有。其中，"提问"式的运用，超越常规，富有创意。一般的"提问"式，都是自问自答，而冯玉祥则有意利用演讲现场的气氛与条件，提出问题让听众替自己回答，通过现场互动，最大限度地调动听众的积极性，以此加深听众对所提问题的印象。如"官兵弟兄们，你们的父母是什么人？"下面齐声答："老百姓。"又如"如果欺负老百姓，就是欺负你们自己的父母兄妹，你们说对不对？"下边同声齐应："对！"这些"提问"修辞文本，明显比自问自答的寻常设问更有激发听众情绪的效果。"激问"形式的设问修辞文本，冯玉祥的演讲中也有很多。如"你们说顶天立地的中国人能当亡国奴吗？"就属于"激问"，答案就在提问的反面，它明确告知老百姓："如果你

　　① 参见：夏征农. 辞海（缩印本，1989年版）[M]. 上海：上海辞书出版社，1990：413.
　　② 参见：吴礼权. 口若悬河：演讲的技巧（修订版）[M]. 广州：暨南大学出版社，2014：128.

们算是顶天立地的中国人，那么就不能当亡国奴，要奋起反抗日本侵略者。"由于是以反问的语气来表达，这层语义留给听讲老百姓的印象就更深刻。又如"你们的子侄是背着锅、顶着房子上战场的吗?"也属于"激问"，答案也在提问的反面，意在告诫老百姓："士兵行军打仗是无法背着锅、顶着房子的，需要老百姓在后勤方面提供支持。"由于这层意思的表达是以"激问"的方式呈现，所以能够最大限度地调动听讲老百姓的注意力，使他们能够深切理解打日本需要军民团结、互相支持的道理。这个道理，跟其后的一句"他们在前线打日本，不能不吃粮、不休息"，形成前后呼应，给听讲老百姓的印象就更深刻了。再如"大家想想，有没有当爹妈的会说：'孩子，你学抽大烟吧! 你去为非作歹吧?'"答案也在提问的反面，亦属"激问"的形式，是通过举例来说明上面所说的"老一辈也要爱护下一代"的道理，以此提醒老百姓要有教育好下一代的责任心。可见，冯玉祥的这次政治演讲之所以非常成功，成为政治修辞的范本，跟设问修辞手法的运用分不开，跟演讲中许多设问修辞文本的建构分不开。

除了设问修辞手法运用得好，呼告手法的运用，也对冯玉祥这篇政治演讲取得成功有很大帮助。演讲一开始，冯玉祥就通过直面呼告"各位老先生、老太太、兄弟姐妹们! 各位青年学生们! 全体官兵兄弟们"来拉近与听众的距离，这是很高明的政治修辞策略。它在第一时间显现了自己平易近人、爱民爱兵如子、尊敬长辈如父母的平民将军形象[1]，从心理上紧紧抓住了在场所有听讲民众的心，使他们打心眼里乐意听他演讲。接下来的每一段演讲，冯玉祥都有意识地运用了这一"直面呼告"的策略，或直呼"同胞们，弟兄们"，或直呼"弟兄们""官兵弟兄们""老先生、老太太们"，等等，使现场的老百姓听来倍感亲切，成功地实现了演讲中的讲听互动，使演讲气氛非常热烈，宣传鼓动性极强。[2] 正因为如此，整篇演讲才会显得格外情真意切，令人感动，其所要阐明的团结抗日的道理才格外深入人心。演讲结束，天又下着大雨，可听讲的老百姓还不肯离去，这一结果就能说明一切。

---

① 参见：吴礼权. 口若悬河：演讲的技巧（修订版）[M]. 广州：暨南大学出版社，2014：128.
② 参见：吴礼权. 口若悬河：演讲的技巧（修订版）[M]. 广州：暨南大学出版社，2014：129.

第五章
政治修辞的技巧（二）

前文我们说过，政治修辞的技巧有很多。古今中外许多政治人的政治修辞实践，一再证明政治人的政治修辞需要讲究技巧。本书第四章我们已经论述了比喻、排比、承转、折绕、设问五种修辞技巧在古今中外政治人的政治修辞实践中的运用情况，分析了他们运用这些修辞技巧建构政治修辞文本所取得的实际成效，总结了其中的规律。本章我们将继续从古今中外政治人的政治修辞实践中予以举例，讨论讽喻、倒反、镶嵌、引用、用典五种修辞技巧在政治修辞中的独特效果。

第一节　以讽喻劝谏建言

一、讽喻的类别及其修辞功能

讽喻，是一种"在特定语境中通过临时编造一个故事来寄托其讽刺或教导意向"[①] 的修辞手法。以讽喻手法建构的文本，称为讽喻修辞文本。

作为一种修辞手法，讽喻在汉语修辞中有着悠久的历史。从表现形态看，汉语中的讽喻可以分为两种：一是"叙而不议"式，二是"叙而后议"式。[②]

所谓"叙而不议"式，就是只编造一个故事，对故事所要表达的主旨不予明言，对其寓意不予点破。故事所欲寄寓的深意，"需要接受者透过故事本身来意

---

① 吴礼权. 现代汉语修辞学 [M]. 4 版. 上海：复旦大学出版社，2020：122.
② 沈谦. 文心雕龙与现代修辞学 [M]. 台北：益智书局，1980：111–119.

会而得之"①。例如：

犹记得 1966 年，林语堂返台，定居于阳明山，有一回应邀至文化大学参观，事先与文大创办人张其昀约定，没有充分准备，不能演讲。但是当幽默大师出现在学校餐厅午餐时，师生蜂拥而至，争睹风采，并一再要亲聆"幽默"，林氏难违众意，只好说了一个故事：

"古罗马时代，有一个人犯法，依例被送到斗兽场，他的下场不外两种，第一是被猛兽吃掉，第二是斗胜则免罪。罗马皇帝和大臣都在壁上静观这场人兽搏斗的精彩好戏。不料，当狮子进场后，这犯人只过去在狮子耳边悄悄说了两句话，狮子就夹着尾巴转身而去。第二回合老虎出来，依然如此。罗马皇帝问他：有什么魔力使狮子老虎不战而退。他从容不迫地说：没有什么，我只告诉它们，要吃掉我不难，不过最好想清楚，吃掉我之后必须要演讲！"（沈谦《林语堂的"风流"与"诙谐"》②）

上例中林语堂所讲的故事，就是一个讽喻修辞文本。从形式上看，它只有叙事部分，而无寓意交待的评论部分，属于典型的"叙而不议"式。这一文本表面看来生动有趣，好像是要逗人一笑，实际上并不是。只要联系一下林语堂即兴演讲的特定情境，我们便可洞悉其真实用意，那就是告诉文化大学的学生们一个道理："演讲不是一件容易的事，需要精心准备，让人即兴演讲，是在强人所难。"由于这层寓意演讲者林语堂没有明确地揭示出来，需要听讲的学生们自己意会，所以，在听讲的当时，学生们只会觉得非常开心，而不会意识到林语堂是在批评他们。正因为林语堂是以讽喻手法建构修辞文本来表情达意，表意含蓄蕴藉又不失生动风趣，既展现了其长者宽厚的风范，又凸显了其智者幽默的形象，所以被传为文坛佳话。

所谓"叙而后议"式，就是表达者在建构讽喻修辞文本时，既编造故事，又于故事之后缀以一二句画龙点睛、点明故事寓意的话语以强调表达意图。③ 例如：

---

① 吴礼权. 现代汉语修辞学［M］. 4 版. 上海：复旦大学出版社，2020：122.
② 沈谦. 林语堂与萧伯纳——看文人的妙语生花［M］. 北京：中国友谊出版公司，1999：77.
③ 参见：吴礼权. 现代汉语修辞学［M］. 4 版. 上海：复旦大学出版社，2020：122.

昨天去广场散步，看到有个老头拿着海绵笔在地上写大字，忍不住凑上去看。老头看我一眼，提笔写了个"滚"字。我心想，看一下至于吗？忍住心头怒气，继续看。老头又看我一眼，又写了个"滚"。我再也忍不住了，上去一脚将老头踢倒在地……警察来了问咋回事，老头委屈地说："我就想写句'滚滚长江东逝水'，刚写两个字，就被这个神经病踹倒了。"

开悟：凡事一定要看全面！（http://tieba.baidu.com/p/3893914610）

上例是一个网络段子，是典型的"叙而后议"式讽喻修辞文本。这一文本在文字上明显分为两部分，一是故事，二是开悟。第一部分的故事肯定不是真实的，而是段子手根据自己所要表达的主旨临时编写的，是为了呼应随后的"开悟"部分："凡事一定要看全面。"可见，段子手编故事并不是徒然博人一笑，而是要给世人讲明一个道理：凡事一定要看全面，不可以片面。否则，一定会出现认识的偏差，从而作出错误的决策。这个道理如果直白地讲出来，大家也都会认同。但是，肯定印象不深。而要让人人耳动心，永记不忘，恐怕就更难了。所以，讲道理是要有技巧的。以讽喻手法建构修辞文本，不失为一种有效的策略。

不管是"叙而不议"式，还是"叙而后议"式，只要是以讽喻手法建构的修辞文本，一般说来，在表达上往往都具有一种含蓄婉约、深文隐蔚的效果，能够引发接受者的深思，使接受者通过对文本的咀嚼，破译文本的真意，而一旦破译成功，就会情不自禁地生发出一种解读成功的心理快慰，获得一种文本解读接受的审美享受。[①] 不过，相对来说，"叙而不议"式比"叙而后议"式魅力更深，因为"叙而不议"式需要接受者在理解接受时付出更多的努力。

二、政治修辞与讽喻文本建构

熟悉汉语修辞史者都会知道，讽喻修辞手法自古以来就是中国人最喜欢运用的。无论是在自然人的日常修辞中，还是在政治人的政治修辞中，讽喻都是用以讲道理与表达喜怒哀乐等情感的一种有效手段。日常修辞中，讽喻手法运用得十分频繁，这是我们在日常语言生活与文学作品阅读中都能发现的。至于政治修辞

---

① 参见：吴礼权. 修辞心理学（修订版）[M]. 广州：暨南大学出版社，2013：177.

中讽喻手法的运用，我们在有关政治话题的历史文献与新闻报道中都能经常发现。例如：

　　赵且伐燕，苏代为燕谓惠王曰："今者臣来，过易水，蚌方出曝，而鹬啄其肉，蚌合而其喙。鹬曰：'今日不雨，明日不雨，即有死蚌。'蚌亦谓鹬曰：'今日不出，明日不出，即有死鹬。'两者不肯相舍，渔者得而并禽之。今赵且伐燕，燕、赵久相支，以弊大众，臣恐强秦之为渔父也。故愿王之熟计之也。"惠王曰："善。"乃止。(《战国策·燕策二》①)

　　这则历史记载，说的是这样一个故事：赵国是山东大国和强国，赵王要出兵进攻燕国。燕国是小国和弱国，无法跟赵国相抗衡。所以，燕王就派纵横家苏代为燕国出使魏国。魏国也是山东大国和强国，是足以抗衡赵国的。苏代到了魏国，游说魏惠王（即梁惠王），希望他居中调停，维护山东六国之间的团结合作，不要相互残杀，让崤山函谷关以西的强秦有可乘之机。为了让魏惠王清醒地认识到山东六国加强团结的重要性，苏代就临时编了一个故事，说："臣从燕国来魏国，过易水时，看到一只蚌刚在水边张开蚌壳晒太阳，就有一只鹬鸟飞过来，啄住了蚌肉。蚌立即闭合了蚌壳，将鹬鸟的嘴钳住了。鹬对蚌说：'今天不下雨，明天不下雨，就会有死蚌。'蚌也对鹬说：'今天不放你，明天不放你，就会有死鹬。'就在蚌鹬相持不下之时，来了一位渔翁，不费吹灰之力，将蚌、鹬一起擒获了。现在，赵国准备出兵攻伐燕国，燕国必定拼死相抗。燕赵相持日久，肯定两败俱伤，大伤元气。这样的话，臣怕强秦会成为那个得利的渔翁。所以，希望大王好好考虑这个事。"魏惠王听懂了苏秦的意思，脱口而出道："好！"于是，从中斡旋，阻止了燕赵二国之间的互相残杀。

　　苏代是战国时代著名的纵横家，更是有名的说客。他替燕国游说魏惠王，是燕王的代表，是典型的政治人。他游说魏惠王的目的是要阻止赵国对燕国的进攻，是关乎燕国生死存亡的大事。所以，他游说魏惠王就不是自然人的言语行为，更不是普通人之间的闲话家常，而是典型的政治修辞行为。从上述历史记载，我们可以确认，苏代游说魏惠王取得了成功，避免了燕赵二国之间一场残酷

　　① 战国策 [M]. 上海：上海古籍出版社，1988：1115.

的厮杀，让无数生灵免遭涂炭。可以说，苏代的游说当得起"一舌敌万师"，是中国古代政治人政治修辞的范本。

那么，苏代的政治修辞何以有如此奇特的效果呢？我们认为，这应该归功于他运用讽喻修辞手法，建构了一个具有说服力的讽喻修辞文本。这个讽喻修辞文本，从形式上看，属于前文我们所说的"叙而后议"式。前面所讲的鹬蚌相争的故事，是"叙"，是苏代临时所编，不是客观存在的事实；最后的一句——"今赵且伐燕，燕、赵久相支，以弊大众，臣恐强秦之为渔父也"，是"议"，是苏代讲故事所要寄予的深意所在。从"语言经济"的原则来说，苏代见魏惠王，可以只说一句话："今赵且伐燕，燕、赵久相支，以弊大众，臣恐强秦之为渔父也。"但是，从政治修辞学的视角看，这种直白的表达很难取得任何效果。因为它有论点，却没有支撑论点的论据，因而也就缺乏说服力。而运用讽喻手法，建构讽喻修辞文本，临时编故事虽然略显辞费，却能使虚构的故事在逻辑上变身为支撑论点的论据，从而使游说具有说服力。不仅如此，因为编造的故事生动形象，还可以在第一时间吸引接受者的注意力，从而跟后续的点题之评形成合力，加深接受印象。事实上，苏代游说成功，就足以证明这一点。"鹬蚌相争，渔翁得利"的成语，成为两千多年来中国人用以阐明"合则两利，斗则两败"这一道理的经典名言，更从另一个角度证明了苏代的讽喻文本是政治修辞的范本。

战国时代，擅长辞令，在政治修辞方面有造诣的人物，除了上面我们说到的苏代，其实还有很多。下面我们再来看一例战国时代一位说客的政治修辞：

> 荆宣王问群臣曰："吾闻北方之畏昭奚恤也，果诚何如？"群臣莫对。江一对曰："虎求百兽而食之，得狐。狐曰：'子无敢食我也。天帝使我长百兽，今子食我，是逆天帝命也。子以我为不信，吾为子先行，子随我后，观百兽之见我而敢不走乎？'虎以为然，故遂与之行。兽见之皆走。虎不知兽畏己而走也，以为畏狐也。今王之地方五千里，带甲百万，而专属之昭奚恤；故北方之畏昭奚恤也，其实畏王之甲兵也，犹百兽之畏虎也。"（《战国策·楚策一》①）

上面的历史记载，说的是这样一个故事：楚宣王时，昭奚恤为令尹（楚国之

---

① 转引自：何建章. 战国策注释［M］. 北京：中华书局，1990：487.

相），位高权重。一次，楚宣王问群臣道："寡人听说北方诸侯各国都很畏惧昭奚恤，果真有这回事吗？"一殿楚臣，没有一人敢于回答。最后，只有江一出来作了回答。他说："老虎猎食而在山中寻找其他野兽，捕获了一只狐狸。老虎要吃狐狸，狐狸跟老虎说：'您不敢吃我。天帝让我为百兽之王，今天您要是吃了我，就是违逆了天帝之命。如果您不信我的话，我们不妨在山里走一趟，我走在前头，您跟在我后面，看看百兽见了我，谁敢不逃走？'老虎以为狐狸说得对，于是就随它而行。果不其然，百兽见了，没有不仓皇而逃的，老虎不知道百兽是怕自己而逃跑，以为真的是怕狐狸。现在大王国土方圆五千里，带甲雄兵百万，却都交由昭奚恤一人统帅。所以，北方诸侯各国畏惧昭奚恤是假，畏惧大王的百万雄兵才是真。这与百兽怕狐狸的情况是一样的。"

根据《战国策》的相关记载，江一（或写作江乙）不止一次在楚宣王面前攻击昭奚恤。可见，江一跟昭奚恤在政见上应该是有所分歧的，可以算是政敌。作为楚宣王之臣，同时也是楚国令尹昭奚恤的政敌，江一自然是典型的政治人。他回答楚宣王的话，明显是在攻击昭奚恤独擅楚国朝政，属于典型的政治话题。因此，江一当着楚宣王的面跟楚国群臣所讲的"狐假虎威"的故事，就绝不可能属于君臣闲谈或娱乐笑话的性质，而是典型的政治修辞。从"语言经济"的原则来说，江一想跟楚宣王说的意思，以"王之地方五千里，带甲百万，而专属之昭奚恤；故北方之畏昭奚恤也，其实畏王之甲兵也"一句就可以表达了，不必先编故事，而后再曲里拐弯地上题。不过，应该指出的是，如果江一果真这样表达，楚宣王与楚国群臣都一定会认为他的话太过武断，是在当面诬陷当朝令尹，是别有用心。因为这样的表达在逻辑上虽然可以说得通，却不能产生说服力。相反，江一在回答楚宣王之问时不忙于一语中的，而是先编了一个"狐假虎威"的故事，然后再顺势作比，提出自己的观点——"王之地方五千里，带甲百万，而专属之昭奚恤；故北方之畏昭奚恤也，其实畏王之甲兵也"，并以"犹百兽之畏虎也"一句绾合收结，从而巧妙地将所编的故事悄然变身为支撑观点的论据，让人丝毫不觉得论证过程有什么问题。这种偷梁换柱、暗度陈仓的论证方式，虽然在逻辑上很成问题，但在事实上却增强了表达的说服力。可见，在政治修辞中，运用"叙而后议"式讽喻手法建构修辞文本，往往能取得意想不到的效果，可以大大提升说理或政治博弈的说服力。

中国古代的政治人喜欢运用讽喻手法建构修辞文本，以实现其政治修辞的预期目标。现代的政治人在此方面也有不俗的表现。例如：

有一西人，身服之衣蔽，召裁缝至，问：“汝能制西式衣否？”

曰：“有样式，即可以照做。”

西人检旧衣付之。越数日，裁缝将新制衣送来，剪裁一切无差，惟衣背后剪去一块，复又补缀一块。西人骇然问故。

答曰：“我是照你的样式做耳。”

今中国锐意图新，事事效法西人，不求其所以然，而但行其所当然，与此西人所雇之裁缝又何以异欤？噫！(《辜鸿铭笔记》[①])

上引文字是辜鸿铭笔记中的一段文字，是一个典型的“叙而后议”式讽喻修辞文本。辜鸿铭是清末著名学者，同时也是一个保守的政治人物，曾在晚清重臣张之洞幕府任职二十余年。上引文字是谈中国如何学习西方制度的问题，明显属于政治话题。由此可见，辜鸿铭建构的上述讽喻修辞文本不是日常修辞，而是属于典型的政治修辞。这一文本所欲表达的主旨其实就是一句话：“中国学习西方是可以的，但要知其所学之所以然，不然盲目跟进，以至将不应该学习的东西也学了。”[②] 但是，作者却没有如此直白地表达，而是颇为辞费地先编了一个中国裁缝做西服的故事，然后再回归主题亮出自己的观点：“今中国锐意图新，事事效法西人，不求其所以然，而但行其所当然，与此西人所雇之裁缝又何以异欤？”虽然从表达上看，不符合“语言经济”的原则，但从政治修辞学的视角看，却大大提升了结论的说服力。因为中国裁缝做西服的故事，在作者的观点呈现中事实上充当了论据的角色，使作者所欲推广的政治理念有了支撑的基础。虽然这个基础是虚拟的，但从逻辑上看却有心理上的补全效果，让人觉得作者所提出的论断是言之成理的。

以上说的都是中国的政治人运用讽喻手法建构修辞文本，以实现其政治修辞的预期目标。下面我们再来看一例外国的政治人运用讽喻手法建构的政治修辞范本。

---

① 转引自：吴礼权. 现代汉语修辞学［M］. 4 版. 上海：复旦大学出版社，2020：124.
② 参见：吴礼权. 现代汉语修辞学［M］. 4 版. 上海：复旦大学出版社，2020：124.

美国内战爆发初期，很多报纸向林肯提出了各种各样的建议和告诫。一家纽约报纸的记者也打电话给林肯，向他提出一个指挥这场战争的计划。

林肯耐心地听完后，说，你们这些纽约报纸使我想起了一个小故事：

几年前，有位先生骑马旅行穿过堪萨斯，那儿没什么居民，又没有路，他迷路了。更糟糕的是，夜幕降临时，来了一场骇人的雷电。隆隆雷声震撼着大地，阵阵闪电照亮了天幕。那位吓坏了的先生赶紧下了马，靠着闪电的摇曳不定的亮光，牵着马，小心翼翼地向前走着。突然，一声惊人的炸雷从天而降，吓得那人立刻跪倒在地，他大声祈祷道："啊，上帝！如果你不介意，请多些亮光，少些声音吧！"（段明贵《名人的幽默·请多些光亮》①）

上例中讲故事的林肯，就是美国第十六任总统亚伯拉罕·林肯（Abraham Lincoln，1809—1865），他对废除美国黑人奴隶制，为美国北方取得南北战争的最终胜利发挥了主导作用，被视为美国历史上最伟大的总统。林肯之所以要跟纽约报纸的记者讲故事，不是为了展现自己平易近人的亲民形象，也不是为了跟记者博感情而闲话家常，而是要告诉记者："南北战争关系到美国的生死存亡，我作为战时总统，对于如何指挥这场战争是有严密计划的，希望大家多给我一些支持，而不要干扰我的计划，给我乱出主意。"但是，这层意思林肯作为美国总统是不能这样直白地讲出来的。如果真的这样讲出来，一定会拂逆了"无冕之王"的记者的情感，给自己的政治生涯增添不必要的麻烦，对于迅速取得南北战争的胜利，实现美国南北统一的目标，也会产生掣肘作用。相反，通过讽喻手法，先编一个骑士惊雷的故事，建构一个"叙而不议"式的讽喻修辞文本，让提建议的记者自己从故事的字里行间解读出真意。这样，不仅可以提升说理的效果，而且还会因表意婉约含蓄而让记者感受到善意，从而愉快地接受其观点，在情感上与其亲近，心甘情愿地为其南北统一大业而摇旗呐喊。

---

① 段明贵. 名人的幽默（增订本）[M]. 北京：新华出版社，1998：185 – 186.

第二节　以倒反曲达本心

一、倒反的类别及其修辞功能

倒反，是一种在特定情境下以反语表达正意的修辞手法。以倒反手法建构的文本，称为倒反修辞文本。

一般说来，倒反可以分为两类：其一是"因情深难言，或因嫌忌怕说，便将正意用了倒头的语言来表现，但又别无嘲弄讽刺等等意思包含在内的"[①]；其二是"不止语意相反，而且含有嘲弄讥刺等意思的"[②]。

以倒反手法建构的修辞文本，由于所要表达的意思在其所言说语义的反面，所以在表达上显得特别婉转含蓄；在接受上，尽管表达者在语意表达与接受之间所制造的"距离"给接受者的文本解读带来了一些障碍，但接受者根据特定的语境提示而参透其正意所在之后，便会油然生发出一种文本解读成功的心理快慰，从而加深对文本的印象与对文本内涵的深刻理解和认识。[③] 正因为如此，在日常语言生活与文学创作中，倒反修辞文本的建构都是司空见惯的。

"因情深难言，或因嫌忌怕说"的倒反，在中国人的日常语言表达中非常普遍。如在中国，很多老年夫妇非常恩爱，却很难听到他们彼此称呼"亲爱的"。最常见的情况是，老太太常称老先生为"老不死的""老东西""杀千刀的""冤家"等。其实，这就是正意而用反语来表达的倒反修辞文本，是情深难言与嫌忌怕说的修辞行为表现，凸显了妻子对丈夫的无限深爱之情。又如年轻人谈情说爱，女生常称男生"你真坏"，这也是倒反，也是情深难言与嫌忌怕说的表达。至于文学作品中的这类倒反，就更是常见了。例如：

云鬖雾鬖胜堆鸦，浅露金莲蔌绛纱，不比等闲墙外花。骂你个俏冤家，一半

---

①　陈望道. 修辞学发凡［M］. 上海：上海教育出版社，1997：132.
②　陈望道. 修辞学发凡［M］. 上海：上海教育出版社，1997：133.
③　参见：吴礼权. 现代汉语修辞学［M］. 4 版. 上海：复旦大学出版社，2020：57.

儿难当一半儿要。

碧纱窗外静无人，跪在床前忙要亲。骂了个负心回转身。虽是我话儿嗔，一半儿推辞一半儿肯。

银台灯灭篆烟残，独入罗帏掩泪眼，乍孤眠好教人情兴懒。薄设设被儿单，一半儿温和一半儿寒。

多情多绪小冤家，迤逗得人来憔悴煞，说来的话先瞒过咱。怎知他，一半儿真实一半儿假。（元·关汉卿《仙吕·一半儿·题情》①）

上引元曲是写男女之情的，其中就有倒反修辞文本的建构。如"骂你个俏冤家""骂了个负心回转身""多情多绪小冤家"，都是"情深难言""嫌忌怕说"的情话，是正意而用反语的修辞表达。

"语意相反，而且含有嘲弄讥刺"的倒反，在口语与书面语表达中也是经常出现的。口语表达中，我们常听一些人说"你的高论，我实在不敢苟同！""你的心肠太好了！"明白人一听，就知道对方是在嘲弄讥刺，真实语义是说："你的谬论，我实在不敢苟同！""你的心肠太坏了！"书面语表达中，这类倒反修辞文本的建构也是司空见惯的。例如：

旧笑话云：昔有孝子，遇其父病，闻股肉可疗，而自怕痛，执刀出门，执途人臂，悍然割之，途人惊拒，孝子谓曰，割股疗亲，乃是大孝，汝竟惊拒，岂是人哉！是好比方；林先生云："说法虽乖，功效实同"，是好辩解。（鲁迅《"题未定"草》②）

上引鲁迅的文字，就是典型的"语意相反，而且含有嘲弄讥刺"的倒反修辞文本。所谓"好比方""好辩解"，字面语义正好跟作者所要表达的真意相反，是在指斥林语堂的比方不当，辩解是诡辩。由于正意而用反语表达，表面就显得温文尔雅，不失"君子绝交，不出恶声"的风范。

---

① 转引自：吴礼权. 突破力 [M]. 广州：暨南大学出版社，2017：153.
② 李新宇，周海婴. 鲁迅大全集（第九卷）[M]. 武汉：长江文艺出版社，2011：210.

二、政治修辞与倒反文本建构

以倒反手法建构的修辞文本（特别是第二类），表意婉约含蓄，可以缓和因彼此观点的根本冲突而可能产生的高度情绪抵触，使交际双方能保留足够的回旋空间，维持"斗而不破"的格局。在政治修辞的情境下，巧妙运用倒反手法，有时还有化严肃为幽默的效果，可以突破语言表达的自限，破解交际的死局，有效回避政治的禁忌，从而达到政治修辞的预期目标。例如：

> 始皇尝欲大拓苑囿，东极函关，西抵陈仓。优旃曰："善，宜多纵禽兽于中，寇从东来，则令麋鹿向东触之；西来，则令向西触之。"上因寝其事。（明·乐天大笑生《解愠编》卷十一"讽谏"之"麋鹿御寇"条①）

上文记载的是这样一个故事：秦王嬴政（从故事的内容来看，此时嬴政应该是尚未统一天下的秦王，而不是始皇帝）曾经突发奇想，意欲拓展苑囿规模，东到函谷关，西抵陈仓。因过于荒唐，征询大臣意见时，均无人应对。伶人优旃欣然回应说："大王的主意好！应该多放一些禽兽在其中，如果敌人从东边进犯，就让麋鹿向东以角顶回去；如果敌人从西边进犯，就让麋鹿向西用角顶回去。"秦王嬴政听了，为之一笑，拓展苑囿的计划就此搁下了。

优旃虽然只是秦王宫中的一个优伶，不是朝廷重臣，但因跟秦王嬴政讨论的是政治话题，因而在他回应秦王嬴政时就被临时赋予了政治人的身份，其对秦王嬴政的建议便成了政治修辞，而不是平常插科打诨的笑话。根据历史记载，我们可以清楚地见出，优旃虽然只是一个伶人，却不是一个政治素人。相反，他比秦王殿上的任何政治人物都更懂政治修辞。秦王嬴政因为有至高无上的权威，所以他意欲拓展苑囿的想法虽然十分荒唐，但也没有大臣敢指陈其荒谬。然而，优旃却巧妙地运用倒反手法，先顺着秦王嬴政的意思说"善"，然后提出一个荒谬的"麋鹿御寇"方案，由此在前顺后逆的语义对比中完成了对秦王嬴政拓展苑囿想法的彻底否定。只是因为这种否定优旃不是以一本正经的正言直谏的方式表达出

---

① 转引自：吴礼权. 唇枪舌剑：言辩的智慧（修订版）[M]. 广州：暨南大学出版社，2014：108.

来，而是以笑话的形式呈现，遂使讽谏的性质发生了变化，让秦王嬴政无法板起面孔跟他计较，而只好将之作为幽默诙谐的笑话来听。众所周知，秦王嬴政不是一般人，而是极其聪明的帝王。表面上他对优旃的话一笑了之，但事实上却听懂了优旃话中的弦外之音。知道他的话虽以笑谈的形式呈现，却真切地向其昭示了这样一个道理："扩建苑囿，多蓄禽兽，只能取乐，不能御敌。若想消灭六国、完成统一大业，还是以坚甲兵、设奇谋为宜，不宜玩物丧志。"① 至于优旃所说的"寇从东来，则令麋鹿向东触之；西来，则令向西触之"，他更知绝非笑谈，而是在暗示他一条战略防御的线索：秦国东部的函谷关、西部的陈仓，都是重要的关口险隘，宜重兵防守，不是兴建苑囿游乐的地方。② 秦王嬴政最终搁置拓展苑囿的计划，事实上说明了优旃的政治修辞是非常成功的，其倒反修辞手法的运用发挥了至关重要的作用。

其实，在中国历史上，聪明的伶人并非只有优旃一人，而是大有人在，史书上就有不少记载。下面我们来看《五代史》记载的一例：

> 庄宗好畋猎，猎于中牟，践民田。中牟县令，当马切谏为民请。庄宗怒，叱县令去，将杀之。伶人敬新磨知其不可，乃率诸伶走追县令，擒至马前，责之曰："汝为县令，独不知吾天子好猎耶？奈何纵民稼穑以供税赋，何不饥汝县民而空此地，以备吾天子之驰骋？汝罪当死！"因前请亟行刑。诸伶共唱和之。庄宗大笑。县令乃得免去。（《五代史·伶官传》③）

这则历史记载，说的是这样一个故事：五代后唐庄宗李存勖是武夫出身，生平好走马打猎。做了皇帝后，屁股仍坐不住，不时要出门打猎取乐。一次，在中牟县打猎，马踏民田。中牟县令觉得皇帝不能这样干，就挡住他的马，为民请命。李存勖非常震怒，大声斥责中牟县令，让他走开，并下令杀了他。伶人敬新磨觉得中牟县令是个爱民如子的好官，皇帝马踏民田本来就不对，还要杀人，更是不可理喻。虽然明知皇帝不对，但敬新磨深知这个皇帝不是个讲理的人。再说自己又不是谏官，只不过是皇帝身边的一个弄臣而已，根本没资格向皇帝进谏。

① 吴礼权. 唇枪舌剑：言辩的智慧（修订版）［M］. 广州：暨南大学出版社，2014：109.
② 参见：吴礼权. 唇枪舌剑：言辩的智慧（修订版）［M］. 广州：暨南大学出版社，2014：109.
③ 转引自：陈望道. 修辞学发凡［M］. 上海：上海教育出版社，1997：134.

但是，他不甘心，于是想到了一个切合自己身份角色的办法。他见中牟县令被押走，要拖到远处杀头，立即率领他的伶人同伴跑着将其追回，押着他到了李存勖的马前，当着李存勖的面数落中牟县令道："你身为堂堂一个县令，怎么就独独不知道俺们的天子喜欢走马打猎呢？你为什么要放纵你的县民勤劳耕种，以供国家赋税？你为什么不让你的县民饿着肚子，将田地空出来，以备俺们天子纵情驰骋而猎呢？你罪该万死！"说完，连忙上前请求李存勖立即就地行刑。诸位伶人跟敬新磨配合默契，一起共演双簧，非常滑稽。结果，李存勖被他们逗得大笑。于是，挥挥手，就将中牟县令给放了。

从严格意义上说，敬新磨只是为唐庄宗提供娱乐的弄臣，不算是政治人。但是，在唐庄宗要杀为民请命的中牟县令而无人敢进谏阻止的特定政治情境下，敬新磨挺身而出进谏，实际上就已化身为谏官的角色了，成了真正意义上的政治人。从历史记载的事实来看，敬新磨的表现证明了他还真不是一个政治素人，而是一个成熟的政治人。作为唐庄宗的弄臣，敬新磨知道自己的身份，也知道唐庄宗的秉性与为人，所以他对唐庄宗的进谏没有采用谏官正言直谏的方式，而是充分利用自己弄臣的职业身份，跟自己的伶人同伴密切配合，以演双簧的杂剧形式，以武夫出身的唐庄宗能够听得懂的倒反修辞手法正话反说，通过数落中牟县令的"罪行"，一方面消解唐庄宗的怒气，另一方面让唐庄宗有时间深思中牟县令"罪行"的本质属性，从而使唐庄宗能够在平心静气的状态下对中牟县令"当马切谏"的行为作出冷静理性的判断，作出正确的决定。事实证明，敬新磨对唐庄宗的心理把握得非常准确，正话反说发挥了奇效。唐庄宗大笑，一切问题都解决了。假如敬新磨错将自己当成谏官，正言直谏，跟唐庄宗一本正经地说："中牟县令爱民如子，为民请命，是个好官。皇上您马踏民田，确实不对。你要是杀了中牟县令，一定会在历史上留下昏君、暴君的骂名。"那么唐庄宗一定会勃然大怒，不仅中牟县令的命保不住，敬新磨自己的小命也要搭上。因为这样的正言直谏逾越了弄臣的本分，是僭越的行为，唐庄宗也会因此而认为他是弄臣恃宠干政。事实证明，敬新磨在政治上非常成熟，是一个合格的政治人，他的政治修辞非常高明，其所建构的倒反修辞文本，正话反说，化严肃为轻松，化正经为幽默，谈笑间就破解了弄臣不能进谏的死局，既解救了中牟县令，又让唐庄宗心悦诚服地反思了自己的过错。

第三节　以镶嵌图谋他人

一、镶嵌的修辞功能

镶嵌，是一种"为着表意的婉转含蓄或是耐人寻味的机趣而有意将某些特定的字词镶嵌于语句之中"[①] 的修辞手法。以镶嵌手法建构的修辞文本，称为镶嵌修辞文本。

一般说来，以镶嵌手法建构的修辞文本，从表达上看，由于不是直接组词构句，而是以化整为零的方式出现，因而语义呈现就显得相当隐晦、婉约；从接受上看，接受者要想破解其真实语义，需要化零为整，还原表达者真实的构句原型。这虽然给接受者的接受理解造成一些困阻，但接受者一旦通过努力解读成功，便会获得一种文本解读成功的快慰与审美情趣。[②]

正因为以镶嵌手法建构的修辞文本在表意上多有婉约含蓄的效果，其中还不乏化整为零的游戏意味，所以历来都为中国文人所钟情。例如：

江南可采莲，莲叶何田田。鱼戏荷叶间。

鱼戏荷叶东，鱼戏荷叶西，鱼戏荷叶南，鱼戏荷叶北。（汉乐府《采莲曲》[③]）

上例诗歌中后四句分别嵌入了"东""西""南""北"四字，这就是镶嵌修辞手法的运用。后四句诗就是一个以镶嵌手法建构的镶嵌修辞文本，虽有文字游戏的意味，但也有一定的表意功能，即通过"东""西""南""北"四字的强调，再现鱼戏荷叶间的灵动自由形象，将"荷叶间"的"间"加以具体化。

以镶嵌手法建构的修辞文本，不仅在中国历代诗歌中常见，在古今对联中也

---

① 参见：吴礼权. 语言策略秀（修订版）［M］. 广州：暨南大学出版社，2013：87.

② 参见：吴礼权. 现代汉语修辞学［M］. 4 版. 上海：复旦大学出版社，2020：69.

③ 转引自：吴小如，等. 汉魏六朝诗鉴赏辞典［M］. 上海：上海辞书出版社，2005：77.

有不少。例如：

> 行义常昭，为圣为福，名垂万古。
> 天心可协，允文允武，威震八方。（宗孝忱教授题台北行天宫联语①）

　　上面的联语，就是一个以镶嵌手法建构的修辞文本。"上下联首字嵌'行天'二字。行天宫俗称'恩主公庙'，供奉关公。又联中强调行义，允文允武，名垂万古，威震八方，正与关公的事迹相契合。"② 可见，作者运用镶嵌手法是有意而为之的修辞行为，有提点民众注意的特定目的。

二、政治修辞与镶嵌文本建构

　　镶嵌是汉语中一种独特的修辞现象，依托于汉语特别是古汉语以单音节词占绝对多数的这一条件。在非汉字的语言中，这种修辞现象是不可能存在的。植根于汉语与中国社会深厚土壤中的镶嵌修辞手法，不仅可以使达意传情婉约含蓄，提升修辞文本的审美价值，还能满足表达者炫才示雅的文字游戏趣味。在政治修辞中，镶嵌手法的运用还能发挥很多不同寻常的作用。例如：

> 东坡集中有《减字木兰花》词云："郑庄好客，容我樽前先堕帻，落笔生风，藉甚声名独我公。高山白早，莹雪肌肤那解老，从此南徐，良夜清风月满湖。"人多不晓其意。或云：坡昔过京口，官妓郑容高莹二人尝侍宴。坡喜之，二妓间请于坡，欲为脱籍。坡许之而终不为言。及临别，二妓复之船所恳之，坡曰："尔但持我此词以往，太守一见，便知其意。"盖是"郑容落籍，高莹从良"八字也。此老真尔狡狯耶。（宋·陈善《扪虱新话》③）

　　上述这则宋人笔记，说的是这样一个故事：苏东坡一次路经京口，官妓郑容、高莹二人慕名而前往侍宴（就是陪着喝花酒）。大概是因为这二位小姐都非

---

① 转引自：沈谦. 修辞学［M］. 台北：空中大学，1995：399.
② 沈谦. 修辞学［M］. 台北：空中大学，1995：399.
③ 转引自：吴礼权. 现代汉语修辞学［M］. 4版. 上海：复旦大学出版社，2020：71.

常有才学，所以深得苏东坡的喜爱。二位小姐因得苏学士垂青，遂生了非分之想，意欲求托他想办法帮她们脱了官妓之籍，可以从良嫁人，生儿育女，做回一个正常女人。苏东坡对于二位小姐的请托一口答应，但好多天都没去找京口太守。待到要离开京口时，二位小姐着急了，又到苏东坡的船上恳求。苏东坡不慌不忙地从袖里拿出一张纸，递给她们，说："你们只要拿着我的这首词去见太守，他一看便知道什么意思。"原来，这首词里藏着八个字："郑容落籍，高莹从良"，就是请京口太守想办法让郑容、高莹二位小姐脱了官妓之籍，放她们从良嫁人。

众所周知，苏东坡虽是北宋著名的文学家，但也是有名的政治家，是政治修辞学意义上典型的政治人。他要请托帮忙的京口太守是现任官员，也是典型的政治人。他要请托京口太守的事是让郑容、高莹二位官妓脱籍从良，这件事涉及朝廷法律问题。因为在古代，官妓是供奉官员的妓女，其来源一般有两途：一是由罪臣或大户人家被抄家后的女眷入妓，二是由官府专属机构从小培养而入妓。因此，一旦入籍为官妓，要想脱籍从良，就不是容易的事。苏东坡要替郑容、高莹脱籍而请托京口太守，从原则上说是违法的行为。可是，苏东坡明知是违法的行为，却还是答应了郑容、高莹两位官妓的请托，这就不是普通人的世故人情了，而是属于政治行为。而既然是政治行为，就要讲究政治修辞的技巧，不能让非法请托连累了自己与朋友京口太守的政治前途。事实上，苏东坡在处理这件非法请托之事时表现了高度的智慧，凸显了高度的政治修辞技巧。他接受郑容、高莹二位官妓的请托后，并没有直接找京口太守当面说项，而是待到要离开京口，郑容、高莹二位官妓再次上船请求时，才将事先写好的一首词交给她们，让她们拿着这首词直接找京口太守。这样的安排，肯定是经过深思熟虑的，有着自己的盘算。至于他的盘算到底如何，我们只要读一读他留给郑容、高莹二位官妓的那首四十四字的《减字木兰花》词，便能复盘他的心路历程，看出其写词是基于这样两个方面的原因："一是为官妓请托落籍从良并非合法与光彩之事，二是京口太守是否愿意或方便帮忙不可知。"① 因此，"为了自己的颜面，也为了不为难朋友京口太守，他选择'镶嵌'修辞手法写了一首词，让京口太守自己根据情况决定"②。很明显，苏轼的这一修辞策略是高明的，其所建构的镶嵌修辞文本所凸显的政治修辞智慧也是非常高明的。正因为如此，宋人笔记才有这一记载，并在中

---

① 吴礼权，谢元春．传播媒介的发展对汉语修辞创造的促动［J］．阅江学刊，2019（1）：114.
② 吴礼权，谢元春．传播媒介的发展对汉语修辞创造的促动［J］．阅江学刊，2019（1）：114.

国古代文人中传为佳话。

苏东坡是大学士，固然是有才华的，其以镶嵌手法建构的修辞文本创造出为官妓脱籍的文人佳话；但我们也不能低估落魄文人与三家村学究的智慧，他们以镶嵌手法建构的修辞文本，图谋其政治目标的创意造言，有时会让主流社会的精英才人始料不及。下面我们来看一个例子：

吴用转过前来，向卢员外施礼，卢俊义欠身答着，问道："先生贵乡何处？尊姓高名？"

吴用答道："小生姓张，名用，别号天口。祖贯山东人氏。能算皇极先天神数，知人生死贵贱。卦金白银一两，方才排算。"

卢俊义请入后堂小阁儿里，分宾坐定。茶汤已罢，叫当直的取过白银一两，奉作命金，"烦先生看贱造则个。"

吴用道："请贵庚月日下算。"

卢俊义道："先生，君子问灾不问福，不必道在下豪富，只求推算目下行藏。在下今年三十二岁，甲子年，乙丑月，丙寅日，丁卯时。"

吴用取出一把铁算子来，搭了一回，拿起算子一拍，大叫一声："怪哉！"

卢俊义失惊问道："贱造主何吉凶？"

吴用道："员外必当见怪。岂可直言！"

卢俊义道："正要先生与迷人指路，但说不妨。"

吴用道："员外这命，目下不出百日之内必有血光之灾，家私不能保守，死于刀剑之下。"

卢俊义笑道："先生差矣！卢某生于北京，长在豪富，祖宗无犯法之男，亲族无再婚之女；更兼俊义作事谨慎，非理不为，非财不取，如何能有血光之灾？"

吴用改容变色，急取原银付还，起身便走，嗟叹而言："天下原来都要阿谀谄佞！罢，罢！分明指与平川路，却把忠言当恶言。小生告退。"

卢俊义道："先生息怒，卢某偶然戏言，愿得终听指教。"

吴用道："从来直言原不易信。"

卢俊义道："卢某专听，愿勿隐匿。"

吴用道："员外贵造，一切都行好运。独今年时犯岁君，正交恶限。恰在百日之内，要见尸首异处。此乃生来分定，不可逃也。"

卢俊义道："可以回避否？"

吴用再把铁算子搭了一回，沉吟自语道："只除非去东南方巽地上，一千里之外，可以免此大难；然亦还有惊恐，却不得伤大体。"

卢俊义道："若是免得此难，当以厚报。"

吴用道："贵造有四句卦歌，小生说与员外，员外写于壁上；日后应验，方知小生妙处。"

卢俊义叫取笔砚来，便去白粉壁上平头自写。

吴用口歌四句道："芦花滩上有扁舟，俊杰黄昏独自游。义到尽头原是命，反躬逃难必无忧。"

当时卢俊义写罢，吴用收拾起算子，作揖便行。

卢俊义留道："先生少坐，过午了去。"

吴用答道："多蒙员外厚意，小生恐误卖卦，改日有处拜会。"抽身便起。

卢俊义送到门首，李逵拿了拐棒，走出门外。

吴学究别了卢俊义，引了李逵，径出城来。回到店中，算还房宿饭钱，收拾行李包裹，李逵挑出卦牌。出离店肆，对李逵说道："大事了也！我们星夜赶回山寨，安排迎接卢员外去，他早晚便来也！"（明·施耐庵《水浒传》第六十回①）

上述故事情节，读过《水浒传》的人都记忆深刻。吴用虽是一位落魄的书生与三家村学究，却是水泊梁山的智囊。他虽不是北宋官场人物，却是挑战大宋王朝统治秩序的造反派的灵魂人物与首领之一。因此，从政治修辞学的视角来看，他是典型的政治人。在晁盖曾头市战事失利而殒身，梁山泊造反事业面临巨大危机的关键时刻，他毅然前往北京大名府策反世代富贵、家财万贯且武功天下第一的"玉麒麟"卢俊义入伙上山。这一欺诈行为，虽跟民间的普通行骗没有两样，但性质却不一样，属于政治上的阴谋。从小说故事情节中，我们可以清楚地见出，吴用以算命为由接近卢俊义，并有意口诵四句卦词，让卢俊义亲笔写在白粉墙上，这绝不是什么恶作剧，而是有深远图谋的政治陷害。而实施这一政治陷害的抓手，不是别的，就是以镶嵌手法建构的一个修辞文本——"芦花滩上有扁

① 此据金圣叹批改贯华堂刊本第五才子书七十回《水浒传》白文本，分段、标点有改变。参见：施耐庵. 水浒传［M］. 上海：上海古籍出版社，1991：504.

舟，俊杰黄昏独自游。义到尽头原是命，反躬逃难必无忧。"通过将"卢俊义反"四字镶嵌于每句诗的开头，以此陷卢俊义于不义，使北宋官府有借口以造反之名捉拿卢俊义，逼迫卢俊义不得不真的造反而上梁山。事实证明，吴用的政治修辞奏效了，其逼迫卢俊义上山入伙的政治图谋顺利实现了。从做人的角度来看，吴用建构的镶嵌修辞文本是非常不道德的。但是，从政治修辞学的视角来看，我们不能不承认吴用的政治修辞是非常成功的，其所建构的镶嵌修辞文本在推动梁山泊造反事业的发展上起到了至关重要的作用。

其实，着眼于政治修辞的目的，政治人运用镶嵌手法建构修辞文本，不仅可以像苏东坡那样"违法乱纪"地请托人情，像吴用那样无良无德地陷人于不义，还能像近人章太炎那样一扫读书人的斯文而任性尽情地破口骂人。下面我们就来看一下章太炎的一副联语：

民犹是也，国犹是也，何分南北？

总而言之，统而言之，不是东西！（章太炎《讽曹锟》联语①）

这副联语是章太炎"讽刺北洋军阀曹锟通过贿选而当选总统之事的"②。章太炎写这副联语的时代背景是，1923 年 10 月 5 日，直系军阀首领曹锟通过重金收买国会议员而当选中华民国第五任总统。贿选消息一出，举国舆论大哗。于是，就有了章太炎上述这副联语，对曹锟的丑行予以了无情挞伐。③

众所周知，章太炎（即章炳麟，1869—1936）不仅是清末民初著名的思想家与学者，同时也是著名的革命家，鲁迅曾称他是"革命的先觉，小学的大师"，是典型的政治人。他写联语讽刺曹锟贿选总统，是典型的政治话题。因此，他写联语骂曹锟就不是普通民众的骂街性质，而是政治修辞行为。从政治修辞学的视角分析，这副联语虽是骂人，却极具政治修辞的智慧。其高明之处在于，它对曹锟贿选总统丑行的挞伐并不是泼妇骂街式，而是陈情表意温文尔雅，不失君子风度。联语实际要表达的意思是"民国何分南北？总统不是东西"，但作者并未这样构句而直白本意，而是以镶嵌修辞手法建构了一个中国人喜闻乐道的联语文

① 转引自：沈谦. 修辞学 ［M］. 台北：空中大学，1995：406.

② 吴礼权，谢元春. 传播媒介的发展对汉语修辞创造的促动 ［J］. 阅江学刊，2019（1）：115.

③ 参见：吴礼权. 现代汉语修辞学 ［M］. 4 版. 上海：复旦大学出版社，2020：70.

本，将"民国"二字镶嵌于上联的一二句之首，与第三句"何分南北"的问句配合，深刻地阐明了民国是全体中国人的民国，不应该地分南北、人分派系的道理；将"总统"二字镶嵌于下联的一二句之首，配合第三句"不是东西"的直陈句，旗帜鲜明地表明了自己对曹锟贿选丑行的否定态度。[①] 这样，"既辛辣地讽刺了曹锟，又彰显了自己的才学智慧与骂人不带脏字的文人风范"[②]，堪称政治修辞的范本，臻至了"不著一字，尽得风流"的崇高修辞境界。

第四节　以引用借嘴代言

一、引用的类别及其修辞功能

引用，是一种"引述前人或他人较有哲理或较为权威、较为经典的话来表情达意"[③] 的修辞手法。以引用手法建构的文本，称为引用修辞文本。

引用的类别，从不同角度观察，按不同标准，可以作不同的区分。一般说来，有两种基本的分类模式。一是从形式上分类，二是从意义上分类。

以形式标准分类，特指以是否指明或标明引语的出处为标准进行的分类。[④] 依据形式标准，引用可以分为"明引"与"暗引"两大类。

所谓"明引"，是指"直接指明引语的原说写者或书名篇名等且照引原文而不作任何改动，书面加引号标示的；或是直接指明引语的原说写者或书名篇名而略引大意、不引原话，书面上不加引号的；或是不指明引语的原说写者或书名篇名等而以引号将引语明确标示出来的引用"[⑤]。例如：

李谧说过："丈夫拥书万卷，何假南面百城。"我虽没有万册书，但比起古人的册卷来说，何止万卷？我也会有寂寞之时，碰到不如意的事，我就"躲进小楼

---

① 参见：吴礼权. 现代汉语修辞学 [M]. 4 版. 上海：复旦大学出版社，2020：70.
② 吴礼权，谢元春. 传播媒介的发展对汉语修辞创造的促动 [J]. 阅江学刊，2019（1）：115.
③ 参见：吴礼权. 现代汉语修辞学 [M]. 4 版. 上海：复旦大学出版社，2020：322.
④ 参见：吴礼权. 现代汉语修辞学 [M]. 4 版. 上海：复旦大学出版社，2020：323.
⑤ 参见：吴礼权. 现代汉语修辞学 [M]. 4 版. 上海：复旦大学出版社，2020：323.

成一统，管他冬夏与春秋！"有书作伴，自然忘却心中烦恼，我可以说平生无大志，只是个孜孜蛀书虫。痴人痴话，看官请勿见怪。（杜渐《书痴的话》①）

上引文字中有两个引用修辞文本：一是"丈夫拥书万卷，何假南面百城"，二是"躲进小楼成一统，管他冬夏与春秋"。前者作者明确指出了这两句诗的作者是李谧且用引号将引诗标出，后者虽未指明此诗的作者是鲁迅，但用引诗标出。因此，这两个修辞文本都是"明引"类，代表了"明引"的两种基本情况。"明引"的这两种情况，又可称为"直接引用"。②

"明引"除了上述两种之外，还有第三种情况。例如：

沈从文说，他在读一本小书，同时在读一本大书。这本大书，就是社会。

当我们读完小书跨出校门，走向社会，就要花很多时间，读这本大书。这本大书非常繁杂，非常丰富，非常精彩。很难说，该怎么读这本书；很难判断，怎样才算读通了这本书。（周鲁卫《什么是母校的骄傲》③）

上例中"他在读一本小书，同时在读一本大书。这本大书，就是社会"二句，也是"明引"。不过，应该指出的是，虽然作者明说是作家沈从文所说，但只是引其大意，而非原文（且有改字，"我"改成了"他"），书面上没有用引号标示。④ 这种引用法，属于"明引"中的第三种情况，但不属于"直接引用"，而是属于"间接引用"。

所谓"暗引"，是指既不指明原说写者的名字和书名篇名等，也不用引号在书面上加以标示的；或是既不指明出处，又不加引号标示，还对原话略作改动的引用。⑤ 例如：

于是假发的买卖应运而生，说不定把秃顶与性能力扯上关系，是假发业广告的伎俩之一。但是广告就是有技巧的说谎，而且是无伤大雅的谎，官署没有理由

① 白雪. 台港名家经典散文选 [M]. 兰州：敦煌文艺出版社，1998：131.
② 参见：吴礼权. 现代汉语修辞学 [M]. 4版. 上海：复旦大学出版社，2020：323.
③ 2002年复旦大学副校长、研究生院院长周鲁卫教授给当年毕业研究生的寄语。
④ 参见：吴礼权. 现代汉语修辞学 [M]. 4版. 上海：复旦大学出版社，2020：324.
⑤ 参见：吴礼权. 现代汉语修辞学 [M]. 4版. 上海：复旦大学出版社，2020：326-327.

去干涉，个人碰到某些相对的真理，也无法挺身而出去辩个水落石出，因此衮衮诸秃，除去破费掩饰一番以外，也无法证明谣言之为虚妄。有些事是可以理直气壮地说："拿证据来。"有些事是拿不出证据的，于是衮衮诸秃戴上了假发，焕然一新。于是我就杞人忧天，怕大风起兮，发生"笑倩旁人为正冠"的尴尬局面。

另外有一种釜底抽薪之道，来挽回"望秋而落"的现象，就是重新下种，浇水施肥，使得不毛之地，再度杂草丛生。据说某位参议员曾经试过，照他在电视上亮相的尊容来判断，成绩至多也只是差强人意，并不十分茂盛。本来耕耘收获之间，划不了等号，乃是常事，偏偏我会从各种角度，去担忧它的发展，说吹皱一池春水，与尔何干？都嫌过分宽容了。（吴鲁芹《杞人忧天录》①）

上引文字，是香港作家吴鲁芹散文中的两个片段。其中，有两句就属于"暗引"。一是"大风起兮"，二是"吹皱一池春水，与尔何干？"前者引自汉高祖刘邦《大风歌》"大风起兮云飞扬"一句（未引全，是"断引"），既不指明引语出处，也不加引号标示，属"暗引"中的前一种情况。② 后者引自南唐中主李璟"吹皱一池春水，何干卿事？"（宋人陆游《南唐书·冯延巳传》记曰："元宗尝因曲宴内殿，从容谓曰：'吹皱一池春水，何干卿事？'延巳对曰：'安得如陛下小楼吹彻玉笙寒之句！'"），也是"暗引"，既不指明引语出处，又不加引号，还对引语文字略作了改动，③ 属于上面我们所说"暗引"的第二种情况。

以意义为标准分类，是指以引语原意与表达者所建构的修辞文本所要表达的意思是否一致为标准进行的分类。④ 依据意义标准，可将引用分为"正引""反引""半引""借引"四种。⑤

所谓"正引"，是指表达者在修辞文本中所欲表达的意思与引语原意是一致的，表达者是从肯定的角度来引用他人的话以申述自己的观点的。⑥ 例如：

临近解放前，两岸人烟稀疏，强人多于百姓。穷到草都长不旺的地方，我不

① 白雪. 台港名家经典散文选［M］. 兰州：敦煌文艺出版社，1998：168.
② 参见：吴礼权. 现代汉语修辞学［M］. 4 版. 上海：复旦大学出版社，2020：327.
③ 参见：吴礼权. 现代汉语修辞学［M］. 4 版. 上海：复旦大学出版社，2020：327.
④ 参见：吴礼权. 现代汉语修辞学［M］. 4 版. 上海：复旦大学出版社，2020：329.
⑤ 参见：吴礼权. 现代汉语修辞学［M］. 4 版. 上海：复旦大学出版社，2020：329.
⑥ 参见：吴礼权. 现代汉语修辞学［M］. 4 版. 上海：复旦大学出版社，2020：329.

知道他们有什么好打劫。天下不太平，稀疏的当地人也不出远门，差不多到了"野渡无人舟自横"的地方。（黄晓萍《新城·老滩》①）

上引文字写的是四川攀枝花昔日的荒凉景象。其中，末句所引"野渡无人舟自横"一句，出自唐人韦应物《滁州西涧》诗："独怜幽草涧边生，上有黄鹂深树鸣。春潮带雨晚来急，野渡无人舟自横。"只要将所引诗句与原诗之句相比较，我们便可发现，上引"野渡无人舟自横"一句的意思，在原诗中与在被引的文本中，都没有发生变化，呈现的都是荒野渡口无人的情景②，是典型的"正引"。

所谓"反引"，是指表达者在修辞文本中所欲表达的意思与引语原意正好相反，是反其意而用之，表达者引用原话的目的是要对其进行否定。③例如：

沐芳莫弹冠，浴兰莫振衣。处世忌太洁，至人贵藏晖。（唐·李白《沐浴子》④）

上引李白诗的前二句，是反用《楚辞·渔父》"新沐者必弹冠，新浴者必振衣"，将"必"换成"莫"，语意正好相反，⑤属于典型的"反引"。

所谓"半引"，是指表达者在修辞文本中所表达的意思与引语原意一半一致，一半不一致或相反。⑥例如：

诸葛亮有句名言："谋事在人，成事在天。"在六亿人民尽舜尧的现在，他们既有神机妙算的高度智慧，又有意气奋发、斗志昂扬的冲天干劲。那么，谋事固然在人，而成事也就不由天作主了。……"谋事在人"，这正是我们的努力，"成事在人"，这是我们的信念。（樵渔《谋事在人，成事在人》⑦）

上引文字中，作者引诸葛亮名言"谋事在人，成事在天"时，既肯定了"谋

---

① 王剑冰. 2000 中国年度最佳散文［M］. 桂林：漓江出版社，2001：235.
② 参见：吴礼权. 现代汉语修辞学［M］. 4 版. 上海：复旦大学出版社，2020：330.
③ 参见：吴礼权. 现代汉语修辞学［M］. 4 版. 上海：复旦大学出版社，2020：330.
④ 转引自：汪国胜，吴振国，李宇明. 汉语辞格大全［M］. 南宁：广西教育出版社，1993：566.
⑤ 汪国胜，吴振国，李宇明. 汉语辞格大全［M］. 南宁：广西教育出版社，1993：567.
⑥ 参见：吴礼权. 现代汉语修辞学［M］. 4 版. 上海：复旦大学出版社，2020：330.
⑦ 转引自：汪国胜，吴振国，李宇明. 汉语辞格大全［M］. 南宁：广西教育出版社，1993：568.

事在人"一端，又否定了"成事在天"一端，提出"成事在人"的观点。这是一半肯定一半否定①，属于典型的"半引"。

所谓"借引"，是指表达者在修辞文本中所表达的意思与引语的原意既不相同，也不相反相对，而只是在某一方面有相关性或相似性。② 例如：

西夏啊西夏，在历史的长河里，二百年，太匆匆，你来得迅，去得疾，来如雷霆收震怒，罢如江海凝清光，如一节戛然而止的雄浑乐曲，像一个酷烈而又浪漫的噩梦。(雷达《走宁夏》③)

上面文字中所引"来如雷霆收震怒，罢如江海凝清光"二句，出自唐人杜甫《观公孙大娘弟子舞剑器行》诗。杜诗原句是写公孙大娘弟子舞剑时开场和收场的快速情状，引句则说的是西夏王朝建立和结束之快。因此，这两者之间在语意上只是有相似关系，没有相同或相对相反的关系④，属于典型的"借引"。

二、政治修辞与引用文本建构

引用虽然可以作不同的分类，但它的建构，多是基于表达者以人们熟悉且具权威经典内涵的语句引发接受者注意和思索以强化文本语意印象的心理预期。因此，这种修辞文本，一般说来，在表达上具有持论有故的确凿感或渊博典雅的书卷味；在接受上，则有诱发注意，强化语意印象的效果。⑤ 因此，不论是在自然人的日常修辞中，还是在政治人的政治修辞中，引用都是交际者说理论事时必然要祭出的法宝。

在日常生活中，我们常常会听到一些为人父母者在教育子女时，总是以"古人怎么说""古话怎么说""俗话怎么说"之类来作开场白；孩子们在为某件事情争论不休时，往往会有人祭出"老师怎么说""妈妈怎么说"之类的说辞。其实，这些就是典型的引用手法在日常修辞中的运用。

---

① 参见：吴礼权. 现代汉语修辞学［M］. 4 版. 上海：复旦大学出版社，2020：330 - 331.
② 参见：吴礼权. 现代汉语修辞学［M］. 4 版. 上海：复旦大学出版社，2020：331.
③ 王剑冰. 2000 中国年度最佳散文［M］. 桂林：漓江出版社，2001：65.
④ 参见：吴礼权. 现代汉语修辞学［M］. 4 版. 上海：复旦大学出版社，2020：331.
⑤ 参见：吴礼权. 现代汉语修辞学［M］. 4 版. 上海：复旦大学出版社，2020：333.

在政治生活中，我们常常见到一些大人物在作报告或发表演说时，总是开口闭口圣人怎么说，哲人怎么说，伟人怎么说；他们的文章中，只要是涉及政治话题，也总是要引经据典，搬出权威人士的言论作为立论的依据。其实，这些就是典型的引用手法在政治修辞中的运用。

值得指出的是，无论是日常修辞，还是政治修辞，交际者之所以钟情于以引用手法建构修辞文本来说理论事，是因为人们有权威崇拜与祖宗崇拜的社会心理，是借权威或祖宗之嘴为自己代言，从而增强说理论事的说服力。早在两千多年前，庄子就曾指出过："重言十七，所以已言也。"（《庄子·寓言》）意思是说，引重之言占了十分之七，是用来阻止天下人争辩的。庄子所说的"重言"，就是前人或权威人士说的话。古人的"引重"，也就是今天我们所说的引用。正因为引用是借祖宗或权威之嘴为自己代言，有增强说服力的效果，可以在第一时间内征服人心，所以自古及今，但凡是有经验的交际者，在说理论事时总会选择引用手法来建构修辞文本。不过，相对来说，政治人的政治修辞尤其钟情于引用手法的运用。下面我们来看一个例子。

老吾老，以及人之老；幼吾幼，以及人之幼，天下可运于掌。《诗》云："刑于寡妻，至于兄弟，以御于家邦。"言举斯心加诸彼而已。故推恩足以保四海，不推恩无以保妻子。古之人所以大过人者，无他焉，善推其所为而已矣。（《孟子·梁惠王上》①）

上引孟子游说梁惠王的话，意思是说：尊敬自家的老人，推己及人而尊敬别人家的老人；爱护自家的孩子，推己及人而爱护别人家的孩子，那么治天下就易如反掌了。《诗经》说："给妻子作榜样，也给兄弟作榜样，那么就可以治理好国家了。"这说的是要有推己及人的仁心而已。推广仁义，足可以保有天下；不推广仁义，那么恐怕连妻子儿女都保护不了。古代的明王圣君之所以有很多过人之处，其实也没有什么别的法宝，只不过是善于广推仁义而泽惠众人而已。

孟子是战国时代著名的思想家，是儒家的代表人物，同时也是一个政治说客，是典型的政治人。他游说梁惠王（即魏惠王）接受其"保民而王"的政治主

———

① 孟子［M］．李鸣，注译．大连：大连出版社，1998：3.

张，不是闲话家常，而是典型的政治修辞行为。在实施这一政治修辞行为的过程中，孟子作为交际者，为了达到劝说受交际者（梁惠王）对老百姓实行仁政，将儒家的政治主张付诸实践的目的，特意搬出了当时被世人奉为经典的《诗经》，并引其《大雅·思齐》篇"刑于寡妻，至于兄弟，以御于家邦"之句，这不是为了炫耀才学，而是要借祖宗与权威之嘴为自己代言，替自己所提出的"老吾老，以及人之老；幼吾幼，以及人之幼，天下可运于掌"（即"博爱天下"）的观点来寻求理论依据，从而利用梁惠王也有常人所具有的祖宗崇拜与权威崇拜的心理，在第一时间于心理上迅速征服他，从而达到预期的政治修辞目标。虽然历史告诉我们，梁惠王最终没有接受孟子"保民而王"的政治主张，其他诸侯国的君主也没有谁采纳过孟子的政治主张，但就事论事，仅从上引孟子游说梁惠王的修辞文本来看，我们不得不承认他的游说是具有说服力的，他的政治修辞是成功的。

其实，深谙引用修辞技法，适应特定政治情境而创造性地运用引用手法建构修辞文本，并非中国政治人的专利，西方政治家也是精于此道的。下面我们来看一例美国总统的表现。

1972 年 2 月，尼克松总统第一次访华。他在中国政府举行的欢迎晚宴上致答词时说："'多少事，从来急；天地转，光阴迫。一万年太久，只争朝夕！'现在就是只争朝夕的时候了。"（谢伯瑞《即兴演讲要善于从现场发掘话题》①）

众所周知，1972 年 2 月，美国第 37 任总统尼克松绕道巴基斯坦秘密访问中国，从此打开了中美关系的大门。这不仅是中美外交史上的重大事件，也是世界政治史上的重大事件。这一外交破冰事件，撼动了当时世界政治战略的格局，原来美苏两个超级大国全球争霸中苏强美弱的局面，因为有了中国因素而有了改变。尼克松是这次世界政治战略格局调整的主要推动者，他对打开中美两国外交关系大门所具有的重大意义当然是有深刻认识的。所以，他在周恩来总理代表中国政府为他举行的欢迎晚宴上作答谢演讲时，丝毫不掩饰他飞越太平洋秘密访华的激动心情与跟中国达成战略合作的迫切愿望。令人感兴趣的是，尼克松在表达

---

① 谢伯瑞. 即兴演讲要善于从现场发掘话题［J］. 演讲与口才，1992（8）：30.

这一心情与愿望时，没有直白本意，而是创造性地运用了引用手法，建构了一个引用修辞文本："'多少事，从来急；天地转，光阴迫。一万年太久，只争朝夕！'现在就是只争朝夕的时候了。"这一修辞文本的建构，不仅清楚明白地向中国表达了战略合作的意愿，展现了其作为美国总统的坦诚形象，而且不动声色地讨好了东道主，活跃了欢迎晚宴的气氛，为即将开始的中美外交谈判作了良好的铺垫。因为对于那个时代的中国人来说，几乎没有人不熟悉尼克松所引用的"多少事，从来争；天地转，光阴迫，一万年太久，只争朝夕！"这几句话，它出自毛泽东所作的一首名曰《满江红·和郭沫若同志》的词。如果是中国人引用这几句词，那丝毫不稀奇，但是，美国总统尼克松在中国政府为他举办的欢迎晚宴上引用这几句词，那就有了出人意料的外交加分效果。从政治修辞学的视角分析，尼克松引用毛泽东的这几句词，并不是为了炫耀他对中国情况的了解，或是对汉学的精通，而是要借题发挥，以此说明中美两国实现关系正常化的外交努力的迫切性与重要性①，这是其高妙处之一。高妙处之二是，用中国领袖的话来说明他要表达的意思，既有表达对中国领袖的尊敬之意，又有拿中国领袖自己的话来加强说服力的意图，因为在中国，毛泽东的话有多大分量，不仅中国人人人皆知，甚至全世界人都知道。② 高妙处之三是，引用手法的运用，可以使表意非常婉转，自己的意思却用毛泽东的话来说。③ 可见，尼克松作为美国总统，作为一个政治人，其政治修辞的智慧是非常高的，其所建构的政治修辞文本所发挥的效果也是非常突出的。

第五节　以用典达意传情

一、用典的修辞功能

用典，是一种在说写表达中援引古代人事以为佐助的修辞手法。以用典手法

---

① 吴礼权. 口若悬河：演讲的技巧（修订版）[M]. 广州：暨南大学出版社，2014：110.
② 参见：吴礼权. 口若悬河：演讲的技巧（修订版）[M]. 广州：暨南大学出版社，2014：110-111.
③ 参见：吴礼权. 口若悬河：演讲的技巧（修订版）[M]. 广州：暨南大学出版社，2014：111.

建构的修辞文本，称为用典修辞文本。

　　一般说来，以用典手法建构的修辞文本，在表达上可以使表达者的达意传情显得婉约含蓄；在接受上，由于表达者在文本意义的表达与接受者的接受之间制造了"距离"，使接受者只能通过对表达者所建构的修辞文本中的典故进行咀嚼、消化后才能理解其内在的含义，这虽然给接受者的接受带来了一定的障碍，但接受者一旦经过努力破除了接受困阻，便会自然获得一种文本解读成功的心理快慰与欣赏中的美感享受。① 正因为如此，自古以来在文人的说写表达中，用典修辞文本的建构都是出现频率最高的。例如：

　　昔草滥于吹嘘，藉文言之庆余。门有通德，家承赐书。或陪玄武之观，时参凤凰之墟。观受釐于宣室，赋长杨于直庐。遂乃山崩川竭，冰碎瓦裂，大盗潜移，长离永灭。摧直辔于三危，碎平途于九折。荆轲有寒水之悲，苏武有秋风之别。关山则风月凄怆，陇水则肝肠断绝。龟言此地之寒，鹤讶今年之雪。（北朝·庾信《小园赋》②）

　　上引庾信赋中的这段文字，虽仅一百多字，却用了十二个典故，分别是："草滥"句，典出于《韩非子·内储说上》："齐宣王使人吹竽，必三百人。南郭处士请为王吹竽，宣王说之，廪食以数百人。宣王死，湣王立，好一一听之，处士逃。"后世遂以"滥竽充数"指称那些没有真才实学，却要冒混充数之辈。庾信这里用此典，是暗指自己原来仕梁时候的优宠。"庆余"句，典出于《周易·乾卦·文言》："积善之家，必有余庆。"庾信这里用此典，是隐指自己仕梁时凭借先世之德的事。"通德"句，典出于《后汉书·郑玄传》。其传有云："郑玄，字康成，北海高密人。国相孔融深敬于玄，告高密县曰：昔东海于公，仅有一节，犹或戒乡人侈其门闾。矧乃郑公之德，而无驷牡之路。可广门衢，令容高车。号曰通德门。"庾信这里用此典，是喻指其祖父庾易为齐征士，如汉之郑玄一般位崇德隆。"赐书"句，典出于《汉书·叙传》。其传有云："班彪，字叔皮，与仲兄嗣共游学，家有赐书。"庾信这里用此典，是指其父庾肩吾与伯父庾于陵在南朝均有文名，可与班彪兄弟父子相比。"宣室"句，典出于《史记·贾

　　① 参见：吴礼权. 现代汉语修辞学［M］. 4版. 上海：复旦大学出版社，2020：60－61.
　　② 转引自：朱东润. 中国历代文学作品选（上编第二册）［M］. 上海：上海古籍出版社，1979：215.

谊传》。其传有云:"贾生征见,孝文帝方受釐,坐宣室。上因感鬼神事,而问鬼神之本。贾生因具道所以然之状。至夜半,文帝前席。"庾信这里用此典,是说自己仕梁时所受到的知遇之恩。"长杨"句,典出于汉代扬雄作《长杨赋》之事。扬雄曾为汉武帝郎,常侍武帝,深得汉武帝宠爱,并作《长杨赋》以讽谏武帝。庾信这里用此典,与上句"宣室"句一样,是暗指自己仕梁时所受的知遇之恩。"荆轲"句,典出于《史记·刺客列传》。此传记侠士荆轲为报燕太子丹知遇之恩,慨然允诺入秦刺杀秦王。临行前,燕太子丹饯于易水之上,荆轲歌曰:"风萧萧兮易水寒,壮士一去兮不复还。"庾信这里用此典,意在感念仕梁时所受的知遇之恩。"苏武"句,典出于汉人苏武出使匈奴之事。史载,苏武奉命出使匈奴,其副将张胜参与匈奴贵族的内部斗争,事发投降。而苏武则不为所动,匈奴贵族虽屡欲降之,而终不屈。遂为匈奴拘羁,又迁之北海(今贝加尔湖)牧羊,留二十年不遣还。后汉与匈奴和好,苏武才得以还国。相传,苏武归国前曾与汉降将李陵作别,赠诗中有"欲因晨风发,送子以贱躯"之句。庾信这里用此典,是暗抒羁宦于西魏与北周而不得回到故国的感伤之情。"关山"句,典出于古乐府《关山月》。汉乐府《关山月》曲,多写兵士久戍不归与家人互伤离别之内容。庾信这里用此典,是暗写自己羁宦于西魏的乡关之思。"陇水"句,典出于古乐府《陇头歌辞》。其歌有云:"陇头流水,鸣声幽咽,遥望秦川,肝肠断绝。"庾信这里用此典,与上面"陇水"句一样,也是暗写自己羁宦于西魏的乡关之思。"龟言"句,典出于《水经注》引车频《秦书》所记之事。其文云:苻坚建元十二年,高陆县民穿井得龟,大二尺六寸,背文负八卦古字。坚以石为池养之。十六年而死,取其骨以问吉凶,名为客龟。大卜佐高梦龟言:"我将归江南,不遇,死于秦。"庾信这里用此典,是喻指自己思归江南,不欲如龟之客死他乡。"鹤讶"句,典见于《异苑》。其中有文记载云:晋太康二年冬,大雪,南州人见二白鹤语于桥下曰:"今兹寒,不减尧崩年也。"于是飞去。庾信这里用此典,是隐指梁元帝被杀于江陵城破之事,有怀念故君之意。①庾信赋中所用的十二个典故,如果概括归纳一下,前六个典故,是追忆仕梁时的快乐时光;后六个典故,是叙写羁宦北国异乡的忧苦心情。整个这一段所要表达的意思,说白了,就是:"美好往事成追忆,乡国之思堪白头。"然而,作者没有这样直白地告诉读者,而是

---

① 参见:吴礼权. 委婉修辞研究[M]. 济南:山东文艺出版社,2008:12-15.

238

通过一系列典故的组合，让人思而得之。①《小园赋》之所以成为千古名篇，在中国文学史上成为抒写乡国之思的经典之作，赢得千古无数文人掉头苦吟②，在很大程度上与大量典故的运用有着密切关系。

现代文人在说写中也有喜欢以用典手法建构修辞文本的，尤其是在文学创作中。例如：

面包树的荫凉，在夏天给我们招来了好几位朋友。孟瑶住在我们街口的一个"危楼"里，陈之藩、王节如也住在不远的地方，走过来不需要五分钟，每当晚饭后薄暮时分这三位是我们的常客。我们没有椅子让客人坐，只能搬出洗衣服时用的小竹凳子和我们饭桌旁的三条腿的园木凳，比"班荆道故"的情形略胜一筹。来客在树下怡然就坐，不嫌简慢。我们海阔天空，无所不谈。（梁实秋《槐园梦忆》③）

上引这段文字，是梁实秋记其20世纪50年代在台湾师范大学任教时夏夜与朋友在家门口纳凉聊天的往事。④ 众所周知，梁实秋是中国现代文学史上著名的作家，同时也是一位儒雅的大学者。但是，由于当时特殊的情况，作为大学教授的他，朋友到访，连招待朋友坐的凳子也不够。⑤ 这种生活的窘况，不要说是梁实秋这样的大学者，就是一般的中国读书人恐怕也羞于言表。然而，事实毕竟是事实，记述这段往事又不能不提。于是，梁实秋就选择用典修辞手法，建构了一个修辞文本，"我们没有椅子让客人坐，只能搬出洗衣服时用的小竹凳子和我们饭桌旁的三条腿的园木凳，比'班荆道故'的情形略胜一筹"，将往昔窘迫的生活境况以自我解嘲的笔触婉约地一笔带过⑥，不仅维护了自己作为一个大学教授与儒雅学者的体面与矜持，而且有化尴尬为幽默的风趣⑦。之所以会有这样的效果，完全得力于"班荆道故"四字。它是一个典故，比较生僻，出自《左传·襄公二十六年》所记的一个故事："伍举奔郑，将遂奔晋。声子将如晋，遇之于郑

---

① 参见：吴礼权. 委婉修辞研究［M］. 济南：山东文艺出版社，2008：15.
② 参见：吴礼权. 现代汉语修辞学［M］. 4版. 上海：复旦大学出版社，2020：66.
③ 转引自：吴礼权. 现代汉语修辞学［M］. 4版. 上海：复旦大学出版社，2020：61.
④ 参见：吴礼权. 现代汉语修辞学［M］. 4版. 上海：复旦大学出版社，2020：62.
⑤ 参见：吴礼权. 现代汉语修辞学［M］. 4版. 上海：复旦大学出版社，2020：62.
⑥ 参见：吴礼权. 现代汉语修辞学［M］. 4版. 上海：复旦大学出版社，2020：62.
⑦ 参见：吴礼权. 现代汉语修辞学［M］. 4版. 上海：复旦大学出版社，2020：62.

郊，班荆相与食，而言复故。"晋人杜预注曰："班，布也。布荆坐地，共议归楚，事朋友世亲。"这一典故，经过历代文人的反复使用，后来就有了一个约定俗成的典故义，专指朋友途中相遇，席地而坐，共话旧情。① 其实，梁实秋所要表达的意思，用大白话直说，就是："朋友到访，没有像样的坐具让客人坐，总比坐在地上好点。"② 如果真的这样写了，不仅让他本人斯文扫地，也让他的作品读来索然无味了。相反，选择以用典手法建构修辞文本表而出之，则不仅使表意显得婉约含蓄，而且文章读起来也别具文采，有耐人寻味的审美情趣。

二、政治修辞与用典文本建构

以用典手法建构修辞文本，不仅是中国古今文人的最爱，也是古往今来中国政治人的最爱。下面我们来看几例政治人的政治修辞文本。

> 臣闻："忠无不报，信不见疑。"臣常以为然，徒虚语耳。昔者荆轲慕燕丹之义，白虹贯日，太子畏之；卫先生为秦画长平之事，太白食昴，昭王疑之。夫精变天地，而信不喻两主，岂不哀哉！今臣尽忠竭诚，毕议愿知，左右不明，卒从吏讯，为世所疑。是使荆轲、卫先生复起，而燕、秦不悟也。愿大王孰察之。（汉·邹阳《狱中上梁王书》，载于《史记·鲁仲连邹阳列传》③）

上引文字是西汉梁孝王谋士邹阳给梁孝王所写书信的开头一段，大致意思是：臣听说有句话："忠心之人没有不得好报，守信之人不会被人怀疑。"以前臣常认为此话是对的，现在看来恐怕只是一句空话而已。昔日荆轲仰慕燕太子丹之义，慨然舍身要替他去刺杀秦王，义气干云，遂有白虹贯日之奇观，然而太子丹却怀疑他迟迟不出发是不愿践诺；卫先生殚精竭虑为秦国谋划灭赵的长平之战，忠义感动了上苍，遂有太白星犯昴星之天象，然而秦昭王却怀疑不信任他。荆轲与卫先生的精诚使天地都出现了异象，而他们的忠信却不为二位君王所了解，这难道不是很悲哀吗？而今臣竭尽忠诚，将自己的想法都说出来，希望大王能够了

---

① 参见：吴礼权. 现代汉语修辞学 [M]. 4 版. 上海：复旦大学出版社，2020：62.
② 参见：吴礼权. 现代汉语修辞学 [M]. 4 版. 上海：复旦大学出版社，2020：62.
③ 司马迁. 史记 [M]. 北京：中华书局，1982：2470.

解。可是，大王的左右却不了解臣的忠心，最终还是听从了狱吏审讯的结论，使臣的忠心为世人所怀疑。臣的遭遇，使臣不得不相信，今天即使让荆轲和卫先生重新再活过来，恐怕燕太子丹与秦昭王也是不会醒悟的。希望大王仔细体察臣的冤情。

邹阳是西汉文学家，同时也是政治人。《史记》卷八十三《鲁仲连邹阳列传》第二十三记载说："邹阳者，齐人也。游于梁，与故吴人庄忌夫子、淮阴枚生之徒交。上书而介于羊胜、公孙诡之间。胜等嫉邹阳，恶之梁孝王。孝王怒，下之吏，将欲杀之。邹阳客游，以谗见禽，恐死而负累，乃从狱中上书。"可见，邹阳不是一般的书生，而是梁孝王的门客，即政治幕僚。他之所以获罪被人诬陷下狱，也是同僚之间的政争所致。司马迁在《史记》中将其与鲁仲连并列作传，说明太史公也认为他不是一般的文学家，而是战国时代如说客策士鲁仲连之类的人物，属于政治修辞学意义上典型的政治人。他给梁孝王所写书信，是为其所受的冤屈辩解，内容无关生活琐事，而是表白自己的忠心与所受冤屈的不公，属于政治话题。因此，这封书信的性质明显是典型的政治修辞文本。

作为政治修辞文本，邹阳这封上梁孝王书的效果如何呢？《史记》记载曰："书奏梁孝王，孝王使人出之，卒为上客。"这说明邹阳的政治修辞是非常成功的。事实上，邹阳的这封书信确实是非常成功的，表现出了高超的政治修辞技巧。我们不必读完全文，仅从上引的开头一段文字，便能管中窥豹。全文第一句"忠无不报，信不见疑"，明明是自己的观点，邹阳却冠以"臣闻"二字，让梁孝王感觉这八个字是来自圣贤或祖宗的见解，使其在权威崇拜与祖宗崇拜的惯性心理影响下第一时间就予以认同。紧接着，突然逆转方向，对梁孝王在心理上已然认同之理予以推翻，说自己"常以为然"的"忠无不报，信不见疑"的公理是"徒虚语耳"（是一句空话）。由此顺势转入自己要表达的主题，为自己忠而被谤、信而见疑的冤屈进行辩解。众所周知，辩冤最有效的办法就是拿出证据。然而，邹阳被梁孝王门客羊胜、公孙诡等人谗言构陷，是找不出证据的，况且他自己身在狱中。那么，如何破解这种死无对证的死局，而让梁孝王相信自己确实是忠信之人而受人陷害，进而解除自己的牢狱之灾呢？邹阳找到了一个好的办法，也是他作为一个满腹经纶的文学家最擅长的办法，那就是引经据典，拿历史上的人事来充当逻辑上的论据，以此佐助自己的观点。那么，引什么典故可以在第一时间就打动梁孝王之心，让他确信自己是忠而被谤、信而见疑的呢？邹阳选择征引了在历史上最有知名度的两个典故：一是荆轲慷慨赴义，为燕太子丹刺杀秦王，却因在等候另一位行动伙伴而被燕太子丹怀疑，以为他迟迟不出发是不愿践诺；二是卫先生为秦国一统天下的大业而殚精竭虑，替秦昭王谋划灭亡赵国的长平之战计划，在秦将白起大败赵军于长平，正要趁势灭亡赵国，请求秦昭王增兵时，秦昭王却不听卫先生之计，反而听信应侯范雎的谗言，怀疑白起的动机，迟迟不发兵粮，致使灭赵计划功败垂成。这两个典故所叙之事，离西汉初年时间不算遥远，且是被证实的信史。邹阳将之择出以为佐证，通过逻辑类比的形式实现了其辩冤自清的证据链接，从而在无须拿出事证的情况下便能让梁孝王在心理上认同其论证的合理性，由此暗度陈仓，顺利实现其政治修辞的预期目标：让梁孝王相信"忠无不报，信不见疑"只是虚语，荆轲、卫先生与自己的遭遇就是证明，希望梁孝王相信他的清白，了解他的忠心与诚信。事实证明，邹阳以用典手法建构的修辞文本是有效的，不仅达到了其辩冤自清的政治修辞目标，而且还赢得了梁孝王的信用，被其待为上客。

下面我们再来看第二个例子：

> 孙权大会群臣，……命恪行酒，至张昭前，昭先有酒色，不肯饮。曰："此非养老之礼也。"权曰："卿其能令张公辞屈，乃当饮之耳。"恪难昭曰："昔师尚父九十，秉旄仗钺，犹未告老也。今军旅之事，将军在后，酒食之事，将军在先，何谓不养老也？"昭卒无辞，遂为尽爵。（《三国志》卷六十四《吴书》十九《诸葛恪传》①）

上引文字，讲的是这样一个历史故事：东吴大帝孙权一次大会群臣，赐宴饮酒，命诸葛恪担任宴会主持人，劝大家饮酒。行酒到东吴元老张昭面前时，张昭因为先前已经喝了不少，脸带酒色，遂推辞不肯再饮。诸葛恪再三相劝，张昭仍不肯再饮，并说："你这不是尊老之礼！"孙权听了不乐意了，觉得张昭这是在倚老卖老，于是命令诸葛恪说："卿只要说得好，让张公理屈词穷，他自然会饮。"诸葛恪听懂了孙权的意思，于是就对张昭说道："想当年，姜太公辅佐周武王伐纣，开创周朝八百年基业，年高九十还举旗仗钺，冲锋陷阵，也没有说要告老休

---

① 转引自：吴礼权．唇枪舌剑：言辩的智慧（修订版）[M]．广州：暨南大学出版社，2014：154．

养。现在，前线有战事，您身为将军，皇上却让您退居在后；朝廷有宴会，皇上却礼请将军于先，这还叫不尊老吗？"张昭被说得哑口无言，于是只好喝尽了诸葛恪所敬之酒。

上述故事中的三个人物，都是中国历史上重要的政治人物。孙权是三国时代吴国之帝，东吴基业的开创者。诸葛恪是东吴大将军诸葛瑾之子，是东吴名将与朝中权臣。孙权病危之时，被委以托孤大臣之首的重任。孙亮即位为帝后，加封太傅，执掌军政大权，官拜丞相，爵封阳都侯。张昭是东吴元老，早在孙权之兄孙策创业之时，就是东吴早期政权架构的核心人物，官拜长史与抚军中郎将。东吴所有的文武之事，孙策差不多都委任于张昭。孙策死后，张昭率群僚辅佐孙权，稳定了江东局势。孙权封王后，张昭官拜绥远将军，爵封由拳侯。后孙权称帝，张昭因敢于直谏、性格过于刚正而被疏远。张昭遂以年老多病为由而辞官位职事，被孙权改拜为辅吴将军、封娄侯。晚年，张昭曾一度不参与东吴政事。可见，上述故事中的三个主角都是典型的政治人，而且彼此关系非常复杂。故事中的饮酒情节，表面上看是东吴朝廷生活中的花絮，实则是暗潮涌动、机锋毕露的政治博弈。撇开君臣恩怨与政见分歧不论，仅就上述故事中的政治博弈而言，诸葛恪与孙权是得势的赢者，而张昭是失势落败的输者。诸葛恪奉旨劝酒，之所以能让东吴元老张昭吃瘪落寞，从政治修辞学的视角来看，主要是得力于用典修辞手法的运用。

诸葛恪的劝酒语篇，从层次与结构的角度观察，可以分为两个平行层面与结构：其一是"昔师尚父九十，秉旄仗钺，犹未告老也"，属用典层面；其二是"今军旅之事，将军在后，酒食之事，将军在先，何谓不养老也"，属叙事层面。用典层面说的是：周朝的吕尚（本姓姜，字子牙），有奇才。年七十余，直钩垂钓于渭水之阳。其时周文王将出猎，卜之曰：'非龙非彲，非熊非罴，所获者霸王之辅。"文王出猎至渭水之滨，果遇吕尚。与语大悦，说："吾太公望予久矣！"遂号之曰"太公望"，立为师。后武王尊为师尚父。太公年九十时，助武王伐纣，秉旄仗钺，指挥万军，灭商而奠周室八百余年江山基业。① 叙事层面说的是：昔日张昭辅佐孙策，创立东吴基业有功，号为元老。现在东吴与曹魏、刘蜀逐鹿问鼎，张昭却以年老为由，军旅之事退之于后；今日孙权开席大宴群臣，张昭被尊

---

① 参见：吴礼权. 唇枪舌剑：言辩的智慧（修订版）［M］. 广州：暨南大学出版社，2014：155.

为上宾，却抱怨不受尊重。若将这两个层面分而置于两种语境，则仅是两个客观的叙事语篇，不会有什么特别的言外之意。但是，诸葛恪的劝酒语篇则不然。它将用典层面与叙事层面有机地统一于同一语篇之中，由此这一前一后并列的两个层面便发生了强烈的对比与反讽效应。整个劝酒语篇就透露出这样的深层语义指向：吕尚九十高龄尚"老骥伏枥，志在千里"，为国效忠，不落人后，精神可嘉；张昭年事不高，却倚老卖老，军旅之事退缩在后，酒食之事一马当先，反而还要口出怨言，节操不高。① 诸葛恪以用典手法建构的这一修辞文本，表意虽然温婉含蓄，却又绵里藏针，使张昭不得不喝下被劝的酒，从而顺利地完成了孙权交给的"杯酒显君威"的政治任务。可见，喝酒也不是一件轻松的事，喝酒也需要讲政治修辞。

以上说的都是男人们在政争与官场博弈中的政治修辞表现，下面我们再来看一例女人的政治修辞表现。

蜀先主甘后……生而体貌特异，年至十八，玉质柔肌，态媚容冶；先主致后于白绡帐中，于户外望者，如月下聚雪。

河南献玉人高三尺，乃取玉人置后侧，昼则讲说军谋，夕则拥后而玩玉人。常称："玉之所贵，比德君子，况为人形而不可玩乎？"

甘后与玉人洁白齐润，观者殆相乱惑，嬖宠者非唯嫉甘后，而亦妒玉人。

后常欲琢毁坏之。乃戒先主曰："昔子罕不以玉为宝，春秋美之。今吴魏未灭，安以妖玩经怀！凡诬惑生疑，勿复进焉。"

先主乃撤玉人像，嬖者皆退。当时君子以甘后为神智妇人。（东晋·王嘉《王子年拾遗记》②）

上引文字，说的是这样一个故事：蜀汉先主刘备的皇后甘夫人，从小就体貌特异，与众不同，年至十八，更是出落得如花似玉，态媚容冶。尤其是肌肤就像玉一般洁白，柔软温润，深受先主刘备喜爱。刘备因为爱其肌肤洁白如玉，常将甘夫人置于白绡帐中，从门外回望，就像是月下聚雪的景观。一次，河南有人给刘备献了一个玉人，高有三尺，跟真人一般。刘备非常喜爱，就将玉人放于甘夫

---

① 参见：吴礼权. 唇枪舌剑：言辩的智慧（修订版）[M]. 广州：暨南大学出版社，2014：155.

② 转引自：吴礼权. 言语交际与人际沟通 [M]. 2 版. 广州：暨南大学出版社，2016：214 – 215.

人身后，白天跟将领们讲论军事谋略，晚上就搂着甘夫人而把玩玉人。因怕甘夫人吃醋，常常都会找些说辞，说玉的可贵就像有德的君子，何况人形的玉就更难得了，怎么不可以欣赏把玩呢？甘夫人与玉人都洁白温润，所有见过的人都几乎分辨不出二者的差别，以致会发生互相混淆错乱的情况。刘备身边亲近宠幸的人，不仅嫉妒甘夫人，也嫉妒玉人。甘夫人因为刘备对玉人太过于沉溺，恐怕他玩物丧志而忘记了恢复汉室大业，遂常有琢毁玉人之念。但是，又不敢贸然为之。一次，得到一个机会，甘夫人就跟刘备进谏道："昔日宋国贤臣子罕不贪得别人相赠之玉而以为宝，春秋时代的人们都称颂他的人品。而今，孙吴、曹魏未灭，您怎么可以沉溺于妖玩之物呢？以后凡是诬惑令人生疑之物，都不要让人再进献了。"刘备听了这番话，幡然醒悟。于是，立即令人将玉人像撤去了，以前亲近宠幸的小人也被斥退了。当时有见识的君子听说了此事，都认为甘夫人是有大智慧的妇人。后来，刘备在四川建立蜀汉政权，称帝于成都，甘夫人被封为皇后。

故事中的甘夫人虽然不是政治家，却是蜀汉先主刘备之妻，不是普通的妇人。她所进言刘备的事关涉恢复汉室大业，属于典型的政治话题。正因为如此，甘夫人在进谏刘备的特定情境下便被临时赋予了政治人的角色身份，她劝刘备不要玩物丧志，务必要撤掉玉人、斥退佞臣小人，专心致志于恢复汉室大业的一番话，就成了典型的政治修辞，而不是寻常夫妻之间的闲话家常。从政治修辞学的视角来看，甘夫人的政治修辞之所以奏效，让刘备从玩物丧志的沉沦中幡然醒悟，主要得力于她以用典手法建构了一个高妙的修辞文本："昔子罕不以玉为宝，春秋美之。今吴魏未灭，安以妖玩经怀！凡诬惑生疑，勿复进焉！"我们之所以说甘夫人的用典修辞文本高妙，是因为她所用的典故非常贴切而自然，没有"为修辞而修辞"的生硬感。她所用的典故，对于今人来说也许是比较生僻了，但是对于三国时期的人们来说，可谓是妇孺皆知，社会认同度非常高。其事见于《左传·襄公十五年》的一段历史记载："宋人得玉，献诸子罕。子罕弗受。献玉者曰：'以示玉人，玉人以为宝也，故敢献之。'子罕曰：'我以不贪为宝，尔以玉为宝。若以与我，皆丧其宝也。'"记载中提到的子罕（即乐喜），不是普通的政治人物，而是春秋时代颇具知名度的人物，在宋国更是地位显赫的正卿（即宋国之相）。子罕虽为一国之相，位高权重，却从不以权谋私，而是廉洁奉公，为宋平公所倚重。他不受人之玉的故事，则更是先秦时代中国人津津乐道的美德。[①]如果我们能够回归到三国时代的历史情境之中，也许更能体会到甘夫人引用"子罕不以玉为宝"这一大众化典故的深意所在。事实上，甘夫人之所以要搬出春秋时代的子罕来，那也是经过深思熟虑的。她知道，刘备玩物丧志的原因是玉，所以搬出"子罕不以玉为宝"的典故，对他最有针对性。另外，刘备最倚重的结义兄弟关羽最喜欢读《春秋》，最服膺春秋时代的人物，其中就包括子罕。[②] 甘夫人作为刘备最宠幸的女人，当然知道刘备最重兄弟之情。刘备曾说过"兄弟如手足"的话，兄弟喜欢的，也一定是他喜欢的。正因为甘夫人对刘备的心理把握得非常准确，所以一搬出"子罕不以玉为宝"的典故，立即就镇住了刘备，让他幡然醒悟：要青史留名，要成就大业，就必须学习古之圣人。[③] 今天我们说"榜样的力量是无穷的"，跟甘夫人的认知也是相同的。可见，甘夫人确实是一个成熟的政治人，其政治修辞能够奏效，也是有原因的。

---

① 参见：吴礼权. 言语交际与人际沟通 [M]. 2 版. 广州：暨南大学出版社，2016：217.
② 参见：吴礼权. 言语交际与人际沟通 [M]. 2 版. 广州：暨南大学出版社，2016：217.
③ 参见：吴礼权. 言语交际与人际沟通 [M]. 2 版. 广州：暨南大学出版社，2016：217.

第六章
政治修辞的技巧（三）

　　适应特定的题旨情境而进行创意造言的努力，以期实现自己政治修辞的预期目标，是古今中外所有政治人都懂得的道理。事实上，许多政治人不仅懂得这个道理，而且在此方面有许多积极有为的努力，由此在长期的政治修辞实践中积累了丰富的经验，创造了很多行之有效的政治修辞技巧。本书第四章我们已经论述到的比喻、排比、承转、折绕、设问，第五章已经论述到的讽喻、倒反、镶嵌、引用、用典，还有本章我们即将论述到的双关、留白、设骰、呼告、示现，都是古今中外政治人在政治修辞实践中经常运用的修辞技巧，而且被事实证明是有独特效果的。

第一节　以双关婉转达意

一、双关的类别及其修辞功能

　　双关，是一种"利用语音相同或相近的条件，或是利用词语的多义性、叙说对象在特定语境中语义的多解性来营构一语而有表里双层语义"① 的修辞手法。以双关手法建构的修辞文本，称为双关修辞文本。

　　双关从形式上看，可以分为三类：一是"谐音双关"，二是"语义双关"，三是"对象双关"。

---

① 吴礼权. 现代汉语修辞学［M］. 4 版. 上海：复旦大学出版社，2020：33.

所谓"谐音双关"，是指利用语音相同或相近的条件构成的双关。① 例如：

于是五嫂遂向果子上作机警曰："但问意如何，相知不在枣。"

十娘曰："儿今正意蜜，不忍即分梨。"

下官曰："勿遇深恩，一生有杏。"

五嫂曰："当此之时，谁能忍棕。"（唐·张鷟《游仙窟》②）

上引文字是唐代张鷟（字文成）的志怪小说《游仙窟》中的一段人物对话。其中，两个仙女五嫂、十娘与下官（即第一叙事人称的作者）的对话，都是"谐音双关"。所谓"向果子上作机警"，就是利用果物来进行语义暗示。五嫂所说的"相知不在枣"，意谓"相思不在早"，是以"枣"谐音"早"；十娘所说的"不忍即分梨"，意谓"不忍即分离"，是以"梨"谐音"离"；下官所说的"一生有杏"，意谓"一生有幸"，是以"杏"谐音"幸"；五嫂所说的"谁能忍棕"，意谓"谁能忍耐"，是以"棕"（一种果树）谐音"耐"。这些以双关手法建构的修辞文本，是通过"谐音双关"而实现婉转含蓄地表情达意的，从而生动地凸显了小说中男女调情的情趣。

所谓"语义双关"，是指"利用词语的多义性以及在特定语境下语义的多解性的条件"③ 构成的双关。例如：

一位青盲人涉讼，自诉眼瞎。官曰："一双青白眼，如何诈瞎？"答曰："老爷看小人是青白的，小人看老爷是糊涂的。"（清·浮白主人《笑林》④）

上述故事中青盲人的话，第一句是"谐音双关"，以"青白"谐音"清白"。"青白"表面是说"眼珠黑白分明"，实际是说自己没有过错，清清白白。第二句是"语义双关"，利用汉语"糊涂"有"模糊不清"与"是非不分"二义，婉转含蓄地批评了官老爷是非不分，但又不被抓住把柄，属于典型的"语义双关"。

---

① 吴礼权. 现代汉语修辞学［M］. 4 版. 上海：上海教育出版社，1997：102 – 103.

② 转引自：吴礼权. 语言策略秀（修订版）［M］. 广州：暨南大学出版社，2013：68.

③ 吴礼权. 现代汉语修辞学［M］. 4 版. 上海：复旦大学出版社，2020：36.

④ 转引自：吴礼权. 委婉修辞研究［M］. 济南：山东文艺出版社，2008：69.

所谓"对象双关"，是指"利用叙说对象在特定语境中的多解性"① 构成的双关。例如：

> 这里宝玉又说："不必烫暖了，我只爱喝冷的。"薛姨妈道："这可使不得：吃了冷酒，写字手打颤儿。"宝钗笑道："宝兄弟，亏你每日家杂学旁收的，难道就不知道酒性最热，要热吃下去，发散的就快；要冷吃下去，便凝结在内，拿五脏去暖他，岂不受害？从此还不改了呢。快别吃那冷的了。"宝玉听这话有理，便放下冷的，令人烫来方饮。黛玉磕着瓜子儿，只管抿着嘴儿笑。可巧黛玉的丫鬟雪雁走来给黛玉送小手炉儿，黛玉因含笑问他说："谁叫你送来的？难为他费心。——哪里就冷死我了呢！"雪雁道："紫鹃姐姐怕姑娘冷，叫我送来的。"黛玉接了，抱在怀中，笑道："也亏了你倒听他的话！我平日和你说的，全当耳旁风；怎么他说了你就依，比圣旨还快呢！"（清·曹雪芹《红楼梦》第八回②）

上述故事情节中，林黛玉跟薛宝钗争风吃醋的一番话，就是典型的"对象双关"，亦即俗话所说的"指桑骂槐"。因为从上下文语境看，林黛玉"哪里就冷死我了呢！"一句，表面上是在批评丫鬟雪雁不应该给她送小手炉，认为没有手炉也不会冷死；实际上是在暗讽薛宝钗小题大做，不应该阻挡贾宝玉喝冷酒，而是认为喝点冷酒也无妨。当雪雁回话说，送手炉不是她自己的主意，而是紫娟姐姐的吩咐，林黛玉又借题发挥，说了一句"也亏了你倒听他的话！我平日和你说的，全当耳旁风；怎么他说了你就依，比圣旨还快呢！"表面上仍然是在批评雪雁，抱怨雪雁平时不听她的话，却听紫娟的话，好像是在吃紫娟的醋；实际上并不是，而是在暗讽贾宝玉，抱怨他平时不肯听她的话，却愿意听薛宝钗的话。由于林黛玉讽刺薛宝钗与贾宝玉的话都是以"对象双关"的方式呈现，因此达意传情就显得相当婉转含蓄，既不露声色地给了薛宝钗与贾宝玉温柔一刀，又展现了自己的言语智慧与优雅风度，维护了与薛宝钗"斗而不破"的情敌关系。

---

① 吴礼权. 现代汉语修辞学 [M]. 4 版. 上海：复旦大学出版社，2020：37.
② 转引自：陈望道. 修辞学发凡 [M]. 上海：上海教育出版社，1997：102 – 103.

二、政治修辞与双关文本建构

一般说来，以双关手法建构的修辞文本，由于一语而具表层和深层双重语义，所以在表达上显得内涵丰富而又婉转蕴藉，别有一种秘响旁通的独特效果；在接受上，由于文本的一语双关，文本语义的深层与表层有一定的"距离"，给接受者的接受留足了回味咀嚼的空间，从而大大提高了接受者文本接受的兴味和文本的审美价值。① 正因为如此，以双关手法建构的修辞文本，自古以来就很常见。无论是在自然人的日常修辞中，还是在政治人的政治修辞中，都是司空见惯的现象。

值得指出的是，日常修辞与政治修辞中虽然都有双关修辞文本的建构，但在预期目标上则有所差异。一般说来，在日常修辞中，双关修辞文本的建构大多是为了表意的婉转含蓄。如果是面对面的直接交际，可以避免或减少负面语义表达对受交际者的刺激，或是避免难言之隐给交际双方造成不必要的尴尬；如果是书面的间接交际，可以让受交际者在文本接受时有足够的回味咀嚼空间，从而充分调动受交际者"二度创作"的积极性，使文本的审美价值得以提升。而在政治修辞中，双关修辞文本的建构，除了要达成日常修辞的这些预期目标外，有时更多地是为了诿责避祸，确保政治人个体生命与政治生命的安全。例如：

> 齐人蒯通知天下权在韩信，欲为奇策而感动之。以相人说韩信曰："仆尝受相人之术。"韩信曰："先生相人如何？"对曰："贵贱在于骨法，忧喜在于容色，成败在于决断，如此参之，万不失一。"韩信曰："善！先生相寡人何如？"对曰："愿少间。"信曰："左右去矣！"通曰："相君之面，不过封侯，又危不安；相君之背，贵乃不可言。"（西汉·司马迁《史记·淮阴侯列传》②）

上面这则历史记载，说的是这样一个故事：秦王朝灭亡后，韩信占领了昔日的齐国地盘，自称齐王。齐国游士蒯通纵观天下大势，认为韩信虽是汉王刘邦部属，但在楚汉相争的局面下，却是实力最强的一股势力，因为楚霸王项羽的势力

---

① 吴礼权. 现代汉语修辞学 [M]. 4 版. 上海：复旦大学出版社，2020：33.
② 司马迁. 史记 [M]. 北京：中华书局，1982：2623.

此时已经大大削弱了，刘邦也在事实上失去了制约韩信的可能。所以，蒯通决定策反韩信，让他脱离刘邦而自己独立，进而与刘邦、项羽形成三足鼎立的局面，最终夺得天下，成为一统天下的唯一霸主。因为跟韩信并不熟悉，且知刘邦对韩信有知遇之恩，蒯通就不敢公开策反韩信，跟他把话说明白了。最后，蒯通想到了一个办法，就是假装相面之人去求见韩信，然后再相机进行策反。果然，韩信很相信相面这一套，就召见了蒯通。见了韩信，蒯通第一句话就说："在下曾经跟人学习过相人之术。"韩信就问他："那先生您是怎么相人的呢？"蒯通回答道："判断一个人的贵贱，全在骨法一途；推测一个人的心理状态，到底是忧是喜，看其表情就知道了；判断一个人的成败，看他的决断能力就可以了。综合这三个方面的因素，相人就会万不失一。"韩信觉得蒯通说得有理，遂脱口而出道："说得好！那先生就给寡人也相个面，怎么样？"蒯通犹豫了一下，看了看韩信身边的人，说道："希望大王借一步说话。"韩信明白了，立即对身边的人说道："大家都下去吧。"蒯通见韩信身边的亲信等人都回避了，只剩下他与韩信二人独处一室，遂神秘地对韩信说道："看大王的面相，最多不过封个侯而已，而且还会有危险不安；但是，看大王的背相，则是贵不可言。"

熟悉历史的人都知道，蒯通策反韩信的事没有成功，韩信因为妇人之仁，不忍背叛刘邦，结果秦亡而天下归于刘邦之后，韩信却被吕后与萧何设计杀了。韩信临死之前，对于当年没有听从蒯通之言后悔不已。刘邦得知蒯通当年有策反韩信一事后，非常愤怒，立即派人搜捕蒯通，并欲烹之。当然，蒯通能言善辩，最终还是让刘邦饶了他。

从上述故事与《史记》所记的历史事实，我们可以清楚地见出，蒯通虽是一个说客，但跟当时一般的读书人与游士完全不同。因为他志不在谋一己之温饱，而是要谋帝王之佐的位置。不然，他就不会冒险去策反跟刘邦有深交的韩信背叛刘邦。可见，蒯通是一个胸有大志的政治家，是政治修辞学意义上典型的政治人。他跟韩信所说的话，并不是有关相面的日常闲聊，而是事涉策动韩信背叛刘邦而自立为帝的政治权谋。正因为如此，他的话就超越了日常修辞的范围，而进入了政治修辞的场域，属于典型的政治修辞。

作为政治人，蒯通为策反韩信所建构的政治修辞文本，其中最核心的一句是"相君之面，不过封侯，又危不安；相君之背，贵乃不可言"，运用的是"语义双关"的手法。利用汉语"背"有"脊背"与"背叛"二义，依托对话时特定的题旨情境，婉转含蓄地将所要传达的意思暗示出来，让受交际者韩信通过上下文语境的帮助思而得其真意所在。如果韩信思而得其真意所在，并愿意接受其建议，背叛刘邦而自立，走上与刘邦、项羽分庭抗礼的道路，那么最终肯定能在逐鹿天下的争霸战中胜出，成为天下之主，那么蒯通就有可能成为开国的元勋与辅国的重臣。如此，他的政治修辞预期目标也就实现了。如果韩信思而得其真意所在，却不愿意接受其建议，不愿意背叛刘邦，不愿意走上与刘邦、项羽分庭抗礼的道路，那么也无法治罪于蒯通。因为蒯通所要传达的真实语义是通过"语义双关"来呈现的，表意婉转含蓄，受交际者韩信无法坐实交际者蒯通所要表达的真意，因而也就无法治他策反之罪。事实上，韩信是听懂了蒯通的话，但最后没有接受他的建议，也没有治他策反之罪。这从韩信临死前表达的悔意，就可以清楚地看到这一点。而这一点，正好反证了蒯通作为政治人当年策反韩信的政治修辞是非常成功的。因为他既让韩信听懂了他的意思，又没有让自己陷入危险的境地，而是从容地从政治漩涡中脱身而去。后来，还成了丞相曹参的重要幕僚。

从上述蒯通的政治修辞实践，我们已经清楚地看到了运用双关手法建构修辞文本的效果。下面我们再来看一个政治人是如何运用双关手法建构修辞文本，从而顺利诿责避祸，确保其个体生命与政治生命安全的。

> 朱虚侯年二十，有气力，忿刘氏不得职。尝入侍高后燕饮，高后令朱虚侯刘章为酒吏。章自请曰："臣，将种也。请得以军法行酒。"高后曰："可。"酒酣，章进饮歌舞。……曰："深耕溉种，立苗欲疏；非其种者，锄而去之。"吕后默然。（西汉·司马迁《史记·齐悼惠王世家》①）

上述历史记载，说的是这样一个故事：朱虚侯刘章，年方二十，年轻气盛，对刘邦死后祖母吕后专权，吕氏一族把持朝政，而刘氏一族反被排斥在外的不正常政治格局非常不满。一次，刘章入宫侍奉吕后饮宴，吕后命刘章为酒席主持。刘章向吕后请求说："臣是将门之后，请求太后允许臣以军法行酒。"吕后说："可以。"酒过三巡，到了大家都喝得尽兴，快到高潮之时，刘章说要给大家进歌舞以助兴。于是，就唱了一首《耕田歌》："深耕溉种，立苗欲疏；非其种者，锄

---

① 司马迁. 史记 [M]. 北京：中华书局，1982：2001.

而去之。"吕后听了，默然无语。

从政治修辞学的视角看，刘章是汉高祖刘邦之孙、齐悼惠王刘肥次子，爵封朱虚侯，当然是典型的政治人。入宫陪侍祖母吕后饮宴，本是日常应酬，他却借题发挥，将家庭应酬变成了政治博弈的战场。正因为如此，他进歌舞所唱的《耕田歌》就超出了日常修辞的范围，进入了政治修辞的场域，变身为一个典型的政治修辞文本。从语言学的视角看，《耕田歌》的歌词"深耕溉种，立苗欲疏；非其种者，锄而去之"，说的只是耕种的道理，强调了耕田必须做好的四项重要工作：翻土要深、灌溉要勤、苗距要疏、杂草要除。但是，从政治修辞学的视角看，刘章当着吕后的面在酒宴时唱这首《耕田歌》并不是要告诉吕后耕田的道理，而是别有寄托，是想告诉吕后：大汉王朝的江山是刘家的江山，不是姓吕的江山，吕氏一族不能独霸朝政，将刘氏江山易姓为吕氏江山。因此，不是刘氏嫡传，不能染指大汉江山，任何篡汉势力都应该铲除。只是这层意思刘章没有直说，而是借《耕田歌》的四句歌词来呈现，这是以"对象双关"的修辞手法来达意传情。由于《耕田歌》是刘章在酒宴上以进歌舞的形式唱出，其所具有的政治意涵是临时赋予的，表意非常婉转含蓄，使受交际者吕后只能意会，但不能言传。因此，吕后虽然对刘章要求恢复刘氏政权、清除吕氏擅政势力的用意非常清楚，情感上非常不舒服，但也只能如鲠在喉，报之以"默然"，找不出治罪刘章的理由。可见，刘章虽然年轻，却已是一个成熟的政治人，其政治修辞的技巧非常高明，既警告了吕后及吕氏势力要知所进退，又没让自己陷入政治困境而有性命之忧。吕后死后，刘章得以一展长才，配合陈平、周勃、周亚夫等拥刘势力，成功铲除了吕氏诸王，拥立汉文帝上位，恢复了刘氏江山。

中国古代确实有很多诸如蒯通、刘章这样富有智慧的政治人，他们运用双关手法建构的修辞文本，既顺利实现了其特定的政治修辞预期目标，又达到了诿责避祸、保全身家性命、延续政治生命的目的。不过，中国现代的政治人在此方面也毫不逊色。他们运用双关手法建构的修辞文本，在顺利实现其政治修辞的预期目标的同时，还为自己塑造出一种优雅的君子形象，彰显了风趣幽默的绅士风度。下面我们来看一个这方面的政治修辞范本。

我亲眼看到这位王瑚先生时，是1929年在太原，正在中原大战酝酿期间，阎锡山还在举棋不定，阎、冯（玉祥）联合反蒋的局面还未形成。各杂牌军如刘

254

湘、刘文辉、唐生智、刘镇华等的代表，都云集太原，连早已背冯投蒋的韩复榘、石友三也派有代表。他们大概在两面看风色，两面讨价还价，待善价而贾。冯是最坚决反蒋的，他手下有一批人专门做拉拢、接待各方代表的工作，其中就有王瑚。他那时已是银髯飘胸，至少已七十高龄了。所有二集团军的人，对他都很尊敬，称他王铁老（他字铁珊），遇事总先请他发表意见。

李锡九先生是老同盟会，一直是坚决反蒋的，他当时却以汪精卫的代表身份长驻太原。有一天，他对我说："今天各方代表要在山西大饭店开会，你何妨去听听。"我问："今天主要商量什么事？"他说："韩向方（复榘）真不是东西，前几天他表示很坚决，一定要参加联名反蒋通电。昨晚他的代表韩多峰忽然说，接到济南来电指示，说暂不在通电上列名。大家听了很气愤，今天开会，主要讨论这件事。"

我满怀兴趣去列席旁听。参加的，除冯、阎双方各有四五人外，其他各方代表有二三十人，主要是地方实力派的代表，此外，还有汪精卫的、西山会议派的；张学良也有非正式代表参加。新闻记者，只有我一个。

会上吵得很激烈，主要是针对韩、石，有的骂，有的劝他们不要对蒋再存幻想，韩多峰解释了一通后，最后答应把各方的意见，电告韩复榘。这样，会议的主题算是结束了。有一个代表站起来说："大家不忙散，请王铁老说个笑话好不好？"

于是，铁老在一片掌声中站了起来，以洪亮的嗓子说："我的笑话，各位都听烂了，没什么新鲜的，讲一个我们家乡的小故事吧！"又是一阵掌声。他接着说："我们家乡有一个小地主，想聘个私塾老师来教他的儿子。钱不肯多花，却多方挑剔，总找不到他认为合适的。有一天，来了一位饱学秀才，自称博通今古。地主不信，问他会不会教四书五经？他说：'太会了，四书五经我是滚瓜烂熟。只要你出足束脩，翻来覆去我都能讲。'地主纳罕地说：'四书五经，还有倒过来，翻过去讲的？'秀才说：'有，比如《论语》第一句是"子曰"，怎么解释呢？顺着讲是：儿子说，倒过来讲"曰子"就是爸爸说：喂，儿子！'地主诧异地问：'怎么同一段文，又是爸爸，又是儿子呢？'秀才庄严地说，'要把书说透，倒讲（倒蒋）当然是好样儿的，是爸爸，顺讲（顺蒋）当然是龟儿子了。'"讲到这儿，举座轰堂大笑，只有韩多峰的脸涨得通红。（徐铸成《王瑚的诙谐》①）

---

① 徐铸成. 旧闻杂忆［M］. 北京：生活·读书·新知三联书店，2009：266－267.

上引文字，是老报人徐铸成所著的《旧闻杂忆续篇》一书中的片段，记述的是1930年中原大战即将爆发前各派政治力量相互拉拢、相互博弈的情形。[①] 中原大战的性质，实质上是一场军阀混战，混战的双方分别是在北伐战争中得势的蒋介石与反对蒋介石独裁的阎锡山、冯玉祥、李宗仁、石友三、张发奎等各路军阀。这场战争，堪称是中国近代史上规模最大、历时最久的一场军阀混战。[②] 此次战争从1930年5月开始，迄于1930年11月4日，历时六个月。战争中蒋介石方面出动军队60余万人，反蒋派则出动了80余万人。战火遍及河南、山东与湖南三省，给中国社会与民众造成了极大的损失。蒋介石方面伤亡人数达九万五千余人，反蒋派伤亡则达二十余万人。[③]

故事中的主角王瑚（1864—1933），字铁珊，民国政要，著名爱国民主人士。河北定县人。光绪进士。清末曾任知县、知府等职。曾参与组织护国军。中华民国成立后，历任湖南民政长、肃政厅肃政使、京兆尹、江苏省省长、山东省省长。后追随冯玉祥参加北伐。1926年后，任黄河水利委员会副委员长、辅仁大学国文系教授等。[④] 徐铸成在上引的同一篇文章中回忆道："我还在读中学的时候，就听到王瑚的名字了。大约在1922年左右，齐燮元刚当上苏督，北京政府发表王瑚为江苏省长，南京的官员天天到浦口去迎候，总是接不着。有一天，一个六十开外的土老儿，夹一个布包，提着把雨伞，走进省长衙门。如狼似虎的门警上前轰叱，他微笑地说：'我就是王瑚，来接事的。'这件事，当时报上曾详细叙述，我看了，仿佛重读《包公案》《彭公案》一样。"可见，王瑚确是当时颇具新闻性的政治名人。

根据徐铸成的记载，中原大战爆发前，王瑚作为冯玉祥的重要幕僚，参加了1929年反蒋派势力在太原召开的集会。会议上大家对于山东军阀韩复榘临阵反复非常不满，会议快结束时，大家请王瑚讲一个笑话。于是，王瑚便讲了一个秀才顺讲倒讲《论语》的故事，结果引得大家哄堂大笑，而韩复榘的代表韩多峰的脸涨得通红。

那么，王瑚讲了一个秀才讲《论语》的故事，为什么韩复榘的代表韩多峰会

---

① 吴礼权. 说服力 [M]. 广州：暨南大学出版社，2017：261.
② 吴礼权. 说服力 [M]. 广州：暨南大学出版社，2017：261.
③ https：//baike. baidu. com/item/中原大战/3672？fr = aladdin.
④ https：//baike. baidu. com/item/王瑚/9861800？fr = aladdin.

脸涨得通红呢？因为王瑚作为冯玉祥的代表，不是一个普通的人，他在太原会议这种特定的政治情境下讲故事，就绝对不会是普通自然人的日常闲聊，而是别具深意的政治修辞。事实上，王瑚作为一个政治人，其所讲的故事就是一个高明的政治修辞文本。因为他所讲的故事根本就不存在，是临时即兴杜撰的，是为骂韩复榘度身定做的，主旨是骂韩复榘是顺从蒋介石的龟儿子，同时警告其他各派代表，要想做"好样的爸爸"，就要坚定信念"倒蒋"。但是，王瑚的这层意思没有这样明说。如果明说了，那就如同泼妇骂街，一点政治家与学者的风度都没有了，同时也不利于争取还在摇摆不定中的韩复榘最终加入反对蒋介石的联合阵线中。王瑚的笑话，之所以成为政治修辞的范本，在政坛传为佳话，是因为它既生动风趣，又具有强大的说服力，足以让各派政治势力坚定联合反蒋的决心。[1] 而之所以会产生这种独特的效果，则是因为政治人王瑚适应了当时中原大战一触即发的特定历史情境，准确把握了各方政治势力的心理，创造性地运用双关修辞手法，借所讲故事中的虚拟人物（讲《论语》的秀才）之嘴，以"顺讲"谐音"顺蒋"，"倒讲"谐音"倒蒋"，从而在谈笑间不露声色地表达了自己所主张的政见，既淋漓尽致地展露了自己喜怒好恶的情感，又不失政治人的风度，同时还彰显了学者型政治家优雅风趣的形象。

下面我们再来看一例现代政治人以双关手法建构的政治修辞文本。

"慷慨歌燕市，豪情作楚囚。引刀称一快，不负少年头。"读了这首慷慨激昂的诗，也许你会以为这是革命烈士的诗作，其实不然，这是大汉奸汪精卫早年的豪言壮语。汪精卫在年轻的时候也曾有过革命的举动，并且被捕入狱，在狱中，他写了这首诗。后来他背叛革命，卖国求荣，当了伪中央主席，有人送他一副对联：

> 昔具盖世之才
> 今有罕见之德

（高胜林《幽默技巧大观》[2]）

上述故事，说的是汪精卫在抗日战争期间投敌叛国，成了出卖中华民族利益

① 吴礼权. 说服力［M］. 广州：暨南大学出版社，2017：262.
② 高胜林. 幽默技巧大观［M］. 上海：上海科学技术文献出版社，2002：42.

的汉奸，引起了无数中国正义之士的愤怒。故事中那位给汪精卫送对联以表达痛恨之情的人，就是其中之一。虽然我们不知道这位正义之士究竟是何人，但从他写对联讽刺汪精卫这件事本身，我们就可以了解到他应该是一个关心政治的人，可以算是政治修辞学意义上的政治人。他所写的对联，因为涉及的话题是汪精卫投敌叛国之事，所以其性质就超越了日常修辞的范围，进入了政治修辞的场域。从对联本身分析，它是以双关手法建构的修辞文本，其意是说汪精卫早年是推翻清朝封建王朝、建立中华民国的热血青年，当年策划刺杀清摄政王载沣而入狱，其胆略勇气堪称盖世无双。晚年却失去了民族气节，投敌叛国，成了全体中国人所不齿的败类，是国人痛恨唾弃的汉奸。但是，对联作者却没有用理性的语言把这层意思说得如此清晰，而是经由谐音双关的修辞手法，以"盖世"谐音"该死"（暗指当年汪精卫刺杀清摄政王载沣所犯之罪），以"罕见"谐音"汉奸"（指汪精卫在南京成立伪国民政府公开做汉奸之事），通过中国人最喜爱、最推崇的对联形式，寓调侃于庄重，寄嘲讽于优雅，对汪精卫的一生行事与道德人品予以了彻底的否定，让人不禁为之唏嘘感叹。可见，这副对联作为一个政治修辞文本是极其成功的。

第二节　以留白让人思味

一、留白的修辞功能

留白，是"表达者在特定情境下因不便完整表达其意，而故意吞吐其辞，将所要表达的意思说一半留一半，甚至将最关键的信息也留而不言，但借助特定语境的帮助，又不至于让接受者不可理解"① 的一种修辞手法。以留白手法建构的修辞文本，称为留白修辞文本。

一般说来，以留白手法建构的修辞文本，在表达上颇有一种"此时无声胜有声"、空谷传音倍分明的效果；从接受上看，尽管由于语句表达的一些必要成分

———

① 吴礼权. 现代汉语修辞学 [M]. 4 版. 上海：复旦大学出版社，2020：54.

的省略而增加了接受者文本解读的困难，但接受者依托文本所提供的语境的帮助，对于表达者所省略的部分可以在文本解读时自行补上。而当接受者通过努力补出了表达者在建构文本时所省略的部分而洞悉了整个修辞文本的全真语意后，便会情不自禁地生发出一种文本解读成功的心理快慰，从而加深对修辞文本的理解和印象，并从文本解读中获取了一种审美情趣。① 正因为如此，以留白手法建构的修辞文本，在人们的日常说写实践中时有所见。例如：

鸿渐忽然想起一路住旅馆都是用"方先生与夫人"名义的，今天下了飞机，头昏脑涨，没理会到这一点，只私幸辛楣在走路，不会看见自己发烧的脸……

"孙小姐是不是呕吐，吃不下东西？"

鸿渐听他说话转换方向，又放了心，说："是呀！今天飞机震荡得利害。不过，我这时候倒全好了。也许她累了，今天起得太早，昨天晚上我们两人的东西都是她理的。辛楣，你记得么？那一次在汪家吃饭，范懿造她谣，说她不会收拾东西——"

"飞机震荡应该过了。去年我们同路走，汽车那样颠簸，她从没吐过。也许有旁的原因罢？我听说要吐的——"跟着一句又轻又快的话——"当然我并没有经验"。毫无幽默地强笑一声。(钱锺书《围城》②)

上引文字，是钱锺书小说《围城》中的一个情节，是写方鸿渐与同事孙柔嘉离开国立三闾大学，绕道桂林、香港回上海。两人只在三闾大学订过婚，没办结婚手续，但在路上却以夫妻名义双栖双宿。在香港下飞机后孙小姐呕吐不止，好友赵辛楣为之宴请接风，孙小姐不能去。所以，赵辛楣怀疑孙小姐是否怀孕。③但是，赵辛楣碍于方鸿渐曾是自己同事的面子，不想揭破这层窗户纸，让其尴尬难堪，所以这才以留白手法建构了一个修辞文本："我听说要吐的——当然我并没有经验。"这一修辞文本，由于将所欲表达的关键部分"是怀孕的征兆"予以省略，因而从表达上看，显得含蓄得体，给朋友方鸿渐留够了面子，因为在中国人的传统观念中，女人未婚先孕总是不光彩的。从接受上看，直接接受者方鸿渐

---

① 吴礼权. 现代汉语修辞学［M］. 4 版. 上海：复旦大学出版社，2020：54.

② 钱锺书. 围城［M］. 北京：人民文学出版社，2000：270－271.

③ 吴礼权. 现代汉语修辞学［M］. 4 版. 上海：复旦大学出版社，2020：55.

不难解读出表达者的语意内涵，但能愉快地接受这一表达，且心存感激，因为表达者赵辛楣没有明白地戳破他的西洋镜。间接接受者（小说的读者）也在破解这一修辞文本时获取了一种审美愉悦：感佩表达者的表达智慧，获取自己解读文本成功的快感。① 可见，留白修辞文本的建构，在日常言语交际活动中能够有效避免受交际者的尴尬，减少交际双方可能产生的情感冲突，有利于提升人际沟通的效果，达成言语交际与人际沟通的预期目标。

除了可以有效避免言语交际活动中陷受交际者于尴尬境地的负面效果，留白修辞文本有时还可以避免交际者自陷尴尬的境地，从而有效维护自身的正面形象。例如：

"这是我家！"他说着，跳下车，大声跟他太太说话。他告诉我山坡上那一片是水蜜桃，那一处是苹果。"要是你三月来，苹果花开，哼！"这人说话老是让我想起现代诗。（张晓风《常常，我想起那座山》②）

上述故事中那位台湾司机跟作家张晓风所说的话："要是你三月来，苹果花开，哼！"就是一个以留白手法建构的修辞文本。他真正要表达的意思是："要是你三月来，苹果花开，那真是美得不得了。"如果这样说，于表达而言，当然没有什么问题。但是，从接受的角度看，就给人以自吹自擂的感觉。因为司机夸的是自家的苹果园，而不是别人家的苹果园。中国人自古以来就以谦虚为美德，反对自夸其美。所以，司机选择运用留白修辞手法，将自夸的关键词留而不言，让受交际者张晓风自己意会，是高明的修辞策略。因为把关键词句吞吐留空不说，在表达上显得含蓄婉转，言有尽而意无穷，言简而义丰；在接受上，由于表达者的未竟表达给接受者留足了回味咀嚼的空间，不同的接受者可以根据自己对苹果花开时情景的观察经验展开丰富的联想，在文本接受解读过程中获取更多的审美享受，这就在很大程度上提升了修辞文本的审美价值。③ 如果说者（司机）不将"苹果花开"之后的描述性谓语予以留空，那就会言尽而意尽，丝毫没有令人回味的余地了。作者张晓风之所以非常赞赏司机的表达，事实上正是因为他没有把

---

① 吴礼权. 现代汉语修辞学 [M]. 4 版. 上海：复旦大学出版社，2020：55.
② 张晓风. 常常，我想起那座山 [M]. 天津：百花文艺出版社，1997：46.
③ 吴礼权. 现代汉语修辞学 [M]. 4 版. 上海：复旦大学出版社，2020：56.

话说尽。

其实，不仅现代人喜欢建构留白修辞文本，古人也有此种爱好。例如：

　　莺莺焚香祝拜道："此一炷香，愿亡父亲早升天界。此一炷香，愿中堂老母百年长寿。此一炷香……"（元·王实甫《西厢记·酬韵》①）

上述崔莺莺在神前祝拜的话，其中前两句是为父母祈福的，后一句是为自己祈祷的。为父母祈福的愿望，崔莺莺都明说出来了，但说到自己的心愿时却留空未说，这是典型的留白修辞文本建构行为。根据《西厢记》所写崔莺莺祝祷的情节，我们可以知道她为自己祝祷的心愿是希望婚姻美满。但是，作者却没让她说出来。之所以如此，是因为这一愿望对于一个封建时代的女子来说是不便说出口的，所以作者就让她留空不说了。但读者或旁观者是能从上下文的语境或当时的情境中解读出来的。② 事实上，作者这样描写是高明的。因为作品中的崔莺莺是相府千金，采取委婉含蓄的方式表达自己的婚姻愿望，既符合她"大家闺秀的人物身份，是艺术的真实，也符合生活的真实"③。

日常语言生活与文学创作中建构的留白修辞文本，都属于日常修辞。这些留白修辞文本的建构，一般说来，主要是为了达意传情的婉转含蓄，避免口语交际中直道本心、直言真相可能产生的尴尬，减少交际双方可能有的情感冲突；在文学创作中，则主要是为了提升文学形象塑造的逼真性效果，有助于文学作品审美价值的提升。

二、政治修辞与留白文本建构

政治生活中建构的留白修辞文本，属于政治修辞。从修辞实践的实际来看，虽然政治修辞中建构留白修辞文本也是意在使达意传情显得婉转含蓄，但相比于日常修辞，政治修辞的留白文本建构主要集中于口语表达方面。在政治修辞中，交际者与受交际者在言语互动与沟通中以留白手法建构修辞文本，或是出于维护

---

① 转引自：吴礼权. 现代汉语修辞学［M］. 4 版. 上海：复旦大学出版社，2000：57.
② 参见：吴礼权. 现代汉语修辞学［M］. 4 版. 上海：复旦大学出版社，2000：57.
③ 吴礼权. 现代汉语修辞学［M］. 4 版. 上海：复旦大学出版社，2000：57.

受交际者的面子，避免陷受交际者于尴尬；或是出于维护自身形象，避免自陷尴尬。前一种情况，例如：

　　魏武侯谋事而当，群臣莫能逮，退朝而有喜色。吴起进曰："亦尝有以楚庄王之语，闻于左右者乎？楚庄王谋事而当，群臣莫逮，退朝而有忧色。楚庄王以忧，而君以喜……"武侯逡巡再拜曰："天使夫子振寡人之过也。"（《荀子·尧问》①）

　　上述记载，说的是这样一个故事：魏武侯谋划国家大事，每次都决策得当，群臣没有一个比得上的。为此，魏武侯颇是得意，退朝后不禁面有得色。吴起见之，便进谏说："不知道大王有没有听左右说到过楚庄王的事。昔日楚庄王为天下霸主，谋划大事没有不得当的，群臣没有一个人可比的。为此，楚庄王深以为忧，退朝后面有忧色。楚庄王引以为忧的事，大王您却引以为喜……"魏武侯听懂了吴起的话，立即对吴起施礼说："感谢上天厚爱，使寡人得以有先生指正纠错。"

　　这个故事中的魏武侯是三家分晋后魏国的第二位君主，也是将魏国百年霸业推向一个高峰的有为之君。故事中的吴起，就是战国时代著名的政治家、军事家吴起。曾事魏文侯而为魏国主将，多次大败秦军，帮助魏国夺得秦国河西之地，并设立河西郡，成为魏国第一任河西郡守。魏武侯时为魏国主将，又大败齐国之师。后来，投楚而为楚王令尹，帮助楚悼王进行政治改革，使楚国迅速富强起来。可见，故事中的魏武侯与吴起都是有作为的政治人物，属于政治修辞学意义上典型的政治人。吴起进谏提醒魏武侯的话，事涉魏武侯为君之道，是典型的政治话题。因此，吴起进谏所具有的政治修辞的性质就非常明显了。

　　从语言表达的角度看，吴起进谏魏武侯的话——"亦尝有以楚庄王之语，闻于左右者乎？楚庄王谋事而当，群臣莫逮，退朝而有忧色。楚庄王以忧，而君以喜"，是一个表意未尽的文本。按照语义逻辑，后面还应有一句："臣窃惧矣。"（或"臣窃以为过矣"）然而，吴起却将此语义逻辑上应有之句留空不出，这明显是一种政治修辞行为，是为了维护魏武侯的国君体面，避免其尴尬，才运用留白

---

　　① 转引自：沈谦. 修辞学 ［M］. 台北：空中大学，1995：667.

手法建构修辞文本，使达意传情尽可能显得婉转含蓄，让魏武侯自己思而得之。从故事交待的结果看，吴起的政治修辞是成功的。因为事实上魏武侯听懂了他的话，并主动认错了。不过，应该指出的是，魏武侯虽然向吴起认了错，但在情感情绪上却没有不愉快，反而因为展现了从谏如流的雅量而为自己树立了一个明君的正面形象。而这一切，都是吴起作为政治人通过建构留白修辞文本而得以实现的。如果像《吴子·图国篇》的文字记载，"此楚庄王之所以忧，而君说之，臣窃惧矣"，按照逻辑语义补足相关内容，将话说尽，那么"语气虽完整，却难以想见武侯急忙认错的神情，不但文句比不上荀子紧凑，而且精神全失"①。从政治修辞学的视角来看，吴起就不像是一个成熟的政治人了。因为这样的表达没有给魏武侯留任何体面，而且言尽意尽，还有损其英明睿智的君主形象。可见，吴起的政治修辞是具有高度技巧的，是成功的政治修辞范本。

关于政治修辞的后一种情况，我们也来看一个具体的例子：

正月，诸侯及将相相与共请尊汉王为皇帝。……汉王三让，不得已，曰："诸君必以为便，便国家。"甲午，乃即皇帝位氾水之阳。（汉·司马迁《史记·高祖本纪》②）

上引《史记》所记，说的是这样一个历史事实：刘邦被楚霸王项羽封为汉王的第五年（公元前 202 年），刘邦与项羽的势力消长发生了逆转。刘邦与各路诸侯联合进兵，共击楚军，跟项羽在垓下决战。最后，项羽兵败而不肯过乌江，乃自刎而死。这年正月，各路诸侯将相一起商议，准备共推刘邦为天下之主，尊其为皇帝。刘邦假装谦逊，再三推辞，最后迫不得已，对众人说道："诸位如果一定认为这样有利于国家……"二月甲午日，汉王刘邦便在氾水之北登上了皇帝之位。

众所周知，刘邦秦末起兵，本来就是志在得天下。如果他无此心，在被楚军追杀时就绝不会做出为自己活命而将女儿推下车的事，在项羽要烹杀其父以为要胁时也不会说出"吾翁即若翁，必欲烹而翁，则幸分我一杯羹"这样无人性的话。然而，当项羽已死，诸侯及其将相要共尊他为皇帝时，他却再三推辞了。很明显，这不是真话，不能视为普通人的日常修辞，而应视为政治人的政治修辞。

① 沈谦. 修辞学［M］. 台北：空中大学，1995：667.
② 司马迁. 史记［M］. 北京：中华书局，1982：379.

否则，就误解了其真意本心。事实上，刘邦是一个老谋深算的政治人物，他推辞不肯做皇帝的话是一个典型的政治修辞文本。从句法结构的角度看，刘邦所说的"诸君必以为便，便国家"，是个条件复句。但是，这个条件复句只提出了前提条件，没有说出在此前提条件下的结果，是一个残缺的复句。如果按照逻辑语义将意思表达完整，这句话应该是："诸君必以为便国家，吾则从之。"用今天的大白话来说，就是"诸位如果一定认为我做皇帝有利于国家，那么我就即皇帝位"。不过，如果这样说了，那么刘邦的内心世界就全部暴露了，先前的多次推辞也就证明都是虚情假意的了。这样，势必对他的政治人格与形象非常不利，对他今后做皇帝立威立信于世也非常不利。所以，为了避免直道本心想做皇帝的尴尬，同时也是为了树立自己谦谦君子的形象，刘邦选择了留白修辞手法，将最关键的后半句"吾则从之"予以留空不说，让诸侯将相们自己思而得之。从政治修辞学的角度来看，刘邦的这一政治修辞策略是非常高明的。因为这样的表达，既能显现他谦逊的品德，又能给手下人以更多猜测想象的空间。做领导的要有一种本事，就是让属下猜自己的心思，而且越是猜不透，他的地位就会越高越稳固。如果做领导的被属下看透了一切，就不可能有什么神秘感了，属下就不会对他心存畏惧。而属下对他不心存畏惧，他的位置如何还能坐得稳？作为交际者，刘邦的这半句还有一个妙处，就是这半句话作为推论，前提是以国家利益为借口的，这样就更能遮掩刘邦想当皇帝的真实内心世界。给人的感觉是，他做皇帝是为国为民，而非为他自己。这种冠冕堂皇的理由，岂能不更有迷惑性？[①] 由此可见，刘邦最终能在秦末群雄逐鹿天下的竞争中胜出，能够如愿以偿地当上大汉王朝的开国皇帝，实在是有其必然性的。

第三节　以设彀循循善诱

一、设彀的修辞功能

设彀，是"交际者在会话中故意预设语言圈套，诱导受交际者按自己预设的

① 参见：吴礼权. 言语交际与人际沟通［M］. 2版. 广州：暨南大学出版社，2016：306－307.

语言目标说出交际者想说的话或顺势推出自己想说的话"① 的一种修辞手法。以设彀手法建构的修辞文本，称为设彀修辞文本。

从修辞实践的经验来看，以设彀手法建构的修辞文本，在表达上大多婉转含蓄，且别具一种幽默诙谐的机趣。正因为如此，古往今来这种修辞文本的建构都很常见。例如：

一家延师，供饭甚薄。一日宾主同坐，见篱边一鸡，指问主人曰："鸡有几德？"主曰："五德。"师曰："以我看来，鸡有七德。"问为何多了二德，答曰："我便吃得，你却舍不得。"（清·游戏主人《笑林广记》②）

上引这则笑话，说的是这样一个文人的故事：一个东家延师课子，却对所延之私塾先生甚不恭敬，饭食招待甚差。先生虽是孔孟之徒，碍于读书人的面子不好表达不满之情，但时日久了，最终还是没能忍住。一天，东家与私塾先生同坐闲聊。先生见到篱笆边主人家的一只鸡，突然来了灵感，便指着鸡问东家道："鸡有几德？"东家也是读书人，知道私塾先生所说的典故，便脱口而出道："鸡有五德。"先生笑了笑，说道："依我看来，鸡有七德。"东家不理解，反问先生为何多出了二德。先生从容答道："我便吃得，你却舍不得。"这一下，东家终于恍然大悟，明白了先生指鸡而问的用意。

从故事所提供的特定情境，我们可以清楚地看出，私塾先生指鸡而问是"有所为而为"的，意在向东家提出要吃鸡以改善膳食的要求。但是，碍于圣人"谋道不谋食"的教诲，不想丢了读书人的体面，不便直道本心，跟东家明说出来。为了达到既能吃到鸡，又不丢自己的面子，私塾先生找到了一个很好的修辞策略，这就是通过与东家的闲话家常，预设语言圈套，指鸡而问："鸡有几德？"其目的是要引诱东家说出"鸡有五德"的答案。"鸡有五德"是个典故，出于《韩诗外传》卷二："君独不见夫鸡乎，首戴冠者，文也；足傅距者，武也；敌在前敢斗者，勇也；得食相告，仁也；守信不失时，信也。鸡有此五德，君犹日瀹而食之者，何也？"是说鸡有"文""武""勇""仁""信"五德。如果东家不是读书人，不知道这个典故，就回答不出"鸡有五德"。事实上，私塾先生了解东

---

① 吴礼权. 传情达意：修辞的策略［M］. 长春：吉林教育出版社，2004：209.
② 转引自：吴礼权. 传情达意：修辞的策略［M］. 长春：吉林教育出版社，2004：211.

家的背景，知道他能回答出来。正因为如此，他下面的借题发挥才有可能进行下去，顺着东家的回答提出一个错误的命题"以我看来，鸡有七德"，引诱东家提出质疑，然后在释疑中自然而然地将所要表达的意思说出来，这就显得自然而然。可见，私塾先生通过设彀手法建构修辞文本来表情达意是非常高明的，其效果也是非常明显的。因为这一修辞文本，在表达上，新颖生动，婉约自然，凸显了一个古代中国知识分子"求美食"而不失身份的智慧和优雅风度，令人叹服；在接受上，"德""得"的突转，出人意表，耐人寻味，使直接接受者（东家）十分尴尬，使间接接受者（读者）忍俊不禁，既益智又开怀。①

中国文人擅长设彀修辞文本的建构，西方人在此方面也有所长。下面我们来看一个西方幽默大师建构的设彀修辞文本：

在一个晚会上，萧伯纳正在专心地想他的心事。坐在旁边的一位富翁不禁感到好奇，就问道："萧伯纳先生，我愿出一块美元，来打听你在想什么？"

萧伯纳回答说："我想的东西不值一块钱。"

富翁更加好奇了："那么，你究竟在想些什么呢？"

萧伯纳幽默地答道："我在想着您啊！"（王玮《中外幽默小品选》②）

上引这则故事，讲的是爱尔兰剧作家与幽默大师萧伯纳讽刺商人的语言智慧。众所周知，商人与文人似乎是一对天敌，文人看不起商人满身的铜臭味和唯利是图、奸诈无文的德行，商人又非常看不起文人的清高自大和穷酸掉文的做派，这似乎是通行于世界的普遍现象。正因为如此，才会有上述那位富翁与萧伯纳的一番口水战。③客观地说，这场口水战本不该发生。因为萧伯纳作为一个作家在晚会上陷入沉思，出现走神的情况，是所有从事脑力劳动的人都经常有的现象。那位富翁对此不了解，生出好奇之心而想打听，也是人之常情。不过，富翁若是抱持正常人的心态，按照正常人的思维询问："萧伯纳先生，怎么参加晚会还思考问题呢？不知道是否可以请教一下，您现在到底在想什么重要的事呢？"那么，即使萧伯纳再不近人情，也不会刻薄到开口就要骂人的地步。即使是打心

---

① 参见：吴礼权. 传情达意：修辞的策略［M］. 长春：吉林教育出版社，2004：212.

② 转引自：吴礼权. 传情达意：修辞的策略［M］. 长春：吉林教育出版社，2004：210.

③ 参见：吴礼权. 传情达意：修辞的策略［M］. 长春：吉林教育出版社，2004：210.

眼里讨厌富翁，不愿回答他的问题，也会礼貌地敷衍他几句的。然而，富翁突破了人情世故的底线，千不该万不该碰触了文人的大忌，说出"萧伯纳先生，我愿出一块美元，来打听你在想什么?"这样不近人情的话，让萧伯纳觉得是在侮辱他的人格。正因为如此，萧伯纳的反击虽然近乎刻薄，但仍然能够赢得人们的同情与认同，这恐怕也是这则故事在世界上广为流传的原因。

除了上述原因，让人们在情理上认同萧伯纳之外，还有一个直接原因，就是萧伯纳的表达智慧，也是令人感到特别敬佩的。对于富翁恃富傲人的挑战，萧伯纳没有直言反讽，而是运用设彀修辞手法，先预设了一个语言圈套——"我想的东西不值一块钱"，勾起富翁的好奇心，让其顿时兴味盎然，进一步追问下去："那么，你究竟在想些什么呢?"然后再顺水推舟，释出答案："我在想着您啊!"这样，不仅使表意显得婉约含蓄，无情地嘲弄了富翁，而且还借此彰显了文人的表达智慧与温文尔雅的风度。富翁作为受交际者，根据其跟萧伯纳谈话的上下文语境，虽然很容易推理出萧伯纳极其恶毒的嘲弄挖苦之义，但也只能像是哑巴吃黄连而有苦说不出，又像是吃进苍蝇一样感到无比恶心，但又无法吐出来。这就是萧伯纳运用设彀手法建构修辞文本的魅力所在，也是他绅士式骂人的幽默艺术所在。

二、政治修辞与设彀文本建构

其实，古今中外交际者以设彀手法建构修辞文本，不仅是为了表意婉转含蓄，减少对受交际者的情感情绪刺激，避免其尴尬，从而彰显交际者的优雅风度与君子形象，而且还可能有更重要的目标追求。比如，在政治修辞的情境下，作为政治人的交际者，与日常修辞情境下的交际者（自然人）不同，他们以设彀手法建构修辞文本，在多数情况下不是通过婉约含蓄的表意彰显自己优雅的风度与君子形象，或是制造幽默而娱乐他人，而是意在通过婉约含蓄的表达，最大程度地消解受交际者可能产生的负面情感情绪，从而实现其政治修辞的预期目标。例如：

> 大叔完聚，缮甲兵，具卒乘，将袭郑。夫人将启之。
> 公闻其期，曰："可矣!"

命子封帅车二百乘以伐京。京叛大叔段，段入于鄢，公伐诸鄢。

五月辛丑，大叔出奔共。……

遂寘姜氏于城颍，而誓之曰："不及黄泉，无相见也。"

既而悔之。

颍考叔为颍谷封人，闻之，有献于公，公赐之食，食舍肉。

公问之，对曰："小人有母，皆尝小人之食矣，未尝君之羹，请以遗之。"

公曰："尔有母遗，繄我独无！"

颍考叔曰："敢问何谓也？"

公语之故，且告之悔。

对曰："君何患焉？若阙地及泉，隧而相见，其谁曰不然？"

公从之。公入而赋："大隧之中，其乐也融融！"姜出而赋："大隧之外，其乐也泄泄。"遂为母子如初。(《左传·隐公元年》)①

上引《左传》的历史记载，说的是这样一个故事：春秋时代，郑国的武公娶了中国的姜姓女子为妻，号为武姜。武姜为郑武公生了两个儿子，一个就是后来继郑武公之位的长子郑庄公，另一个就是小儿子段。武姜对于这两个亲生的儿子有着截然不同的态度，特别溺爱小儿子段，而讨厌大儿子郑庄公。武姜之所以讨厌郑庄公，是因为她在生郑庄公时是"寤生"（即"逆产"），让她受了惊，受了苦。所以，从此就讨厌郑庄公，而将全部的爱都给了小儿子段。郑庄公继位为郑国之君后，武姜就为小儿子段讨要最为重要的制邑为封地，郑庄公没同意。武姜又为小儿子段请求改封京邑，郑庄公同意了。所以，段又被称为京城大叔。段被封京邑后，违背规制扩建城墙。后来，又侵占郑国西北边邑属于郑庄公的地方，要求与之共有。虽然遭到了郑庄公臣下的反对，但郑庄公也迁就同意了。不久，段又将与郑庄公共有的边邑占为己有，并延伸到另外一个地方。但是，郑庄公仍然迁就了段。最终，段暗中完成了城墙的修筑、粮草的储备、铠甲与武器的制造、战车与士兵的配备，准备袭击郑国的国都。武姜不仅不阻止，还与段共谋，商量好届时替他打开国都城门，以作内应。郑庄公获得段袭击国都的具体时间后，对心腹之臣说道："这次可以收拾段了！"于是，命令子封率领战车二百辆，

---

①　左丘明. 春秋左传［M］. 大连：大连出版社，1998：2.

先发制人，前往京邑征讨段。京城之众纷纷背叛，段只好弃城而逃，蹿到鄢地。郑庄公又派兵追击段到了鄢。五月辛丑日，段逃到了共。所以，历史上又称他为共叔段。郑庄公驱逐了段之后，一气之下将其母武姜逐出国都，安置于城颍，并且跟她发誓说："不到黄泉，都不要见面了！"但不久之后，郑庄公就后悔了，觉得这样太绝情了，对自己的国君形象不好。然而，说出去的话，就像泼出去的水，再也无法收回了。郑国的大夫颍考叔是郑国边邑颍谷的边境管理之官，听说了郑庄公逐母之事后，觉得不妥。于是，便借口向郑庄公进献物品，请求晋见。郑庄公不仅见了颍考叔，而且还赐了他饭食。但是，颍考叔只吃了饭，而把肉留着。郑庄公不解，就问他原因。颍考叔回答说："小人家有老母，我孝敬她的食物都吃过了，但还没有尝过国君您赏赐的肉。所以，小人请求国君让我将这肉带回去孝敬她。"郑庄公听了，不禁感慨系之，喟然长叹道："你有母亲可孝敬，而寡人却恰恰没有！"颍考叔立即追问道："敢问国君，您这话是什么意思？"郑庄公便将驱逐武姜的事情和盘托出，并表达了后悔之意。颍考叔听了，脱口而出道："国君何必为此而忧虑呢？如果您掘地而见泉水，再挖一条隧道在里面母子相见，那么天下谁能说您言而无信呢？"郑庄公觉得颍考叔的主意非常好，立即采纳。最终，郑庄公与武姜在隧道相见。郑庄公进入隧道，赋诗道："大隧之中，母子相见，其乐融融！"武姜走出隧道，感慨不已，亦赋诗道："大隧之外，母子如初，其乐泄泄！"从此，母子关系如初。

　　从上述故事情节来看，颍考叔虽然仅仅是个边邑小官，不算什么朝廷重臣，却是一位很有政治头脑的人，深知一国之君理应为万民的表率、孝子贤孙的榜样。所以，当他得知郑庄公逐母之事，便找了一个借口，以进献物品之名晋见，以期寻求机会进谏郑庄公，让他收回逐母成命，恢复母子关系。事实上，颍考叔做到了，因此名垂青史。可见，颍考叔是一个成功的政治人，他进谏郑庄公的一番话是成功的政治修辞。

　　那么，作为一个政治人，颍考叔又是如何达成其政治修辞的预期目标的呢？根据《左传》记载的颍考叔跟郑庄公对话的上下文语境，我们可以清楚地见出，作为交际者的政治人颍考叔创造性地运用了设彀修辞手法，利用郑庄公赐食之机，故意做出"食舍肉"的举动，引诱受交际者郑庄公疑惑而问，将话题巧妙地引到母子关系上，由此自然而然地将话题切换到谏劝郑庄公请回其母武姜的终极目标上，并通过"偷梁换柱"的方式，对"不及黄泉"的逻辑语义进行了重新阐释，从而帮助郑庄公打破了先前跟其母武姜约誓的语言魔咒，由此顺利地"暗度陈仓"，实现了其政治修辞的预期目标，既达到了自己进谏郑庄公的目的，又在事实上帮助郑庄公解决了为国之君、为人之子的双重难题。

春秋战国时代，是中国历史上政治最为混乱、社会最为动荡的时期，同时也是各种人才辈出的时期。不仅思想界、学术界群星璀璨，政治界也是智者如云。当时的政治舞台上，不仅有无数的男人纵横捭阖、叱咤风云，甚至名不见经传的民间女子也能一展长才，以高超的政治修辞技巧，开创其辉煌的人生。下面我们就来看一位战国时代的丑女如何凭借其政治修辞的作为，最终成为名垂青史的人物。

齐有妇人极丑，号曰无盐女。白头深目，长壮大节，卬鼻结喉，肥项少发，折腰出胸，皮肤若漆。行年三十，无所容入。

于是乃自诣宣王，曰："妾，齐之不售女也。闻君王之圣德，愿备后宫之扫除。"

谒者以闻。宣王方置酒于渐台。左右闻之，莫不掩口而笑。曰："此天下强颜女子也。"

于是，宣王乃召而见之。但扬目衔齿，举手拊肘，曰："殆哉！殆哉！"

如此者四。

宣王曰："愿遂闻命。"

对曰："今大王之君国也，西有衡秦之患，南有强楚之雠。外有二国之难，内聚奸臣，众人不附。春秋四十，壮男不立。故不务众子而务众妇，尊所好而忽所恃。一旦山陵崩弛，社稷不定，此一殆也。渐台五重，黄金白玉，翡翠珠玑，莫落连饰，万民疲极，此二殆也。贤者伏匿于山林，诌谀强进于左右，邪伪立于本朝，谏者不得通入，此三殆也。酒浆沈湎，以夜续朝。女乐俳优，从横大笑。外不修诸侯之礼，内不秉国家之治，此四殆也。故曰殆哉殆哉。"

于是，宣王掩然无声，喟然而叹曰："痛乎，无盐君之言！今乃一闻寡人之殆，几不全也。"

于是，立毁渐台，罢女乐，退诌谀，去雕琢，选兵马，实府库，招进直言，延及侧陋。择吉日立太子，拜无盐以为王后。而齐国大安。丑女之功也。（《群书

治要》卷四十二①)

　　上引历史记载，说的是这样一个故事：战国时代，齐国有一个容貌奇丑的女子，号称"无盐女"。无盐女的头长得就像一个石臼，眼睛深陷，身体壮实，大胳膊粗腿，高鼻子，大喉结，脖子短粗，头发稀少，弯腰鸡胸，皮肤黑得像油漆。年届三十，没有一个男人肯娶。虽然如此，但无盐女并不自卑。一般男人不欣赏她，她就径直前往国都晋见齐宣王，请王宫谒者（即传达官）转告齐宣王说："臣妾是齐国一个嫁不出去的女人。听说大王是圣德之君，所以希望嫁给大王，给大王打扫打扫后宫也行。"谒者将无盐女的原话如实禀告了齐宣王。此时，齐宣王正置酒于渐台，要跟宠幸之臣饮酒行乐。齐宣王听了谒者的话还没反应过来，左右之人早已掩口而笑。有人甚至跟齐宣王直言道："这是天下脸皮最厚的女人！"没想到，齐宣王一听，反倒来了兴趣，想看个究竟。于是，立即命谒者传召无盐女。无盐女见了齐宣王，却一句话都不说，只是张大眼睛，咬着牙齿，举起手抱着胳膊肘儿。最后，说了四个字："殆哉！殆哉！"（意谓："危险呀！危险呀！"）一连说了四次。齐宣王一听，虽觉得莫名其妙，但更有了兴趣。于是，让她近前，跟她说道："寡人愿闻其详。"无盐女回答道："现在大王治下的齐国，西面有实行'连横'之策的强秦之患，南面有虎视眈眈的世仇楚国。外有秦楚两大劲敌，随时都有举兵加祸于我之难；内有奸佞小人成群，君臣离心离德，国家没有凝聚力。大王年已四十，至今还未给成人的王子应有的名位。大王不致力于王储的教育培养，而一意用心于美妇艳姬的罗致收纳；只重视自己亲近的人，而忽视应该依靠的人。这样下去，一旦哪天大王弃万民而离人世，国家一定大乱，这是危险之一。大王修筑渐台五层，黄金白玉、翡翠珠玑等珍宝装饰到处可见，劳民伤财，让万民疲惫已极，这是危险之二。而今齐国的贤能之士都隐匿于山林民间，诌媚奸谀之流簇拥于大王左右，奸邪饰伪之人充斥于朝廷，正言直谏之士不得尽忠于大王之前，这是危险之三。大王整天不理朝政，沉溺于美酒琼浆，夜以继日；歌女舞姬环于前，俳优弄臣绕于后，恣意纵横，开怀大笑。外不结交诸侯，敦睦邦谊；内不整顿朝纲，富国安民，这是危险之四。所以，臣妾连说了四次'危险呀！危险呀！'"齐宣王听到这里，终于恍然大悟，深感惭愧，默然无

---

　　① 转引自：吴礼权. 说服力［M］. 广州：暨南大学出版社，2017：172－173.

声。沉默了好久，这才喟然而叹说："无盐君的话说得太痛心了！寡人这是第一次听到寡人所面临的危险。寡人的危险，几乎到了不能保全自己的地步呀！"于是，齐宣王立即下令拆毁渐台，罢去歌舞女乐，屏退谄谀小人，不用雕花镂彩的奢侈之器，精选兵马，充实国库，招贤纳士，重用正言直谏之臣，延伸而及左右位卑之人。选定良辰吉日，册立太子，封无盐女为王后。从此，齐国大治，国富民安。这都是丑女无盐之功。

从上述故事所叙之情节，我们可以清楚地见出，无盐女是一个民间女子，因为长得奇丑，连嫁人都成问题。但是，她"位卑未敢忘忧国"，人微而志大，竟有干禄于齐宣王之想。正是因为有远大的志向，她才在进谏齐宣王的特定情境下临时获得了政治人的角色身份，她的"四殆"之说也成了典型的政治修辞文本。中国自古有一句话，叫"英雄不问出处"。从无盐女的事迹来看，此言不虚。按常理，无盐女长得奇丑无比，应该自惭形秽。不要说应该自暴自弃，最起码也应该有自知之明，安于现状，面对现实，安之若素。但是，她突破了常人的正常思维，要将最劣质的产品卖出最高的价位，嫁不了人，过不上正常人的生活，那就参与政事，治国安邦。客观地说，这是异想天开，是不现实的。但是，无盐女却有变不现实而为现实的智慧。这从她谋定而后动的三步策略就可清楚地见出。第一步，为了实现晋见齐宣王的目标，她前去叩王室之门，对谒者不直言求见齐宣王是为进谏，而说是为了求婚。这大大突破了谒者的思维模式，让其顿生想看热闹的好奇之心，情不自禁间有了一种突破宫规的情感冲动。事实上，谒者正是因为没有遏制住自己的情感冲动，才破例为无盐女通报了齐宣王。不然的话，他照章办事，一句话就挡掉了无盐女的请求，让她无法实现晋见齐宣王的梦想。而见不到齐宣王，自然也就不能实现其进谏齐宣王的预期目标。第二步，见到齐宣王后，无盐女先是故意不说话，而是"扬目衔齿，举手拊肘"，让齐宣王感到莫名其妙。待到齐宣王的全部注意力都集中到她的身上时，她才开口说话，而且只说四个字："殆哉！殆哉！"然后，再重复三次。这样，一共说了四次："殆哉！殆哉！"至此，无盐女的语言圈套全部布置停当。第三步，当齐宣王说出"愿遂闻命"时，正式进谏的时机也就到了。于是，"四殆"的陈述便水到渠成了。

纵观无盐女进谏齐宣王的整个政治修辞过程，大致可以分为四个部分：以求婚为名请求谒者通报，是序曲；见了齐宣王不说话，而只是"扬目衔齿，举手拊肘"，是入场；待到齐宣王感到困惑时，连说四次"殆哉！殆哉！"是清嗓；齐宣王说出"愿遂闻命"后，进行"四殆"陈述，则是正式开唱。第一、二部分，是以行为艺术为后续的设彀修辞文本建构创造条件，第三、四部分，才是正式的设彀修辞文本建构。连说四次"殆哉！殆哉！"是造疑，就像围猎活动中的布网动作，"四殆"陈述是释疑，就像围猎活动中的收网动作。从语言表达的角度看，无盐女进谏的过程有些复杂，似乎太费事了，不如省略第一至第三部分，直接进入第四部分，开门见山地跟齐宣王将"四殆"的内容讲出来。这样，更符合"语言经济"的原则，在第一时间就把进谏的意思讲清楚、说明白，既少费了自己的口舌，又节省了齐宣王的时间。不过，应该指出的是，如果真的如此，从接受效果的视角来看，就彻底失败了。因为这样直道本心的进谏，表达太过直白，会拂逆接受者齐宣王的心意，很容易使其产生抵触情绪，进而排斥其说辞。这样，就欲速则不达，影响进谏预期目标的顺利实现。事实上，无盐女的聪明之处，就在于早就洞悉了齐宣王的心理，这才费尽心机地设计了一场大戏，有序曲，有入场，有清嗓，有开唱，从而一气呵成，天衣无缝地完成了这场政治修辞的戏码，通过创造性地运用设彀手法建构"四殆"修辞文本，不仅顺利实现了进谏齐宣王的政治修辞预期目标，而且还"打兔得獐"，意外地成就了自己无法实现的婚姻梦想，做了齐宣王的王后。之所以说是"打兔得獐"，是因为无盐女求见齐宣王的本意根本就不在婚姻，求婚只是一个借口，是她求见齐宣王得以成功的一种奇谋妙策。只是因为无盐女实在是智慧过人，其政治修辞的技巧非常高明，最终是兔獐并获，既完成了进谏齐宣王的初衷，又意外地收获了个人的幸福，堪称古今中外历史上绝无仅有的政治修辞高手。

下面我们再来看一位中国古代的政治修辞高手。他虽然政治站位没有无盐女高，不是出于忠君爱国的宏大理想，而是为了向皇帝讨要应得的官位，但其政治修辞的技巧同样值得我们赞赏。

太祖尝面许张思光（融）为司徒长史，敕竟不下。

张乘一马甚瘦，太祖见之，问曰："卿马何瘦？给粟多少？"

张曰："日给粟一石。"

上曰："食粟不少，何瘦如此？"

张曰："臣许而不与。"

明日即除司徒长史。(明·何良俊《语林·排调第二十七》①)

上引记载，说的是这样一个故事：南朝齐太祖萧道成，跟朝臣张融（即张思光）关系颇是亲密。一次，二人闲聊，说得高兴，萧道成一时兴起，随口许诺要给张融加官晋爵，拜他为司徒左长史。张融听了当然非常高兴，于是就等着皇上正式颁诏授官。可是，左等右等，好久都没有任何下文。张融虽然心里不爽，但碍于萧道成是皇上，自己是有格调的读书人，所以，既不能去跟萧道成讲道理，也不好直言提醒萧道成兑现诺言。最后，张融想到了一个办法。他先买了一匹瘦骨伶仃的老马放在自家马厩里，待到萧道成召见时，他就骑着这匹瘦马去了。萧道成一见张融的马，就觉得奇怪，于是便问他说："张爱卿，你的马怎么这么瘦呢？你每天喂它多少食料啊？"张融不假思索，脱口而出道："每天给粟一石。"萧道成听了，更加奇怪了，又问道："吃的不少啊，那为什么还这么瘦呢？"张融又是脱口而出，说道："臣是许诺每天给它一石粟，实际上并没有给它吃什么。"萧道成听到这里，终于恍然大悟，明白了张融的用意。于是，第二天，就兑现了诺言，授予张融司徒左长史之位。

从上述故事情节，我们可以清楚地见出，张融不是一般人。不然，他也不敢而且也不能向齐太祖萧道成讨官要官。事实上，张融确实是一个不同寻常的人。史载，张融字思光，是南朝宋齐间著名的才子，他的身世与经历都相当的显赫与不平凡。他出身南朝吴郡世族，乃南朝刘宋时会稽太守张畅之子。初仕刘宋朝为封溪令，后举秀才，对策中第，为尚书殿中郎，不就，改为仪曹郎。不久奔叔父丧而得罪免官，后复摄祠部、仓部二曹。入齐，官拜黄门郎、太子中庶子、司徒左长史等职。其人形貌短丑，行止怪诞。初出仕为封溪令时，路经嶂岭，为獠贼所执，将杀食之，他竟然神色不动，作《洛生》咏，獠贼怪而异之，终未加害。又有一次，浮海至交州，遇大风，不仅毫无惧色，而且自咏"干鱼自可还其本乡，肉脯复何为者哉"，又作《海赋》。除了胆识过人，还才情过人，于清谈、佛学、书法等方面都有过人的造诣，尤其擅长草书，并为此而得意。有一次齐太祖萧道成跟他说："卿书殊有骨力，但恨无二王法。"他竟回答道："非恨臣无二王法，亦恨二王无臣法。"又常叹息："不恨我不见古人，所恨古人不见我。"萧道

---

① 转引自：吴礼权. 言语交际与人际沟通［M］. 2版. 广州：暨南大学出版社，2016：218.

成曾笑言:"此人不可无一,不可有二。"①

由上述张融的背景介绍,我们可以清楚地看出,张融不是普通的自然人,而是一个典型的政治人。他跟齐太祖的对话内容事涉个人官职问题,似乎无关政治,实则不然。因为齐太祖萧道成不是普通人,而是皇帝。按照中国封建时代的政治规约,皇帝是金口玉言,言出必行,这有关皇帝的诚信问题,也事涉君威问题,是严肃的政治问题。萧道成跟张融私下闲聊时,随口许诺给他加官晋爵,张融可以当真,也可以不当真。不当真,就是视萧道成为普通朋友,他的许诺可以当作是玩笑;当真,就是视萧道成为皇帝,他的许诺必须兑现。从上述故事情节看,张融显然是将萧道成说的话当真了,是将萧道成视为九五之尊、言出必行的皇帝,而不是普通的朋友。因此,他有理由要求萧道成兑现诺言,维护自己的合法权益。虽然从道理上来说,张融这样想是对的。但是,真正实践起来还是存在困难的。因为张融作为萧道成的臣下,要实现讨官要官的预期目标,事实上存在两难:一是皇帝的权威神圣不可侵犯,作为臣下不能跟皇帝讲道理,更不能得理不饶人。因此,直接跟萧道成讨官,事实上是不现实的,也是不得体的。二是自己是读书人,而且还是一个自视甚高的名士,不能因为要升官连读书人的自尊与体面也不要了。不过,张融最终破解了这两大难题,通过运用设彀手法,巧布语言陷阱,引萧道成自投罗网,令其不得不在维护自身皇帝权威与诚信的自我定位要求下,主动兑现先前对张融的封官之诺。

客观地说,张融向萧道成讨要司徒左长史的官位,本质上就是逼宫。但是,由于张融智慧过人,创造性地铺设了运用设彀修辞手法建构修辞文本的基轨(买好瘦马准备在萧道成召见时作为话题诱饵),遂使逼宫披上了温情脉脉、温文尔雅的面纱,使被逼宫的受交际者齐太祖完全没有情感上的不快,反而觉得交际者张融给了他面子。因为张融不把话挑明了说,既可以理解为是给萧道成面子,也可以理解为他相信萧道成作为一个皇帝的智商,同时也借此展现了自己的智慧,让萧道成不得不打心眼里感激他、佩服他。可见,张融确是一位高明的政治人,其政治修辞的水平堪称一流。

众所周知,自古以来中国的文人并不都是把官位高低看得很重的。事实上,真正的文人传统是鄙视做官与从政的。张融向萧道成讨官要官之事,之所以被中

---

① 参见:吴礼权. 言语交际与人际沟通 [M]. 2 版. 广州:暨南大学出版社,2016:219.

国古代文人传为佳话，主要原因恐怕不在张融讨官要官这件事上，而是指向张融讨官要官的政治修辞智慧。

第四节　以呼告拉近距离

一、呼告的类别及其修辞功能

呼告，是一种在虚拟语境或现实语境中交际者直接称名呼告受交际者的修辞手法。以呼告手法建构的文本，称为呼告修辞文本。

以往的修辞学者对呼告这种修辞手法的认识，多停留在虚拟语境的层面，没有考虑到现实语境的层面。因此，通常将呼告分为"比拟呼告"与"示现呼告"两类。如陈望道对呼告的定义是："话中撇了对话的听者或读者，突然直呼话中的人或物来说话的，名叫呼告辞。呼告也同比拟和示现一样发生在情感急剧处，而且常常带有比拟或示现的性质。如有必要，不妨随它带有的性质分为比拟呼告和示现呼告两类。"① 其实，在现实语境层面，还有一种呼告，那就是交际者与受交际者在对话中直呼对方名姓，我们可以称之为"直面呼告"。

比拟呼告，在现实生活中很常见。如果我们稍微留心一下，就会发现，在日常生活中，比拟呼告的修辞文本非常普遍。比方说，我们常常可以听到一些孩子跟小狗、小猫说话："小狗，过来过来，跟我玩会儿吧！""小猫，别调皮了，别把我的宝贝弄坏了！""小鸟，小鸟，你快下来歇会儿，别飞了！"这些在成人听来觉得十分可笑的话，其实就是典型的以比拟呼告手法建构的修辞文本。因为说这些话的孩子都是将非人类的动物当成了人类，是一种自然状态下的物我一同的移情心理状态的呈现，属于比拟修辞行为。

除了现实语境中有比拟呼告修辞文本的建构，在文学作品所构拟的虚拟语境中，比拟呼告修辞文本的建构也较为普遍。例如：

---

① 陈望道. 修辞学发凡［M］. 上海：上海教育出版社，1997：126.

……李绮笑着接了钓竿儿，果然沉下去就钓了一个。然后岫烟来钓着了一个，随将竿子仍旧递给探春，探春才递与宝玉。宝玉道："我是要做姜太公的。"便走下石矶，坐在池边钓起来。岂知那水里的鱼，看见人影儿，都躲到别处去了。宝玉抢着钓竿，等了半天，那钓丝儿动也不动。刚有一个鱼儿在水边吐沫，宝玉把竿子一提，又唬走了。急的宝玉道："我最是个性儿急的人，他偏性儿慢，这可怎么样呢？好鱼儿，快来罢，你也成全成全我呢。"说的四人都笑了。一言未了，只见钓丝微微一动。宝玉喜极，满怀用力往上一兜，把钓竿往石上一碰，折作两段，丝也振断了，钩子也不知往那里去了。众人越发笑起来。探春道："再没见象你这样卤人！"（清·曹雪芹、高鹗《红楼梦》第八十一回①）

上引这段写贾宝玉钓鱼的情节中，贾宝玉跟鱼儿说的话："好鱼儿，快来罢！你也成全成全我呢。"就是一个典型的比拟呼告修辞文本。因为贾宝玉说这话时，正在一边跟李绮、岫烟、探春等人说话，一边抢竿钓鱼。因为没耐心，钓了一会儿没钓上，贾宝玉便一时心急情生，进入物我一同的移情心理状态，突然撇下同伴李绮、岫烟、探春等人，直呼水中的鱼儿，这明显是将鱼儿当成了人，属于比拟。所以，贾宝玉直呼鱼儿的话是一个比拟呼告修辞文本。从修辞的视角看，这一文本是作者曹雪芹为了生动地呈现贾宝玉天真痴萌的形象而有意建构出来的，是虚拟语境中的比拟呼告。因为贾宝玉不是现实生活中的真实人物，而是作者小说中塑造的文学形象。

示现呼告，在现实语境与虚拟语境中都有。现实语境中，如果我们留心一下民间哭坟者或哭灵者的语言表现，就非常清楚了。我们都知道，无论是哭坟者，还是哭灵者，都会有一个哭诉的对象。因此，在哭坟者或哭灵者的哭诉中，哭诉的对象就是哭诉者虚拟的受交际者。哭诉者在哭诉的过程中，一定会时不时地提到死者的名字，提及死者生前跟自己一起生活的诸多往事，或是死者生前跟自己约定的未竟之事。这些哭诉内容，就是典型的示现呼告修辞文本。前者属于"追述的示现"，后者属于"预言的示现"，都是跟哭诉内容紧密联系在一起的呼告内容。虚拟语境中建构的示现呼告修辞文本，在小说之类的文学作品中比较常见，一般都是为了人物形象的塑造与故事情节的推进。例如：

---

① 此据程乙本文字，参见：曹雪芹，高鹗. 红楼梦［M］. 上海：上海古籍出版社，1991：637 – 638.

且不言他三人战斗。却说那长老在洞里悲啼，思量他那徒弟，眼中流泪道："悟能啊，不知你在哪个村中逢了善友，贪着斋供；悟净啊，你又不知在哪里寻他，可能得会？岂知我遇妖魔，在此受难！几时得会你们，脱了大难，早赴灵山。"

正当悲啼烦恼，只见那洞里走出一个妇人来……（明·吴承恩《西游记》第二十九回①）

上引故事情节中唐僧所说的一番话，并不是当着两个徒弟八戒（悟能）、沙僧（悟净）的面说的，因为此时二人正在洞外与黄袍怪打得难解难分。唐僧被关在洞中，不知两个徒弟的下落，所以才有上述的一番自言自语。唐僧所说的八戒逢善友、贪斋供，沙僧到处寻找八戒，都不是事实，而是想象，属于一种悬想的示现。因为这示现结合着"悟能啊""悟净啊"的呼唤，所以属于示现呼告。因为唐僧是作者小说中的人物形象，他的故事属于虚拟，因此这种示现呼告文本从本质上说属于虚拟语境中的呼告。

直面呼告，在现实语境中经常出现，主要发生于演讲场合。例如：

诸君！你们都知道中国现在是个"民国"。什么叫做"民国"？就是这个国是"民"的国；为"民"而立的国；也就是"民"所立的国；换句话说，就是"民有"的，"民享"的，"民治"的意思。"民"是谁？就是我们"老百姓"们。但是这些大多数的"老百姓"们在哪里？（傅葆琛《为什么要办乡村平民教育》②）

上引文字，是中国近代教育史上著名爱国民主教育家傅葆琛在 1924 年 11 月所作的一次演讲的开头语。③其中，演讲开篇的"诸君"一语，跟随后的几个设问句结合，就是一个典型的直面呼告修辞文本。这一文本，因为有了开篇一个简单的称谓"诸君"，遂使演讲听来别具一种亲切感，让听众觉得演讲者不是在给他们上课，而是在跟他们讨论互动。很明显，这种直面呼告对于提升演讲的效果是有助益的。如果没有这个直面呼告的称谓，那么演讲者接下来的演讲内容，就会有一种给听众上课的味道。这肯定不利于提升演讲效果。可见，直面呼告在诸

① 此据世德堂本文字，参见：吴承恩. 西游记［M］. 上海：上海古籍出版社，1991：228.
② 陈尚荣. 演讲者：张嘴就要"抓"住听众［J］. 演讲与口才，2002（3）：31.
③ 陈尚荣. 演讲者：张嘴就要"抓"住听众［J］. 演讲与口才，2002（3）：31.

如演讲这种场合是很有作用的，不失为一种有效的修辞技巧。

无论是比拟呼告，还是示现呼告，或是直面呼告，在日常语言表达中都是非常普遍的。因为太过于普遍而又普通，以致于会让人忽略其存在。其实，从修辞的视角看，呼告修辞手法在语言表达中并不是可有可无的。一般说来，在日常修辞中，以呼告手法建构修辞文本，"可以抒发说写者强烈的思想感情，并引起听读者强烈的感悟共鸣"①。而在政治修辞中，以呼告手法建构修辞文本，可以有效地拉近与接受者的心理距离，有助于突破接受者的心防。在政治演讲的场合适当地运用呼告手法，还可以带动现场气氛，营造一种交流互动的效果，有利于激发接受者的情感，使其产生强烈的情感共鸣，从而使政治修辞的效果趋于最大化。

事实上，古往今来有经验的政治人，为了实现其政治修辞的预期目标，往往都非常重视以呼告手法建构修辞文本。下面我们来看一个例子。

硕鼠硕鼠，无食我黍！三岁贯女，莫我肯顾。逝将去女，适彼乐土。乐土乐土，爰得我所。

硕鼠硕鼠，无食我麦！三岁贯女，莫我肯德。逝将去女，适彼乐国。乐国乐国，爰得我直。

硕鼠硕鼠，无食我苗！三岁贯女，莫我肯劳。逝将去女，适彼乐郊。乐郊乐郊，谁之永号？（《诗经·魏风·硕鼠》②）

这首诗表面是写农民痛恨田鼠偷吃他们粮食的愤怒之情，实则是一首政治诗，表达的是对奴隶主阶级不劳而获、残酷剥削人民的社会制度的强烈否定与批判。从逻辑语义上看，硕鼠是一种隐喻，暗指奴隶主或统治者。从修辞的视角看，全诗每章开头都以呼告"硕鼠硕鼠"开始，明显是将硕鼠当作人来看，属于比拟。从结构形式上看，全诗三章各是一个比拟呼告修辞文本。这三个修辞文本，结构相同，所表达的语义也相同，因而在表达上便有了反复其辞的效果，不仅强烈地凸显了广大奴隶对奴隶主（或统治者）不劳而获、无情侵吞他们劳动果实的无比愤恨之情，强化了接受者（读诗人）的接受印象，而且还让接受者在其强烈的情感感染下深受感动，进而反思不合理的社会制度。事实上，任何时代的

① 汪国胜，吴振国，李宇明. 汉语辞格大全 [M]. 南宁：广西教育出版社，1993：225.
② 诗经 [M]. 袁济喜，洪祖斌，注译. 大连：大连出版社，1998：110.

人读这首诗都会为诗人满腔的愤激之情所感染，跟诗人的思想感情形成共鸣，同情先秦时代劳动人民的悲惨遭遇，痛恨先秦时代的奴隶主与统治者。可见，诗人以比拟呼告手法建构的修辞文本，事实上实现了其政治修辞的预期目标。

现代日常生活中，虽然仍有很多政治人以在诗歌中建构修辞文本来实现其政治修辞的预期目标，但已经很少有人通过建构呼告修辞文本来进行政治修辞了。相反，适应现代政治生活的形势，通过在政治演讲中建构呼告修辞文本，从而实现特定的政治修辞预期目标的情况，越来越普遍了。下面我们就来看一例现代政治人在这方面的政治修辞实践。

诸君，看见我这题目，一定说梁某不通：女也是人，说人权自然连女权包在里头，为什么把人权和女权对举呢？哈哈！不通诚然是不通，但这个不通题目，并非我梁某人杜撰出来。社会现状本来就是这样不通，我不过照实说，而且想把不通的弄通罢了。

我要出一个问题考诸君一考："什么叫做人？"诸君，听见我这话，一定又要说："梁某只怕疯了！这问题有什么难解？凡天地间'圆颅方趾横目睿心'的动物自然都是人。"哈哈！你这个答案错了。这个答案只能解释自然界"人"字的意义，并不能解释历史上"人"字的意义。历史上的人，其初范围是很窄的，一百个"圆颅方趾横目睿心"的动物之中，顶多有三几个够得上做"人"，其余都够不上！换一句话说：从前能够享有人格的人是很少的，历史慢慢开展，"人格人"才渐渐多起来。

诸君，听这番话，只怕越听越糊涂了。别着急，等我逐层解剖出来。同是"圆颅方趾横目睿心"的动物，自然我做得到的事，你也做得到；你享有的权，我也该享有。是不是呢？着啊，果然应该如此。但是从历史上看来，却大大不然。无论何国历史，最初总有一部分人叫做"奴隶"。奴隶岂不也是"圆颅方趾横目睿心"吗？然而那些非奴隶的人，只认他们是货物，不认他们是人。诸君读过西洋历史，谅来都知道古代希腊和雅典，号称"全民政治"，说是个个人都平等都自由。又应该知道有位大哲学家柏拉图，是主张共和政体的老祖宗。不错，柏拉图说，凡人都应该参与政治，但奴隶却不许。为什么呢？因为奴隶并不是人！雅典城里几万人，实际上不过几千人参与政治。为什么说是全民政治呢？因为他们公认是"人"的都已参与了，剩下那一大部分，便是奴隶，本来认做货物

不认做人。（梁启超《人权与女权》①）

　　上引三段文字，是梁启超 1922 年 1 月 6 日所作的一篇题为"人权与女权"的政治演讲的片段。演讲者梁启超，是众所周知的政治人物，属于政治修辞学意义上典型的政治人。他演讲的内容是讲人权与女权的，是典型的政治话题。因此，他的这篇政治演讲自然是政治修辞，而不是日常生活中跟朋友在公开场合的闲聊天。既然是政治修辞，自然是有其要实现的预期政治修辞目标。梁启超这篇政治演讲的预期目标非常明确，就是要向中国社会大众宣传普及人权与女权的现代理念。由于当时大众并不了解人权与女权的概念，因此如何让听众明白这两个来自西方现代政治的概念，并让大家认同接受，从而在现实生活中努力争取自己的人权与女权，就需要演讲人具有一定的修辞技巧。不然，恐怕很难让听众明白其所要宣达的意思。事实上，梁启超作为演讲人对此有深刻的认识，在演讲中作了很多修辞上的努力。除了在遣词造句上用心，尽力使用口语词，造短句，大量使用设问修辞手法，等等，还适应演讲语体的修辞需要，创造性地运用呼告手法建构了很多呼告修辞文本，以此有效地拉近了与听众的心理距离，活跃了演讲的气氛，从而大大提升了演讲的感染力，使其演讲的政治修辞预期目标得以顺利实现。

　　上引三段文字，虽然字数不多，但每一段都有呼告修辞文本的建构。第一段中的"诸君，看见我这题目，一定说梁某不通"，第二段中的"诸君，听见我这话，一定又要说"，第三段中的"诸君，听这番话，只怕越听越糊涂了"，都是直面呼告的形式。因为这三个文本中的"诸君"在逻辑语义上都是独立的称谓语，而不是随后二句的主语。事实上，从逻辑语义上分析，这三个文本的第二、三两句都有主语，皆是"你们"，因为口语表达的原因，都一并省略了。如果按照口语表达的逻辑，将其省略成分补全，这三个文本的正式表达形式应该分别是："诸君，你们看见我这题目，你们一定说梁某不通""诸君，你们听见我这话，你们一定又要说""诸君，你们听这番话，你们只怕越听越糊涂了"。事实上，梁启超没有这样中规中矩地说，而是巧妙地利用呼告语"诸君"，凭借"诸君"与随后二句的内在语义逻辑，将二句应有的主语"你们"都一并省略了。这样，既使

---

① 参见：吴礼权. 口若悬河：演讲的技巧（修订版）［M］. 广州：暨南大学出版社，2014：41 - 42.

表达简洁明了，又突出了呼告语"诸君"的地位，让听众从具有文言色彩的呼告语"诸君"中感受到受尊重的温暖感与亲切感，由此自然拉近跟演讲者的心理距离，提升对演讲人演讲内容的认同度。可见，梁启超是一个擅长政治修辞的高手，其呼告修辞手法运用得非常有创意，对其宣传普及人权、女权理念的政治修辞预期目标起到了非常好的作用。

下面我们来看一个当代的例子：

某高校礼堂正在进行区人大代表的竞选，参加竞选的三位教师中，两位竞选演讲已经完毕。尽管他们各自慷慨陈词，但并没有引起台下师生太多反响。这时，第三位教师稳步走到台前，站定后稍作停顿，开始了他的竞选演讲："尊敬的各位选民，大家好！"话音未落，台下便报以热烈的掌声，与对前两位的平淡反应形成鲜明对比。接下来一切顺理成章，这位教师以绝对多数当选。

从实际情况看，第三位教师在学校并不比其他两位更有影响，演讲的内容也没有太大不同。那么是什么使他赢得了人心呢？一位参选同学道出了其中的奥妙："我们许多同学就是冲着'尊敬的各位选民'这个称谓把票投给了他的。"（李国青《"选民"的称谓使我赢得了掌声》[①]）

上述这个故事，也是政治演说。政治学常识告诉我们，大学教师是不具备政治人的角色身份的。只是因为故事中的三位大学教师参与了区人大代表的竞选，因而便在竞选活动这一特定情境下被临时赋予了政治人的角色身份。因为要向选民陈述参选区人大代表的理由，三人演说的话题自然也就具有了鲜明的政治色彩。于是，三位教师在校园里的竞选演说便具有了政治修辞的属性。

那么，同属于政治修辞的竞选演说，为什么前两位教师的说辞没有打动听众，而独独第三位教师的演说赢得了大家的认同呢？其实，这其中的原因已经被参加选举投票的学生清楚地揭示了出来："我们许多同学就是冲着'尊敬的各位选民'这个称谓把票投给了他的。"原来是因为第三位教师在修辞技巧上略胜一筹，演说一开始运用了直面呼告的修辞手法，以"尊敬的各位选民"称呼听众，不仅契合了人大代表选举的特定政治情境，而且准确定位了选举人与被选举人的

---

① 李国青. "选民"的称谓使我赢得了掌声［J］. 演讲与口才，2000（6）：31.

关系，因而能够在第一时间打动听众的心。众所周知，人大代表选举是一件神圣的政治活动，演讲者作为被选举人，这时用"选民"称呼所有的选举人自然是最神圣、最有尊敬意味的。因为这一称谓语包含着神圣、平等的深刻含义，不管你在学校是校长、教师，还是学生，在选举人大代表的这一庄严时刻，大家都是平等的，所以占学校人数最多的学生最易于接受这一称谓语的呼告了。① 正因为如此，在以票数多少定输赢的选举规则下，第三位教师必然是最后的赢家。

第五节　以示现预支未来

一、示现的类别及其修辞功能

示现，是一种"将未见未闻的事象叙写得如见如闻、生动真切"② 的修辞手法。以示现手法建构的修辞文本，称为示现修辞文本。

从叙写内容与现实的关系上看，示现一般可以分为"追述的示现""预言的示现""悬想的示现"三类。

所谓"追述的示现"，是指在语言表达中，表达者凭借已有的知识或经验，通过联想与想象，"把过去的事迹说得仿佛还在眼前一样"③。例如：

我悠然地望着天，我的心就恍然回到往古的年代，那时候必然也是一个久雨后的晴天，一个村野之人，在耕作之余，到禾场上去晒太阳。他的小狗在他的身旁打着滚，弄得一身是草。他酣然地躺着、傻傻地笑着，觉得没有人经历过这样的幸福。于是，他兴奋起来，喘着气去叩王室的门，要把这宗秘密公布出来。他万万没有想到所有听见的人都掩袖窃笑，从此把它当作一个典故来打趣。（张晓风《画晴》④）

① 参见：吴礼权. 口若悬河：演讲的技巧（修订版）［M］. 广州：暨南大学出版社，2014：130.
② 吴礼权. 现代汉语修辞学［M］. 4 版. 上海：复旦大学出版社，2020：107.
③ 陈望道. 修辞学发凡［M］. 上海：上海教育出版社，1997：124.
④ 白雪. 台港名家经典散文选［M］. 兰州：敦煌文艺出版社，1998：111.

上引这段文字中写到的那个发现幸福秘密的古代农夫的故事，并非作者亲眼所见，然而却被写得栩栩如生、活灵活现，这明显是作者根据流传的典故想象加工出来的①，属于典型的"追述的示现"。

所谓"预言的示现"，是指在语言表达中，表达者凭借已有的知识或经验，通过联想与想象，"把未来的事情说得好像已经摆在眼前一样"②。例如：

我仿佛能够看见，在摩天大楼的阳台上，见义勇为者以已逝老人捐献的角膜，以复明的眼睛俯视楼下的一幕幕新景——

在街心公园与人合影的据说是克隆虎；

世纪老人在向中青年讲述已过去 101 年的科索沃战争；

唐山地震已成为历史，但"地震研究所"的牌子仍赫然挂在大楼对面……
（石英《世纪之交》③）

上引这段文字，是作者 20 世纪 80 年代对 21 世纪人类社会发展前景的畅想。作者写作此文时并没有见过这些景象，它们是表达者所想象的 21 世纪人类的生活远景，但在表达者笔下却把它说得就在眼前一般。④ 很明显，这是一个典型的"预言的示现"。

所谓"悬想的示现"，是指在语言表达中，表达者凭借已有的知识或经验，通过联想与想象，"把想象的事情说得真在眼前一般，同时间的过去未来全然没有关系"⑤。例如：

买缸不成，就养荷在心里。

给自己许一个梦。好好的给上帝做工，有一天攒点钱给自己买块小小的地，一片小小的山坡开满野杜鹃、野百合，小小的溪流两岸是赛似白雪的姜花，小小的树林是专门给鸟唱歌用的。门前再挖一个大大的荷塘，一荷塘的唐宋岁月。

盖三、两间小屋，一间自己住，其余的留给朋友，门也不必上锁，朋友想来

---

① 参见：吴礼权. 现代汉语修辞学［M］. 4 版. 上海：复旦大学出版社，2020：108.

② 陈望道. 修辞学发凡［M］. 上海：上海教育出版社，1997：124.

③ 王剑冰. 2000 中国年度最佳散文［M］. 桂林：漓江出版社，2001：111.

④ 参见：吴礼权. 现代汉语修辞学［M］. 4 版. 上海：复旦大学出版社，2020：108.

⑤ 陈望道. 修辞学发凡［M］. 上海：上海教育出版社，1997：124 – 125.

就来，想走就走，主客两便。夏天的时候，就来一次荷花小聚吧！刚出水的新鲜莲子汤，冰镇藕片，荷叶蒸肉，温一壶花雕，饮一天星月，醉它个胡天胡地，不知今夕何夕。（杏林子《重入红尘》①）

上引这段文字所描绘的这幅景象在 20 世纪的中国台湾不是现实，而只是作家给自己许下的一个"梦"。② 不过，"开满野杜鹃、野百合"的"小小的山坡"，"小小的溪流两岸是赛似白雪的姜花"，鸟儿在树上唱歌，门前荷塘开满荷花，不上锁的小屋，夏天吃新鲜莲子汤、冰镇藕片、荷叶蒸肉，星月下饮酒大醉等情事③，是作家与我们所有人在日常生活中都能见到的情景。正因为如此，作家得以凭借自己的日常生活经验，通过联想与想象，对这些存储于脑海中的记忆与表象进行加工组合，从而建构出我们所看到的上述这幅熟悉而又陌生的新景象。很明显，这是典型的"悬想的示现"。

以示现手法建构的修辞文本，在文学作品中最为常见。这是因为这种文本在表达上有一种形象性、生动性、新颖性的特点；在接受上又极易因文本中所建构的新形象和意境而令接受者在解读文本时经由文本的语言文字刺激而进行再造性或创造性想象，从而建构起与表达者相同又相异的新的形象或境界，以此获取文本解读接受中更多的心理快慰和审美情趣。④

除了文学创作中有示现修辞文本的建构外，日常语言生活中也有示现修辞文本的建构。如在现实生活中，我们常常看到说评书的曲艺家讲古代的事情讲得绘声绘色，好像他就在当时的历史现场。其实，这是典艺家运用追述式示现修辞手法的结果。又如当下许多创业者为了获得风险投资人的投资，在陈述其创业前景时，将企业发展的前景说得如在目前。其实，这是创业者运用预言式示现修辞手法的结果。再如很多父母哄孩子时，经常会编出一些离奇古怪，在现实生活中根本不存在，却又非常生动有趣的故事，让孩子信以为真。其实，这是编故事者运用悬想式示现修辞手法的结果。这三种口语表达中的示现修辞文本，以及上文我们所举文学创作中的示现修辞文本，从本质上说，都属于日常修辞。

① 白雪. 台港名家经典散文选［M］. 兰州：敦煌文艺出版社，1998：155.
② 参见：吴礼权. 现代汉语修辞学［M］. 4 版. 上海：复旦大学出版社，2020：111.
③ 参见：吴礼权. 现代汉语修辞学［M］. 4 版. 上海：复旦大学出版社，2020：111.
④ 参见：吴礼权. 现代汉语修辞学［M］. 4 版. 上海：复旦大学出版社，2020：108.

二、政治修辞与示现文本建构

一般说来，在日常修辞中，建构示现修辞文本，多是追求生动形象、如临其境的表达效果，审美是其主要目标。在政治修辞中，示现修辞文本的建构，虽然自古以来就有，但目的大多并不在于审美，而是要追求一定的政治功利性目标。通过示现修辞文本的建构，给予接受者一种历历在目、如临其境的虚幻感觉，使接受者在情感情绪的左右下失去理性分析的能力，从而赢得接受者的信任，顺利实现预支未来的政治修辞目标。

下面我们来看一个例子：

梁惠王曰："寡人之于国也，尽心焉耳矣，河内凶，则移其民于河东，移其粟于河内。河东凶亦然。察邻国之政，无如寡人之用心者。邻国之民不加少，寡人之民不加多，何也？"

孟子对曰："王好战，请以战喻。填然鼓之，兵刃既接，弃甲曳兵而走，或百步而后止，或五十步而后止。以五十步笑百步，则何如？"

曰："不可。直不百步耳，是亦走也。"

曰："王如知此，则无望民之多于邻国也。不违农时，谷不可胜食也。数罟不入洿池，鱼鳖不可胜食也。斧斤以时入山林，材木不可胜用也。谷与鱼鳖不可胜食，材木不可胜用，是使民养生丧死无憾也。养生丧死无憾，王道之始也。五亩之宅，树之以桑，五十者可以衣帛矣。鸡豚狗彘之畜，无失其时，七十者可以食肉矣。百亩之田，勿夺其时，数口之家可以无饥矣。谨庠序之教，申之以孝悌之义，颁白者不负戴于道路矣。七十者衣帛食肉，黎民不饥不寒，然而不王者，未之有也。狗彘食人食而不知检，途有饿莩而不知发，人死，则曰：'非我也，岁也。'是何异于刺人而杀之，曰：'非我也，兵也。'王无罪岁，斯天下之民至焉。"（《孟子·梁惠王上》①）

上引文字，说的是这样一个故事：战国时代的梁惠王（即魏惠王，在即位后

---

① 孟子［M］. 李鸣，注译. 大连：大连出版社，1998：1 - 2.

九年将都城从安邑迁至大梁，故称梁惠王），为了在群雄并起、弱肉强食的乱世使魏国不至于被其他列强所吞并，在与西邻强秦的多次交锋失败后，痛定思痛，意欲改变统治策略，赢得民心，重振魏国在李悝为相时独霸天下的大国雄风，开始实行了一些惠民政策，并陆续显现出一些效果。为此，魏惠王感到非常得意，自以为自己是个明君。一次，周游列国，到处兜售"道""仁政""保民而王，天下莫御"政治主张的邹人孟轲（即孟子）来魏国游说。魏惠王早就知道孟轲其人，当然更明白他此行的目的是来宣扬其"王者之道"的政治主张，于是不等孟轲开口，就主动摆起自己实现一系列惠民政策的"仁政"来，希望得到孟轲的赞扬。① 于是，二人便有了如下这段著名的对话。

魏惠王说："寡人对于国家可谓竭尽心力了。黄河河套地方发生了灾荒，我就把这里的老百姓移民到黄河以东的地方，并把粮食分拨到黄河河套灾区。黄河以东发生灾荒，我也是如此救助。看看邻国的国君执政，没有像我这样用心的。可是，邻国的老百姓也没见减少，我的臣民也没有因此而增加，这是什么原因呢？"

孟轲回答道："大王好战，请求让我以战争作一个比喻吧。咚咚的战鼓敲响了，两军对垒而短兵相接杀开了，于是就有一些士兵丢下铠甲拖着刀枪而逃。他们有的逃出一百步停住了，有的则逃了五十步就停下来了。逃了五十步的人笑话逃了一百步的人，怎么样呢？"

梁惠王说："那不可以。逃了五十步的人没有资格笑逃了一百步的人，他自己也逃了。"

孟子见自己的比喻奏了效，说服梁惠王的时机已到，遂不慌不忙地推销起自己的"王者之道"和"仁政"思想：

"大王既然知道这个道理，那么就不应该希望自己的臣民多于别国了。实行'仁政'的国王，他不会占用老百姓的农耕时间，让老百姓不失农时地耕作，自然会粮食多得吃不完。他会制定适当的渔猎政策，不让密网入池塘捕获不满一尺的鱼儿，使鱼儿能正常繁殖生长，这样鱼鳖自然会多得吃不完。他也会制定森林保护法，让刀斧按时入林合理采伐，这样林木自然会多得用不尽。粮食与鱼鳖充

---

① 参见：吴礼权. 言语交际与人际沟通［M］. 2 版. 广州：暨南大学出版社，2016：58－59.

足得吃不完，木材多得用不完，这样就会使老百姓对生养死葬都没有什么忧虑与遗憾了。供养活着的人，安葬好死了的人都无憾，这是'王道'的开始。老百姓如果在其五亩宅基地上，都种上桑树，那么他们五十岁时就可以穿上丝绸衣裳了。鸡猪狗等家畜的饲养，如果不失其时，七十岁的人都可以有肉吃了。百亩之田的耕作，国王不去占用他们的农时，数口之家应该是饱食无虑的。尽心尽力地办好学校，反复进行'孝悌'（顺从并奉养父母，敬爱兄长）的道德教育，那么道路上就不会再有头发斑白的老人背着、顶着重物在行走了。七十岁的老人都能穿绸吃肉，老百姓温饱无忧，这样的国王还不能一统天下，那是没这回事的。而当今世界的现实又是如何呢？富贵人家猪狗家畜吃了人的粮食，也不知道收检储藏，路上有饿死的人也不知道开仓赈济。人死了，国王却说：'这不能怪我，是年成不好。'这与用兵器杀死了人，却说'不能怪我，要怪应怪兵器'，两者有什么区别？做国王的不把责任推到年成上，而是勇敢地负起责任，为人民的温饱而尽心尽力，那么天下的老百姓就会归附他。"（上述对话为吴礼权译①）

　　上述对话有两个主体，一是梁惠王（即魏惠王），一是孟子。前者乃战国时代魏国之君，昔为天下霸主；后者乃战国时代儒家学派的代表，有名的政治说客。从政治修辞学的视角看，二人都是典型的政治人。他们对话的内容都跟治国安邦有关，属于典型的政治修辞。从上述故事情节来看，这场政治对话的主角是孟子。作为一个政治人，孟子跟梁惠王展开对话的预期目标很明确，就是要说服他接受儒家的治国理念，以仁义安天下，实行"保民而王"的政治方略；"王天下"要用"王道"，而不能用涂炭天下生灵的"霸道"。其所要宣扬的思想，用今天的话来说，就是这样一个意思："民之所欲，长在我心"，真正时刻把人民的温饱和利益记挂在心上，并努力实践之，人民才会拥护；实行"仁政"，才能天下归心。如果仅作一点表面文章，就想国强民富，天下太平，那是不可能的。②为了实现这一政治修辞的预期目标，孟子先以"五十步笑百步"之喻揭去了梁惠王假仁义的面纱，指出他的治国安邦之策是假王道。接着，正式谏劝梁惠王实行真王道。但是，在劝谏梁惠王实行真王道时，孟子没有直道本心，用理性的语言来表达，而是运用了示现修辞手法，连续建构了七个示现修辞文本。一是"不违

---

①　参见：吴礼权. 能说会道：说话的艺术（修订版）[M]. 广州：暨南大学出版社，2014：112－114.
②　参见：吴礼权. 能说会道：说话的艺术（修订版）[M]. 广州：暨南大学出版社，2014：114.

农时，谷不可胜食也。数罟不入洿池，鱼鳖不可胜食也。斧斤以时入山林，材木不可胜用也"，二是"民养生丧死无憾"，三是"五亩之宅，树之以桑，五十者可以衣帛矣"，四是"鸡豚狗彘之畜，无失其时，七十者可以食肉矣"，五是"百亩之田，勿夺其时，数口之家可以无饥矣"，六是"谨庠序之教，申之以孝悌之义，颁白者不负戴于道路矣"，七是"七十者衣帛食肉，黎民不饥不寒"。这七个示现修辞文本所展示的内容，就是孟子心目中理想的小康社会的美好全景图，但不是当时的社会现实。它是孟子通过联想与想象，运用预言式示现手法建构的修辞文本，将真正实行仁政后人民生活的安逸、教育的效果等远景以具体形象的形式一一呈现出来，给人以巨大的诱惑，令人对实行仁政后的理想社会生活心生向往，从而真切地感动受交际者（接受者）梁惠王，让他毫不迟疑地接受自己所推销的政治理念，下决心实践他所推销的政治主张。① 尽管孟子"保民而王"的政治主张最终没被梁惠王所接受，其政治修辞的预期目标在事实上未能实现；但是，不可否认，从政治修辞学的视角看，孟子以示现手法建构的上述政治修辞文本应该算是成功的。因为这些示现修辞文本的连续铺排，事实上对于提升其游说的说服力具有明显的效果。

如果说孟子以示现手法建构的政治修辞文本没有达到其预期的目标令人有些可惜的话，那么接下来我们要说的另一位政治人以示现手法建构的政治修辞文本所发挥的巨大作用，就令人感到非常惊喜了。

暮春三月，江南草长，杂花生树，群莺乱飞。见故国之旗鼓，感平生于畴日。抚弦登陴，岂不怆悢！所以廉公之思赵将，吴子之泣西河，人之情也，将军独无情哉？想早励良规，自求多福。（南朝·梁·丘迟《与陈伯之书》②）

上引文字，乃南朝梁文学家丘迟劝说北朝将领陈伯之归顺梁朝的一封书信的片段。写信人丘迟（464—508 年），是南朝齐梁间著名的文学家。"字希范，吴兴乌程（今属浙江省湖州市）人。初仕齐，官殿中郎。入梁，官司空（一作司徒）从事中郎。"③《与陈伯之书》，是丘迟于梁武帝天监四年（505 年）任临川

① 参见：吴礼权. 能说会道：说话的艺术（修订版）[M]. 广州：暨南大学出版社，2014：114 - 115.
② 朱东润. 中国历代文学作品选（上编第二册）[M]. 上海：上海古籍出版社，1979：453.
③ 夏征农. 辞海（缩印本，1989 年版）[M]. 上海：上海辞书出版社，1990：88.

王萧宏记室（相当于机要秘书），随萧宏率兵北伐时遵萧宏之命写给陈伯之的。陈伯之，亦为南朝齐梁间人。"少有武力，稍长为盗。后随乡人车骑将军王广之。以战功累迁冠军将军。齐末，守江州，降萧衍。梁天监元年（502年）叛降北魏，为平南将军。五年，梁临川王萧宏督师北伐，宏命记室丘迟修书劝降，得书感动，复率八千兵众归降于寿阳。梁任为通直散骑常侍。"① 从丘迟与陈伯之的身份，以及丘迟写信给陈伯之的目的，我们可以清楚地看出，《与陈伯之书》不是一般的书信，而是一个典型的政治修辞文本。"信中以陈氏的前途为出发点，并以乡国之情来打动陈的心灵。行文情理并至，极富感染力。陈氏接书后，读之深受感动，遂从寿阳率众归顺了梁朝。由此，在中国历史和文学史上留下了一段佳话。"② 由于这一特定背景，丘迟此文，历来备受人们赞叹。中国台湾学者沈谦教授曾评价说："此为千古劝降文之压卷作，一封书信，兵不血刃，化干戈为玉帛，使陈伯之拥兵八千归降梁朝。其所以幡然悔悟，弃暗投明，端赖丘迟之文章精彩绝伦，足以打动对方的内心。这封书信脍炙人口，传诵一千五百年，为人所津津乐道者，缘于其感染力足以竦动人心。喻之以理，不如动之以情。文中最为人所赞颂者，于利害相喻之时，忽然插入'暮春三月，江南草长，杂花生树，群莺乱飞。见故国之旗鼓，感平生于畴日。抚弦登陴，岂不怆恨！'一段警策文字，所以江南美景，动其乡思，缓迫之势，俾以情动之。'将军独无情哉？'掌握了人性之微妙处——情关，攻心为上，一举破解了对方的心防。此文动人因素固多，最精彩的关键处，即为善用'示现'笔法，将江南美景与对方抚弦登陴的怆恨之情景描绘得状溢目前，跃然纸上。"③

丘迟作为政治人，确实具有很高的政治修辞智慧，其《与陈伯之书》确实是一个具有感染力的政治修辞范本。不过，应该指出的是，这封信中最有名，也是最能打动受交际者陈伯之，使其心灵受到震撼的，其实就是上面沈谦先生所提到的八句："暮春三月，江南草长，杂花生树，群莺乱飞。见故国之旗鼓，感平生于畴日。抚弦登陴，岂不怆恨！"

仔细分析一下，我们会发现，这八句实际上是两个以示现手法建构的修辞文本，均属于"预言的示现"。前四句"暮春三月，江南草长，杂花生树，群莺乱

---

① 夏征农. 辞海（缩印本，1989年版）［M］. 上海：上海辞书出版社，1990：493.
② 参见：吴礼权. 修辞心理学（修订版）［M］. 广州：暨南大学出版社，2013：39.
③ 沈谦. 修辞学［M］. 台北：空中大学，1995：205.

飞"，是一个示现修辞文本；后四句"见故国之旗鼓，感平生于畴日。抚弦登陴，岂不怆恨"，是另一个示现修辞文本。前者写暮春三月的江南美景，后者写陈伯之睹物思乡的深情。虽然前者所写的暮春三月的江南景色，并非作者写作时所见，而是作者通过想象而再现的景象，却是每年都能看到的景象。① 作者这样写出来，目的就是要以此引发接受者陈伯之进行联想与想象，勾起其乡国之思，从而彻底突破其心防，促使其下定决心率部归顺梁朝，重新回到其魂牵梦萦的江南故土；后者所写内容，也不是作者亲眼所见，因为作者写这封信时，南朝梁军与北魏军队并未接触，陈伯之尚未到达两军对垒的前线，所以不可能有"见故国之旗鼓"和"抚弦登陴"之实，当然也就更不可能有"感平生于畴日"和"岂不怆恨"的感慨。尽管如此，作者还是突破了表达常规，通过联想与想象，推己及人，替陈伯之抒发了背井离乡的乡愁，借人之常情的世俗逻辑，将陈伯之可能有的乡愁予以生动地呈现，让陈伯之读之不能不为之动容。

---

① 参见：吴礼权. 现代汉语修辞学［M］. 4 版. 上海：复旦大学出版社，2020：110.

第七章
政治修辞案例分析（一）

中国是一个历史悠久的国家，也是杰出人才层出不穷的国度。清人赵翼有诗曰："江山代有才人出，各领风骚数百年。"① 在漫长的历史发展过程中，中国的历史天空中闪耀过无数璀璨的人文巨星。在这些人文巨星中，无论是思想界的巨星，还是教育界的巨星，或是政治界的巨星，皆不乏妙笔生花、妙语生花的修辞高手、美辞专家。

说到美辞，想到一个故事。20世纪90年代，中国台湾学者、著名修辞学家沈谦教授曾跟中国大陆修辞学者说过发生在台湾地区的一次学者讨论。说是有一个时期，台湾地区的一批学者曾热烈地讨论过一个问题："中华民族是不是世界上最优秀的民族。"结果，持肯定意见与否定意见的学者谁也说服不了谁。但是，最终大家达成了一个共识：中华民族是不是世界上最优秀的民族，虽然很难遽下结论，但是，中国有两样绝活，堪称世界第一，这就是美食与美辞。② 中国美食天下第一，众所周知，大概世界各国谁也不会有异议。至于中国人善于美辞（即修辞），不了解中国文化的外国人或许不清楚，但是中国人自己是非常清楚的。至于谙熟中国历史与传统文化的学者，特别是研究汉语修辞学的学者，那肯定是最有心得体会了。

比方说，老子著有《道德经》，全书不过五千言，八十一章文字多是只言片语，表面看不成系统，但其呈现的玄思哲理却精妙绝伦，阐发的政治见解则深刻精警，至今仍被世界学术界叹为博大精深。又如孔子作《春秋》，褒贬虽只系于一字，却令无数乱臣贼子惧。其"春秋笔法"所展现的高超表达技巧，两千多年来一直为中国文人所服膺。又如庄子著内外篇十余万言，虽率多寓言，看是夸言

---

① 朱祖延. 引用语大辞典（增订本）[M]. 武汉：武汉出版社，2010：268.
② 参见：沈谦. 修辞学 [M]. 台北：空中大学，1995：1.

万里，悬想无根，却寓哲理于文学、寄政见于寓言，行文如行云流水，汪洋恣肆，魅力无边。又如孟子游说诸侯，引经据典，雄辩滔滔，气势如虹，千百年来无数人为之折服。又如苏秦，本是一介书生，却凭三寸不烂之舌，以"合纵"之策说服山东六国诸侯，挂六国相印，左右天下政局，一度改变了天下纷争不止的混乱局面。对此，《战国策·秦策》曾有评论说："当此之时，天下之大，万民之众，王侯之威，谋臣之权，皆欲决苏秦之策。不费斗粮，未烦一兵，未战一士，未绝一弦，未折一矢，诸侯相亲，贤于兄弟。"再如策士张仪，也是一介书生，以"连横"之说游说秦王，先为秦相，后为楚国令尹，再兼相秦魏，终于魏相之位，玩天下于股掌之上，左右中国历史发展的进程几十年。

以上这些先秦时代的先贤圣哲，之所以成为光耀中国历史的人文巨星，对中国思想、文化与社会的发展产生了非常重要的影响，其实都跟他们擅长语言表达，精于修辞之道有关。老子、庄子虽是职业的思想家，孔子、孟子虽是职业的教育家，苏秦、张仪虽都是纵横家，但他们都是兼职的政治家，无论是思想主张，还是社会实践，都与其生活的时代政治紧密相连，甚至深度参与其中。因此，从政治修辞学的视角看，他们都是典型的政治人，他们为实现其思想主张而实施的一切言语行为（包括书面的言语作品和口头的言语作品），都是典型的政治修辞。

在中国历史上，诸如老子、孔子、孟子、庄子、苏秦、张仪等各种类型的政治人非常多，他们的很多政治修辞实践都值得后世政治人借鉴学习。本章我们精选中国先秦、汉、唐、元等不同历史时期的五位职业政治人的政治修辞实践作为案例分析的范本，通过"解剖麻雀"的方式，解析其政治修辞文本的奥义精蕴，希望能给现代的政治人以一定的启发。

第一节　若不阙秦，将焉取之：烛之武的国家利益观

人物：烛之武、秦穆公、晋文公、郑文公、佚之狐、子犯。

事件：晋文公重耳早年因为晋国发生内乱，流亡于诸侯各国十九年。在郑国政治避难期间，郑文公对其很不礼遇。为此，晋文公一直耿耿于怀，总想寻找机

会报一箭之仇。僖公三十年，晋文公以僖公二十八年晋楚城濮之战时郑国出兵助楚攻晋一事为借口，邀约秦穆公跟其一起出兵，企图一举灭郑而瓜分其地。面对来势汹汹的两大霸主，郑文公感到了从未有过的巨大压力，甚至都做好了亡国的准备。就在此时，大夫佚之狐提出了一个建议，让郑文公请郑国老臣烛之武重新出山，前往秦国大营游说秦穆公，离散秦、晋军事同盟关系。烛之武临危受命，深夜缒而出城，以国家利害关系游说秦穆公，突破了其心防。最终，秦穆公不仅决定撤兵，而且还转而同郑国结盟，留下一部分军队驻守郑国。晋文公见大势已去，只得无奈地随之撤兵。由此，郑国的亡国危机得以解除。

政治修辞主体：烛之武（郑国老臣，擅长辞令，有外交长才。因不受郑文公重用，早早退出郑国政坛，赋闲在家。秦晋合兵围郑之时，受郑大夫佚之狐举荐重新出山，临危受命，出使秦营，游说秦穆公成功，从而创造了"一舌敌万师"的不世之功）。

政治修辞受体：秦穆公（春秋时代秦国第九代国君，在位前期助晋文公回国夺得君位，结秦晋之好，缔结了秦晋联盟。晋文公过世后，秦晋联盟瓦解。在两次东进中原的战争失利后，锐意改革，延用外才，使秦国迅速崛起，遂霸西戎，终成"春秋五霸"之一）。

修辞属性：政治修辞。

修辞原则：坦诚相见、友善合作、知人论事、审时度势。

修辞技巧：示现、设问。

修辞效果：烛之武以国家利益游说秦穆公，切中要害，深得其心，促使秦穆公毅然改变战略决策，撤兵并与郑结盟，逼迫晋国知难而退。不费一兵一卒，烛之武便实现了其游说秦穆公而退强敌、存社稷的预期政治修辞目标。

九月甲午，晋侯、秦伯围郑，以其无礼于晋，且贰于楚也。晋军函陵，秦军汜南。

佚之狐言于郑伯曰："国危矣，若使烛之武见秦君，师必退。"

公从之。

辞曰："臣之壮也，犹不如人；今老矣，无能为也已。"

公曰："吾不能早用子，今急而求子，是寡人之过也。然郑亡，子亦有不利焉。"

许之。夜缒而出。

见秦伯曰："秦、晋围郑，郑既知亡矣！若亡郑而有益于君，敢以烦执事。越国以鄙远，君知其难也；焉用亡郑以陪邻？郑之厚，君之薄也。若舍郑以为东道主，行李之往来，共其乏困，君亦无所害。且君尝为晋君赐矣；许君焦、瑕，朝济而夕设版焉，君之所知也。夫晋何厌之有？既东封郑，又欲肆其西封，若不阙秦，将焉取之？阙秦以利晋，唯君图之。"

秦伯说，与郑人盟。使杞子、逢孙、扬孙戍之，乃还。

子犯请击之。

公曰："不可。微夫人之力不及此。因人之力而敝之，不仁；失其所与，不知；以乱易整，不武。吾其还也。"

亦去之。(《左传·僖公三十年》①)

上述文字记载，说的是这样一个历史故事：

鲁僖公三十年（即公元前 630 年），亦即郑文公四十三年九月甲午日，晋文公联合秦穆公，决定对郑用兵，用兵的理由是郑国亲近楚国，是有意与秦、晋二国为敌。其实，晋文公决意要对郑国用兵的真实原因并不是这个，而是别有隐情，这个隐情就是晋文公当年因晋国内乱而流浪于郑国时被郑文公无礼相待，今天他要报这一箭之仇。秦穆公并不知道晋文公心里的这个小九九，出于秦晋和好，也为了日后共御南方劲敌楚国的战略考虑，就同意联合出兵。两国兵至郑国边境后，经过两军统帅的协商，晋军驻屯于函陵，秦军扎营于氾南，意欲分进合击，一举灭郑。

郑文公获知情报，大惊失色。因为他知道，不要说是秦、晋两大国联手，就是其中的任何一国来犯，郑国也有亡国之虞。郑国的大臣们，此时当然也是心急如焚。因为他们都知道，若是国家亡了，自己的荣华富贵也就没了。食君之禄，担君之忧，理所当然。可是，他们大多是些只知道吃肉喝酒的庸人，遇事根本想不出辙来。就在郑文公濒临绝望之时，大夫佚之狐突然想到了郑国老臣烛之武，于是连忙向郑文公推荐道：

---

① 左丘明. 春秋左传［M］. 大连：大连出版社，1998：201-202.

"国家危在旦夕了，若派烛之武为使，前往游说秦国之君，秦、晋之师必退。"

郑文公一听，就像落水者抓住了一根树枝，顿时觉得有了一丝希望。于是，立即遣人传召烛之武。

秦、晋之师围困郑国，这么大的事，烛之武当然也已听说了。但是，他应召而见郑文公却是憋着一肚子的气。因此，当郑文公命他出使去游说秦穆公时，他脱口而出：

"臣年轻时尚不如人，而今老了，还能有什么用呢？"

郑文公也不是昏君，一听烛之武这话，就知道他这是在抱怨未受到重用，虽然心里有愧疚，但此时也没办法了。于是，索性横下心来，激将道：

"寡人未能早用您，今急而求您，确是寡人之过！不过，您想想，若是郑国亡国了，对您也有不利呀！"

烛之武一听这话，觉得也对，现在国难当头，不是赌气的时候，于是就答应了郑文公的请求，当天夜里就以绳系腰，从城墙上偷偷滑下而出了城。

经过一番周折后，烛之武终于来到了秦师驻屯在汜南的大营，并见到了秦穆公。

秦穆公见是郑文公使节，按照外交礼节，不能不予以接待。于是，一番虚与委蛇的外交寒暄后，双方就分庭抗礼坐定。

秦穆公虽是一代霸主，但烛之武乃郑国老臣，又擅长辞令，所以并不怯场。静了静心气，烛之武看了看秦穆公，便开始说开了：

"秦、晋乃当今天下大国，二国围郑，郑国免不了是要亡国灭种的。不过，您也应该想一想，若是灭了郑国而有利于秦国，那么也不枉您率兵远道辛苦一趟。秦、郑中间隔着一个晋国，灭了郑国，就算您想将秦国边境延伸到郑国，也是不可能啊！既然灭亡郑国对秦国没有任何利益，而只能徒然增加邻国晋的实力，那您又何必兴师动众，劳民伤财而与晋国联合出兵呢？"

秦穆公一听，虽然烛之武说话不转弯，却句句在理，于是情不自禁间就表现出了兴趣。烛之武对秦穆公的心理洞若观火，现在又见他是这种表情，更对说服他充满了信心，遂一鼓作气地又说开了：

"邻国晋的实力增强了，大秦的实力就相对削弱了。秦国若是不灭亡郑国，而以郑国作为往东方道途中的主人，秦国今后往来东西各国之间，外交使节也好有个馆舍的方便，资费也好有个补充呀！这对大秦大概是有益无害吧！"

秦穆公听了，觉得这话也对。但是，他没有接话。

烛之武看了看秦穆公，知道他心里现在是怎么想的，于是又继续说了下去：

"再说了，想当初，秦国对晋惠公有多大的恩德呀！当时，他对秦国感激涕零，许诺回国执政后一定割焦、瑕二地相报。可是，他早上才渡过黄河，晚上就筑城备战，要跟秦国较量，这些事您应该没有忘记吧！"

秦穆公听到此，情不自禁地点了点头。

烛之武见此，觉得差不多了，遂收结道：

"晋国人的贪欲，哪里有满足的时候？如果这次您帮晋灭了郑，晋国的东部边境延伸到郑国的版图，那么接下来它必然又要往西面打您秦国的主意，要将它的西部边境延伸到秦国的版图。晋国今后往西面开疆拓土的目标若不是秦国，它又能从哪里下手呢？损秦而利晋，这符合秦国的国家利益吗？希望您仔细想想。"

秦穆公听到这里，非常高兴，是烛之武说醒了他，不然还真的上了晋文公重耳的当呢，给他做了嫁衣裳。于是，立即决定与郑国订立盟约，并让杞子、逢孙、杨孙三位大将率部分军队留守郑国，其他大军随自己撤回秦国。

秦国撤兵的消息传到晋国大营，晋文公的舅舅子犯觉得秦国背弃了盟约，请求晋文公派兵偷袭撤退回秦的秦国军队。

晋文公不同意，并对他说：

"不能这样做。如果当初没有秦穆公的帮助，寡人是不可能回国执政的，自然不可能有今天。得人之助，受人之恩，不思报答，还要反过来伤害他，这不是仁义之举；秦国是我们的邻国，也是我们的盟国，主动放弃盟友，这不是明智的选择；以内讧争斗代替结盟友好，这不是勇武。我们还是撤兵回去吧！"

于是，晋国随后也将围困郑国的军队撤了回去。一场即将爆发的恶战，就这样被化解了。（以上文字为吴礼权译。①）

大凡读过上述这则历史记载的，相信都会对烛之武的政治修辞艺术由衷地感佩，对其"一舌敌万师"的不世之功铭感在心。那么，作为一个赋闲已久，不受郑文公重用，在国家面临灭顶之灾时才临危受命的老弱文人，烛之武怎么就能凭

① 参见：吴礼权. 言语交际与人际沟通［M］. 2 版. 广州：暨南大学出版社，2016：207 - 209.

寥寥数语而使雄才大略的秦穆公为之折服，不仅同意撤兵，还临时决定改变国家既定的战略，取消了同晋国共同灭郑的军事计划，转而跟郑国结盟，从而帮郑国彻底消除了危机的呢？对此，我们不妨从如下两个方面予以分析。

其一，从政治修辞基本原则的贯彻方面来看，烛之武作为政治人表现得特别出色。秦穆公亲率大军远道来袭，秦郑两国处于高度的敌对状态。很明显，这样的政治境界绝非理想的状态。但是，就在这样非理想的政治境界下，烛之武作为郑国派出的使臣，见了秦穆公却遵循了理想政治境界下政治修辞的第一原则——"坦诚相见"，开口说的第一句话"秦、晋围郑，郑既知亡矣"，冷静理性，不卑不亢，坦然承认郑国面临的亡国灭种的现实处境，这不能不让秦穆公无动于衷，为其坦诚的态度而感动，顿起与之开诚布公地交流沟通的情感冲动。可见，烛之武游说秦穆公的开篇第一句，是经过深思熟虑的，决非脱口而出，是具有大智慧的政治修辞。再看烛之武的第二句"若亡郑而有益于君，敢以烦执事"，竟然站在入侵者秦穆公的立场上为他着想。这完全突破了现实政治境界的局限，是遵循理想政治境界下"友善合作"修辞原则的体现，所以让受交际者秦穆公顿生不忍之心。可见，烛之武的这句话也不是随便说的，而是事先经过了严密推演的政治修辞。接下来的第三句"越国以鄙远，君知其难也；焉用亡郑以陪邻"，表面上是承第二句逻辑语义而来，实际上已经暗中转换了逻辑语义表达的方向，不露痕迹地挑拨了秦晋之间的同盟关系。只是因为这种挑拨离间的技巧太过高明，几乎被其表面推己及人的善意所遮蔽，所以让受交际者秦穆公进一步感受到其善意。同时，为第四句"郑之厚，君之薄也"所要揭示的秦晋战略利益的根本冲突作了铺垫。可见，烛之武的第三句话也不是随便说的，而是其政治修辞的一种谋略，是将游说引向深入的巧妙语义链接，是自觉遵循非理想政治境界下"审时度势"修辞原则的表现。因为秦晋联合伐郑是眼前所见的事实，秦晋为同盟关系是既成的事实，因此若无必要的过渡铺垫就直接上题，挑拨秦晋之间的同盟关系，可能存在巨大的外交风险。接下来的几句，则是遵循现实政治境界下"知人论事"修辞原则的表现。烛之武从推己及人的角度，体贴有加地替秦穆公提供了一个解决方案，这就是第五句的内容："若舍郑以为东道主，行李之往来，共其乏困，君亦无所害。"这是以利益引诱秦穆公，劝说他放弃跟晋国的军事同盟关系，改变灭郑的军事计划，跟郑国修好，建立长久的外交关系，为日后向东扩张发展提供战略空间与外交保障。可见，第五句是逻辑语义的转折点，是烛之武贯彻非理想政治境界下"知人论事"修辞原则的体现，他将游说求和的主旨以一个精美的包装巧妙地呈现出来，既不卑不亢地将郑国求和的诉求清楚明白地表达出来，又不露声色地提醒了秦穆公秦国未来的战略方向。而这一点，正好契合了秦国东进战略的长远目标规划。正因为烛之武摸准了秦穆公的心理，所以秦穆公没有打断他的话，使得他有进一步挑拨秦晋关系的空间。接下来的第六句"且君尝为晋君赐矣；许君焦、瑕，朝济而夕设版焉，君之所知也"，则是不加掩饰的挑拨离间之辞了。通过回顾晋惠公背信弃义的历史，将秦晋战略同盟关系的不可靠性一针见血地指了出来，让秦穆公无可回避。由于这一历史回顾是以事实说话，秦穆公本人就是这一历史事件的见证人，因此其说服力就具有不可辩驳性。可见，烛之武的第六句也不是随便说的，而是其整个游说政治修辞中的重要一环，是其贯彻非理想政治境界下"知人论事"修辞原则的有意识的修辞谋略。接下来的第七句："夫晋何厌之有？"虽然只是一个主观论断句，不是事实的陈述，但在逻辑上充当了第八句未然之事发生可能性的推衍基础，使秦穆公对晋国"既东封郑，又欲肆其西封"的可能性深信不疑。很明显，这是烛之武的攻心战术，是其政治修辞有意识地贯彻"知人论事"原则的鲜明体现。正是因为有了如上环环相扣的逻辑推衍与语义铺垫，烛之武才能最终得以发起战略反攻，向秦穆公提了一个无可回避的终极之问："若不阙秦，将焉取之？"并以"阙秦以利晋，唯君图之"一句意犹未尽地结束了游说，让秦穆公在"阙秦"与"利晋"二者之间作出一个选择。这样的结束语，同样也是烛之武贯彻非理想政治境界下"知人论事"修辞原则的表现，是其游说取得成功的保证。

客观地说，烛之武之所以能够游说秦穆公成功，挽大厦之将倾，救郑国于危难，确实是因为他很好地贯彻了非理想政治境界下政治修辞的"知人论事"原则、"审时度势"原则，创造性地贯彻了只有理想政治境界下才能遵循的"坦诚相见"与"友善合作"两大政治修辞原则。不过，应该指出的是，在上述四大政治修辞原则的贯彻中，"知人论事"原则的贯彻最为突出。我们在本书第三章中讨论政治修辞的"知人论事"原则时，曾明确指出过，无论是日常修辞，还是政治修辞，贯彻"知人论事"原则，最重要的是对受交际者的"角色"有准确的定位，特别是对受交际者的心理要有准确把握。烛之武能够游说成功，最关键的因素是他对受交际者（游说对象）秦穆公的"角色"定位非常准确。作为一个弱国使者，在郑国面临灭顶之灾的时候来见天下霸主秦穆公，烛之武没有把自己看作是一个乞降者、求情者，而是将自己视为当然的交际者，而且是一个与受交际者秦穆公平起平坐进行"人际沟通"的交际者。为什么他能这样坦然？因为他了解受交际者秦穆公，他是一个明主，也是天下霸主，他既已大军压境，就是决意要灭亡郑国。所以，这时候跟他求情，那无异于与虎谋皮，根本行不通。但是，若是跟他讲国家利益之得失，只要讲得有道理，他肯定是能听进去的，因为他不是昏君。烛之武见到秦穆公，没有过多的客套，直来直去，上来就从利害关系讲起，这正是烛之武作为交际者对受交际者有很好的适应能力的表现，也是他对受交际者"角色"能够准确定位，并对其心理准确把握的表现。① 而正因为对受交际者秦穆公的角色定位非常准确，对其心理的把握也非常准确，烛之武在说服秦穆公时选择了一种"以理夺人"的攻心策略。他在秦、晋两国大军压境的危急关头去见秦穆公，没有采取通常政治人惯用的"哀兵"策略，在游说过程中，自始至终没有向秦穆公求饶求情，不打"以情动人"之牌，而是采取"以理夺心"的战略。这是因为：他很透彻地洞悉了世情，这世界上，人与人，国与国，你争我夺，无非为了两个字——"名"和"利"。其实，争"名"的最终目标还是一个"利"字。所以，这世界实际上只存在一个字——"利"。因此，他就以"利"来说"事"，来讲"理"。他以"利"来说的"事"，一是晋惠公得秦之力回国执政后，不仅赖掉曾许诺的焦、瑕二邑不给，还要设版筑城备战秦国的往事；二是晋文公想借秦国之力灭郑，利用秦国事实上无法越过晋国获取郑国领土而自己独吞共同灭郑战果的眼前之事；三是预言晋灭郑独得其利而国力大增后必然西攻秦国，独霸天下的未来之事。从而讲出了这样一个"理"：国家之间其实没有什么永远的朋友或是永远的敌人可言，只有永远的利益关系。因此，自然要以是否符合自己的国家利益为唯一的处理国际关系的基本准则。现在，秦国与晋国联手要灭亡郑国，但灭亡郑国的结果是，只有晋国得利，秦国兴师动众，劳民伤财，却一点利益也没有。相反，获利后的晋国会立即国力大增，灭郑后的秦国则伤了元气，强大了的晋国自然会坐等秦国衰弱而伺机灭秦。既如此，您大秦帝国又何必参与灭郑的联合行动呢？② 正因为烛之武攻心说理在逻辑上非常严密，所以秦穆公虽是雄才大略、聪明过人，也不得不折服于其逻辑的力量，接受了其撤兵的诉求，转而同郑国结盟。

---

① 参见：吴礼权. 言语交际与人际沟通［M］. 2 版. 广州：暨南大学出版社，2016：209-210.
② 参见：吴礼权. 能说会道：说话的艺术（修订版）.［M］. 广州：暨南大学出版社，2014：101-102.

其二，从政治修辞技巧来看，烛之武作为政治人，其表现也相当出色。仔细分析一下烛之武游说秦穆公的说辞，其中，以设问手法建构的修辞文本有三个。一是"越国以鄙远，君知其难也；焉用亡郑以陪邻?"是以"激问"的形式，提醒秦穆公跟晋国联合灭郑，无法取得郑国任何一寸土地，只能劳民伤财，徒劳无功；二是"夫晋何厌之有?"也是"激问"，强调晋国是一个贪得无厌的国家，提醒秦穆公要警惕晋国未来对秦国的领土威胁；三是"若不阙秦，将焉取之?"同样还是"激问"，是要提醒秦穆公秦国与晋国的战略利益有根本性的冲突，有你就没我，秦晋战略合作没有可能性。由于三个设问文本都是以"激问"的形式呈现，答案就在其字面的反面，强烈的口气又在事实上增强了反问的力量，因而能给秦穆公留下深刻的印象，这在很大程度上又加强了说服的力量。除设问外，烛之武还以示现手法建构了三个示现修辞文本。一是"舍郑以为东道主，行李之往来，共其乏困，君亦无所害"，是一种许诺，属于"预言的示现"，意在以利益引诱秦穆公改变灭郑的既定计划，转而跟郑友好合作，为秦国未来的战略东进预留空间。二是"君尝为晋君赐矣；许君焦、瑕，朝济而夕设版焉"，这是回忆历史，属于"追述的示现"，意在提醒秦穆公切莫忘记晋惠公昔日背信弃义的历史。由于受交际者秦穆公就是这一历史事件的见证人，因此烛之武以此说事就特别具有针对性，能够极大地唤醒秦穆公对晋国的恶感。三是"既东封郑，又欲肆其西封，若不阙秦，将焉取之"，是设想灭郑之后晋国势力坐大而开始蚕食秦国土地的后果，亦属于"预言的示现"，意在提醒秦穆公灭郑的严重后果，促使其放弃联晋灭郑的计划。从政治修辞学的视角看，烛之武作为政治人，在游说中反复运用"设问"与"示现"手法是非常高明的。因为游说是一种劝说，也是一种说理。而"设问"特别是"激问"，由于有加强语气，强化注意，启发思考的作用，因而对于提升说理的效果就特别明显。至于示现，由于是将未见未闻的事象说得就像发生在眼前，极易引人想象联想，追忆历史，遥想未来，情不自禁地进入历史或未来的情境之中，从而在非理性的情绪主导下达成与交际者的情感共鸣。很明显，这对提升说理的效果是非常有益的。应该说，烛之武游说秦穆公成功，跟其游说过程中有效运用设问与示现手法建构修辞文本的努力是分不开的。

第二节　螳螂捕蝉，黄雀在后：少孺子的战略全局观

人物：吴王、少孺子。

事件：春秋时代，吴国是天下强国，楚国也是南方大国与强国。但是，吴王欲灭楚而独霸天下。于是，一时兴起，吴王便发布了伐楚计划，而且明言不许大臣进谏阻止。少孺子虽只是吴王的一个幕僚，并非朝廷重臣，但他却认为此事非谏止不可，不能让吴王一意孤行。因为他看到了兵伐楚国的严重后果，那就是为保证伐楚成功，吴兵势必要尽出。然而，这样则国内空虚，南有越，北有齐，都有乘虚而入的可能。如此，吴国将有亡国之忧。为了破除吴王不准进谏的魔咒，少孺子设计了一个晨起游园的戏码，引诱吴王怪而问之，最终以一个"螳螂捕蝉，黄雀在后"的故事巧妙地谏止了吴王伐楚的错误决策。

政治修辞主体：少孺子（吴王舍人，大约相当于吴王幕僚的角色）。

政治修辞受体：吴王（春秋时代吴国之王，史料未明言是吴王阖闾，还是吴王夫差）。

修辞属性：政治修辞。

修辞原则：知人论事、审时度势。

修辞技巧：讽喻。

修辞效果：通过设骰造疑，有效地破解了吴王不许进谏的魔咒，然后以"螳螂捕蝉，黄雀在后"之喻巧妙地谏止了吴王的伐楚计划，从而确保了吴国的国家安全。

吴王欲伐荆，告其左右曰："有敢谏者死。"

舍人有少孺子者，欲谏不敢，怀弹操丸于后园，露沾其衣，如是者三旦。

吴王曰："子来，何苦沾衣如此？"

对曰："园中有树，其上有蝉，蝉高居悲鸣饮露，不知螳螂在其后也；螳螂委身曲附欲取蝉，而不知黄雀在其傍也；黄雀延颈欲啄螳螂，而不知弹丸在其后之患也。"

吴王曰："善哉！"

乃罢其兵。（汉·刘向《说苑·正谏篇》①）

上述记载，说的是这样一个故事：

春秋时代，吴国是南方崛起的一霸，较之早先崛起的楚国，大有后来居上的势头。吴王（未载明是哪位吴王，极有可能是阖闾或夫差）觉得自己的实力已经超过了楚国，遂起念灭楚而一统南方，然后再挥师北伐，最终"一匡天下"，做天下的霸主。

吴王是个行动力很强的人，也是一个非常有主见的人，他一旦作出决策是不允许大臣提出异议的。有一次，吴王突然心血来潮，决定起兵伐楚。因为这次伐楚行动没有正当理由，他怕大臣们反对，所以就有言在先，明言晓谕左右：

"寡人欲起兵伐楚，有敢于进谏阻止者，杀无赦！"

吴国大臣中虽不乏有识见者，但他们都知道吴王的个性，所以谁都不敢批其逆鳞，顶风进谏。这样，大家明知吴王决策错误，却只能保持沉默，任由吴王胡来。

眼看吴王调兵遣将，伐楚的准备工作行将就绪，当时在吴王左右的一位舍人（大概相当于吴王的机要秘书）叫少孺子的，看着满朝文武明知吴王决策错误，却都噤若寒蝉，没有一人出来谏阻吴王，心里就非常着急。于是，他就萌发挺身而出，力谏吴王收回成命的想法。可是，好几次鼓起勇气想要进谏吴王，却都在最后时刻犹豫作罢了。因为他思前想后，已然明白这样做等于是找死，而且死得也没价值，于国无补。不过，最终他还是放不下已起的念头，苦思冥想了几天，总算找到了一个自以为巧妙的方法。

打定主意后，少孺子就开始行动了。第二天一大早，他就拿着一把弹弓，怀揣一些弹丸，进了吴王的后花园。因为他是吴王的机要秘书，可以自由出入，别人想进吴王后花园肯定是不可能的。进了吴王后花园，他就在园中树下走来走去，露水都打湿了衣服。一连三天，每天如此。到了第四天，吴王觉得奇怪，就将他召过来，问道：

---

① 转引自：吴礼权. 言语交际与人际沟通［M］. 2 版. 广州：暨南大学出版社，2016：198.

"您过来，为什么一大早就起来在园里走来走去，您看衣服都湿了，何苦来着？"

少孺子见吴王对自己非常客气，胆子顿时大了起来，遂连忙趋前回话：

"大王，园中有一棵大树，上面有一只蝉。这只蝉高居树间，每天不分昼夜放声鸣叫。它大概以为自己餐风饮露，与世无争，别的鸟类就不会来侵扰它。殊不知，臣在树下观察良久，发现它的身后，有一只螳螂，正缩着身子，弯起了前肢，就要扑向它。臣一看，心都吊到嗓子眼了，急得不得了。就在这时，臣又发现了一只黄雀，早已紧挨着螳螂身边，正伸长了脖子，张开了长嘴，要啄那只螳螂。就在此时，臣引弓射出了弹丸，黄雀哪里知道会有这种祸患呢？"

听到这里，吴王终于明白了，脱口而出：

"说得好哇！"

于是，立即下令停止伐楚的战争准备。（以上文字为吴礼权译①）

读了上述故事，相信大家都非常赞赏少孺子的政治修辞智慧。那么，少孺子的政治修辞到底高明在哪呢？仔细分析一下，我们认为主要体现于如下两个方面。

其一，作为政治修辞主体，少孺子在进谏吴王时很好地贯彻了现实政治境界下"知人论事""审时度势"两大政治修辞原则。从故事所叙述的情节看，我们知道少孺子作为吴王的舍人，跟吴王的关系非常密切，相比于一般大臣，有更多机会接近吴王并常侍左右。他能连续三天出现于吴王的花园，就说明他与吴王的关系和亲密程度不是一般吴国朝臣可比的。因为跟吴王的关系非常亲近，所以他对吴王的个性特点、心理取向等，都比吴国其他大臣要熟悉得多。② 因此，当吴王决定要起兵伐楚，并明言不许大臣进谏时，他没有顶风硬来，而是面对现实：吴王是国君，有至高无上的权威，不可挑战；吴王有令，不能违抗。否则，必死而无补于国。但是，他又知道吴王不是昏君，如果能够找到一个巧妙的进谏方法，进谏吴王也并非只有死路一条，相反是能说动吴王而让他改变错误决策的。正是基于对吴王的了解，所以作为一个政治人，少孺子在吴王禁言令下达之后，表现得异常冷静，没有因自己跟吴王关系亲密而贸然进谏，而是寻找接近吴王的

---

① 参见：吴礼权. 言语交际与人际沟通［M］. 2 版. 广州：暨南大学出版社，2016：198－199.
② 参见：吴礼权. 言语交际与人际沟通［M］. 2 版. 广州：暨南大学出版社，2016：199.

方法，先走出第一步。① 于是，我们就看到了他在后花园连续三日露湿其衣的戏码表演。从政治修辞学的视角看，少孺子的这一戏码表演，是一个高超的政治修辞谋略。因为有了这一表演，他终于获得了跟吴王开口说话的机会，让自己有机会成为跟吴王沟通交流的"交际者"。如果说露湿其衣的行为表演使他获得了一个隐性的交际者角色的话，那么，当吴王开口跟他说话时，他就具备了显性的交际者角色身份。事实上，当受交际者吴王对他的行为不解而召他相问时，这场君臣言语交际与人际沟通就正式开始了。到这时，作为交际者，少孺子就正式以显性的"交际者"身份来与受交际者吴王进行交际与沟通了，即有了机会用"语言"说话，通过给吴王讲故事，将所要表达的意思包藏在字里行间，从而最终达成了谏止吴王伐楚计划的预定目标。② 可见，少孺子最终打破吴王禁言令的魔咒，进谏取得成功，与其自觉贯彻现实政治境界下"知人论事"与"审时度势"两大政治修辞原则，善于创造跟受交际者吴王进行交流沟通的机会有着密切关系。

其二，作为政治人，少孺子的政治修辞技巧非常高明。他要进谏吴王的话，如果用理性的语言表达，就是这样几句话："楚乃大国强国，吴欲伐楚，必举国之全力方为功。然举国之全力，则国虚也。国虚，则伐楚未成，而吴已亡于他国矣。"如果少孺子真的跟吴王这样说，吴王肯定认为有道理，因为吴王是春秋时代雄才大略的一代霸主，不是昏君，这点战略全局观肯定是有的。只是吴王事先有禁言令，不准任何人对伐楚之事进谏，违者杀头。如果少孺子果真这样直言说出上述一番道理，那就在事实上违反了吴王的禁言令。吴王为了维护自己说一不二的君王权威，即使跟少孺子关系再亲密，也得依法行事。这样，少孺子意欲实现的政治修辞预期目标（谏阻伐楚）不仅不能实现，还要无谓地搭上自己的性命。事实上，少孺子没有这样跟吴王直谏，而是运用讽喻修辞手法，根据自己所要表达的主旨量身定做地为吴王编造了一个"螳螂捕蝉，黄雀在后"的故事，让吴王自己通过故事思而得其真意所在。这样，既婉转含蓄地表达了自己所要进谏的意思，又给了吴王面子，让吴王在愉悦的情感情绪状态下欣然接受其进谏的内容。其实，少孺子不直言进谏，而以讽喻手法建构修辞文本来陈述自己对于伐楚之事的政治见解，不仅是给吴王面子，还是在暗示吴王是明君，有足够的政治智慧，能够自己判断伐楚决策的正确与否。事实上，吴王确实是明君，他一听完少

① 参见：吴礼权. 言语交际与人际沟通［M］. 2 版. 广州：暨南大学出版社，2016：199.
② 参见：吴礼权. 言语交际与人际沟通［M］. 2 版. 广州：暨南大学出版社，2016：200.

孺子的故事，就不假思索地脱口而出："善哉！"可见，少孺子真的是了解吴王，其建构的"螳螂捕蝉，黄雀在后"讽喻文本是一种高明的政治修辞。

第三节　陛下好少而臣已老：颜驷的治国用人观

人物：颜驷、汉武帝。

事件：汉武帝视察郎署，发现颜驷须鬓皆白，觉得奇怪，遂问其原因。颜驷见问，遂将自己三世不遇的苦情倾诉出来，由于说得怨而不怒，赢得了汉武帝的同情，汉武帝立即给他升了职，从而改变了他的人生境遇。①

政治修辞主体：颜驷（西汉江都人，汉文帝时为郎官，到汉武帝时，历经三朝，始终未得到升迁）。

政治修辞受体：汉武帝（即刘彻，西汉第七位皇帝。汉高祖刘邦重孙、汉景帝刘启第十子。七岁时被立为皇太子，十六岁登基即皇帝位。在位长达 54 年之久，是中国历史上难得一见的眼光高远、雄才大略、文治武功显赫的执政者。特别是奋武扬威，击败匈奴，彻底改变了长期以来匈奴对汉人的压迫，将大汉帝国的国力和影响力推到了如日中天的地步。因此，后世将其与统一中国的秦始皇相比，并称为"秦皇汉武"②）。

修辞属性：政治修辞。

修辞原则：知人论事、审时度势。

修辞技巧：折绕。

修辞效果：倾诉怀才不遇的委屈怨而不怒，赢得了汉武帝的同情，顺利实现了升职。

上尝辇至郎署，见一老翁，须鬓皓白，衣服不整。

上问曰："公何以为郎？何其老也？"

对曰："臣姓颜名驷，江都人也，以文帝时为郎。"

① 参见：吴礼权. 言语交际与人际沟通［M］. 2 版. 广州：暨南大学出版社，2016：211.
② 参见：吴礼权. 言语交际与人际沟通［M］. 2 版. 广州：暨南大学出版社，2016：211.

上问曰："何其老而不遇也？"

驷曰："文帝好文而臣好武，景帝好老而臣尚少，陛下好少而臣已老，是以三世不遇。"

上感其言，擢拜会稽都尉。（汉·班固《汉武故事》①）

上述记载，说的是这样一个故事：

一次，汉武帝乘辇视察郎署，突然发现一个郎官须鬓皆白，而且衣裳不整，心里就一"咯噔"，怎么会有这么老的郎官呢？这么大岁数还担负得了保卫宫廷的责任吗？莫非他有特殊才能，还是他压根儿就是一个滥竽充数者？如果是这样，那么这皇家卫队的纪律可就要好好整顿了。想到此，汉武帝立即令人将那个须鬓皆白的老郎官召到近前，客气有加地问道：

"您岁数这么大了，怎么还是郎官呢？"

老者见皇上召见他，非常感动，又听皇上这么亲切，还对自己用尊称，真是一个敬老的明君，顿时大起胆子，回答道：

"臣姓颜名驷，是江都人。在文帝时就已经被封为郎官了。"

汉武帝一听，心想，这老者怪不得这么老了，原来在我爷爷的时候他就出道当官了。于是，更加奇怪了，立即问道：

"您资历很深，怎么这么老还没有升职呢？"

颜驷一听皇上问到关键处，正好触及他的痛处，悲伤的神情情不自禁地写在了脸上。

汉武帝见此，知道他肯定有什么委屈，遂鼓励他说出来。

颜驷受到鼓励，觉得这是人生最后一次机会了。今天能够遇到皇上，已是天大的幸运了。天赐良机，如果错失，那就怨不得天，恨不得地了。想到此，颜驷整理了一下情绪，语气缓和地说道：

"其实，都是臣的运气不好。文帝好文，而臣是武人；景帝好老，而臣那时年纪尚少；陛下好少，而臣已老。所以，臣便成了一个三世而不遇的人了。"

汉武帝听出了颜驷话中的抱怨，但又觉得他说得合情合理，态度非常好，自

---

① 转引自：吴礼权. 言语交际与人际沟通［M］. 2版. 广州：暨南大学出版社，2016：211－212.

已受了委屈，却没有怨天尤人，反而把责任归于自己，认为是自己运气不好。这样一想，汉武帝顿时起了恻隐之心，立即颁诏，擢升颜驷为会稽都尉（统领一郡军事力量的长官，约略相当于今之军分区司令之类。若论军衔，约略相当于今之准将，仅次于将军）。①

读了上述故事，肯定有很多人感到困惑不解。为什么颜驷说了几句牢骚话，雄才大略的汉武帝就为之动情，立即给他加官晋爵呢？

如果我们从政治修辞学的视角看问题，就知道颜驷的这几句牢骚话不简单，它是高明的政治修辞范本。其可圈可点之处，我们可以从如下三个方面予以认识。

其一，作为政治修辞主体，颜驷很好地遵循了现实政治境界下政治修辞的第一原则——"知人论事"。身为汉文帝、汉景帝与汉武帝三朝皇家卫队的郎官，颜驷对朝廷政治非常熟悉，不仅了解已故汉文帝、汉景帝治国用人政策的偏颇，也了解当朝汉武帝的用人爱好，当然更了解当今皇上雄才大略、心气高傲的个性，了解其好大喜功、听不得批评之言的心理特点。② 所以，在获得跟汉武帝说话的机会时，颜驷表现得格外小心，并不因为汉武帝对他说话客气有加就忘了汉武帝九五之尊、不可冒犯的身份。③ 很明显，这是颜驷作为一个政治人的聪明之处，是其有意识地遵循现实政治境界下"知人论事"原则的表现，是对受交际者汉武帝的角色与自己的角色准确定位的表现，更是其侍对政治修辞在战略决策上的胜利。

其二，作为政治修辞主体，颜驷极其成功地贯彻了现实政治境界下"审时度势"的政治修辞原则。众所周知，侍对皇帝虽然也是一种言语交际与人际沟通，但毕竟不同于普通的言语交际与人际沟通。因为交际沟通的对象不是普通人，而是至高无上的皇帝，言语交际的主动权不属于交际者。因此，交际者如何跟受交际者展开话题，从而达到自己交际沟通的预期目标，具有很多不确定性。令人欣喜的是，作为政治修辞主体的颜驷，虽然是个武夫，却是侍对皇帝的政治修辞高手。在汉武帝仅是礼节性地关切询问时，颜驷审时度势，迅速抓住了难得的机

---

① 参见：吴礼权. 言语交际与人际沟通［M］. 2 版. 广州：暨南大学出版社，2016：212.
② 吴礼权. 言语交际与人际沟通［M］. 2 版. 广州：暨南大学出版社，2016：213.
③ 吴礼权. 言语交际与人际沟通［M］. 2 版. 广州：暨南大学出版社，2016：213.

会，在被动的言语交际中为自己争取到一个"交际者"的身份，掌握了将"言语交际"导入自己预定的"人际沟通"目标的话语权。本来，他只是这场言语交际与人际沟通的受交际者（因为是汉武帝先召他问话），但是在回答汉武帝问题时，他巧妙地将自己"受交际者"的角色转换成了"交际者"。汉武帝问他怎么还是郎官，为什么这么老，他不正面回答，而是说文帝时他已是郎官了。这种答非所问的回答，既是在跟汉武帝暗示自己的资历，又是故意在引汉武帝继续问话，以便在问答的过程中找到一个合适的切入点，为下面进一步申诉老而不遇作铺垫，把话题引到自己预定的沟通目标（我委屈了，皇上应该升我官）上来。结果，汉武帝真的问到他想回答的问题："为什么老而不遇？"这样，他便将自己意欲倾诉的委屈（即预定要实现的"人际沟通"目标）自然而然地表达了出来。如果汉武帝第一次提问时，颜驷根据其提问回答道："本来就是郎官，年纪已经六十了，当然老了"，那么，汉武帝就会"哦"一声，说："朕知道了。"然后，一切结束。因为对于交际者来说，当他预定的"人际沟通"目标实现了，一般就没有将言语交际再继续下去的欲望与动力了。正是由于颜驷回答得巧妙，延长了言语交际的过程，为自己在话轮转换中实现由受交际者到交际者的身份转换赢得了机会，进而掌握了话语主动权，最终将自己想表达的意思全部表达了出来。[①] 可见，对现实政治境界下"审时度势"修辞原则的贯彻，使颜驷化被动为主动，最终赢得汉武帝的同情而加官。

其三，作为政治修辞主体，颜驷在利用受交际者汉武帝所给机会向其倾诉委屈时，选择运用折绕修辞手法来建构修辞文本。这是非常明智的，也是非常得体的，是保证其政治修辞取得成功的关键所在。面对汉武帝，他本可以大倒苦水，抱怨自己受到的不公正的待遇，抱怨文帝、景帝还有武帝本人用人政策的不当。但是，他没有这样做。因为这样说，将使受交际者汉武帝的帝王自尊受到伤害，势必会引发汉武帝情绪的反弹而产生逆反心理。[②] 况且，颜驷作为汉武帝的臣子，当着汉武帝的面控诉其祖父汉文帝与父亲汉景帝，既为中国封建政治伦理所不容，也为受交际者汉武帝所不容。因为中国古代的皇帝都强调"以孝治天下"，标榜自己是天下孝子贤孙的楷模，所以不可能容忍臣下指斥其祖先（即使指责的是事实）。事实上，颜驷是聪明的，是个成熟的政治人。汉武帝虽然给了他机会

---

① 参见：吴礼权. 言语交际与人际沟通 ［M］. 2 版. 广州：暨南大学出版社，2016：213.
② 参见：吴礼权. 言语交际与人际沟通 ［M］. 2 版. 广州：暨南大学出版社，2016：213.

诉苦，但他没有直道本心，言语上公开抱怨汉文帝、汉景帝与汉武帝，而是以折绕修辞手法委婉其辞，不说文帝、景帝与武帝本人的用人政策有偏颇，而是说自己运气不好，将责任归己，从而绕着弯子迂回到了预定的目标（即抒发自己怀才不遇的悲愤之情），让受交际者汉武帝思而得之，① 从而在充分维护受交际者汉武帝尊严与体面的前提下令其愉快而坦然地接受抱怨，并心生不忍而同情其三世不遇的遭遇，主动给他升了官。可见，颜驷的折绕修辞技巧运用得当，在其侍对汉武帝的政治修辞中发挥了非常重要的作用。

第四节　请看今日之域中，竟是谁家之天下：骆宾王的天下观

人物：骆宾王、徐敬业、武则天。

事件：弘道元年（公元683年）唐高宗李治病逝，其子李哲（即李显，又名李哲，唐高宗第七子，武则天第三子）继位，是为唐中宗。嗣圣元年（公元684年）中宗即位没几个月，就被武则天废为庐陵王，皇位改由其弟李旦（唐高宗第八子，武则天第四子）继任，是为唐睿宗。但是，没过几个月，武则天索性连傀儡皇帝也不要了，径直将儿子睿宗李旦推到一边，公然自己临朝执政。光宅元年（公元684年）冬，唐朝开国功臣、英国公李勣之孙徐敬业（即李敬业，其祖父李勣因有功于唐被赐国姓李）因"坐脏贬柳州司马，与唐之奇、杜求仁、骆宾王等在扬州起兵，反对武则天临朝，求得状貌类似太子贤者奉以为主，自称匡复府上将，领扬州大都督，有众十余万人，一面屯淮阴等地，一面渡江攻下润州"②，意欲推翻武则天的统治，还政于李氏。徐敬业扬州起兵前，令长安主簿、著名文学家骆宾王代为起草了《讨武曌檄》，其对迅速聚集大批反武拥李力量起了很大作用。

政治修辞主体：骆宾王（字观光，婺州义乌人，以诗文闻名初唐，与王勃等齐名，号为"初唐四杰"。曾任武功主簿、长安主簿、侍御史、临海丞等。光宅

---

① 参见：吴礼权. 言语交际与人际沟通［M］. 2版. 广州：暨南大学出版社，2016：213－214.
② 夏征农. 辞海（缩印本，1989年版）［M］. 上海：上海辞书出版社，1990：906.

元年随徐敬业起兵反对武则天临朝称制，并代徐敬业起草《讨武曌檄》。起兵失败后，不知下落）。

　　政治修辞受体： 天下万民，特别是徐敬业起兵当时所要争取的所有反武拥李军事力量。

　　修辞属性： 政治修辞。

　　修辞原则： 知人论事。

　　修辞技巧： 排比、示现、仿拟、设问、用典。

　　修辞效果： 骆宾王代为起草的《讨武曌檄》极具鼓动性，对徐敬业举兵起事，号令天下，迅速集聚反武力量起到了重要作用。

　　伪临朝武氏者，性非和顺，地实寒微。昔充太宗下陈，尝以更衣入侍。洎乎晚节，秽乱春宫。密隐先帝之私，阴图后庭之嬖。入门见嫉，蛾眉不肯让人。掩袖工谗，狐媚偏能惑主。践元后于翚翟，陷吾君于聚麀。加以虺蜴为心，豺狼成性。近狎邪僻，残害忠良。杀姊屠兄，弑君鸩母。神人之所共嫉，天地之所不容。犹复包藏祸心，窥窃神器。君之爱子，幽之于别宫；贼之宗盟，委之以重任。呜呼！霍子孟之不作，朱虚侯之已亡。燕啄皇孙，知汉祚之将尽；龙漦帝后，识夏庭之遽衰。

　　敬业皇唐旧臣，公侯冢子，奉先君之成业，荷本朝之厚恩。宋微子之兴悲，良有以也；恒君山之流涕，岂徒然哉！是用气愤风云，志安社稷。因天下之失望，顺宇内之推心，爰举义旗，誓清妖孽。南连百越，北尽三河，铁骑成群，玉轴相接。海陵红粟，仓储之积靡穷；江浦黄旗，匡复之功何远！班声动而北风起，剑气冲而南斗平。暗鸣则山岳崩颓，叱咤则风云变色。以此制敌，何敌不摧？以此图功，何功不克？

　　公等或家传汉爵，或地协周亲，或膺重寄于爪牙，或受顾命于宣室。言犹在耳，忠岂忘心？一抔之土未干，六尺之孤何托？傥能转祸为福，送往事居，共立勤王之勋，无废旧君之命，凡诸爵赏，同指山河。若其眷恋穷城，徘徊歧路，坐昧先几之兆，必贻后至之诛。请看今日之域中，竟是谁家之天下！移檄州郡，咸使知闻。（骆宾王《讨武曌檄》①）

---

　　①　此文以朱东润主编的《中国历代文学作品选》（中编第二册）为据，参照其他古文版本校对。

　　上引文字，是唐代文学家骆宾王代徐敬业所写的讨伐武则天的檄文，是传诵千古的雄文。全文所写内容，转译成现代汉语，大致意思如下：

　　临朝称制，窃取李唐江山的武氏，本性并不和顺，出身实在卑微。早年被太宗皇帝选入宫中而为才人，偶因更衣之机而得宠幸。及至后来，又荒秽淫乱于太子宫中。太宗崩逝后，削发为尼，企图隐匿曾为先皇才人的秘史；后又蓄发还俗，企图入宫再得高宗皇帝的宠幸。然而，入宫便怀嫉妒之心，恃色傲物而不肯让人。毒如郑袖而工于谗言，狐媚邀宠而偏能惑主。以卑鄙手段登上皇后宝座，陷高宗父子于禽兽之伦。加上有一颗蛇蝎般狠毒的心，豺狼一般的本性，亲近李义府、许敬宗之类的邪僻小人，残害褚遂良、长孙无忌等忠良之臣，杀其姐韩国夫人，屠其兄武惟良，弑君鸩母，诸般罪恶，实为人神所共愤，为天地所不容。不仅如此，武氏还包藏祸心，觊觎帝位。太子李显乃高宗爱子，即位不久，即被武氏所废，幽禁于别宫。而武氏宗族武承嗣、武三思之流，则被委以重任。唉！如今再也没有像霍光那样匡扶汉室的忠臣出现了，也没了朱虚侯刘章那样有血性的皇室成员。从赵飞燕残害皇孙，便知汉朝的气数将尽；由龙漦化为帝后，便知夏朝的国运已经衰退。

　　我徐敬业乃大唐的老臣，公侯的嫡子，承奉先皇之成业，深蒙本朝之厚恩。所以，深知商时宋君微子过殷墟而无限悲伤是有原因的；汉臣恒君山（即恒谭）失去世爵，谪居外地而痛哭流涕不是无缘无故。要知正气可使风云愤怒，壮志可使国家安定。我们要充分利用百姓万民对武氏的失望之情，顺应天下之人讨武复唐之愿，举起反武正义之旗，清除武氏在朝妖孽。在南到百越之境，北至三河之地，我们有铁骑成群，战车相接。海陵之粟积存多年，都已发酵变红，仓库里早已积储无数；大江之畔义旗飘扬，匡复大唐，建功立业，指日可待。战马鸣而秋风起，正是用兵之时；宝剑出鞘，杀气直逼南斗星。勇士之怒，足以使山岳崩塌；勇士之吼，足以使风云变色。以此士气，什么强大的敌人不能战胜？以此声势，什么伟大的功业不能成就？

　　诸位有的是世袭朝廷的封爵，有的是皇室的宗亲，有的负有托付的重任，有的是受命辅幼的重臣。而今先帝之嘱还余音在耳，臣子的忠心岂能荡然无存？一捧新坟之土未干，六尺幼主何以寄托？如果诸位勠力同心，共举义旗，扭转乾坤，转祸为福，慰高宗之亡灵，定中宗之大位，共立勤王之大功，不弃先帝之遗命，那么所有参与恢复大业者都会有晋爵封赏，这可以同指山河为证。如果诸位贪恋目前既得利益，关键时刻犹豫不决，看不清大势先机，则必有无穷之后患。诸位请放眼今日全国上下，看看究竟是谁家的天下！传檄天下州郡，使大家都能知晓。

骆宾王代徐敬业起草的这篇《讨武曌檄》，之所以能在当时起到巨大的号召力，帮助贬官失势的徐敬业在极短的时间内积聚起十余万众举旗反对武则天的力量，很大程度上是因为这篇檄文在政治修辞上具有高超的水平。

从政治修辞学的视角看，这篇《讨武曌檄》之所以被中国历代文人视为千古雄文，在中国古代无数起兵举事的檄文中成为范本，至少跟此文在如下两个方面的突出表现分不开。

其一，作为政治修辞主体，骆宾王（徐敬业的代言人）很好地遵循了现实政治境界下政治修辞的第一原则——"知人论事"。众所周知，徐敬业举旗起兵讨伐武则天，从本质上说，是李唐皇权与武氏后党之间的政治斗争，事涉执政权合理性的观念认同之争。研究政治学的学者都知道，按照理想的政治模式，治国安邦应该秉持"贤人治国""能人治国"的原则。也就是说，谁有让万民敬服的贤德，谁有治国安邦的能力，就由谁君临天下，为天下之主。因此，从理论上来说，男人可以统治天下，女人也可以做天下之主。但是，在中国封建时代的现实政治模式下，谁能当皇帝，谁不能当皇帝，事实上是有既定的政治伦理规范的。这种政治伦理规范并不是先天就存在的，而是由自先秦时代就已开始的政治实践所形成的政治现实铸就。在中国历史上，由于自古以来统治天下或管理一国的都是男人，而不是女人，这就使人产生了一种错觉，以为"存在的就是合理的"，由此慢慢形成一种社会心理，认为男人统治天下是天经地义的，而女人当政则是大逆不道。如果实在是有特殊原因，需要女人执政，那也一定要找一个可以名正言顺（诸如主幼君弱）的理由，而且只能以太后垂帘的形式实施。否则，便被视为"牝鸡司晨"而有违天道，不仅不为天下人所认同，而且会让世人群起而攻之。当然，这是没有道理的。然而，中国封建时代长期的政治现实是如此，遂使女人不能当政的观念成了全民"集体无意识"的价值观念认同。骆宾王代徐敬业起草《讨武曌檄》，之所以开篇第一字便是"伪"字，就是基于上述中国古代社会政治的价值观念认同，是要从根本上否定武则天以女性身份临朝执政的合理性。很明显，《讨武曌檄》的这种选词用字是一种高超而居心叵测的政治修辞，是一击便能致人死命的神来之笔，是政治修辞主体（骆宾王）自觉贯彻现实政治境界下"知人论事"修辞原则的鲜明体现。至于接下来对武则天以一身而侍唐太宗、唐高宗父子二人（"昔充太宗下陈，尝以更衣入侍。泊乎晚节，秽乱春宫。密隐先帝之私，阴图后庭之嬖"）的发迹丑史的解密，对其好嫉本性（"入门见嫉，蛾眉不肯让人。掩袖工谗，狐媚偏能惑主"）的贬斥，对其"残害忠良""杀姊屠兄，弑君鸩母"罪行的声讨，对其"包藏祸心，窥窃神器"阴谋的揭发，对其不顾夫妻之情、母子之义而迫害唐中宗李显（"君之爱子，幽之于别宫"）事实的指陈，对其结党营私、不顾公义（"近狎邪僻""贼之宗盟，委之以重任"）行为的痛斥，都是为了彻底否定政敌武则天，并进而激起民众的愤怒之情，是"有所为而为"地贯彻"知人论事"政治修辞原则的表现。正因为如此，这篇《讨武曌檄》对武则天产生了巨大的杀伤力，对提升徐敬业发起的讨武勤王战争的正义性与号召力起了巨大的作用。

其二，作为政治修辞主体，骆宾王巧妙地运用排比、用典、示现、设问、仿拟等多种修辞手法，并融会于一体，从而极大地提升了《讨武曌檄》的政治宣传效果，助推了徐敬业讨武勤王战争的声势，成为中国古代檄文的范本。

纵观全文，以排比手法建构的修辞文本最多。其中，有以对句形式呈现的，也有以多句形式呈现的。如全文第一部分，主要就是以对句形式呈现的。比方说，"昔充太宗下陈，尝以更衣入侍。泊乎晚节，秽乱春宫"与"密隐先帝之私，阴图后庭之嬖"，是铺陈武则天媚主发迹丑史的；"入门见嫉，蛾眉不肯让人。掩袖工谗，狐媚偏能惑主"，是铺陈武则天好嫉工谗本性的；"虺蜴为心，豺狼成性"，是铺陈武则天心性狠毒的；"近狎邪僻，残害忠良"，是铺陈武则天用人恶政的；"杀姊屠兄，弑君鸩母"，是铺陈武则天丧尽天良的滔天之罪的；"君之爱子，幽之于别宫；贼之宗盟，委之以重任"，是铺陈武则天结党营私、排斥异己的事实的。这些对句式排比修辞文本的建构，不仅使表义显得充足酣畅，对武则天为人之不堪进行了淋漓尽致的展露，而且在客观上还有一种"壮文势"的效果，加深了接受者的印象。因为这些修辞文本连续集结于全文的第一部分，极易造成一种排山倒海的气势，对接受者的心理产生极大的冲击。而这对于提升檄文的煽动性、鼓动性，无疑是非常重要的。又如全文第二部分，也有许多对句式的排比修辞文本。比方说，"奉先君之成业，荷本朝之厚恩"，是铺陈举事者徐敬业特殊身世的；"宋微子之兴悲，良有以也；恒君山之流涕，岂徒然哉"，是铺陈古代忠臣贤良忠义之情的；"气愤风云，志安社稷"，是铺陈讨武勤王战争正义性的；"因天下之失望，顺宇内之推心"，是铺陈讨武勤王战争必要性的；"南连百越，北尽三河""铁骑成群，玉轴相接""海陵红粟，仓储之积靡穷；江浦黄旗，匡复之功何远""班声动而北风起，剑气冲而南斗平""喑呜则山岳崩颓，叱咤则风云变色"，都是铺陈讨武勤王义军气势的。这些对句式的排比修辞文本，异乎寻常地集结于全文的第二部分，不仅以酣畅充足的表义强化了讨武勤王战争的正义性与必获全胜的可靠性，而且以磅礴的文势使檄文更具煽情力，进而大大提升了勤王战争的号召力。再如全文第三部分，也建构了不少排比修辞文本。其中，多句式的排比是："公等或家传汉爵，或地协周亲，或膺重寄于爪牙，或受顾命于宣室"，是铺陈讨武勤王战争责任人的，意在强调这场战争可以争取团结的力量有很多。对句式的排比，有"转祸为福，送往事居""共立勤王之勋，无废旧君之命"，是从正面铺陈积极讨武勤王的后果；"眷恋穷城，徘徊歧路"，"坐昧先几之兆，必贻后至之诛"，则是从反面铺陈消极讨武勤王的后果。这些不同类型的排比修辞文本在全文的最后部分集结，对讨武勤王的政治责任与意义进行了充分的申足。虽然有软硬兼施的政治绑架意味，但不乏温情脉脉、语重心长的劝谏诚意。正因为如此，这篇《讨武曌檄》才会发挥了巨大的号召力，为徐敬业讨武勤王的联合战线迅速结成起了关键性的助推作用。

以用典手法建构的修辞文本，在全文中也有很多。如全文第一部分，就用了六个典故。第一个典故是"掩袖工谗"，用的是《战国策·楚策四》楚怀王宠妃郑袖设计陷害魏王所赠的魏国美人的典故。其文曰："魏王遗楚王美人，楚王说之。夫人郑袖知王之说新人也，甚爱新人，衣服玩好，择其所喜而为之；宫室卧具，择其所善而为之。爱之甚于王。王曰：'妇人所以事夫者，色也；而妒者，其情也。今郑袖知寡人之说新人也，其爱之甚于寡人，此孝子所以事亲，忠臣之所以事君也。'郑袖知王以己为不妒也，因谓新人曰：'王爱子美矣。虽然，恶子之鼻。子为见王，则必掩子鼻。'新人见王，因掩其鼻。王谓郑袖曰：'夫新人见寡人，则掩其鼻，何也？'郑袖曰：'妾知也。'王曰：'虽恶，必言之。'郑袖曰：'其似恶闻君王之臭也。'王曰：'悍哉！'令劓之，无使逆命。"骆宾王用此典故，是将武则天比作楚怀王夫人郑袖，而郑袖是中国历史上谗言惑主的典型，其对武则天的贬斥之意也就可想而知了。同时，还以此典故影射武则天窒息亲生女儿嫁祸王皇后而使其失宠的狠毒行径。第二个典故是"陷吾君于聚麀"，其中的"聚麀"（意谓几只公鹿共有一只母鹿）语出《礼记·曲礼上》："夫惟禽兽无礼，故父子聚麀。"骆宾王用此典故，是说武则天既侍唐太宗为才人，又为唐高宗之皇后，使唐高宗陷入乱伦之境地。第三个典故是"霍子孟之不作"，其中的"霍子孟"是指西汉名臣霍光。霍光曾受汉武帝遗诏，先后辅佐汉昭帝、汉宣帝而使西汉王朝在汉武帝之后的朝政得以安定。骆宾王用此典故，意在感叹武则天乱政，而大唐王朝却无霍光这样的重臣出来拨乱反正。第四个典故是"朱虚侯之已亡"一句，其中的"朱虚侯"，是指汉高祖刘邦之孙刘章。刘邦死后，吕后独擅朝政，残害刘氏宗室，而重用娘家吕氏诸王，刘章为之愤恨难平。吕后死后，刘章与丞相陈平、太尉周勃等合力诛灭了诸吕，迎代王刘恒进京为帝，是为汉文帝，从此使汉王朝重新步入正轨，并迈入"文景之治"的盛世，为汉武帝施展雄才大略、将大汉王朝推到鼎盛状态奠定了坚实的基础。骆宾王用刘章的典故，是暗中将武则天比作吕后，将武氏宗族专权比作诸吕劫掠刘氏江山。同时，也是借此感叹武则天乱政，而李唐宗室却无刘章一类人物出头露面。第五个典故是"燕啄皇孙"二句，用的是汉成帝皇后赵飞燕无子而妒杀汉成帝诸妃所生皇子，致使汉成帝无后，不久被外戚王莽篡位，西汉灭亡。骆宾王用此典故，意在借此暗指武则天先后废黜杀害高宗之子李忠、李弘、李贤诸皇子之事，告诫天下之人武则天危害唐祚的事实。第六个典故是"龙漦帝后"二句，《史记·周本纪》载：周厉王将夏末所储龙漦之盒打开，致使龙漦溢出，化为玄鼋流入后宫而使一宫女感而有孕，生下褒姒，后成为幽王之妃，惑乱朝政，终使西周灭亡。骆宾王用此典故，意在以此证明历代王朝灭亡都与女人乱政有关，暗指武则天是亡唐的妖女。全文的第二部分，又用了三个典故。第一个典故是"宋微子之兴悲"，用的是商朝灭亡后商纣王庶兄、宋国的开国之君微子启前往朝见周武王，路过殷商旧都，见满目荒凉之景，不胜无限感伤而作《麦秀之歌》（事见《尚书大传》）的典故，这是骆宾王代传檄之主徐敬业在抒发感慨，是将徐敬业比作亡国的宋微子，将衰落不振的李唐宗室比作灭亡的殷商王朝，希望以此激起李唐旧臣反对武则天临朝、还政于李唐的血性之勇。第二个典故是"恒君山之流涕"，用的是东汉恒君山（即恒谭）因上疏指陈时政，反对图谶，被谪居外地，郁郁不乐而死的典故。骆宾王用此典故，是将传檄之主徐敬业比作东汉耿直之臣恒君山，将武承嗣、武三思等武氏势力比作东汉时专权祸国之臣，希望以此唤醒天下正义之士奋起推翻武氏统治集团、匡复李唐皇权的良知。第三个典故是"海陵红粟，仓储之积靡穷"，用的是西汉吴王刘濞积粮于海陵而与汉景帝中央政权对抗（即"七国之乱"）的典故。骆宾王用此典故暗示天下人，徐敬业起兵之地乃是昔日西汉吴王刘濞统治的富庶之地，有足够的实力跟武则天的中央政权抗衡，意在鼓舞士气，号召天下。全文的第三部分，用了两个典故。第一个典故是"同指山河"，用的是汉初大封功臣时汉高祖与受封功臣起誓的典故。其誓词有曰："使河如带，泰山若厉。国以永宁，爰及苗裔。"骆宾王用此典故，意在以功名爵位利诱天下有志于追随徐敬业起兵者，为即将展开的反武勤王战争集聚有生力量。第二个典故是"必殆后至之诛"，用的是夏禹聚群臣于会稽，防风氏后至而杀之的典故（事见《史记·夏本纪》）。骆宾王用此典故，意在警告那些对于反武勤王战争持犹豫彷徨态度者，以此促使他们下定决心。可见，骆宾王以用典手法建构的以上诸多修辞文本，是一种政治修辞行为。这些用典修辞文本在表达上皆有"援古以证今"的作用，有力地提升了檄文的宣传鼓动效果，增强了徐敬业为起兵而传檄天下的说服力，使其发起的反武勤王战争显得更具正义性和合理性。

以示现手法建构的修辞文本，在全文中一共有三个。第一个在全文的第二部分，其文曰："南连百越，北尽三河，铁骑成群，玉轴相接。海陵红粟，仓储之积靡穷；江浦黄旗，匡复之功何远！班声动而北风起，剑气冲而南斗平。喑呜则山岳崩颓，叱咤则风云变色。"这些文字所描写的战争场景，并非骆宾王写作时眼前所见，而是其想象，属于"预言的示现"，将尚未出现的反武勤王战争波澜壮阔、摧枯拉朽的情景与气势写得如在眼前，这是以未来前景唤起天下人参与反武勤王战争热情的诱导性政治修辞。第二个是"转祸为福，送往事居，共立勤王之勋，无废旧君之命，凡诸爵赏，同指山河"一段文字，以表假设关系词"倘能"领起，所写的反武勤王战争成功后功臣们立功受赏封爵与新皇帝共指山河起誓的情景，也不是作者骆宾王写作时所见之事实，而是预言式设想，目的是利诱天下人积极参与徐敬业发起的反武勤王战争。第三个是"眷恋穷城，徘徊歧路，坐昧先几之兆，必贻后至之诛"，以表假设关系词"若其"领起，所写的反武勤王战争胜利后消极应对者受到惩罚的后果，也不是已然事实，而是作者骆宾王的预想，目的是要挟对反武勤王战争持消极态度而犹豫不决者。可见，骆宾王的这些示现修辞文本建构，都是政治修辞行为，是为了达成其传檄天下、集聚反武勤王战争力量的政治目的。事实上，这些修辞文本的建构是有效果的，蛊惑了很多不明真相者，对于扩大徐敬业起兵的气势与号召力都发挥了重要作用。不然，徐敬业以贪赃被贬的柳州司马身份是绝对纠合不起足够的力量掀起一场轰轰烈烈的反武勤王战争的。

以设问建构的修辞文本，在全文中也有很多。如檄文的第二部分就有四个，一是"恒君山之流涕，岂徒然哉"，意谓恒君山感慨国事日非、朝纲不振是有原因的。二是"江浦黄旗，匡复之功何远"，意谓沿江到处都见反武勤王的义军大旗，推翻武氏、匡复李唐的大功就不远了。三是"以此制敌，何敌不摧"，意谓凭徐敬业领导的反武勤王力量的浩大声势，是一定能够克敌制胜，摧毁武则天统治集团的。四是"以此图功，何功不克"，意谓凭徐敬业领导的反武勤王力量建立匡复李唐之大功，是一定能够达成的。檄文的第三部分，则有三个设问修辞文本。一是"言犹在耳，忠岂忘心"，意谓先皇唐高宗的遗言大家都还记得，受命之臣不可忘了忠心辅国初心。二是"一抔之土未干，六尺之孤何托"，意谓唐高宗死了不久，新坟之土还没干透，辅佐新君的托付还没有落实。三是"请看今日之域中，竟是谁家之天下"，意谓现今的天下已经不姓李而姓了武。上述诸多设问修辞文本的建构，由于均以"激问"的形态呈现，其要表达的语义都在设问的反面，因此，不仅有加强语气与壮文势的效果，而且有引人注意，发人深思的作用，对提升檄文的宣传鼓动效果明显有重要的作用。可见，骆宾王建构的这些以"激问"形态呈现的设问修辞文本，是一种政治修辞行为，是为提升传檄天下的政治宣传效果服务的。

以仿拟手法建构的修辞文本，在檄文中有一处，这就是全文第二部分的末尾八句："班声动而北风起，剑气冲而南斗平。暗鸣则山岳崩颓，叱咤则风云变色。以此制敌，何敌不摧？以此图功，何功不克？"它仿拟自隋末祖君彦《为李密讨炀帝檄》："百万成旅，四七为名。呼吸则河渭绝流，叱咤则嵩华自拔。以此攻城，何城不陷；以此击阵，何阵不摧。"这一仿拟修辞文本，虽然"与祖文句法惟妙惟肖，题材内容大概相仿"，但是"骆文前二句之'山岳风云'，兼含天地，境界雄伟壮阔。后四句的'制敌图功'较'攻城陷阵'尤为积极周延。在文章技巧和气势上，后来者居上"[①]。除此，骆宾王仿拟隋末祖君彦《为李密讨炀帝檄》，应该还有一层深意，那就是暗中将武则天跟暴君隋炀帝相比。隋炀帝亡国之事在公元617年，离徐敬业反对武则天起兵于扬州的公元684年，间隔时间不

① 沈谦. 修辞学［M］. 台北：空中大学，1995：159.

到百年，唐朝的民众应该仍记忆犹新。可见，骆宾王不仿拟汉末陈琳《讨贼檄文》，而刻意仿拟祖君彦《为李密讨炀帝檄》，不是无意的修辞行为，而是具有深刻用意、别有用心的政治修辞行为，意在质疑武则天临朝执政的合理性，由此凸显徐敬业传檄天下、推动反武勤王战争的正当性。

第五节　金玉其外，败絮其中：刘基的吏治观

人物：买柑者、卖柑者。

事件：杭州有一个卖柑者，特别善于存储柑橘。其所储藏的柑橘，一年四季都不烂，而且外表看起来非常光鲜亮丽，但剖开后则发现里面就像一团烂棉絮。买柑者（实际上是寓言作者刘基的化身）为此质问卖柑者为何这样坑害消费者，卖柑者不以为然，遂以元代官场吏治现状为喻，为自己的卖柑行为作了振振有词的辩护，让买柑者哑口无言，心悦诚服。

政治修辞主体：刘基（寓言的写作者，字伯温，浙江青田人，元末明初著名文学家、政治家，大明王朝的开国元勋，被明太祖称为"吾之子房"，爵封诚意伯）。

政治修辞受体：卖柑者（寓言虚构的人物，是表面的受交际者）、元末全体中国民众（实质上的受交际者）。

修辞属性：政治修辞。

修辞原则：审时度势。

修辞技巧：讽喻、排比、设问、用典、比喻。

修辞效果：通过讽喻修辞手法建构了一个寓言文本，借故事中的人物卖柑者的嘴为自己代言，将元末官场黑暗、吏治腐败的现状作了淋漓尽致的展示，表意含蓄深沉，却耐人寻味，促人反省。

杭有卖果者，善藏柑，涉寒暑不溃。出之烨然，玉质而金色。置于市，贾十倍，人争鬻之。予贸得其一，剖之，如有烟扑口鼻，视其中，干若败絮。

予怪而问之曰："若所市于人者，将以实笾豆、奉祭祀、供宾客乎？将炫外以惑愚瞽也？甚矣哉为欺也！"

卖者笑曰："吾业是有年矣，吾赖是以食吾躯。吾售之，人取之，未尝有言，

而独不足子所乎？世之为欺者不寡矣，而独我也乎？吾子未之思也。今夫佩虎符、坐皋比者，洸洸乎干城之具也，果能授孙、吴之略耶？峨大冠、拖长绅者，昂昂乎庙堂之器也，果能建伊、皋之业耶？盗起而不知御，民困而不知救，吏奸而不知禁，法斁而不知理，坐糜廪粟而不知耻。观其坐高堂，骑大马，醉醇醴而饫肥鲜者，孰不巍巍乎可畏，赫赫乎可象也？又何往而不金玉其外，败絮其中也哉？今子是之不察，而以察吾柑！"

予默默无以应。退而思其言，类东方生滑稽之流。岂其愤世疾邪者耶？而托于柑以讽耶？（元·刘基《卖柑者言》①）

上引文字，是元末明初文学家与政治家刘基的一则政治寓言，是揭露元末官场黑暗、吏治腐败的。全文若转译成现代汉语，大致意思如下：

在杭州集市上，有一位售卖水果的商贩，特别擅长贮藏柑橘。他所贮藏的柑橘，一年四季都不会腐烂。无论什么季节拿出来，都是光鲜亮丽，果皮光滑如玉，色泽如金。放在市场销售，价钱比别人高出十倍，买的人还要争抢。我买了一个，剖开后好像有一股烟味直扑口鼻。仔细一看，发现果肉干枯，就像一团破棉絮。我感到非常奇怪，就质问那位卖柑橘者，说："你卖给别人的柑橘，是要人拿它装到祭祀的器皿里供奉祖先神灵、招待宾客呢，还是只用以炫耀其光鲜亮丽的外表而迷惑糊弄傻子和瞎子呢？太过分了呀！你这种欺诈行为。"

看到我无比愤怒的样子，卖柑橘者反倒笑了，说道："我做这买卖已经有些年头了，我就靠卖柑橘维持生计。我卖柑橘，别人买柑橘，从未听到有人说什么，怎么就你一个人不满意而这么多闲话呢？这世上欺诈者不少，难道就只有我一个吗？您大概没有仔细想过这个问题吧。您何不睁开眼睛看看，现今这个世界上，那些佩带虎符、坐在虎皮椅上的大人们，看起来威风十足，俨然就是捍卫国家的将帅之才，事实上他们真的就有孙武、吴起的谋略吗？那些头戴高帽子、腰系长带子的大人们，看起来器宇轩昂，俨然就是朝廷重臣，事实上他们真的就能建立伊尹、皋陶那样不朽的功勋吗？盗贼蜂起而不知如何防控，民生艰困而不知如何救助，官吏为非作歹而不知如何禁止，法度败坏而不知如何整顿，白吃了国

---

① 此用四部丛刊本《诚意伯文集》卷七的文字，标点、分段乃自为之。参见：朱东润. 中国历代文学作品选（下编第一册）[M]. 上海：上海古籍出版社，1980：168－169.

家的俸禄而不知羞耻。看看这些人，整天坐在高堂之上，骑着大马，喝着美酒，吃着鱼肉，哪一个看起来不是高不可攀，令人望而生畏的样子？哪一个看起来不是威风凛凛，让人顿生效法学习之心呢？其实，这些人又有哪一个不是外表好看似金玉，内里不堪如败絮呢？而今，这些您都看不清，却来根究我卖的柑橘。"

听了他的话，我顿时哑口无言，找不出一句话来回应。回来仔细想想这个卖柑橘者的话，感觉他就是汉代东方朔一类能言善辩、滑稽诙谐的人物。难道他原本就是一个愤世嫉俗、痛恨奸邪的正直之士？莫非他是有意要借卖柑橘来对这世情进行讥讽吗？

刘基这篇《卖柑者言》寓言，之所以传诵近千年，成为著名的政治修辞范本，读之令人时时为之警醒，其实是跟其政治修辞的建树分不开的。

从政治修辞学的视角来看，刘基的这篇寓言至少在如下两个方面是非常成功的，值得我们重视。

其一，作为政治修辞主体，刘基适应了元末特定的现实政治情境，很好地遵循了"审时度势"的政治修辞原则，对元朝末年政治黑暗与吏治腐败的揭露没有采取直言批评的方式，而是以寓言的形式来呈现，通过编造一个卖柑者的故事，建构一个《卖柑者言》的讽喻政治修辞文本，既淋漓尽致地揭露了元末官场与吏治的腐败，使世人看清了元末社会政治的黑暗内幕与元朝统治的腐朽本质，为广大人民起而推翻元朝统治提供了政治理论上的有力依据，为元末全面爆发的农民大起义作了舆论上的准备，同时又巧妙规避了中国古代政治人最常遭遇的因言获罪的政治危机，从而在元末乱世得以保全自身的安全，留得有用之身，最终在元末推翻元朝腐朽统治的政治斗争中发挥了经天纬地的作用，为大明王朝的建立立下了不世之功。因为在中国封建时代，言论向来都是极不自由的，批评当朝统治者更是不被允许的。在元末特定的现实政治情境下直言批评元朝的统治者，揭露其政权的腐朽性，质疑其存在的合理性，无疑是自寻死路，不是一个成熟的政治人的明智选择。很明显，刘基作为一个政治人是非常成熟睿智的，他深谙"义不讪上，智不危身。故远者以义讳，近者以智畏。畏与义兼，则世逾近而言逾谨矣"[①] 的中国传统政治伦理与政治批评技巧，严格遵循现实政治境界下"审时度

① 出自董仲舒《春秋繁露》，转引自：周翔圣. 古文辞格例解 [M]. 南昌：江西高校出版社，1994：91.

势"的政治修辞原则，以讽喻手法建构了一个《卖柑者言》的政治修辞文本，借虚拟的卖柑者之嘴为自己代言，痛快淋漓地揭露了元末政治的黑暗与吏治的腐败，含蓄婉约地表达了自己对现实政治的态度与吏治观。

其二，作为政治人，刘基在政治文本建构中创造性地运用了多种修辞技巧，大大提升了其所建构的政治修辞文本的影响力。纵观《卖柑者言》全文，一共运用了讽喻、排比、比喻、设问、用典等五种修辞手法。不过，这五种修辞手法的运用不是在同一个逻辑层次上，而是融会于不同的逻辑层次之中，是一种创造性的融会式修辞手法的运用。

第一层次的修辞手法是讽喻，整个讽喻修辞文本是以全文形态呈现的。前文我们说过，讽喻修辞文本的建构有两种形式，一是"叙而后议"式，二是"叙而不议"式。前者是先临时编造一个故事，然后在故事结尾缀加一段评论的文字，将所讲故事的寓意作一个清楚的交待，以此提点接受者了解其所要表达的主旨，同时加深接受者的印象；后者是只讲故事而不发表评论，故事所要表达的寓意交由接受者自己解读。刘基《卖柑者言》全文，从形式上看属于"叙而后议"式讽喻修辞文本。全文开头的叙事（"杭有卖果者，善藏柑，涉寒暑不溃。出之烨然，玉质而金色。置于市，贾十倍，人争鬻之。予贸得其一，剖之，如有烟扑口鼻，视其中，干若败絮"）和接下来买卖双方的对话（"予怪而问之曰：……"与"卖者笑曰：……"），属于"叙"的部分，而全文结尾的一段（"予默默无以应。退而思其言，类东方生滑稽之流。岂其愤世疾邪者耶？而托于柑以讽耶？"）则属于"议"的部分。虽然"叙而不议"式的讽喻修辞文本建构并不是刘基的发明，早在先秦时代就被许多说客与政治人物广泛运用，如"狐假虎威"（《战国策·楚策一》）、"守株待兔"（《韩非子·五蠹》）、"刻舟求剑"（《吕氏春秋·察今》）等汉语成语，就是由先秦时代的相关讽喻修辞文本而来。但是，我们应该看到，先秦时代建构的讽喻修辞文本，大多是全文的一部分，主要用于说理。而刘基的《卖柑者言》则是独立成篇的，其文本建构的用意是专门用以讽刺与揭露现实政治的黑暗（先秦散文中也有极少数的讽喻文本是用以讽刺的，如《孟子·离娄下》中"齐人有一妻一妾"一段），不是用以说理的。这是刘基作为政治人在运用讽喻手法建构修辞文本时的一种创新，是其政治修辞的智慧。这种前叙后议式的讽喻文本，不仅表达上生动形象，有引人入胜的接受效果，而且表意上显得婉转含蓄，有耐人寻味、发人深省的接受效果。因此，作为政治修辞文本，它所具有的政治价值就大大提升了，既达到了淋漓尽致地揭露元末政治黑暗、吏治腐败的政治目标，又规避了元末严酷险恶的现实政治情境下因言获罪的政治风险，同时还因表达的巧妙而提升了作品的知名度与传播面，从而最大程度地发挥出其否定元朝统治合理性的宣传鼓动效果。

第二层次的修辞手法是排比，在全文中的篇幅也比较大，主要分布于买柑者与卖柑者的对话中。如买柑者所言"若所市于人者，将以实笾豆、奉祭祀、供宾客乎"，其中的"实笾豆、奉祭祀、供宾客"就是三个语言单位（动宾结构短语）的排比，是铺排买柑者购买柑橘的虔诚之心与重要用途，意在反衬卖柑者将"金玉其外，败絮其中"的柑橘售卖于人的非道德行为的不义，为下文卖柑者借题发挥而大篇幅建构排比文本揭批元末吏治腐败作铺垫。卖柑者所言，有两种类型的排比，一是对句式，二是多句式。对句式有两个文本，一是"今夫佩虎符、坐皋比者，洸洸乎干城之具也，果能授孙、吴之略耶？峨大冠、拖长绅者，昂昂乎庙堂之器也，果能建伊、皋之业耶"，是铺陈元朝官吏徒有其表而无其实的假把式形象，意在揭露元末吏治的腐败。二是"巍巍乎可畏，赫赫乎可象也"，是铺陈元末各级官吏狐假虎威、作威作福的形象，也是意在批评元末吏治的腐败。多句式也有两个文本，一是"盗起而不知御，民困而不知救，吏奸而不知禁，法斁而不知理，坐糜廪粟而不知耻"，是五个结构相同的句子的连续铺排，对元末吏治腐败的方方面面予以了全面的展示。二是"坐高堂，骑大马，醉醇醴而饫肥鲜"，是四个结构相同的语言单位（动宾结构短语）的连续铺排，将元末官吏优渥的生活状态全面呈现了出来，意在揭露官员醉生梦死的状态。刘基以上这些排比文本的建构，无论是对句式，还是多句式；无论是借买柑者之口建构，还是托卖柑者之名建构，都是为了一个目标——讽刺揭露元末吏治的腐败，否定元朝统治的合理性。由于这一政治修辞的主旨表达是以具有"壮文势，广文义"效果的排比形式来呈现的，因而读来就格外有一种气势磅礴、酣畅淋漓之感，这对提升全文的政治宣传鼓动效果无疑是有很大助益的。

第二层次和第三层次的修辞手法有比喻、设问、用典。其中，第二层次的比喻文本有三个。一是"出之烨然，玉质而金色"，写卖柑者所贮藏的柑橘光鲜的外表（烨然，是指柑橘色泽灿烂的样子；玉质，是指柑橘表皮像玉一样光滑；金色，是指柑橘的颜色像金子一样澄黄）；二是"剖之，如有烟扑口鼻"，是说卖柑者所贮藏的柑橘内瓤干枯，有发霉的味道，写的是其味觉感知；三是"视其中，干若败絮"，是说卖柑者所贮藏的柑橘之肉已经变质风化，写的是其视觉形象。这三个比喻文本的建构，其意不在于表达的生动形象，而是借以隐喻元末吏治腐败，官员中看不中用，是政治批评。第三层次的比喻有一个，即"又何往而不金玉其外，败絮其中也哉"，是设问文本中包含了一个"金玉其外，败絮其中"的比喻文本，用以批评元末的朝廷官员都是表里不一之徒，表面看起来道貌岸然，实际上则腐败透顶。第二层次的设问文本建构，共有五个。一是"吾售之，人取之，未尝有言，而独不足子所乎"，二是"世之为欺者不寡矣，而独我也乎"，二者都是"激问"形式，答案就在设问的反面，是卖柑者质疑买柑者批评他欺诈行为的合理性，目的是跟下文所揭露的吏治现状进行对比，从而彻底否定了元朝统治的合理性。三是"又何往而不金玉其外，败絮其中也哉"，也是"激问"形式，答案就在设问的反面，是指斥元末官吏都是徒有其表而无实用的废物。四是"岂其愤世疾邪者耶"，五是"而托于柑以讽耶"，也是"激问"形式，答案也在设问的反面，是为加强语气，强调说明卖柑者不是一个欺诈的商人，而是一个愤世嫉俗的正直之士，他批驳买柑者的话不是强词夺理，而是一种高超的批判现实政治的反讽表达。第三层次的设问文本，共有两个，一是"果能授孙、吴之略耶"句，二是"果能建伊、皋之业耶"句，它们构成了对句式排比文本："今夫佩虎符、坐皋比者，洸洸乎干城之具也，果能授孙、吴之略耶？峨大冠、拖长绅者，昂昂乎庙堂之器也，果能建伊、皋之业耶？"其内含的设问文本，属于第三层次的修辞文本，以强烈的语气加强了整个排比文本在表达上的气势，提升了对元末官员能力的质疑力度。文中建构的用典修辞文本，也有两个，一是"孙、吴之略"，用的是春秋时代吴起、战国时代孙武善于军事谋略的典故；二是"伊、皋之业"，用的是上古圣人伊尹与皋陶治理天下有成的典故。这两个用典文本都包含在属于第二层次的排比文本"今夫佩虎符、坐皋比者，洸洸乎干城之具也，果能授孙、吴之略耶？峨大冠、拖长绅者，昂昂乎庙堂之器也，果能建伊、皋之业耶？"之内。从政治修辞学的视角看，作者刘基建构这两个用典文本，其目的不是为了炫才示雅或是卖弄学问，而是要以古圣人的作为跟元末官员的表现作对比，从而凸显元末吏治腐败的程度。

由以上修辞文本分析，我们可以清楚地看出，刘基作为政治人在政治修辞技巧上是非常用心的。也正因为如此，这篇《卖柑者言》的政治寓言才会成为中国古代政治修辞的范本，近千年来一直为人们所称道。

第八章
政治修辞案例分析（二）

在上一章，我们精选了五例中国古代政治人的政治修辞文本，从政治修辞学的视角，对其进行了"解剖麻雀"式的分析。本章我们将选择五例西方现代政治人的政治修辞文本，也从政治修辞学的视角进行分析。希望通过古与今、中与外的具体个案分析，从而让读者有所启发，在今后的政治修辞实践中有更好的表现，建构出更多适应特定政治情境要求的政治修辞文本，做一个成功的政治人，在政治人生的道路上行稳致远。

第一节 希望这些勋章能使你永远保持和平：
肯尼迪对赫鲁晓夫的希望

人物：肯尼迪、赫鲁晓夫。

事件：1961 年 4 月美苏两个超级大国的领导人为了缓和两国争霸带来的空前紧张的关系，在奥地利首都维也纳举行首脑会谈，讨论国际形势。但是，在会谈过程中，赫鲁晓夫情绪越来越不稳定，表现出许多与大国领导人身份不相符的粗鲁举止，让美苏两国的相关与会者都感到非常尴尬。最后，还是美国总统肯尼迪机智，在跟赫鲁晓夫共进午餐时，有意伸手摸了一下其胸前佩戴的一枚勋章，并好奇地问他是什么勋章，由此让赫鲁晓夫找到了荣誉感，有了夸耀自己的机会，肯尼迪由此也有了劝他控制情绪、平心静气地进行谈判的机会。

政治修辞主体：肯尼迪（即约翰·肯尼迪，1940 年毕业于哈佛大学，美国第 35 任总统，全名约翰·菲茨杰尔德·肯尼迪，1917 年 5 月 29 日出生于美国马萨诸塞州布鲁克莱恩，1963 年 11 月 22 日遇刺身亡。在位期间奉行"新边疆"政策，扩大社会福利，发展教育事业，在经济方面进行了一系列改革，并创建了和平队，希望借此与第三世界国家建立良好关系，从而创造一个在美苏冷战格局下有利于美国的大环境①）。

政治修辞受体：赫鲁晓夫（即尼基塔·谢尔盖耶维奇·赫鲁晓夫，曾任苏共中央第一书记以及苏联部长会议主席等重要职务。1894 年 4 月 17 日出生于俄罗斯南部一个小村庄，只接受过四年小学教育，当过铁路工人、矿工和砖厂工人。第二次世界大战期间，曾参与指挥斯大林格勒与基辅保卫战。1953 年 9 月 3 日当选为苏共中央第一书记，1958 年兼任苏联部长会议主席。1964 年 10 月在黑海之滨度假时，勃列日涅夫出其不意地在莫斯科发动政变，逼其退出苏联权力中心，从此被迫淡出政坛。1971 年 9 月 11 日逝世②）。

修辞属性：政治修辞。

修辞原则：友善合作、知人论事、审时度势。

修辞技巧：设彀。

修辞效果：交际者肯尼迪巧借跟受交际者赫鲁晓夫共进午餐的机会，以设彀修辞手法，借夸奖赫鲁晓夫所佩和平勋章，成功实现了其政治修辞的预期目标，婉转而友善地劝说了赫鲁晓夫注意控制情绪，保持一个政治家与大国领导人应有的风度。

1961 年 3 月，美苏两国商定，6 月在维也纳进行首脑会晤。这年 4 月发生了美国雇佣军入侵古巴的"猪湾事件"，美苏关系空前紧张，但两国首脑仍如期在维也纳会晤，商谈国际形势。

随着会谈的深入，苏联部长会议主席赫鲁晓夫的举止越来越粗鲁。在座的人对他的狂怒都感到局促不安。

进午餐时，肯尼迪总统伸出手摸了一下赫鲁晓夫胸前的一枚勋章，问道："这是什么勋章？"

---

① https：//baike. baidu. com/item/约翰·肯尼迪/2681036？fromtitle = % E8% 82% AF% E5% B0% BC% E8% BF% AA&fromid = 1812428&fr = aladdin.

② https：//baike. baidu. com/item/尼基塔·谢尔盖耶维奇·赫鲁晓夫/8676074？fromtitle = % E8% B5% AB% E9% B2% 81% E6% 99% 93% E5% A4% AB&fromid = 540046&fr = aladdin.

赫鲁晓夫先是大吃一惊，接着得意地说："这是列宁和平勋章。"

肯尼迪微笑着温和地说："我希望这些勋章能使您永远保持和平。"（段明贵《名人的幽默·对手的希望》①）

上引文字，叙说的是 20 世纪 60 年代冷战时期美国时任总统约翰·肯尼迪与苏联当时的最高领导人赫鲁晓夫两位政治人物在首脑会谈期间发生的故事。众所周知，两国领导人的会谈不是普通人之间的日常闲聊，而是事涉政治与外交的对话，属于典型的政治修辞。既然是政治修辞，作为政治修辞主体的政治人，无论是交际者一方，还是受交际者一方，都应该适应特定的政治情境，有效控制自己的情绪，理性优雅地表达自己的政治主张、思想理念以及喜怒哀乐等情感，展现一个政治人应有的风度。但是，苏联领导人赫鲁晓夫因为所受教育与个人修养等方面的原因，似乎在此方面有很大欠缺，以致在跟美国总统肯尼迪的会谈中不能控制自己的情绪，表现失态，有违外交礼仪，不仅让苏联的国家尊严受损，还让美苏两国与会的外交人员感到尴尬，甚至连美国总统肯尼迪也感到局促不安。不过，最终肯尼迪以自身的机智，有效化解了尴尬，使得两国领导人的会谈得以平稳进行。

那么，肯尼迪是如何化解尴尬，使赫鲁晓夫因美国制造的"猪湾事件"激起的愤怒情绪有效得到控制，使美苏两国首脑会谈得以在理性和平的气氛下继续进行下去的呢？从政治修辞学的视角看，我们认为作为政治修辞主体的肯尼迪在如下两个方面做得相当好。

其一，作为政治修辞主体，肯尼迪（交际者）在与政治修辞受体（受交际者）赫鲁晓夫的交流沟通中很好地贯彻了"友善合作""知人论事"与"审时度势"的政治修辞原则。

众所周知，20 世纪 60 年代是美苏两个超级大国全球争霸斗争最激烈的时候，第三次世界大战有一触即发的可能。肯尼迪与赫鲁晓夫作为两个死对头国家的首脑，之所以在奥地利首都维也纳举行国际会谈，就是要使两国日益白热化的斗争降温，使恐怖平衡得以持续，避免因一时失控而导致两败俱伤的全面战争甚至是全球毁灭的核战争发生，这是美苏首脑会谈的战略性大背景。除此，还有一个直

① 段明贵. 名人的幽默（增订本）[M]. 北京：新华出版社，1998：99.

接促成这次首脑会议的战术性背景，即美苏首脑维也纳会谈前夕发生的重要政治事件——"猪湾事件"（Bay of Pigs Invasion），或称"吉隆滩之战"，是 1961 年 4 月 17 日由美国中央情报局协助逃亡美国的古巴人在古巴西南海岸猪湾（猪猡湾、科奇诺斯湾），向菲德尔·卡斯特罗领导的古巴革命政府发动的一次失败的入侵，标志着美国反古巴行动的第一个高峰。虽然"在联合国安全理事会针对美国的这次进攻是否合法的讨论中，古巴指责美国非法进攻的提议被美国否决"，但是，"对美国来说这次未成功的进攻不但是一次军事上的失败，而且也是一次政治上的失误。国内外对这次进攻的批评非常强烈，刚刚上任 90 天的约翰·肯尼迪政府为此大失信誉，相反卡斯特罗政权和古巴革命得到巩固。由于古巴担心美国再次进攻，因此古巴开始与苏联靠近"。[①] 1962 年的古巴导弹危机，虽是后话，却正是这次政治事件所导致的直接后果。可见，美苏首脑维也纳会谈时的政治氛围并非理想的政治境界，而是最严酷的现实政治境界。按照常理，在非理想的政治境界下，作为政治人的交际者肯定不会在与受交际者的交流沟通中贯彻"友善合作"的政治修辞原则，而是抱持非友善、非合作的政治博弈态度。然而，肯尼迪却为了避免因"猪湾事件"导致的国际与国内政治危机对自己政治前途的压力，同时也是为了改变当时在美苏两个超级大国争霸战中美国处于较弱势一方的不利局面，一反非理想政治境界下政治博弈针锋相对、你死我活的零和模式，以理想政治境界下政治对话的"友善合作"原则应对义愤填膺、盛气凌人的受交际者赫鲁晓夫，努力化解双方因政治分歧与国家战略利益竞争而导致的个人情绪上的抵触状态，最终使赫鲁晓夫能够平静地坐下来跟他进行理性对话，从而找到了化解、缓和矛盾与分歧的办法。面对赫鲁晓夫在首脑会谈上的情绪失控，肯尼迪与其外交团队虽然感到非常尴尬，但并没有拂袖而去，而是着眼于大局，为了实现首脑会谈的预期目标而予以隐忍。这既是给赫鲁晓夫面子，也彰显了自己的善意与容人雅量。很明显，这是肯尼迪有意贯彻"友善合作"原则，为重开首脑会谈创造条件的努力。

作为政治修辞主体，肯尼迪在与政治修辞受体赫鲁晓夫共进午餐时，及时抓住这一轻松时刻，主动接近赫鲁晓夫，并出人意料地做出一个非同寻常的动作：摸了一下赫鲁晓夫胸前佩戴的一枚勋章。这一动作，表面看上去似乎非常唐突，

---

① https：//baike. baidu. com/item/猪湾事件/1968023？fr＝aladdin.

不合常规，也不符合外交礼仪，跟其总统的身份与行为规范更不相符，但实际上却是一个极其高明、谋划周密的政治谋略。因为有了这一奇怪唐突的动作，他与赫鲁晓夫的闲聊模式才得以打开，从而自然而然地问起他所佩戴的是什么勋章，激起赫鲁晓夫的自豪感，然后顺着赫鲁晓夫的回答，将自己所要表达的劝谏之意自然而然地表达出来，让赫鲁晓夫在愉快的情绪状态下欣然接受。很明显，这是肯尼迪有意识地贯彻"知人论事""审时度势"原则的表现。摸勋章、问勋章，是"知人论事"；选择共进午餐之时，是"审时度势"。因为赫鲁晓夫喜欢炫耀功勋，胸前佩戴的勋章有很多，而肯尼迪只摸其中的一枚列宁和平勋章并发问，这肯定不是无意的，而是事先经过周密调查而特意准备的，是为贯彻"知人论事"原则而安排的政治戏码。如果肯尼迪真想夸奖赫鲁晓夫，在首脑会谈的谈判桌上也可以，但肯定没有在共进午餐这一特定轻松的时刻有效。可见，这一时间点的选择是有讲究的，是为了贯彻"审时度势"原则，为其政治修辞的预期目标服务的。

其二，作为政治修辞主体，肯尼迪（交际者）在劝谏政治修辞受体（受交际者）赫鲁晓夫注意控制情绪时，运用了一个非常有效的修辞技巧，这就是"设彀"。

前文我们曾经说过，设彀是交际者在会话中故意预设语言圈套，诱导受交际者按自己预设的语言目标说出交际者想说的话或顺势推出自己想说的话的一种修辞手法。[①] 肯尼迪作为美国总统，当然知道赫鲁晓夫在首脑会谈时情绪失控的原因，能够理解赫鲁晓夫作为苏联最高领导人对于美国在两国首脑会谈前制造的"猪湾事件"的愤怒之情（因为古巴是苏联领导的社会主义阵营成员），所以他能推己及人，冷静看待受交际者赫鲁晓夫的情绪失控。正因为如此，他决定以友善合作的态度跟赫鲁晓夫进行沟通交流，利用共进午餐这一非正式政治场合所特有的轻松氛围，以摸勋章的唐突行为巧妙开启跟赫鲁晓夫的非政治对话模式。当赫鲁晓夫进入其预设的语言圈套，说出勋章是"列宁和平勋章"时，肯尼迪便有了顺水推舟而对赫鲁晓夫劝谏的机会，借列宁和平勋章的"和平"二字做文章，以非正式的日常闲聊形式实施了非常正式的政治对话行为，通过丢下一句看似漫不经心的话"我希望这些勋章能使您永远保持和平"，促使赫鲁晓夫顺其逻辑语义

---

① 参见：吴礼权. 传情达意：修辞的策略（修订版）[M]. 广州：暨南大学出版社，2014：188.

进行思考，从而思而得其真意之所在。很明显，肯尼迪作为政治人，作为美国总统，这样的表达是非常得体的，也是非常具有政治修辞技巧的。它既体现了美国的国家立场，不卑不亢地批评了赫鲁晓夫在首脑会谈中的失当表现，又体现了个人的友善态度，婉转含蓄地对赫鲁晓夫进行了劝谏。不仅给了受交际者赫鲁晓夫面子，又在一定程度上对其智商进行了肯定，相信他作为一个大国领导人是有逻辑推理能力的，能听懂其政治修辞的弦外之音。如果话说得太直白，不仅让受交际者赫鲁晓夫作为苏联最高领导人的体面荡然无存，还会让赫鲁晓夫感觉交际者肯尼迪是在怀疑他智商有问题。这样，反而使问题变得更加糟糕了，首脑会谈的政治修辞预期目标就无法实现了。事实上，肯尼迪的政治修辞是高明的，不仅不露声色地劝谏了赫鲁晓夫，而且还展现了自己的修养与风度，因而才在国际政坛传为佳话。

第二节　我的确欠缺经验：阿基诺夫人的竞选演讲

人物： 阿基诺夫人、马科斯。

事件： 阿基诺夫人为了竞选菲律宾总统，跟时任总统马科斯形成了竞争关系。马科斯为了打压阿基诺夫人，实现自己的连任目标，公开诋毁阿基诺夫人，认为她没有治理菲律宾国家大政的能力与经验，呼吁民众不要支持阿基诺夫人，告诫大家不能将国家大事托付给一个女人。阿基诺夫人承顺马科斯的话而反唇相讥，将马科斯执政期间贪污、弄权与暗杀等种种卑鄙的行径全部公之于众。最终，阿基诺夫人在总统竞选中获胜，成为菲律宾历史上第一位女总统。

政治修辞主体： 阿基诺夫人（即科拉松·阿基诺，全名玛莉亚·科拉松·柯莉·柯峻科·阿基诺，1933 年 1 月 25 日生于马尼拉，2009 年 8 月 1 日病逝。是菲律宾历史上首位女总统。祖籍中国福建漳州。13 岁赴美留学，获学士学位后回国。1954 年与菲律宾自由党总书记、参议员贝尼格诺·阿基诺结婚。1983 年丈夫贝尼格诺·阿基诺被暗杀后，积极投身并领导了反对马科斯独裁政权的政治运动。最终赢得了菲律宾人民的信任，于 1986 年 2 月就任菲律宾第 11 任总统，任期自 1986 年至 1992 年①）。

政治修辞受体：马科斯（即费迪南德·马科斯，或译为：马可仕，菲律宾第
10 任总统。自 1965 年上台一直执政到 1986 年，对菲律宾实行专制统治长达 21
年。1986 年第四次参加总统竞选并当选，但因涉嫌在选举中舞弊而导致民众大规
模抗议，最终被迫放弃总统职位而流亡美国。在任期间以腐败的裙带资本主义和政
治打压的威权主义统治而闻名于世。1917 年 9 月 11 日生于菲律宾北依罗戈省，1989
年 9 月 28 日因心脏病逝世于美国夏威夷檀香山②）。

修辞属性：政治修辞。

修辞原则：知人论事。

修辞技巧：承转。

修辞效果：通过承转修辞文本的建构，对时任总统马科斯执政期间贪污、弄
权和暗杀等种种卑鄙手段予以了无情的揭露，从道德与人格上将马科斯判了死
罪，为最终推翻马科斯的专制统治，赢得菲律宾人民的信任而成为菲律宾历史上
的首任女总统奠定了坚实的基础。

马可仕说："治理菲律宾的国家大政，需要有能力、有经验的人才。我们岂
能将国家大事付托给一个毫无经验的妇人女子？"他说得也没全错。我的确是欠
缺经验，尤其是对于贪污、弄权和暗杀的种种卑鄙手段，我更是毫无经验。在这
方面，我确实比马可仕差得太远啦！（《阿基诺夫人竞选总统演讲辞》③）

阿基诺夫人这段竞选总统的演讲辞，之所以在世界政坛传播广泛，成为人们
津津乐道的政治修辞范本，这主要跟其如下两个方面的努力有密切关系。

其一，作为政治修辞主体，阿基诺夫人面对公众进行的总统竞选演讲很好地
贯彻了现实政治境界下"知人论事"的政治修辞原则。

众所周知，西式民主制度的国家进行的总统竞选，实质上就是两个或几个政
党及其代表人物之间的政治博弈。这种政治博弈，有政策层面的（即竞选各方所
端出的"政策牛肉"，求得民众的认同，为自己加分），也有语言层面的（即相互

---

① https：//baike. baidu. com/item/科拉松·阿基诺/4448085？fr = aladdin.
② https：//baike. baidu. com/item/费迪南德·马科斯/6305409？fr = aladdin.
③ 转引自：沈谦. 修辞学［M］. 台北：空中大学，1995：6.

334

揭露对手的阴暗面，从人格上击倒对方。台湾人称之为"口水战"）。① 了解历史者都知道，菲律宾是第二次世界大战后才脱离美国的殖民统治，于 1946 年 7 月 4 日宣布独立的。因为这个历史背景，菲律宾的政治体制是完全照搬美国的，总统竞选跟美国一样，也是在两个政党候选人之间进行对决。马科斯跟阿基诺夫人竞选菲律宾第十一任总统时，已经连续做了三任总统了。1986 年参加竞选，瞄准的是第四个总统任期。当时，马科斯既是菲律宾执政党新社会运动党主席，又是现任总统。既有强大的执政基础，又有丰沛的竞选行政资源，占有明显的优势。跟马科斯相比，阿基诺夫人明显处于弱势地位。她当时只是 1983 年被暗杀的菲律宾自由党总书记、参议员贝尼格诺·阿基诺遗孀的身份，除此别无什么可以凭借的政治资源。不过，她也有一个不是资源的资源，这就是同情牌。因为她丈夫贝尼格诺·阿基诺作为菲律宾自由党总书记被暗杀跟政敌马科斯脱不了干系，由此使她自然站在了反对马科斯独裁统治的最前线，赢得了菲律宾广大民众政治上的同情，成为反对马科斯现政权势力的代表人物，在社会底层有广泛的影响力与号召力。从西式民主竞选的角度看，没有执政经历是阿基诺夫人的一个遗憾，但也因此使她少了像马科斯那样长期执政被人诟病的种种负面政治把柄。正因为如此，当阿基诺夫人决定跟现任总统马科斯拉开架式竞选菲律宾第十一任总统时，她事实上也有跟马科斯旗鼓相当的气势。

从上引阿基诺夫人的竞选演讲词来看，阿基诺夫人的聪明之处在于，她跟马科斯的对决，完全不在竞选政策上着墨，而是专在语言层面上展开，只对马科斯执政期间贪污、弄权、暗杀等种种卑鄙的政治手段予以揭发批判，从人格与道德上彻底摧毁其执政者的形象，使其继续竞选总统失去合理性。很明显，阿基诺夫人的这一竞选策略是非常高明的，事实上成功打动了菲律宾广大选民的心，赢得了广泛的同情与民意，为最终将马科斯拉下统治宝座奠定了基础，迫使马科斯放弃了舞弊赢得的总统第四任期，且无法再在菲律宾政坛立足，只得逃亡美国。可见，作为政治人，作为面向菲律宾广大选民的政治修辞主体（交际者），阿基诺夫人的竞选演讲在与菲律宾广大选民的交流沟通方面确实是非常成功的。她在竞选演讲中集中火力攻击了现任总统马科斯贪污、独裁以及暗杀政敌等各种劣迹，是一种"打蛇打七寸"的高明政治策略，是其在政治修辞中自觉贯彻"知人论

---

① 参见：吴礼权. 言语交际与人际沟通［M］. 2 版. 广州：暨南大学出版社，2016：292.

事"原则的生动体现，为赢得广大选民的情感共鸣与理念认同奠定了坚实的基础。

其二，作为政治修辞主体，阿基诺夫人在总统竞选演讲中表达自己政见、攻击竞选对手马科斯时，选择了一个非常高妙的修辞手法，这就是承转。前文我们曾经说过，承转是一种说写表达中先顺承接受者之意而暗转笔锋或话锋以呈露己意的修辞手法。以承转手法建构的修辞文本，由于在表达上存在着前后句对立矛盾的语义落差，因而在接受上往往会让人产生一种始料不及的错愕感，由此引发其回味深思。当接受者最终解读出文本的奥义精蕴，便会折服于表达者的文本建构智慧，并情不自禁地为之会心一笑。① 阿基诺夫人的总统竞选演讲，从本质上说是与竞争对手马科斯总统的政治博弈。按常理，既是政治博弈，在政治修辞上就可以是非合作的，表情达意完全不必婉约含蓄。但是，阿基诺夫人在总统竞选演讲中对政敌马科斯的攻击，却没有采取直接谩骂式，也没有采取历数其罪恶的举例说明式，而是运用承转修辞手法，引用马科斯攻击自己的原话，采取先承认再否认的迂回方式，以出其不意的回马枪置政敌于死地。② 马科斯说治理国家需要有能力、有经验，妇女参与政治的机会少，在此方面更加欠缺。客观地说，马科斯的这番话无论是从逻辑上说还是从现实事实看，都没有问题。对此，交际者阿基诺夫人是很难予以反驳的。③ 然而，作为政治修辞主体的阿基诺夫人却借题发挥，另辟蹊径，以"欠缺经验"一语为抓手，引申发挥出攻击马科斯的一番话："他说得也没全错。我的确是欠缺经验，尤其是对于贪污、弄权和暗杀的种种卑鄙手段，我更是毫无经验。在这方面，我确实比马可仕差得太远啦！"这番话，表面看来温婉谦恭，实则杀伤力极大。因为它将马科斯最遭人诟病的三大劣迹（贪污、弄权和暗杀）全部提点了出来，提醒广大选民注意。④ 很明显，阿基诺夫人的这番话对马科斯是致命的，是从道德与人格上给马科斯判了死罪。因此，从政治修辞学的视角看，阿基诺夫人运用承转手法建构的上述修辞文本堪称政治修辞的范本，是其竞选演讲词中最精彩之笔，为她在道德与人格上获得菲律宾广大选民的认同奠定了坚实的基础。

---

① 参见：吴礼权. 现代汉语修辞学［M］. 4 版. 上海：复旦大学出版社，2020：269.
② 参见：吴礼权. 言语交际与人际沟通［M］. 2 版. 广州：暨南大学出版社，2016：292.
③ 参见：吴礼权. 言语交际与人际沟通［M］. 2 版. 广州：暨南大学出版社，2016：292.
④ 参见：吴礼权. 言语交际与人际沟通［M］. 2 版. 广州：暨南大学出版社，2016：292.

第三节　我的女儿现在只有7岁：卡特总统答记者问

人物：卡特、记者。

事件：有记者想设计陷卡特总统于不义，故意向他提出了一个假设性的问题，希望卡特总统回答时出错。卡特识破了提问记者无中生有、无事生非的伎俩，巧妙地以承转手法建构了一个先顺承后逆转的修辞文本，既含蓄婉转地讽刺了记者的不良居心，又展现了自己作为一个政治家优雅幽默的风度。

政治修辞主体：卡特（即吉米·卡特，原名詹姆斯·厄尔·卡特，美国第39任总统。1977年至1981年在任，任内实现了中美两国正式建立外交关系的重大历史使命，与苏联达成双边限制战略性武器条约，2002年获诺贝尔和平奖。1924年生于美国佐治亚州，现仍健在，是美国历史上最长寿的总统[1]）。

政治修辞受体：记者（向卡特总统提问的记者）。

修辞属性：政治修辞。

修辞原则：友善合作、知人论事。

修辞技巧：承转。

修辞效果：以承转修辞手法巧妙地规避了记者提问中预设的语义陷阱，既顺手牵羊地讽刺了记者无中生有、无事生非的不良居心，又凸显了一个长者、尊者从容优雅而又不失幽默风趣的风度。

对卡特持批评态度的人，认为他不懂幽默，但卡特的一位顾问却反驳说："总统确实具有幽默感，而且很优雅。"他举例说，总统有时也讲几句俏皮话呢！

1975年，有位记者问总统："如果总统的女儿和人发生了桃色事件，你会有什么感想？"卡特轻松地回答说："我难免会感到震惊和不知所措！"接着他又补充说，"不过，请放心，我的女儿现在只有7岁。"（明山《机智口才365》[2]）

---

① https：//baike. baidu. com/item/吉米·卡特/1427554？ fr = aladdin.

② 转引自：高胜林. 幽默技巧大观［M］. 上海：上海科学技术文献出版社，2002：108.

上述故事，之所以在世界政坛广泛传播，并不是因为卡特是美国总统，而是因为生平并不怎么有幽默感的卡特，竟然在这次应对挑事记者时表现得出乎意料的好。所以，他的这次答记者问才会成为政治修辞的范本，被传为佳话。

从政治修辞学的视角看，卡特答记者问的当时，其身份是美国总统候选人，因此他是毫无疑问的政治人。提问记者虽然不是政治人，但因其对话的受交际者是美国总统候选人，而且提问话题涉及总统道德问题，属于政治性话题。因此，在此特定的政治情境下，提问记者被临时赋予了政治人的角色身份，他与卡特的一问一答也就具有了政治修辞的性质。这里我们不讨论记者的提问，而只讨论卡特作为交际者回应提问记者的话语。我们认为，卡特作为交际者对记者提问的回答，至少在如下两个方面是值得赞赏的。

其一，作为政治修辞主体，卡特明白，要当美国总统，应对记者不像跟朋友寻常闲聊那样轻松，而是具有极高的政治风险。所以，面对记者别有用心的提问，他很好地贯彻了现实政治境界下"知人论事"的修辞原则，巧妙地规避了记者提问设下的语义陷阱，有效地清除了提问记者意欲炒作总统候选人道德议题的可能性。

众所周知，在西方，记者是无冕之王。因此，任何政治人物或是名人，见到记者都有敬畏之感。对于那些喜欢挑事的记者，或是喜欢炒作新闻的记者，无论是什么样的政治人物或名人，甚至是具有崇高地位的总统，也是避之而唯恐不及的。因为政治人物，特别是总统候选人，乃是非常重要的公众人物。他的一言一行都被万众瞩目，也被万众检视。因此，要想少给自己添麻烦，作为公众人物，特别是总统候选人，最好少接受记者提问。如果万不得已，也以少说妙答为上。因为说得越少，能被炒作放大的错误也就越少；答得越妙，越能使自己远离语言陷阱，同时还能显现自己的语言智慧，树立良好的公众形象。[①] 从上述故事来看，卡特明显是深谙这个道理的。回顾历届美国总统，当选后的卡特在任内不算是善于言辞的，在公众眼中，他甚至被认为是一个缺乏幽默感的总统。正因为如此，好事的记者才特别喜欢招惹他，没事找事地向他提问，目的就是希望他说错点什么，以此炒作出让全美国沸沸扬扬的大新闻来。但是，这次记者的算盘打错了，没有达到自己预定的交际目标，而是让卡特趁机表现了一下口才，让美国人民领

---

① 参见：吴礼权. 言语交际与人际沟通［M］. 2 版. 广州：暨南大学出版社，2016：329 – 330.

略了一次卡特的幽默，卡特也因此而一洗被人认为没有幽默感的观感。① 按照美国的政治伦理，卡特作为美国总统候选人，是公众人物，有回答记者提问的义务，但也有拒绝回答提问的权利。到底是回答提问，还是拒绝回答提问，完全可以由卡特本人根据情况而决定。只是因为提问记者别有用心，所提问题是个假设性的问题，所以回答起来就有风险。如果卡特按照常规思维，直言回复："你这个问题是个假设性的问题，我没法回答。"这虽然可以规避记者提问的语义陷阱，但是，这样的回答势必会被提问记者炒作，认为卡特很无趣。这样，势必就坐实了之前大家认为他缺乏幽默感的偏见。② 如果卡特按官场套路，对于记者的提问笑而不言，或是说"无可奉告"，则会被认为是傲慢，同样会被炒作，对自己的公众形象不利。③ 令人欣慰的是，卡特作为政治人表现了高度的政治智慧，成功地规避了上述两难选择。他的聪明之处，在于他了解提问记者的心理与提问的真实意图，所以就顺着他的想法回答了他的提问，表明了一个政治人物对于"女儿闹绯闻"的严正态度，让记者没有把柄可抓。然后，再转入驳斥记者问题荒唐的正题上，以"四两拨千斤"的方式解决了难题。④

其二，作为政治修辞主体，卡特在由接受记者提问的受交际者角色转变为面向记者回答问题的交际者角色时，选择了一个寻常而高明的语言策略，这就是运用承转修辞手法，先顺着记者所提的问题"如果总统的女儿和人发生了桃色事件，你会有什么感想"，按照政治人应有的道德站位予以回应"我难免会感到震惊和不知所措"，既有效地规避了挑事记者预设的语义陷阱，又以冠冕堂皇的表态迅速占领了政治人物的道德制高点，让挑事记者无机可乘，失去了借此炒作新闻，诬陷总统候选人道德观有问题的可能性。如果卡特的回答到此为止，也不能说他的政治修辞失败了，但起码可以说不是出色的。事实上，卡特充满了政治修辞的智慧，在防守取得成功后，不失时机地发起了对记者的反攻。这一反攻是以漫不经心的补叙——"不过，请放心，我的女儿现在只有 7 岁"来呈现的，经由对前句逻辑语义表达的逆转，顺势巧妙地转入自己要进入的跑道，通过公开女儿年龄的方式，在"不著一字"中驳斥了记者所提问题的荒诞性。这样，既展现了

---

① 参见：吴礼权. 言语交际与人际沟通［M］. 2 版. 广州：暨南大学出版社，2016：330.
② 参见：吴礼权. 言语交际与人际沟通［M］. 2 版. 广州：暨南大学出版社，2016：330.
③ 参见：吴礼权. 言语交际与人际沟通［M］. 2 版. 广州：暨南大学出版社，2016：330.
④ 参见：吴礼权. 言语交际与人际沟通［M］. 2 版. 广州：暨南大学出版社，2016：330.

自己谦和而平易近人的形象，又彰显了自己的语言智慧与幽默感，[①] 树立了自己作为政治人从容优雅、幽默风趣的形象。

第四节　唯一的美中不足：专家对德皇战舰设计的鉴定

人物：德皇威廉二世、造船专家。

事件：德皇威廉二世自以为是，以为自己什么都懂。于是，心血来潮，设计了一艘军舰。然后将设计图纸提交给相关造船专家，请他们鉴定，并附言说明了军舰设计的原委。相关专家看了德皇威廉二世的设计图纸后，觉得他根本不懂军舰设计原理，于是就给他写了一个委婉其辞的鉴定意见，告诉他这个设计根本不可行。

政治修辞主体：军舰设计图纸鉴定者（德皇威廉二世提交设计图纸请求相关专家鉴定）。

政治修辞受体：德皇威廉二世（原名弗里德里希·威廉·维克多·阿尔伯·冯·霍亨索伦，生于 1859 年 1 月 27 日。为威廉一世长孙、腓特烈三世和维多利亚公主长子，德意志帝国末代皇帝和普鲁士国末代国王，1888 年 6 月 15 日至 1918 年 11 月 9 日在位。1877 年，以皇长孙的身份入读波恩大学，专攻法律与国家学，1881 年获学士学位。是第一次世界大战的主要策划者和闪电战计划的创始人。1918 年 11 月 28 日，迫于战败和国内革命的压力而宣布退位。1941 年 6 月 4 日在荷兰多伦病逝，葬于多伦庄园[②]）。

修辞属性：政治修辞。

修辞原则：友善合作、知人论事。

修辞技巧：衬跌。

修辞效果：以衬跌手法建构修辞文本，表意婉转含蓄，既给了德皇威廉二世面子，体现了对尊者应有的尊崇，又非常明确地指出了其军舰设计不具专业性的

---

① 参见：吴礼权. 言语交际与人际沟通［M］. 2 版. 广州：暨南大学出版社，2016：330.
② https：//baike. baidu. com/item/德皇威廉二世/10949424？fr＝aladdin.

本质问题，促其反省深思一个道理：术业有专攻，官大未必学问好。

德皇威廉二世心血来潮，设计了一艘据称是世界上独一无二的军舰。为了证明他设计的技术高超，他打算把图纸送给造船专家鉴定，并在图纸上写着："这是我多年研究、长期思考和精细劳动的结果。"

不久，图纸被送回来了，并附上了专家们的评论：

"陛下，正如您所认为的那样，它是一艘坚固无比、威力超群和美丽非凡的军舰。它将能开出前所未有的高速度，它有世界上最强有力的大炮，它的桅杆也是世界上最高的，而且它的室内设备，也将使您的舰长和水兵得到世界上最舒适的环境。"

德皇越看越高兴，抖了抖手中的纸，继续往下看：

"它唯一美中不足的是：只要它一下水，恐怕就得沉入海底，如同一只铅铸的鸭子一般。"（文雅《世界五千年幽默总集·外国卷》①）

上述德皇威廉二世军舰设计思路被造船专家驳回的故事，之所以在世界政坛广泛流传，跟军舰设计图纸鉴定者的政治修辞智慧分不开。

从政治修辞学的视角看，军舰设计图纸鉴定者只是造船专家，而非职业的政治人。但是，由于军舰图纸的设计者是德皇威廉二世，是一个典型的政治人。因此，图纸鉴定者便在此特定情境下被临时赋予了政治人的角色身份；其为威廉二世设计图纸所写的鉴定书，也便具有了政治修辞的性质，成了一个名副其实的政治修辞文本。

图纸鉴定者为德皇威廉二世所写的鉴定书，其本意是批评德皇威廉二世不懂行，其军舰设计思路根本不具专业性。事实上，这层意思受交际者威廉二世是心领神会的，但并未因此而有被"批逆鳞"的忤逆感。最终威廉二世以德皇之尊而欣然接受批评，既是威廉二世具有接受批评的政治雅量之表现，也是交际者（图纸鉴定者）的批评意见具有高度政治修辞智慧之表现。仔细分析交际者（图纸鉴定者）给受交际者（德皇威廉二世）所写的鉴定意见，至少有两点是非常值得我们重视的。

---

① 转引自：高胜林. 幽默技巧大观［M］. 上海：上海科学技术文献出版社，2002：91.

其一，作为被临时赋予政治人角色的政治人，交际者（图纸鉴定者）很好地贯彻了"友善合作"与"知人论事"的政治修辞原则。

众所周知，在社会崇尚科学与专业的文化背景下，专业技术专家决不会牺牲科学、专业、实事求是的精神而屈从于权力，讨好献媚于当权者，而一定会本着专业精神对技术问题实话实说。上述故事中的图纸鉴定专家作为跟德皇威廉二世进行交流沟通的交际者，其可贵之处在于，既未牺牲他作为专业技术专家所应秉持的科学、专业、实事求是的精神，又能兼顾跟德皇威廉二世交流沟通的特殊情况，在专业与政治之间找到了一个很好的平衡点，从而既清楚明白地指出了受交际者（德皇威廉二世）在军舰设计上完全不具备专业性的致命弱点，又维护了其为至高无上的德皇的权威，照顾了其勤奋好学、热爱科学的积极性，以及自负好胜、不可一世的虚荣。正因为如此，威廉二世才会降尊纡贵，欣然接受交际者的批评。可见，威廉二世作为政治人具有接受批评的雅量固然重要，但图纸鉴定者作为交际者在跟威廉二世这一特殊的受交际者进行交流沟通时能够清楚地认识到交流沟通（即为威廉二世写图纸设计写鉴定书）的政治属性，从而自觉贯彻"友善合作"与"知人论事"的政治修辞原则，则显得更为重要。

其二，作为被临时赋予政治人角色的政治人，交际者（图纸鉴定者）很好地适应了特定交际对象与交际情境的需要，选择了一个非常有效的修辞手法，这就是"衬跌"。所谓衬跌，是一种说写中先按某种逻辑顺序叙述，最后突然转向，背离原有的逻辑思路的修辞手法。① 这种手法的运用，一般都是基于有意反逻辑而悖情违理，造就接受者产生心理落差，从而让人哑然失笑的心理预期。② 以衬跌手法建构的修辞文本，一般说来，在表达上多有不合逻辑而显得悖情违理的特点，因而会让接受者在文本接受理解时情不自禁地为之哑然失笑。但是，笑过之后，细思其中滋味，则又不得不为其寓庄于谐的智慧折服，对其所要表达的真意留下深刻的印象。③ 上述故事中图纸鉴定者写给德皇威廉二世的鉴定书，就是一个典型的以衬跌手法建构的修辞文本。这个文本由前后两个部分组成，前一部分"它是一艘坚固无比、威力超群和美丽非凡的军舰。它将能开出前所未有的高速度，它有世界上最强有力的大炮，它的桅杆也是世界上最高的，而且它的室内设

---

① 吴礼权. 现代汉语修辞学［M］. 4 版. 上海：复旦大学出版社，2020：263.
② 吴礼权. 现代汉语修辞学［M］. 4 版. 上海：复旦大学出版社，2020：263－264.
③ 吴礼权. 现代汉语修辞学［M］. 4 版. 上海：复旦大学出版社，2020：264.

备，也将使您的舰长和水兵得到世界上最舒适的环境"，说的全是威廉二世所设计的军舰的优点，属于"衬"，是在给受交际者威廉二世戴高帽子，给他面子与情感的慰藉，展现的是人际交往中友善合作的态度；后一部分"它唯一美中不足的是：只要它一下水，恐怕就得沉入海底，如同一只铅铸的鸭子一般"，说的是威廉二世所设计的军舰不符合军舰设计的原理，不能在水面浮起，是对其设计思路的彻底否定，属于"跌"，是明白地告诉受交际者威廉二世事实真相，既体现了技术专家应有的科学精神，又展现了人际沟通中坦诚相见的真挚之情。由于交际者（图纸鉴定者）建构的修辞文本（图纸鉴定书）前后两部分的语义表达在逻辑上存在背反性，这就给受交际者（德皇威廉二世）的阅读接受造成巨大的心理落差，从而使理性让位于情感，在情不自禁中哑然失笑，由此在愉快的情感情绪状态下仔细寻味交际者在悖逆逻辑的表达背后所隐含的真意，思而得其善意之所在。很明显，这种曲折迂回、寓庄于谐的表达是一种高明的政治修辞策略，它使严肃的专业技术批评化为一种幽默诙谐的日常笑谈（铅鸭入水的比喻），由此有效地消解了德皇威廉二世作为外行的困窘与尴尬。

第五节　使傻瓜开心：航海家对拿破仑战争政策的批评

人物：拿破仑、布干维尔。

事件：法兰西帝国皇帝拿破仑因在位期间热衷于对外扩张，连年发动战争，给法国国内带来了饥荒与灾难。为了消弭国内的反对声音，转移社会舆论的注意力，他便设立了名目繁多的科学奖与文学奖，让法国文学界与科学界的精英们为之争抢与争吵不已。航海家布干维尔看透了拿破仑的政治用意，在一次跟拿破仑的对话中对其羁縻知识分子的政策予以了无情的讽刺。

政治修辞主体：布干维尔（18 世纪法国著名航海家，西南太平洋上所罗门群岛的最大岛屿布干维尔岛，即是其 1768 年首先发现并到达的①）。

---

① https：//baike. baidu. com/item/布干维尔岛/10730691？fr = aladdin.

政治修辞受体： 拿破仑（即拿破仑·波拿巴，1769 年 8 月 15 日生于科西嘉岛，是 19 世纪法国伟大的军事家、政治家，法兰西第一帝国的缔造者，被称为拿破仑一世。历任法兰西第一共和国第一执政、法兰西第一帝国皇帝。在位期间称"法国人的皇帝"，是法国历史上自查理三世后第二位享有此名号的法国皇帝。执政期间，对内多次镇压反动势力的叛乱，颁布了《拿破仑法典》，完善了世界法律体系，奠定了西方资本主义国家的社会秩序。对外率军五破英、普、奥、俄等国组成的反法联盟，打赢了五十余场大型战役，沉重地打击了欧洲各国的封建制度，捍卫了法国大革命的成果。同时，在执政期间也多次对外扩张，发动了拿破仑战争，成为意大利国王、莱茵邦的保护者、瑞士联邦的仲裁者，此外还是法兰西的殖民领主，殖民范围包含各法国殖民地、荷兰殖民地、西班牙殖民地等。在最辉煌时期，欧洲除英国外，其余各国均向其臣服或与之结盟，形成了庞大的拿破仑帝国体系，创造了一系列军政奇迹与短暂的辉煌成就。1814 年 4 月因在与英、俄、普鲁士、瑞典等国组成第六次反法同盟的战争中失败而被迫宣布法国无条件投降并签署退位诏书，被流放到地中海上的厄尔巴岛。1815 年 2 月逃出厄尔巴岛，3 月到达巴黎，揭开了"百日王朝"的序幕。但不久在与欧洲第七次反法同盟的战争中因兵败滑铁卢而再次被流放，1821 年 5 月 5 日病逝于流放的圣赫勒拿岛[①]）。

修辞属性： 政治修辞。

修辞原则： 知人论事、审时度势。

修辞技巧： 双关。

修辞效果： 通过语义双关的修辞手法，无情地揭露了拿破仑连年发动战争使法国人民遭遇饥荒与灾难的现实，尖锐地讽刺了拿破仑设立名目繁多的奖项羁縻法国文学界与科学界精英的险恶用心。由于表意婉转含蓄而不失幽默，不仅痛快淋漓地抒发了内心的不满，还让拿破仑如鲠在喉而无法加罪。

　　拿破仑连年征战，给法国带来饥荒和灾难。为转移社会舆论的注意力，他设立了名目繁多的科学和文学特别奖，规定每 10 年颁一次。

　　为了获奖，法国知识界展开了激烈争夺，甚至形成了互相敌对的宗派阵营。

---

　　① https：//baike. baidu. com/item/拿破仑·波拿巴/173319？ fr = aladdin.

报纸上连篇累牍地发表文章火上加油。

有一天，拿破仑问航海家布干维尔："您对这些争吵有何高见？"

布干维尔回答："古代是让野兽打架来使聪明人开心，现在则是让聪明人争吵来使傻瓜开心。"

在法语中，"野兽"与"傻瓜"是同一个词。（段明贵《名人的幽默·让傻瓜开心》①）

上述故事之所以在世界政坛广泛传播，并被文坛传为佳话，并不是因为拿破仑是世界名人，是法国历史上伟大的政治家与军事家，而是因为跟他对话的布干维尔的政治修辞非常机智而高明。

从政治修辞学的视角看，布干维尔只是一个寻常的自然人，只是因为他在航海上有所建树，在法国社会有了一定的名望，这才有机会见到法兰西帝国至高无上的皇帝拿破仑，有了跟他说话的机会。也正是因为有了跟拿破仑说话的机会，他才在跟拿破仑对话的特定情境下被临时赋予了政治人的角色，其跟拿破仑的对话才具有了政治修辞的性质，成为一个政治修辞文本。

布干维尔批评讽刺拿破仑的一番话，从政治修辞学的角度来看，至少在如下两个方面是值得我们予以重视与欣赏的。

其一，作为临时被赋予政治人角色的政治修辞主体，布干维尔很好地适应了特定的政治情境，自觉贯彻了现实政治境界下"知人论事"与"审时度势"的修辞原则。

众所周知，在拿破仑执政时期，法国之所以会出现故事中所述的饥荒与灾难，跟拿破仑奉行国家扩张主义政策而连年发动对外战争有关。由于国内遭遇了饥荒与灾难，自然就引发了法国民众的不满，引发了科学界与文学界等法国精英阶层强大的反对声浪。正因为有如此两方面的压力，拿破仑才想出了一个消弭民众与知识界精英反对声浪的办法，设立了名目繁多的科学奖与文学奖，以此羁縻法国知识界的精英人士，让科学家与文学家们为了自己的名誉地位而互相争抢与争吵，从而无暇顾及法国社会现实政治，使反对其奉行的扩张主义政策与连年对外征战行动的声音得以减少。很明显，拿破仑这是为了遂行其政治独裁与军事独

① 段明贵. 名人的幽默（增订本）[M]. 北京：新华出版社，1998：240 – 241.

裁的目标。布干维尔生活于拿破仑执政时代，又是一个见多识广的航海家，自然对拿破仑的所作所为及其政治用意看得清清楚楚，对拿破仑其人与其时代的政治情势也看得很透彻。事实证明，布干维尔是一个颇具政治头脑的人，而不是一个愚昧的、普通的法国人。正因为如此，当他获得跟法兰西帝国皇帝拿破仑说话的机会，有了对法国知识界为了获奖而互相争吵的现象发表见解的机会时，他没有将心中对拿破仑的不满之情直白地表达出来，而是以语义双关的修辞手法委婉含蓄地倾诉出来，让受交际者拿破仑思而得之，既让其听到了反对的声音，又规避了因言获罪的现实政治风险，同时还因讽刺得机智幽默而赢得了受交际者拿破仑发自内心的尊敬。可见，布干维尔应对拿破仑的话之所以成为传播广泛的政治修辞范本，跟其自觉贯彻"知人论事"与"审时度势"的政治修辞原则有着密切关系。

其二，作为临时被赋予政治人角色的政治修辞主体，布干维尔在跟拿破仑对话时选择了一个非常恰当的修辞手法，这就是"双关"。前文我们曾经说过，双关是一种利用语音相同或相近的条件，或是利用词语的多义性、叙说对象在特定语境中语义的多解性来营构一语而有表里双层语义的修辞手法。① 以双关手法建构的修辞文本，由于一语而具表层和深层双重语义，所以在表达上显得内涵丰富而又婉转蕴藉，别有一种秘响旁通的独特效果；在接受上，由于文本的一语双关，文本语义的深层与表层有一定的"距离"，给接受者的接受留足了回味咀嚼的空间，从而大大提高了接受者文本接受的兴味和文本的审美价值②。从形式上，双关可以分为三类：一是利用语音相同或相近的条件构成的，一般称之为"谐音双关"；二是利用词语的多义性以及在特定语境下语义的多解性的条件构成的，一般称之为"语义双关"；三是利用叙说对象在特定语境中的多解性来构成的，一般称之为"对象双关"。③ 布干维尔跟拿破仑说的话——"古代是让野兽打架来使聪明人开心，现在则是让聪明人争吵来使傻瓜开心"，属于上述第二类的双关，即"语义双关"。因为这句话表面上是回答拿破仑的问题——"您对这些争吵有何高见？"是就法国知识界精英们为了获得拿破仑设立的名目繁多的科学奖与文学奖而展开激烈争夺，甚至形成了互相敌对的宗派和阵营的社会混乱现象所

---

① 参见：吴礼权. 现代汉语修辞学［M］. 4 版. 上海：复旦大学出版社，2020：33.
② 参见：吴礼权. 现代汉语修辞学［M］. 4 版. 上海：复旦大学出版社，2020：33.
③ 吴礼权. 现代汉语修辞学［M］. 4 版. 上海：复旦大学出版社，2020：33-37.

发表的意见，字面意思是说："古代是通过斗兽的方式娱乐，今天是通过斗人的方式娱乐。"如果真的是这个意思，这句话只是客观的叙事，说的是古今娱乐方式的不同，那么就不具有任何政治含义，算不得是政治修辞文本。事实上，交际者布干维尔对受交际者拿破仑说的这句话所要表达的不是上述这层意思，而是利用了法语中"野兽"与"傻瓜"字面上相同的条件而在特定的语境中一语双关，表达了这样一个意思："古代是让愚蠢的野兽互相残杀而使聪明的人类开心，今天是让聪明的人类互相争斗而使残忍的野兽开心。"这样，就含而不露地将好战好斗、奉行扩张主义政策的拿破仑比作了野兽，让受交际者明知其在骂人，却又抓不住把柄。不仅如此，由于这句话表面上是以古今娱乐方式的对比来陈述的，对比内容突破了接受者的意料，因而别具幽默生动的机趣，不仅可以有效消弭受交际者拿破仑的怨气，而且可以让其转嗔为笑，打内心敬佩其语言表达的急智。可见，布干维尔作为一个临时被赋予政治人角色的政治人，确实有很高的修辞技巧，具有高度的政治修辞智慧。

第九章
政治修辞案例分析（三）

在第七、第八章，我们分别选取了中国古代政治人与西方现代政治人各五例政治修辞文本，通过"解剖麻雀"的方式对其政治修辞文本的建构在贯彻政治修辞原则、运用修辞技巧等方面的具体表现，以及其政治修辞的成效和水平的高下进行了分析评判，希望给读者特别是职业政治人以借鉴。

本章我们将从另一个角度进行政治修辞案例分析，选取的五个案例都是有关口号、标语、广告等面向大众进行政治宣传或政策宣导的政治修辞文本。这五个案例有古也有今，有中也有外。希望借此五个案例的分析，给读者特别是职业政治人以启发。

第一节 王侯将相，宁有种乎：陈涉举旗反秦的宣言

人物：陈涉、九百名参加反秦的农民。

事件：秦二世元年（公元前 209 年）七月，陈涉与九百名贫苦农民被朝廷征发为戍卒前往渔阳驻守。陈涉与吴广担任这支队伍的屯长。走到大泽乡，遭遇大雨，道路不通。陈涉估计不能按时赶到驻守之地，按照秦律，误期要被斩首。于是，他便跟吴广密谋，决定铤而走险，以"王侯将相，宁有种乎"为理由，号令九百戍卒与其被朝廷杀头，不如起而反抗。接着，跟吴广配合，寻机杀了押送他们的朝廷二尉，并假托是楚将项燕与秦公子扶苏的队伍，揭起了反秦的大旗，拉开了反抗秦朝统治的序幕。

政治修辞主体：陈涉（名胜，字涉，秦时阳城人。大泽乡揭竿而起，首举反

秦大旗者）。

政治修辞受体：九百名戍卒（被朝廷征发而开赴渔阳前线驻守的农民）。

修辞属性：政治修辞。

修辞原则：坦诚相见、知人论事、审时度势。

修辞技巧：设问。

修辞效果：通过"王侯将相，宁有种乎"的"激问"句式，喊出了所有被压迫者的心声，激发了大家的斗志，由此揭开了推翻秦王朝统治的序幕。

陈胜者，阳城人也，字涉。吴广者，阳夏人也，字叔。陈涉少时，尝与人佣耕，辍耕之垄上，怅恨久之，曰："苟富贵，无相忘。"佣者笑而应曰："若为佣耕，何富贵也？"陈涉太息曰："嗟乎！燕雀安知鸿鹄之志哉！"

二世元年七月，发闾左適戍渔阳，九百人屯大泽乡。陈胜、吴广皆次当行，为屯长。会天大雨，道不通，度已失期。失期，法皆斩。陈胜、吴广乃谋曰："今亡亦死，举大计亦死；等死，死国可乎？"陈胜曰："天下苦秦久矣。吾闻二世少子也，不当立，当立者乃公子扶苏。扶苏以数谏故，上使外将兵。今或闻无罪，二世杀之。百姓多闻其贤，未知其死也。项燕为楚将，数有功，爱士卒，楚人怜之。或以为死，或以为亡。今诚以吾众诈自称公子扶苏、项燕，为天下唱，宜多应者。"吴广以为然。乃行卜。卜者知其指意，曰："足下事皆成，有功。然足下卜之鬼乎！"陈胜、吴广喜，念鬼，曰："此教我先威众耳。"乃丹书帛，曰"陈胜王"，置人所罾鱼腹中。卒买鱼烹食，得鱼腹中书，固以怪之矣。又间令吴广之次所旁丛祠中，夜篝火，狐鸣呼曰："大楚兴，陈胜王。"卒皆夜惊恐。旦日，卒中往往语，皆指目陈胜。

吴广素爱人，士卒多为用者。将尉醉，广故数言欲亡，忿恚尉，令辱之，以激怒其众。尉果笞广。尉剑挺，广起，夺而杀尉。陈胜佐之，并杀两尉。召令徒属，曰："公等遇雨，皆已失期，失期当斩。藉第令毋斩，而戍死者固十六七。且壮士不死即已，死即举大名耳，王侯将相，宁有种乎？"徒属皆曰："敬受命。"乃诈称公子扶苏、项燕，从民欲也。袒右，称大楚。为坛而盟，祭以尉首。陈胜自立为将军，吴广为都尉。攻大泽乡，收而攻蕲。蕲下，乃令符离人葛婴将兵徇蕲以东。攻铚、酂、苦、柘、谯皆下之。行收兵，比至陈，车六七百乘，骑千余，卒数万人。攻陈，陈守令皆不在，独守丞与战谯门中。弗胜，守丞死，乃入据陈。数日，号令召三老、豪杰与皆来会计事。三老、豪杰皆曰："将军身被坚执锐，伐无道，诛暴秦，复立楚国之社稷，功宜为王。"陈涉乃立为王，号为张楚。当此时，诸郡县苦秦吏者，皆刑其长吏，杀之以应陈涉。乃以吴叔为假王，监诸将以西击荥阳。令陈人武臣、张耳、陈馀徇赵地，令汝阴人邓宗徇九江郡。当此时，楚兵数千人为聚者，不可胜数。……（汉·司马迁《史记·陈涉世家》①)

上引历史记载，叙述的是秦末陈胜、吴广揭竿而起，首举反秦大旗，拉开秦末反秦战争序幕的故事。以上文字，用现代汉语转译，意思大致如下：

陈胜是阳城人，名胜，字涉。吴广是阳夏人，名广，字叔。陈胜年少时，曾经跟同伴一起受雇替人耕种田地。有一天，他突然停止耕作，走到田埂上，一副惆怅失意的样子。过了好久，他对同伴们说："如果我们当中有人将来富贵了，希望不要忘记今日我们彼此的情谊。"同伴们听了他的话，忍不住都笑了起来。甚至有同伴直截了当地说道："你只是一个替人耕田种地的受雇者，哪来的什么富贵呢？"陈胜对于同伴的不理解与嘲笑感到非常失望，长叹了一口气，说道："唉！燕子、麻雀这种小鸟，哪里知道大雁、天鹅一飞万里的远大之志呢？"

秦二世元年七月，朝廷征发贫民戍守渔阳。其中，有九百人当时正驻屯于大泽乡。陈胜、吴广也编于这九百人之中，并担任屯长。当他们正要出发赶往渔阳时，遇上了大雨，道路不通。陈胜估算了一下，觉得赶到目的地肯定要误期了。而按照秦朝的法律，误期是要斩首的。于是，陈胜、吴广便私下商议道："现在我们误期，逃跑是死，起兵造反也是死。同样是死，还不如为复兴楚国而死。"陈胜又跟吴广说："天下百姓被秦朝压迫受苦已久，都有怨恨之情。我听说秦二世是秦始皇的小儿子，不应该立为皇帝。应该立为皇帝的是公子扶苏。扶苏因为多次进谏秦始皇，拂逆了始皇之心，所以就被派到外地带兵去了。现在有人听说扶苏没有罪，却被秦二世杀了。天下百姓都听说扶苏贤德，但还不知道他已经死了。还有，项燕是楚国的名将，数次立有大功，爱护士兵，楚国人都很同情他。有人认为项燕早就死了，也有人认为项燕没有死，是逃亡到什么地方了。现在如

---

① 司马迁. 史记 [M]. 北京：中华书局，1982：1949-1953.

果我们这些人真的对外宣称是公子扶苏与项燕将军的队伍，首倡义举，天下响应的人应该不会少。"吴广觉得有道理。于是，二人就去找人求卜占卦。占卦者知道他们的意思，就跟他们说："二位所问之事肯定能成，可建大功。不过，这事二位问过鬼神吗？"陈胜、吴广听了这话深受启发，心中窃喜，醒悟到占卜者是在暗示他们要借神鬼取信树威。于是，就在心中盘算起如何假借神灵之事。最后，他们想到了一个点子，用砂丹在绸帛上写了三个字"陈胜王"，然后放到别人捕获的鱼腹中。手下士兵买鱼回来烹食，发现鱼腹中帛书，感到非常奇怪，陈胜又暗中让吴广到驻地旁边的神祠中，夜里点起篝火，学着狐狸的叫声道："大楚兴，陈胜王。"士兵们惊恐不已，夜里都无法入眠。第二天，士兵们私下里开始议论纷纷，都用手指着陈胜看。

吴广平时对士兵都很爱护，士兵们也大多愿意听从他的差遣。一天，押送他们这批戍卒的秦朝将尉喝醉了，吴广故意多次跟他说自己要逃跑，以此激怒他，诱使他侮辱自己，以激起士兵们的愤怒。押解的将尉果然大怒而鞭笞吴广。当将尉举剑要杀吴广时，吴广奋力而起，夺下他的剑而将他杀了，陈胜也从旁协助，将两个将尉一起杀了。然后，二人召集全体士兵，跟大家说道："各位遇到大雨，现在都已误了赶往渔阳前线的期限。误期按律当斩首。就算侥幸不被斩首，到了前线戍守，本来死亡就要占十分之六七的。况且，壮士不死则已，要死也要死得有价值，得个英名才是。王侯将相，难道就是天生的贵种吗？"士兵们听了陈胜的话，都高呼说："谨听号令！"于是，陈胜、吴广便对外宣称自己的队伍是扶苏、项燕的部下，是顺应天下人愿望的。陈胜命令大家袒露右臂，作为起义军的标识，揭竿树旗，号称大楚。陈胜还命士兵筑坛设盟，以秦尉之首祭天。然后，陈胜自立为将军，吴广为都尉，开始进攻大泽乡的朝廷之军。攻克大泽乡收编降卒后，又进兵攻蕲。攻克蕲后，陈胜又命符离人葛婴带兵攻占蕲以东之地。陈胜率兵进攻的铚、酂、苦、柘、谯等地，也都一一拿下了。一路行军一路收编义军，待到了陈地时，陈胜的队伍已经拥有了战车六七百辆，骑兵千余人，步兵数万人。攻打陈时，陈的郡守与县令都不在，只有守丞率兵与陈胜战于谯门之中。守丞未能取胜，战死城下。陈胜于是率兵入据陈。入陈数日，陈胜发布号令，召陈地三老（管理地方教化的乡官）、豪杰（即有威望的乡绅）前来议事。三老、豪杰都对陈胜说："将军身披坚甲、手执锐器，讨伐无道，诛杀暴秦，复立楚国社稷，论功应称王。"于是，陈胜就被大家拥立为王，对外宣称是要张大楚国。

就在这时，各郡县被秦朝官吏压迫甚苦者，都杀其郡县长官，起来响应陈胜。于是，陈胜就以吴广为代理王，督率诸路将领向西进攻荥阳。又命陈人武臣、张耳、陈馀进兵昔日赵国之地，命汝阴人邓宗徇进攻九江郡。就在此时，楚地聚众千人而起兵的，不可胜数。……

从以上故事情节中可以看出，陈涉能够以一介戍卒拉开秦末农民反抗秦王朝统治的战争大幕，当然是由特定的政治情势促成的，但跟陈涉过人的胆识与勇气也有关系。不过，陈涉之所以能够振臂一呼而应者云集，事实上也与他揭竿而起时所喊出的政治口号"王侯将相，宁有种乎"有关。

从政治修辞学的视角看，陈涉原本只是一个温饱都不能解决的贫苦农民，是被朝廷征发的谪戍渔阳的一介戍卒而已。虽然起兵之时，他是一个屯长，但改变不了被秦朝将尉押送上前线的戍卒身份。因为屯长不算秦朝的任何一级官员，而是谪戍士卒（类同于犯人）在被押解前往驻防地路上的一个临时性的负责人，而且还不是唯一的负责人，另一个屯长是阳夏人吴广。因此，无论从哪个角度看，陈涉都算不上是一个政治人。但是，当他跟吴广设计杀了两个秦朝押解将尉，宣布揭竿而起，号召因道遇大雨而失期当斩的九百戍卒起来造反时，他便从一个普通的秦王朝百姓变身为反抗秦王朝统治的政治敌对势力的代表人物，属于政治修辞学意义上典型的政治人。而在特定政治情境下悄然变身为政治人的陈涉，其号召九百谪戍士卒起来反抗秦朝统治的鼓动性讲话，自然也就具有了政治修辞的属性。

作为政治修辞文本，陈涉鼓动九百戍卒起兵反秦的讲话，之所以具有极强的煽动性与号召力，让全体失期当斩的戍卒应声而起，闻风而动，无一人犹豫，事实上跟政治人陈涉在如下两个方面的表现有着密切的关系。

其一，作为在特定政治情境下临时变身为政治人的政治修辞主体，陈涉对全体戍卒的讲话很好地贯彻了"坦诚相见""知人论事"与"审时度势"的政治修辞原则。这一点，从陈涉对九百戍卒所讲的四句话中就可以见出。陈涉讲的第一句话"公等遇雨，皆已失期，失期当斩"，是事实的客观陈述，虽然没有任何修辞技巧，只是实话实说而已，却凸显了对全体同伴坦诚相见的真挚情感，是有意识地贯彻"坦诚相见"政治修辞原则的表现。第二句"藉第令毋斩，而戍死者固十六七"，是个未然判断的假设句。虽然是在第一句客观事实陈述的基础上所作的一个推断，但足以突破全体失期当斩的九百戍卒的心防，令其不敢再抱侥幸心理。很明显，陈涉的这一心理攻势，是在贯彻政治修辞的"审时度势"原则，是在以"势"逼人，让受交际者（九百失期当斩的戍卒）不敢再犹豫不决，不得不跟着一起造反。第三句"且壮士不死即已，死即举大名耳"，第四句"王侯将相，宁有种乎"，是紧随第二句威逼之后的利诱，也是心理战的攻势。交际者陈涉自己就是农民，最了解农民的性格弱点，最懂他们对光宗耀祖的渴望心理，所以才会将利诱作为煽动性讲话的主轴。很明显，这是交际者陈涉作为政治修辞主体有意识地贯彻政治修辞"知人论事"原则的表现。

其二，作为在特定政治情境下临时变身为政治人的政治修辞主体，陈涉对全体戍卒的讲话在最末一句运用了设问修辞手法，发挥了极致的政治修辞效果。前文我们说过，设问是一种"胸中早有定见，话中故意设问"① 的修辞手法。从形式上看，设问可以分为两种基本类型，"（一）是为提醒下文而问的，我们称为提问，这种设问必定有答案在它的下文；（二）是为激发本意而问的，我们称为激问，这种设问必定有答案在它的反面"②。以设问手法建构的修辞文本，不论是以"为提醒下文"的"提问"形态呈现，还是以"为激发本意"的"激问"形态呈现，从心理学上来看，它们的建构都是表达者在某种激情状态下意欲凸显自己的某种情意并希望接受者与自己达成情感上的共鸣，是表达者有意识地强化接受者注意的产物。③ 正因为如此，一般说来，以设问手法建构的修辞文本，在表达上多有突出强调的效果，易于淋漓尽致地显现表达者文本建构的情意或意图；在接受上多因表达者所设定的"明知故问"文本模式而易于引发接受者的"不随意注意"，进而能深切理解表达者的文本建构意图，达成与表达者之间的情感思想上的共鸣。④ 上述陈涉面对九百失期当斩的戍卒所发表的煽动造反的讲话，其中的"王侯将相，宁有种乎"一句，是运用"激问"手法建构的修辞文本。这一文本，如果直白理性地表达，就是这样一句话："不反则死，反则王侯将相。"虽然也可以把道理说得很清楚，也有利诱受交际者的效果，但是表达不出对现实政治不满与备受秦朝统治者压迫的强烈愤激之情，很难激发起失期当斩的九百戍卒破釜沉

---

① 陈望道. 修辞学发凡 [M]. 上海：上海教育出版社，1997：140.
② 陈望道. 修辞学发凡 [M]. 上海：上海教育出版社，1997：140.
③ 参见：吴礼权. 修辞心理学（修订版）[M]. 广州：暨南大学出版社，2013：83.
④ 参见：吴礼权. 修辞心理学（修订版）[M]. 广州：暨南大学出版社，2013：83.

舟、铤而走险、孤注一掷、放手一搏的斗志。相反，以"激问"形态的设问修辞文本呈现，不仅因为有反问语气的助力而大大强化了受交际者的注意与接受印象，而且还能产生引人思考的效果，激发受交际者反思深思的积极性，从而大大加深对文本语意的理解。可见，作为政治修辞主体，陈涉提出的"王侯将相，宁有种乎"这一造反口号之所以有深入人心的力量，在举旗起兵的关键时刻发挥了至关重要的作用，跟其设问修辞手法运用得当分不开。

第二节 当兵其实并不可怕："二战"中美国的征兵广告

人物："二战"期间美国征兵当局官员与征兵广告撰稿人、适龄应征入伍的美国青年。

事件："二战"期间，面对西线欧洲大陆与东线太平洋两线作战的巨大压力，美国在兵源上出现了非常紧张的局面。为了招募到足够的兵源补充东西两线各战场的反法西斯战争的有生力量，美国军方别出心裁地贴出了一则征兵广告，以非常高妙的修辞手法化解了美国青年对于上战场的恐惧感，促使美国青年踊跃报名当兵，对世界反法西斯战争的最后胜利作出了应有的贡献。

政治修辞主体：征兵广告撰稿人（包括美国军方负责征兵的官员与广告文案的策划者）。

政治修辞受体：美国适龄青年（包括有意愿与无意愿当兵的男女青年）。

修辞属性：政治修辞。

修辞原则：知人论事、慎言其余。

修辞技巧：设问、层递。

修辞效果：融会设问与层递两种修辞手法，化严肃为幽默，寓庄于谐，将当兵可能遭遇的生命危险一步步予以消解，从而彻底打消了受交际者当兵的恐惧心理，创造了世界征兵史上的一则佳话。

来当兵吧！当兵其实并不可怕。应征入伍后你无非有两种可能：有战争或者没有战争，没有战争有啥可怕的？有战争后又有两种可能：上前线或者不上前线，不上前线有啥可怕的？上前线后又有两种可能：受伤或者不受伤，不受伤又有啥可怕的？受伤后又有两种可能：轻伤和重伤，轻伤有啥可怕的？重伤后又有两种可能：可以治好和治不好，可治好有啥可怕的？治不好更不可怕，因为你已经死了。（第二次世界大战期间美国的一则征兵广告①）

上引这段文字，是第二次世界大战期间美国军方发布的一则面向美国适龄青年的征兵广告。虽然在文体上属于广告，但是它跟一般的商业广告与公益广告有本质的区别，这就是它所具有的政治属性。因为发布征兵广告是一种国家政治行为，它的发布者是国家的军方。因此，征兵广告的撰稿人跟商业广告或公益广告的撰稿人有着本质的区别，他不是寻常的自然人，而是典型的政治人。他所拟写的征兵广告在语言文字上的所有经营努力，在性质上也跟商业广告或公益广告不同，不能视为日常修辞，而是政治修辞。

上引"二战"期间美国军方发布的这则征兵广告，就是典型的政治修辞文本。这一政治修辞文本，之所以在世界广泛流传，成为政治修辞的范本，应该说与广告撰写人在如下两个方面的努力是分不开的。

其一，作为政治修辞主体，撰稿人在拟写征兵广告时很好地贯彻了政治修辞"知人论事"与"慎言其余"的基本原则。

众所周知，美国人好像觉得命特别值钱，因此也是世界上最怕死的。大家在媒体上经常能看到相关报道，如果他们在战场上死了一个士兵，那就是一件不得了的事。而别国无辜的平民成百上千地被他们的士兵杀害，他们却是无动于衷。② 上引这则征兵广告，之所以在世界各国广泛流传，就鲜明地表现了美国人怕死的一种心理。③ 但是，平心而论，这则征兵广告写得很好，非常具有说服力，最能忽悠人，④ 最终使许多美国年轻人抱着侥幸的心理踊跃报名当兵，并走上了战场。按照"语言经济"的原则，这则征兵广告可以这样写："来当兵吧，担负保家卫国的责任，是每个美国青年应尽的义务。"这样写，从表达的角度看，当然没有

① 转引自沈谦. 修辞学 [M]. 台北：空中大学，1995：517.
② 参见：吴礼权. 说服力 [M]. 广州：暨南大学出版社，2017：167 - 168.
③ 参见：吴礼权. 说服力 [M]. 广州：暨南大学出版社，2017：168.
④ 参见：吴礼权. 说服力 [M]. 广州：暨南大学出版社，2017：168.

问题，不仅表意清晰，而且文字简洁明了。但是，从接受的角度看，效果恐怕就要大打问号了。因为美国是移民国家，国民的国家意识并不是那么强烈。当然年轻人中也不会有太多人具有"国家兴亡，匹夫有责"的神圣责任感与"面对危难，舍我其谁"的崇高政治觉悟。因此，以讲大道理的方式说服美国年轻人踊跃当兵，恐怕是行不通的。事实上，作为交际者，这则广告的撰稿人没有这样跟受交际者（美国的适龄青年）一本正经地讲大道理，而是通过在文字表达中玩弄逻辑游戏，化严肃为轻松，有效地消解了美国人普遍的怕死心理，打消了适龄青年害怕上战场的恐惧感，由此达到了征兵广告所要达到的最好效果。很明显，这是撰稿人作为政治修辞主体自觉贯彻政治修辞"知人论事"原则的结果。除此，还有一点也值得指出，这就是撰稿人在广告文字中始终没有从正面立论否认上战场的风险性，而是始终围绕"不可怕"三个字作逻辑推理游戏，让接受者在逻辑游戏的快乐中忘记了上战场的风险，从而在非理性的情感冲动下作出报名当兵的决定。很明显，这是撰稿人有意规避政治风险，也是其自觉贯彻政治修辞"慎言其余"原则的表现。因为在美国政治人任何基于官方立场的表达都是要受到检视的。如果征兵广告中肯定地说上战场没有风险，结果走上战场的年轻人死伤很多，那么广告内容就有虚假宣传之嫌。这样，势必就要陷广告撰稿人自己于不义的尴尬境地了。事实上，这则征兵广告没有产生任何负面效果，而是作为征兵广告中一则最成功的案例在全世界广泛传播。

其二，作为政治修辞主体，撰稿人在征兵广告中巧妙地融合运用了两种修辞手法，这就是"层递"与"设问"，不仅有效地规避了征兵广告在文字表达上可能对民众进行欺诈忽悠的政治风险，而且有力地提升了征兵广告的说服力，加深了人们对广告内容的印象。

稍懂修辞学者皆知，层递是一种说写中将两个或两个以上的语言单位依某种意义或逻辑上的顺序进行排列的修辞手法。[①] 从修辞实践的实际情况来看，层递在形式上有两种表现形态，一是"递升式"，二是"递降式"。所谓"递升式"（或称"顺层递"或"阶升"），是指根据一定的逻辑将两个或两个以上的语句依照由小到大或由低到高、由少到多、由轻到重、由浅到深等顺序进行排列的层递。[②] 如《论语·雍也》"知之者不如好之者，好之者不如乐之者"，《孟子·公

① 参见：吴礼权. 现代汉语修辞学［M］. 4版. 上海：复旦大学出版社，2020：224－225.
② 参见：吴礼权. 现代汉语修辞学［M］. 4版. 上海：复旦大学出版社，2020：225.

孙丑下》"天时不如地利，地利不如人和"，《荀子·儒效》"不闻不若闻之，闻之不若见之，见之不若知之，知之不若行之"等，都是典型的"递升式"层递。① 所谓"递降式"（又称"倒层递"或"趋下"），是指根据一定的逻辑将两个或两个以上的语句依照由大到小、由高到低、由多到少、由重到轻、由深到浅等顺序进行排列的层递。② 如宋人蒋捷《虞美人》词"少年听雨歌楼上，红烛昏罗帐。壮年听雨客舟中，江阔云低，断雁叫西风。而今听雨僧庐下，鬓已星星也。悲欢离合总无情，一任阶前点滴到天明"，就是一个典型的"递降式"层递。全词通过年龄由少年到壮年再到老年的递升，与心境由浪漫到漂泊再到凄凉的递降形成对比，凸显出这样一种语意重点：听雨的感觉与年龄、情境密切相关，不同情境和不同年龄感觉大不一样，从而突出强调了作者心境的每况愈下和晚景的凄凉。③

上述美国的征兵广告，是以"递降式"建构的层递修辞文本，是依当兵上战场的危险性逐级降低的逻辑顺序进行排列的。不过，与普通的层递不同，这个征兵广告对层递手法的运用有自己的创新。它不是按照正常的逻辑规律进行语义表达，而是有意识地玩弄逻辑推理的游戏来进行语义表达。需要指出的是，由于这个征兵广告所玩的逻辑推理游戏既非常严密，又非常巧妙，特别能唤起人们的兴趣，引发人们的注意，④ 所以它最终能有效地达到其说服受交际者的预期目标（让美国适龄青年踊跃报名当兵），这才是它的高明之处。

其实，仔细分析一下，这则征兵广告所玩的逻辑推理游戏并不复杂，只是一种"二难推理"的巧妙运用。作为政治修辞主体，同时也是交际者，为了论证"当兵并不可怕"的观点，吁请人们报名当兵，广告撰写者连续运用了五个"二难推理"来作为论据。第一个"二难推理"是："应征入伍后你无非有两种可能：有战争或者没有战争，没有战争有啥可怕的?"属于"A 或 B，若 A，则 C；若 B，则 D。所以，C 或 D"格式。如果依格式还原为完形"二难推理"结构，就是："应征入伍后有战争（A）或者没战争（B），如果有战争（A），则可怕（C）；如果没战争（B），则不可怕（D）。"但是，为了打消应征者怕死而不愿当

① 参见：吴礼权. 现代汉语修辞学［M］. 4 版. 上海：复旦大学出版社，2020：226.
② 参见：吴礼权. 现代汉语修辞学［M］. 4 版. 上海：复旦大学出版社，2020：225.
③ 参见：吴礼权. 语言策略秀（修订版）［M］. 广州：暨南大学出版社，2013：113.
④ 吴礼权. 说服力［M］. 广州：暨南大学出版社，2017：168.

兵的心理，撰文者有意玩了一个花招，将两个"选言支"中可能导致负面心理暗示的一个"选言支"（即"如果有战争，则可怕"）省略了，只将具有正面意义的"选言支"写出，且以反问句的形式呈现。这样，既奸里撒混，让应征者忽略了应征当兵后存在的危险，又加强了正面意义的"选言支"（即"如果没战争，则不可怕"）的说服力。第二个"二难推理"是："有战争后又有两种可能：上前线或者不上前线，不上前线有啥可怕的？"也是属于"A 或 B，若 A，则 C；若 B，则 D。所以，C 或 D"格式。依格式还原为完形"二难推理"结构，就是："战争有上前线的（A）或者不上前线的（B），如果上前线（A），则可怕（C）；如果不上前线（B），则不可怕（D）"，同样是以省略负面意义的"选言支"（即"如果上前线，则可怕"），强调正面意义的"选言支"（即"如果不上前线，则不可怕"）的方式，给应征者以心理安慰，鼓励他们勇敢应征当兵。第三个"二难推理"是："上前线后又有两种可能：受伤或者不受伤，不受伤又有啥可怕的？"还原为完形"二难推理"结构，就是："上前线有受伤的（A）或者不受伤的（B），如果受伤（A），则可怕（C）；如果不受伤（B），则不可怕（D）。"为了打消应征者怕受伤的心理，推理中将具有负面意义的"选言支"（即"如果受伤，则可怕"）省略了，只写出具有正面意义的"选言支"（即"如果不受伤，则不可怕"）。第四个"二难推理"是："受伤后又有两种可能：轻伤和重伤，轻伤有啥可怕的？"还原为完形"二难推理"结构，就是："有受重伤的（A）或者受轻伤的（B），如果受重伤（A），则可怕（C）；如果受轻伤（B），则不可怕（D）。"但撰文者在实际写作中省略了其中的一个"选言支"："如果受重伤（A），则可怕（C）。"由于这个具有负面意义的"选言支"被有意隐去，应征者只能看到正面意义的"选言支"（即"如果受轻伤，则不可怕"），心理的恐惧就减轻了，应征当兵的勇气自然就会提升。第五个也是最后一个"二难推理"是："重伤后又有两种可能：可以治好和治不好，可治好有啥可怕的？治不好更不可怕，因为你已经死了。"这个推理若还原为完形"二难推理"结构，便是："受重伤有可以治好的（A）或者治不好的（B），如果受重伤可以治好（A），则不可怕（C）；如果治不好（B），则更不可怕（D），因为人已经死了。"这个"二难推理"与前四个都不一样，两个"选言支"完备。但是，对具有负面意义的"选言支"（即"如果治不好，则就死了"）进行了"技术处理"，说成是"如果治不好（B），则更不可怕（D），因为人已经死了"，以出人意料的幽默，让应征者的恐惧感化为乌有。这样，五个论证观点的"二难推理"便都具有了正面意义，从逻辑上看就严密地论证了"当兵并不可怕"的观点。①

除了创造性地运用层递手法建构了一个由五个"二难推理"构成的修辞文本外，这个征兵广告还在层递修辞文本中内嵌了五个设问修辞文本，分别是："没有战争有啥可怕的？""不上前线有啥可怕的？""不受伤又有啥可怕的？""轻伤有啥可怕的？""可治好有啥可怕的？"它们都是以"激问"的形态呈现，答案都在设问的反面。前文我们说过，以设问手法建构的修辞文本有两种表现形态，一是"提问"式，是自问自答，可以引发受交际者的注意，使受交际者加深对交际者给出答案的印象；二是"激问"式，答案就在设问的反面，可以启发受交际者思考，同时还有加强语气的效果，可以大大提升接受印象。上述征兵广告中的五个设问修辞文本，均采用"激问"式表现形态，事实上对于提升撰稿人意欲论证的"当兵并不可怕"观点的说服力是有重要作用的。关于这一点，只要我们将此五个"激问"句改成陈述句，然后再两相比较一下，效果立刻就能显现出来。

第三节 "让美国再次伟大"：特朗普的竞选口号

人物：特朗普、美国选民。

事件：特朗普本来只是纽约的一个地产商人，从未涉足过政坛。但是，2015年6月他以共和党人身份宣布参选美国总统，以"让美国再次伟大"为竞选口号，在与民主党总统候选人希拉里（美国第42任总统克林顿的夫人、美国第44任总统奥巴马时代的国务卿）的竞争中胜出，成为美国第45任总统，于2017年1月20日宣誓就职，成为世界政治史上最大的"黑天鹅事件"。2020年初新冠肺炎全球大流行，由于特朗普应对不力，美国成为全球新冠肺炎的震中。2020年5月25日，美国明尼苏达州明尼阿波利斯市发生了一起非洲裔男子弗洛伊德被白人警察执法时锁喉窒息而死的政治事件，由此引发了全美各大城市大规模的示威游行及打砸抢骚乱。受疫情与骚乱的双重影响，美国经济大幅下滑，特朗普吹嘘的

---

① 参见：吴礼权. 说服力［M］. 广州：暨南大学出版社，2017：168-169.

政绩与"让美国再次伟大"的美好前景没有出现，致使其民意支持度大幅下滑。2020 年 6 月的民调显示，竞选美国总统的民主党候选人拜登（奥巴马总统时代的副总统）在声势与声望上已经超过了特朗普。为了挽救民意颓势，特朗普及其竞选团队正绞尽脑汁地拟定竞选口号，以与拜登所提出的"恢复国家灵魂"的竞选口号相抗衡，期望能在 2020 年 11 月的大选中与拜登一决高下，进而实现连任总统的政治目标。

政治修辞主体：特朗普（即唐纳德·特朗普，1946 年 6 月 14 日生于美国纽约，本为纽约一个地产商人，2015 年 6 月以共和党人身份宣布参选美国总统，2016 年 5 月，战胜党内竞争对手、联邦参议院参议员特德·克鲁兹与马尔科·安东尼奥·鲁比奥，2016 年 7 月 21 日正式接受共和党总统候选人提名，揭开了与民主党提名的候选人、时任国务卿希拉里的对决。最终以"让美国再次伟大"的口号打动了美国选民，一举战胜希拉里，成为美国第 45 任总统①）。

政治修辞受体：美国选民（所有具有投票权的美国公民）。

修辞属性：政治修辞。

修辞原则：知人论事、审时度势。

修辞技巧：示现。

修辞效果：特朗普"让美国再次伟大"的竞选口号，以画饼的方式让美国选民对其执政的远景充满了希望，从而使其在 2016 年的竞选中获胜。但是，2020 年在疫情与弗洛伊德事件的双重打击下，"让美国再次伟大"的竞选口号失去了昔日熠熠生辉的光环。

美国两党竞选厮杀，口号成了"新战场"②

【环球时报驻美国特派记者　张梦旭】据美国《华盛顿邮报》8 日报道，对经济造成重创的新冠肺炎疫情以及蔓延全美的反种族歧视抗议重塑了美国今年的大选"战场"，也打乱了美国总统特朗普的竞选策略，将他"让美国保持伟大"的竞选口号变成明日黄花。特朗普的竞选团队正在寻求新的竞选口号，宣传总统的政绩并打击对手。与此同时，美国民主党总统参选人、前副总统拜登则喊出了

---

① https://baike.baidu.com/item/唐纳德·特朗普/9916449? fr = aladdin.
② https://news.ifeng.com/c/7x9WqpZQ6rc.

"恢复国家灵魂"的口号，希望在大选中给特朗普"致命一击"。

特朗普2017年1月时就提出了"让美国保持伟大"这一口号并给它注册了商标。2019年7月，特朗普的竞选团队开会决定，总统将使用这一口号进行连任竞选。不过新冠肺炎疫情导致美国经济衰退，进而改变了美国的政治形势，使特朗普失去了连任竞选的王牌，也使"让美国保持伟大"这一口号变得不合时宜。面对不断变化的局势，这位美国总统最近喊出了多个口号，包括2016年竞选时的"让美国再次伟大"，以及"向伟大过渡""最好的还在后头"等。

竞选口号体现了竞选战略，特朗普在口号上摇摆不定体现了其竞选战略不连贯。一名美国前官员表示，特朗普2016年竞选时的主要优势之一是其竞选口号传递了一致的信息，但是不知道现在特朗普竞选团队想发出的核心信息是什么。知情人士透露，为摆脱困境，特朗普及其竞选团队将在未来几周内确定新口号。上周四，美国总统及其高级顾问对此进行了讨论。消息人士表示，从如何推销经济复苏计划到如何攻击前副总统拜登，总统顾问提供的策略涵盖多个方面。比如，康威提出"伟大美国东山再起"的口号，将美国近期经济衰退这一元素包含进去。此外，康威认为，还应该给拜登设定形象，以凸显后者数十年毫无建树这一劣势。她认为应该称呼拜登为"华盛顿泥沼的尼斯湖水怪"。

相较于共和党内部在竞选口号选择上的举棋不定，民主党总统参选人拜登一直在坚持自己的竞选主题——"恢复国家灵魂"。美国《奥斯汀美国政治家报》6日称，拜登当天在得州民主党视频大会上呼吁为"国家灵魂"而战。报道称，拜登希望将得州的38张选举人票纳入囊中，给特朗普"致命一击"。据"德国之声"报道，拜登5日称，如果当选，他将致力于国家的团结，促进经济发展以及致力于人人机会平等。英国《金融时报》此前报道称，拜登希望让美国恢复到特朗普当选前的状态，即一个多元文化社会。特朗普则希望将美国拉回民权运动之前，在那个时代，白人男性占据着无可争议的主导地位。美国有线电视新闻网（CNN）评论称，特朗普在撕裂国家，而拜登试图将这个国家"缝合"起来。拜登要想取得胜利，他现在必须让美国全国对特朗普言论和策略感到反感。他还需要将鼓励宽容的声音聚集起来，将自己的竞选活动变为一场有凝聚力的全国变革运动。

对拜登来说，好消息是多项近期民调显示，特朗普在全国范围内和关键"摇摆州"的支持率都落后于自己。此外，特朗普在其关键选民中的支持率也在下降。据 CNN 周一报道，数项民意调查显示，拜登的支持率接近甚至超过了 50%，这是一个重要事件。特朗普之所以能在 2016 年大选中胜出，是因为民主党候选人希拉里的支持率从没有接近 50%，她的平均支持率仅为 42%。在 2016 年大选前的最后几天，特朗普只需说服很少的希拉里支持者投票给他即可。不过现在，如果特朗普想要重新夺回已经支持拜登的选民，他的竞选之路将非常艰难，甚至几乎不可能获胜。

据英国《每日快报》7 日报道，美国智库民主研究所的调查显示，特朗普在佛罗里达州、密歇根州等"摇摆州"领先拜登 6 个百分点。根据这些结果，特朗普在大选中将获得 293 张选举人票，拜登只会获得 245 张票。《华盛顿邮报》称，特朗普的盟友表示，这个夏天充斥着两位数的失业率、抗议活动和其他无法控制的社会因素，现在有很多事情正在加剧分歧，因此总统的竞选活动将进入一个未知的领域。

从以上新闻报道，我们可以看到一个很有趣的政治现象，这就是 2016 年特朗普以一个从未涉足政坛的政治素人、纽约地产商的身份竞选美国总统，在美国朝野的一片嘲笑声中开场，最终却因喊出的一句竞选口号——"让美国再次伟大"而大获美国选民之心，一举战胜具有丰富政治阅历且有特殊政治背景的前总统夫人、时任美国国务卿希拉里，成功登上美国总统宝座，由一个普通的商人成功转型为美国政坛上最有权势的人物，让全世界为之惊诧不已，被政治学者称为世界政治史上最大的"黑天鹅事件"。然而，时至 2020 年 6 月，已经在美国总统宝座上坐了将近一届的特朗普，为了在 2020 年 11 月举行的美国总统竞选中战胜美国民主党推选的候选人拜登而实现连任的目标，竟然不再高喊昔日让他大获全胜的竞选口号"让美国再次伟大"，而是正跟其竞选团队绞尽脑汁地重拟竞选口号。

那么，这是为什么呢？对此，上引凤凰网资讯转载的环球网新闻报道给出了答案：特朗普及其竞选团队认为这个口号现在"变得不合时宜"了。因为目前的政治情势不是四年前的 2016 年。2020 年 1 月底至 6 月初，美国的政治局势变得越来越不利于特朗普了。2020 年初新冠肺炎开始在全球各国肆虐时，特朗普轻忽其严重后果，应对不力，还不断推卸责任，制造跟中国与世界卫生组织的矛盾，结果导致美国成了全球新冠肺炎的震中。而 2020 年 5 月 25 日发生在美国明尼苏达州明尼阿波利斯市的一起非洲裔男子弗洛伊德被白人警察执法时锁喉窒息而死的政治事件，以及由此政治事件引发的全美各大城市大规模的示威游行及打砸抢骚乱，更是让特朗普企图短期内扭转美国经济颓势的努力化为乌有。截至2020年6月8日，因受疫情与骚乱的双重影响，美国经济已经严重下滑，失业人口大量增加，这让特朗普四年前竞选时许诺的政绩目标难以实现，当年"让美国再次伟大"的竞选口号给予美国人民的美好憧憬正变得暗淡无光。而与此同时，民主党总统候选人拜登（奥巴马总统时代的副总统）的政治声望却越来越高。2020年6月的民调显示，拜登在美国很多州的民意支持度都超过了特朗普。面对民意支持度大幅下滑的残酷现实，特朗普为了挽救民意支持上的颓势，不得不重新拟定竞选口号，以与拜登所提出的"恢复国家灵魂"的竞选口号相抗衡，从而寻求在2020年11月的总统竞选中获得连任。据上引凤凰网资讯转载的环球网新闻报道说："面对不断变化的局势，这位美国总统最近喊出了多个口号，包括2016年竞选时的'让美国再次伟大'，以及'向伟大过渡''最好的还在后头'等。"但是，上引报道同时也分析了特朗普重拟竞选口号面临的困境："竞选口号体现了竞选战略，特朗普在口号上摇摆不定体现了其竞选战略不连贯。一名美国前官员表示，特朗普2016年竞选时的主要优势之一是其竞选口号传递了一致的信息，但是不知道现在特朗普竞选团队想发出的核心信息是什么。知情人士透露，为摆脱困境，特朗普及其竞选团队将在未来几周内确定新口号。上周四，美国总统及其高级顾问对此进行了讨论。消息人士表示，从如何推销经济复苏计划到如何攻击前副总统拜登，总统顾问提供的策略涵盖多个方面。比如，康威提出'伟大美国东山再起'的口号，将美国近期经济衰退这一元素包含进去。此外，康威认为，还应该给拜登设定形象，以凸显后者数十年毫无建树这一劣势。她认为应该称呼拜登为'华盛顿泥沼的尼斯湖水怪'。"可见，特朗普在竞选口号的拟定上真的是陷入了困境，以致于要通过下三滥的手法抹黑对手拜登，将之比喻成"华盛顿泥沼的尼斯湖水怪"来摆脱困境。

从上述报道，我们还可以清楚地看到这样一个客观存在的事实：竞选口号在美国总统竞选中确实有至关重要的意义。事实证明，特朗普2016年以一个政治素人与普通地产商的身份投入美国总统的竞选，之所以会出人意料地获得成功，虽然有很多因素的促成，但其中最重要的因素恐怕还是跟其竞选口号"让美国再次伟大"的提出有很大的关系。

2015年6月24日，特朗普在纽约特朗普大厦中央大厅所作的题为"我国需要一位真正伟大的领导人"（Our Country Needs a Truly Great Leader）的竞选宣言中，第一次正式提出"让美国再次伟大"的竞选口号。这篇竞选宣言，其内容主要包括四个部分：第一部分是极力宣泄对奥巴马执政下的美国现状的不满，对美国社会存在的问题作了耸人听闻的夸张描述。第二部分是极力夸耀自己事业的成功，美化自己的形象。第三部分是对党内外所有竞争对手进行大肆攻击，丑化他们，抬高自己。第四部分是大开政治支票，向美国选民作出种种承诺，画了很多政治大饼。结尾时喊出了一个口号，这就是"让美国再次伟大"（make America great again）。当时，特朗普的这篇竞选宣言，曾被美国精英阶层认为是痴人说梦，政坛人物则认为特朗普是在作秀，媒体则嘲笑他是自大狂、自恋狂。[①] 但是，事实最终证明特朗普是玩真的，不是作秀，也不是说梦话，更不完全是一个不自量力的自大狂与自恋狂，而是一个善于竞选、精于计算的政治人。

客观地说，特朗普 2015 年发表的这篇竞选宣言虽然让很多人都觉得可笑，但实际上还是富有政治智慧的。宣言的第一部分之所以要极力夸大美国存在的危机，是要抹黑奥巴马及其民主党的治国能力，是其做生意的套路（先批评别人的东西不好，然后再压价）在政治上的创造性运用。第二部分极力夸耀自己有钱，是为了证明自己有能力，事业很成功，也是其做生意的伎俩（炫耀有钱是为了赢得生意合作方的信任）在政治上的创造性运用，意在通过宣传其商业上的成功来向世人证明他也有治国的潜力。第三部分贬低丑化党内外的所有竞争对手，类似于商业上以做空与垄断手法排斥竞争者的做法，也是将商业智慧运用于政治上的创造性策略。第四部分的承诺，就是开空头支票或曰画饼充饥，也是其商业智慧在政治上的运用，通过许诺好处而给人以希望、盼头，进而遂成其大愿。

从政治修辞学的视角看，特朗普 2015 年 6 月 24 日在纽约特朗普大厦发表的竞选宣言，撇开其他因素不说，仅就修辞策略来看，应该说是相当成功的。特别是宣言的第四部分与最后一句口号"让美国再次伟大"，尤其值得政治人与研究政治学的学者重视，因为它其实就是一个以示现手法建构的修辞文本，为其竞选总统的战略思路奠定了基本的框架。后来正式成为共和党总统候选人之后，特朗普在全美开展的一系列竞选活动，事实上就是在不断重复这篇竞选宣言的内容与修辞策略。其不断开出的政治空头支票与所画下的一个个政治大饼，配合其每次

---

① https://wenku.baidu.com/view/6e243fb4ed3a87c24028915f804d2b160b4e860a.html.

竞选活动都要高喊的竞选口号"让美国再次伟大",就是其创造性运用示现手法建构的一个个政治修辞文本,为其最终竞选成功奠定了坚实的基础。

前文我们说过,示现是一种将未见未闻的事象叙写得如见如闻、生动真切的一种修辞手法。① 所谓未见未闻,是指"或者原本早已过去,或者还在未来,或者不过是说者想象里的景象"②。以示现手法建构的修辞文本,从内容上考察可将其区分为"追述的示现""预言的示现""悬想的示现"三类。所谓"追述的示现",是指"把过去的事迹说得仿佛还在眼前一样"③;所谓"预言的示现",是指"把未来的事情说得好像已经摆在眼前一样"④;所谓"悬想的示现",是指"把想象的事情说得真在眼前一般,同时间的过去未来全然没有关系"⑤。无论是哪种示现文本的建构,一般说来,在表达上都有一种形象性、生动性、新颖性的特点;在接受上又极易因文本中所建构的新形象和意境而令接受者在解读文本时经由文本的语言文字的刺激而进行再造性或创造性想象,从而建构起与表达者相同又相异的新的形象或境界,以此获取文本解读接受过程中更多的心理快慰和审美情趣。⑥ 在政治修辞中,一般政治人(特别是西方政治人)都喜欢建构"预言式"示现修辞文本,通过描绘自己竞选成功后的种种施政作为,给选民以希望与憧憬,从而骗得选票,实现成功当选的预期政治目标。上述竞选宣言以及特朗普正式成为共和党候选人之后在全美展开的一系列竞选活动中所发表的竞选演讲,正是运用了上述我们所说的"预言式"示现手法而建构的政治修辞文本,即是将政治承诺的远景与竞选口号"让美国再次伟大"相配合。由于其承诺的施政远景,如让美国工厂搬回美国以增加就业,重新进行关税谈判以增加美国出口,在美墨边境建隔离墙来阻止非法移民入境,加强基础设施建设以改变机场、公路等不如第三世界的现状,照顾好退伍军人,等等,都不同于现实政治的情景,减少了现实政治的不如人意处,放大了未来远景的美好景象,因而对于许多不明真相的美国选民,尤其是那些对民主党不满或是对自己现实处境感到不满的选民产生了巨大的吸引力,使他们对特朗普所画下的一个个政治大饼充满了不切实际的幻

---

① 参见:吴礼权. 现代汉语修辞学 [M]. 4 版. 上海:复旦大学出版社,2020:107.
② 陈望道. 修辞学发凡 [M]. 上海:上海教育出版社,1997:124.
③ 陈望道. 修辞学发凡 [M]. 上海:上海教育出版社,1997:124.
④ 陈望道. 修辞学发凡 [M]. 上海:上海教育出版社,1997:124.
⑤ 陈望道. 修辞学发凡 [M]. 上海:上海教育出版社,1997:124 – 125.
⑥ 参见:吴礼权. 现代汉语修辞学 [M]. 4 版. 上海:复旦大学出版社,2020:108.

想。也正因为如此，特朗普提出的"让美国再次伟大"的竞选口号才那样具有号召力，最终成为其竞选成功的强大助推器。

"让美国再次伟大"的竞选口号，在特朗普竞选总统的造势演讲中之所以每次都要被高喊几次，其实是有两个方面的原因。第一个原因是，这一口号是特朗普竞选演讲中建构示现政治修辞文本必不可少的结构因子，是配合其政治承诺与施政愿景陈述的点题之笔，事实上成了整个竞选演讲的"文眼"，有提点选民注意、加深其印象的心理暗示作用。第二个原因是，这一口号契合了政治修辞所要遵循的两大基本原则："知人论事"与"审时度势"。特朗普竞选总统前虽只是一个普通的美国商人，从未涉足过政坛，但是一个极具政治野心与精于算计的潜在政治人。他在2015年之前一直没有参与过总统竞选，不是不想当美国总统，而是认为时机不成熟。2015年是奥巴马总统第二任期的第三年，此时美国经济发展颓势日益显现，而中国在2010年正式取代日本成为世界第二大经济体后正在强力崛起。特朗普敏锐地看到了美国的危机，所以这时候跳出来参选，并且喊出"让美国再次伟大"的竞选口号。这清楚地说明他已经看清了美国人内心的焦虑以及世界政治版图与国家实力变化的发展趋势，因而才迎合人心、巧借时势地喊出"让美国再次伟大"的竞选口号。事实上，这一口号在2015年喊出，不仅标志着特朗普政治人格的成熟，让他由一个自然人正式变身为一个成熟的政治人，而且奠定了他竞选总统获得胜利的坚实基础。因为这一竞选口号高度契合了政治修辞"知人论事"与"审时度势"两大基本原则，具有深入人心的力量。到了2020年6月，特朗普及其竞选团队之所以认为2020年11月竞选连任再喊这个口号已经不合时宜了，乃是因为此时正是美国新冠肺炎疫情蔓延与弗洛伊德事件引发的政治骚乱席卷美国的时刻，人心与时势都发生了巨大的变化。如果再以"让美国再次伟大"为竞选口号寻求连任，那就违背了政治修辞"知人论事"与"审时度势"的基本原则了，结果肯定是不妙的。事实上也证明了这一点，最终拜登当选为美国第46任总统。

第四节　山川异域，风月同天：日本民间捐赠的附言

人物：日本捐助抗疫物资相关单位人员、中国接受抗疫物资相关人员及全体中国国民。

事件：2020 年初，中国爆发了新冠肺炎疫情。世界许多友好国家及热心人士及时向中国伸出了援助之手，纷纷向中国受疫情影响严重的武汉等地捐助抗疫防疫物资。中国近邻日本的相关单位也在第一时间向武汉等城市捐赠了抗疫防疫物资，并在捐赠的物资包装箱上附上了表达祝福或友好的汉文诗句，如"山川异域，风月同天""岂曰无衣，与子同裳""青山一道同云雨，明月何曾是两乡"，令中国民众倍感亲切，由此还一度引发了舆论的广泛热议。

政治修辞主体：日本相关捐赠单位策划人员（包装箱附言写作者）。

政治修辞受体：中国受捐赠单位接受人员（实际包括了全体中国国民）。

修辞属性：政治修辞。

修辞原则：友善合作、知人论事、审时度势。

修辞技巧：引用、对偶。

修辞效果：通过引用中国古人所写的诗句或是日本古人所写的汉语诗句，既优雅地展现了对中国人民的友好情义，又凸显了中日两国历史文化上的特殊渊源关系，让受捐赠的中国相关单位乃至全体中国国民倍感亲切。

日本援助物资里的诗词①

中国新型冠状病毒疫情牵动着世界人民的心，疫情发生以来，无论是日本政府还是社会各界，都给予了中国很多理解和支持。日本政府与许多地方、企业主动向中方捐赠口罩、护目镜、防护服等防疫物资。一些捐赠给武汉的物资包装箱上写着"山川异域，风月同天""岂曰无衣，与子同裳"。很多中国网民注意到了

---

① https://ishare.ifeng.com/c/s/7tyh4TZm5QG. 图略。

日本人民这些温暖人心的举动。在当前抗击疫情的艰难时刻，我们对其他国家人民给予中国的同情、理解和支持表示衷心感谢，铭记在心。山川异域，风月同天。这句话来源于1 300多年前中日友好交往的一段佳话。根据记载鉴真事迹的历史典籍《东征传》，公元八世纪，日本长屋亲王曾在赠送大唐的千件袈裟上，绣上十六字偈语：山川异域，风月同天，寄诸佛子，共结来缘。鉴真大师被此偈打动，由此六次东渡日本，弘扬佛法，成为中日文化交流史上最具标志性的伟大实践之一。

2月10日，日本富山县向辽宁省捐赠1万枚口罩，支援辽宁抗击疫情。口罩物资由中国南方航空公司免费承运，从日本富山机场运往辽宁大连。在装有口罩的纸箱子上绘有中国国旗和日本国旗，并写有：辽河雪融，富山花开；同气连枝，共盼春来。据悉，自1984年起，辽宁省就与富山县缔结为友好省县关系。

日本医药NPO法人仁心会、日本湖北总商会、Huobi Global、株式会社Incuba Alpha四家机构联合捐赠给湖北的物资上面写着："岂曰无衣，与子同裳！"出自《诗经·秦风·无衣》。

京都府舞鹤市，送给友好城市大连的物资。包装箱上面写着"青山一道同云雨，明月何曾是两乡"。舞鹤市长："非常担心疫情。将继续筹集医用口罩、防护服"。诗句出自王昌龄《送柴侍御》：沅水通波接武冈，送君不觉有离伤。青山一道同云雨，明月何曾是两乡。

从以上新闻报道，我们可以清楚地看出，这些新闻报道的焦点不在捐赠物资本身，而是将关注点都集中在了捐赠物资包装箱上的附言诗句上。在2020年2月至3月中国疫情最严重的时候，这些附言诗句还曾在中国舆论界引发了热议。可见，这些来自日本民间的捐赠物资的附言作为一种标语，其所发挥的民间外交的政治效应是非常明显的。

众所周知，捐助或捐赠物资，在日常生活中都是寻常之事，无论捐助或捐赠的主体是个人还是集体，都属于社会行为，跟政治无涉。但是，在大灾大难之时，国际间的捐助或捐赠，无论是个人的，还是集体（包括国家的），都跟政治有关系。因为国际间的捐助或捐赠是一种外交行为，而外交不论是官方的还是民间的，都是政治的延伸。上述新闻报道中向中国相关单位捐赠物资的，有的是民间机构，如日本医药NPO法人仁心会、日本湖北总商会、Huobi Global、株式会社 Incuba Alpha 等，有的是官方机构，如日本富山县政府、京都府舞鹤市政府等。作为这些机构的代表，他们向中国相关单位捐赠抗疫防疫物资时，不论是政府官员，还是非政府机构成员，都在抗击新冠肺炎疫情这一国际政治情境下被临时赋予了政治人的角色身份；而他们在所捐赠的抗疫防疫物资的包装箱上所附的诗句，也就自然而然成了政治修辞文本，跟我们日常生活中留给朋友的便条在性质上有根本的区别。

作为政治修辞文本，上述新闻报道中提到的诸多日本捐赠物资的附言诗句，之所以让中国民众倍感亲切与温暖，由此在中国网友中引起热烈的讨论，并给予了非常正面的评价甚至是高度赞赏，是因为这些附言诗句从政治修辞学的视角看有其独到之处，发挥了民间外交极致的政治作用。关于这一点，我们可以从如下两个方面加以认识。

其一，作为政治修辞文本，这些标语式的附言诗句很好地贯彻了政治修辞"友善合作""知人论事""审时度势"的原则，因而在接受上让人倍感温暖与亲切，从而受到中国民众的高度赞赏与网友的热烈追捧，成为 2020 年中国新冠肺炎疫情最严重时期最为成功的政治修辞文本。

对中日关系有所了解者都知道，自 2012 年安倍晋三第二次出任日本首相以来，由于日本始终在钓鱼岛与历史问题上顽固坚持其错误立场，导致中日两国关系出现了巨大的困难。在此大的政治背景下，2020 年初，一场空前规模的新冠病毒肺炎疫情突如其来。为此，中国政府与人民全力投入抗疫防疫斗争，付出了极大的努力。在此危难之时，世界上许多友好国家都及时向中国伸出了援助之手，捐赠了不少防疫抗疫物资。中国近邻日本则抓住了由此改善中日关系的契机。对中国发生的疫情，日本政府不仅表达了同情，肯定了中国政府与人民抗击疫情的表现，而且第一时间向中国捐赠了防疫医疗物资。在此背景下，日本地方政府与民间机构也迅速行动起来，向中国武汉等地捐赠口罩、防护服等防疫物资，努力开展民间外交。虽然日本政府与民间机构捐赠的物资数量并不是很大，金额并不是很高，却体现了一种慈善、博爱的人道主义精神，同时也契合了中华民族数千年来始终倡导并发扬的面对大灾大难人类应该守望相助的文化传统。正因为如此，当日本中央政府、地方政府以及民间机构相继对中国武汉等地展开防疫物资的捐赠后，中国民众对日本的观感一下子便好了很多。而看到他们捐赠的防疫物资包装箱上所贴的汉语附言诗句，中国民众与网友对日本及日本人民的友好情感更是提升了很多。之所以有此政治效应，乃是日本相关捐赠机构具有高度的政治智慧，巧妙地借助捐赠物资包装箱上的附言诗句，婉转含蓄地向中国及其受难民众表达了一种同情友好的态度，体现了民间外交"审时度势""友善合作"的政治修辞原则。除此之外，捐赠附言采用汉语诗句的形式呈现，也是一种政治智慧。因为这些诗句，无论是借中国古人现成的诗句，还是借日本古人用汉语所写的汉诗之句，或是根据特定的捐赠对象临时创作的汉语诗句，都鲜明地体现了政治修辞"知人论事"的原则。因为日本跟中国在文化上有深厚的历史渊源，日本文化界、学术界有很深的中国情结，汉字、汉诗、汉文化是联系两国人民的重要纽带。日本捐赠物资的附言采用汉语诗句的形式呈现，正是附言制作者了解中国文化与中国人心理的表现。正因为对中国文化与中国人心理有了准确的把握，这些捐赠物资的附言诗句才能打动中国民众之心，让中国民众感受到来自近邻日本人民的友善之意。同时，优雅的汉语诗句，还让中国民众重拾旧时的历史记忆，想到中日悠久的文化交往历史与两国人民之间友好交往的过往。

其二，作为政治修辞文本，除了富山县捐赠给辽宁省的防疫物资包装箱上的附言"辽河雪融，富山花开；同气连枝，共盼春来"是自创的汉语诗句以外，其余都是引用中国古人的诗句或日本古贤所作汉诗的诗句，是引用修辞手法的创造性运用，不仅表意含蓄蕴藉，而且富有意境之美，具有浓浓的中国情与优雅的文字美。因而让很多中国民众与网友为之惊艳，情不自禁地为之点赞。

上述四则日本捐赠物资的附言诗句，从政治修辞学的视角来看，都是典型的政治修辞文本。它们在政治修辞艺术上各有其长，都发挥了极致的政治修辞效果。如"山川异域，风月同天"这则附言诗句，见于日本汉语水平考试（HSK）事务局支援湖北高校的物资包装箱上。这两句汉诗，并不是日本汉语水平考试事务局相关人员的即兴创作，而是源自一千多年前日本长屋亲王赠送大唐僧人的诗句。从修辞上看，日本汉语水平考试事务局将此二句诗写在捐赠给中国的物资包装箱上作为标语，属于引用修辞手法的运用。它借先人之诗表达对遭受疫情的中国人民的同情，既高调展现了日本人民在灾难面前愿意与中国人民共同面对的博大胸怀与人道主义精神，又含蓄婉约地表达了日中友好的意愿，这在近些年来中日关系面临巨大困难的微妙情势下是具有特殊意义的。[①] 众所周知，日本文化跟

---

① 参见：吴礼权. 口号标语的政治修辞学分析［J］. 江苏师范大学学报（哲学社会科学版），2021（1）：51.

中国文化有着非常深的渊源，汉字更是中日文化紧密联系的纽带。捐赠方以日本长屋亲王写作的汉语诗句"山川异域，风月同天"作为此次捐赠物资的附语，应该说是一种非常高明的修辞策略。因为诗句"山川异域，风月同天"是以汉字呈现的，所以极易让中国人油然生发一种亲切之感，可以迅速拉近两国人民的情感，让中国人民在抚今追昔中重温中日文化交流与中日友好源远流长的历史。另外，还有值得指出的一点，标语的写作者是日本汉语水平考试事务局，是一个专门从事中日文化交流的单位。它向中国捐赠医疗物资时引日本长屋亲王的汉诗向中国人民表达慰问同情之意，非常切合其身份角色，显得非常自然，让人丝毫不会觉得是刻意而为之的政治修辞。而这一点，正是这则标语在政治修辞上的高妙之处。撇开政治不说，仅从修辞学的角度来分析，"山川异域，风月同天"这一标语也算是非常成功的修辞文本。从结构上看，它是对偶，具有一种对称平衡的视听觉美感，符合中国人的审美观；从音韵上看，"山川异域"是"平平仄仄"，"风月同天"是"平仄平平"，完全臻至了汉诗创作平仄交错的韵律要求，因而具有一种抑扬顿挫的听觉美感；从构句上看，这两句诗全以单音节词为单位，完全是古汉语的句法，因而读来别具一种典雅的韵味。而这一点，正是许多网友大为惊艳而极为赞赏的地方。①

又如"岂曰无衣，与子同裳！"二句附言诗句，是贴在日本医药 NPO 法人仁心会、日本湖北总商会、Huobi Global、株式会社 Incuba Alpha 等四家商业机构联合捐赠给湖北的物资上面的，引自中国最早的诗歌总集《诗经》的《国风·秦风·无衣》篇。读过《诗经》者皆知，《国风·秦风·无衣》全诗共三章，分别是："岂曰无衣？与子同袍。王于兴师，修我戈矛。与子同仇！""岂曰无衣？与子同泽。王于兴师，修我矛戟。与子偕作！""岂曰无衣？与子同裳。王于兴师，修我甲兵。与子偕行！"通过设问与反复两种修辞手法的运用，将秦国将士上下同心、团结一致、同仇敌忾、慷慨激昂的英勇斗志生动地表现了出来，成为中国历代战争中将军们用以鼓舞士气的重要诗篇。日本四家民间商业机构在捐赠的抗疫医疗物资包装箱上附言《诗经》中的"岂曰无衣？与子同裳"二句，不仅鲜明地表达了日本人民与中国人民坚定地站在一起共同抗击新冠病毒肺炎疫情的决心，展现了中日两国人民的友好情谊，而且还因诗中"与子同裳"的表达，大大

① 参见：吴礼权. 口号标语的政治修辞学分析［J］. 江苏师范大学学报（哲学社会科学版），2021（1）：51.

拔高了日本捐赠方的人格站位，放大了日本人民博爱天下的心胸格局。另外，这二句诗因为出自先秦时代的《诗经》，一般的中国民众都未必熟悉，而日本人却将之引用出来赠送中国湖北受难的民众，这自然会让绝大多数的中国人为之惊讶，觉得日本人对于中国历史、中国文学了解得如此透彻，心里自然顿生敬佩之意。正因为如此，当时很多中国知识界人士与广大网友看到这则附言诗句都非常惊艳，给予了高度评价。很明显，日本这四家商业机构的附言诗句是一个高明的政治修辞文本。

再如"青山一道同云雨，明月何曾是两乡"二句附言诗句，是见于日本京都府舞鹤市捐赠给与其结对的中国友好城市大连的防疫医疗物资包装箱之上的。不过，这两句优雅的诗也不是日本人的创作，而是引自中国唐代大诗人王昌龄所作《送柴侍御》一诗。王昌龄的原诗有四句："流水通波接武冈，送君不觉有离伤。青山一道同云雨，明月何曾是两乡。"表达的是跟朋友柴侍御分别的依依惜别之情。但是，末二句却故作旷达，所以读来更加感人至深。相较于前述"山川异域，风月同天"所展现的天下一家境界，"谁曰无衣？与子同裳"所展现的博爱天下的阔大胸怀，京都府舞鹤市捐赠给大连的防疫医疗物资上的附言诗句"青山一道同云雨，明月何曾是两乡"所表达的则是中日两国不分彼此的一体性认同感，所展现的境界更高。不过，应该指出的是，前两个附言，日本任何一个民间机构都可以将之贴在其捐赠给中国的防疫医疗物资的包装箱上，但是"青山一道同云雨，明月何曾是两乡"二句则非常适合隶属于日本京都府的舞鹤市运用。这是因为京都是日本古都，跟中国的政治、文化渊源最为深厚。京都作为日本的千年古都，不仅其宫殿与街市的建筑全都仿照中国唐代之都长安，就连生活于其中的百姓的衣食住行与礼仪规范也都有唐代长安市井生活的影子。如果说古代的中国（尤其是汉唐时代的中国）是日本人的精神故乡的话，那么唐代就是京都人永远的精神故乡。京都人怀念唐代，言必称大唐，是非常自然的事。因此，隶属于京都府的舞鹤市政府捐赠防疫医疗物资给中国的友好城市大连，附言选择唐代大诗人王昌龄的诗句，而不是中国其他朝代的其他诗人的诗句，也是自然而然的事。撇开"青山一道同云雨，明月何曾是两乡"两句诗的寓意不说，仅就引用唐人之诗本身，就足以表明京都人对中国人的特殊情感。至于借诗句所欲表达的中日文化同根同源的一体性精神认同之意，虽然含蓄蕴藉，却彰显得清清楚楚、明明白白。正因为如此，这两句引诗在中国人民全力抗击新冠肺炎疫情的关键时刻，读来自然就有感人至深的力量与亲切温馨的魅力。所以，才会成为中国广大网友广泛点赞的政治修辞文本。

至于日本富山县捐赠给辽宁省防疫医疗物资上所附的四句诗："辽河雪融，富山花开；同气连枝，共盼春来"，虽然文字上不像"山川异域，风月同天""谁曰无衣？与子同裳""青山一道同云雨，明月何曾是两乡"等三则附言那样古雅，但表情达意也显得情真意切，彰显了富山县与辽宁省自1984年就缔结为友好省县关系的情谊。这四句诗的创作适应了特定的题旨情境（题旨是中日友好、辽宁省与富山县是友好省县，情境是2020年初开始的新冠肺炎疫情席卷中国的巨大灾难），运用对偶修辞手法，将所要表达的祝福祝愿之意彰显了出来，也是一个非常成功的政治修辞范本。诗的第一、第二句对偶工整，"辽河"对"富山"，是山对水，是中国河名对日本山名；"雪"对"花"，是两种意象的对比。"雪融"表达的是对辽宁疫情好转的祝愿，"花开"是预言辽宁疫情好转后富山人民的喜悦之情。所以，第一、第二句属于中国古典诗歌的"严对"模式。第三、第四句则属于"宽对"模式，是对第一、第二句意境描写的语义阐释。这样，前后结合，既有中国古典诗歌的意境美，又有现代诗歌语义表达清晰之效果。这样的汉诗创作，出自捐赠防疫医疗物资的近邻日本人之手，自然给受捐方中国人以出乎意料的惊喜。可见，这一附言诗句也是非常成功的政治修辞文本，值得肯定。

第五节　人以群分，物以类聚：垃圾分类的宣传标语

人物：宣传垃圾分类的相关文案撰写人员、全体中国居民。

事件：随着中国经济的进一步发展，为了缓解日益严重的环境与资源的压力，调整国家经济发展模式，从2019年初开始，国家在全国范围内开展了轰轰烈烈的垃圾分类活动。为了配合国家的这一政策，各地纷纷就垃圾分类的重要性进行了宣传，拉出了宣传横幅，贴出了宣传标语。这些标语的撰写水平参差不齐，绝大多数都只是将意思说清楚了而已，没有达到令人印象深刻的效果，更未达到直抵人心的境界。但也有个别宣传标语写得不错，如"人以群分，物以类聚"，

既简洁明了，又令人印象深刻，促人思考反省，让人见贤思齐。

政治修辞主体：垃圾分类广告的撰写人（包括参与策划创作的集体与个人）。

政治修辞受体：中国居民。

修辞属性：政治修辞。

修辞原则：知人论事、因地制宜。

修辞技巧：引用。

修辞效果：创造性地运用引用修辞手法，表意既简洁明了，又婉转含蓄，耐人寻味，促人深思。

众所周知，垃圾分类工作的重要性与紧迫性早就为国人所了解，在西方发达国家早已开展并取得了显著成就。中国虽然在这方面迟走了一步，但随着经济发展取得了突破性的成就，环境与资源的压力也随之日益增大，所以国家将垃圾分类工作提升到攸关国家长远发展战略之一环的重要地位。那么，如何让民众深刻领会国家的战略决策并予以密切配合呢？毫无疑问，这就需要政治宣传与政策宣导。那么，如何进行政治宣传与政策宣导呢？毫无疑问，除了报纸杂志上的文章社论宣传与政府部门各级领导会议讲话宣导之外，最重要的一种宣传与宣导方式自然就是口号与标语了。事实上，自从国家将垃圾分类作为一项重要的政策予以强调并在全国城乡大力推广以来，各地有关垃圾分类的宣传口号与标语层出不穷。下面是我们从网络媒体搜集到的全国各地有关垃圾分类的 101 条宣传标语。为了论述的方便，我们对搜集来的 101 条标语①按照其运用的修辞方式作了分类，以不同的表格分列呈现如下：

表1　运用对偶修辞手法创作的标语

垃圾分类人人动手，干湿分离家家行动	垃圾要分类，资源要利用
干湿垃圾分类装，有害垃圾定点放	环境保护在心中，垃圾分类在手中
给自己一个文明习惯，给垃圾一个利用空间	给垃圾选一条循环利用的路，给人类谋一条和谐发展的路

---

① 资料来源：http：//www.1juzi.com/new/93424.html.

表2 运用拟人修辞手法创作的标语

垃圾要回家，请您帮助它	请不要乱扔我，我会污染环境
垃圾也有家，不要走错门	有了垃圾分类箱，垃圾回家方便多
公德竞赛，今天正式开赛	走过我的窗前，留下您不要的东西
垃圾分类呵护，成就美家美沪	循环，让地球生生不息
为垃圾分家，给城市减负	我虽渺小，但意义重大
感激你的关照，我寂寞的心如沐东风	一个萝卜一个坑，别让垃圾跳错坑
我们不想住在一起，请给我们分个家	我们兄弟有点像，分清我们好处多
请为你手中的垃圾，找一个合适的家	请给垃圾找个合适的家
你需要优美的环境，我需要你的电池	呵护我们的环境，与万物共享尊荣
请你靠近我播下一个行动，你将收获一份美丽	给电池一个安全的归宿，给我们自己一个清洁的世界
你们的舍弃却是我的最爱，它们在这里找到了归宿	要是你疏忽我的存在，把垃圾乱丢，我赌气了，这次真的活力了

表3 运用比喻修辞手法创作的标语

举手之劳，资源永续的源泉	垃圾和人一样，应该各有所归
给垃圾一个分类的归宿，还我们一个清洁的世界	美味的"食物"，只有分类吃才更香

表4 运用映衬修辞手法创作的标语

垃圾分类一小步，低碳生活一大步	今天分一分，明天美十分
混放是垃圾，分类成资源	垃圾混置是垃圾，垃圾分类是资源
轻而易举分垃圾，举手之劳变资源	分类一小步，文明一大步
废物，宝物，一息之中；垃圾，资源，一念之间	扔掉，成为"白色污染"；回收，变成"白色资源"

表 5 运用协律修辞手法创作的标语

要使垃圾变为宝，分类回收不可少	垃圾分类扔，节约环保又卫生
垃圾分类举手之劳，循环利用变废为宝	众人一条分类心，垃圾也能变成金
各类与箱配，变废为宝贝	垃圾处理有法宝，分门别类利环保
垃圾分类益处多，环境保护靠你我	垃圾分分类，大家都不累
垃圾儿女要分家，安居乐业靠大家	垃圾分一分，环境美十分
地球是我家，垃圾分类靠大家	垃圾分分类，一点也不累

表 6 运用仿拟修辞手法创作的标语

该出手时就出手，该分类时就分类	

表 7 运用引用修辞手法创作的标语

人以群分，物以类聚	

表 8 运用夸张修辞手法创作的标语

一点分类，聚成绿洲	

表 9 未运用修辞手法创作的标语

垃圾分类从我做起，和谐港城因你美丽	世界变成大花园，垃圾分类是关键
千家万户垃圾分类，文明港城更加洁美	回收废弃电池，创造美好家园
就算是扔垃圾，也能小窥操行之高低	养成文明餐饮习惯，减少餐厨垃圾
分类投放垃圾，关系你我	提高社区的品位，从垃圾分类开始
配合垃圾分类，争做文明市民	适量点菜，餐后打包，倡导绿色消费
积极参与垃圾分类，创优美社区环境	垃圾分类人人做，做好分类为人人
垃圾要分类，生活变美好	简单的动作，造就美好环境
红蓝黄绿要看清，垃圾分类	垃圾分类，举手之劳
回收废电池，创造美好家园	垃圾分类，创造美好生活
分类有道，垃圾成宝	垃圾分类，守护家园
垃圾分类，从无做起	垃圾分好类，生活没烦恼
垃圾分类，人人有责	举手之劳，好处无限

（续上表）

积极参与垃圾分类，创建优美社区环境	全民参与垃圾分类，共享环保低碳生活
分类收集人人有责，男女老幼齐参与	谢谢您的配合，我为您的风度而赞美
积极参与垃圾分类，共同呵护绿色家园	未来人类的文明，将是绿色文明
伸出你的手，让垃圾对上号	垃圾分类，和谐广州
垃圾减量分类放，共建美好张家港	红橙蓝绿，垃圾也可添美丽
垃圾要分类，生活更美好	垃圾分类，利国利民
创意生活，文明分类	垃圾分类，举手之劳。变废为宝，美化家园
垃圾变宝源自分类，呵护环境始于点滴	垃圾科学分类，文明你我同行
垃圾分类三步走，一干湿，二有害，最后挑出可回收	干湿要分类，有害单独放，资源重复用，生活更健康
环境是大事，扔垃圾是小事，大事要从小事做起	做好垃圾分类，让我们一起来为地球多添一抹绿色
清新的空气是多么的芳香，绿色的呼吸是我的梦想	参与垃圾分类，保护地球家园，共创美好世界

上列 9 个表格中宣传垃圾分类政策的标语，运用对偶修辞手法创作的有 6 条，运用拟人修辞手法创作的有 22 条，运用比喻修辞手法创作的有 4 条，运用映衬（对比）修辞手法创作的有 8 条，运用协律修辞手法创作的有 12 条，运用仿拟修辞手法创作的有 1 条，运用引用修辞手法创作的有 1 条，运用夸张修辞手法创作的有 1 条，未运用修辞手法创作的有 46 条（这些未运用修辞手法的标语，虽然很多表面上以二句并立的形式呈现，貌似对偶，但实非对偶，因为仔细分析其句法结构，不符合对偶的基本要求；有些是由三个句子或四个句子构成，貌似排比，但仔细分析其内容，不是排比同一类事象，不算排比）。这些垃圾分类标语的创作，其主旨都是非常明确的，就是配合国家环境保护与资源再利用重大战略决策的贯彻实施。因此，这些垃圾分类的标语无疑是具有鲜明的政治意涵，属于政治宣传与政策宣导的性质。[①]

---

① 参见：吴礼权. 口号标语的政治修辞学分析［J］. 江苏师范大学学报（哲学社会科学版），2021（1）：39－42.

上面提到的有关垃圾分类的标语口号，都是中国各地政府为了贯彻落实中央有关新时期环境与资源发展战略决策而推出的。因此，这些口号标语从本质上来说，都属于政治修辞文本。这些标语口号的拟稿者虽然未必都是政府官员（职业政治人），但是他们奉命拟稿的修辞行为事实上是具有浓厚的政治色彩的，所以他们在拟写标语口号的特定情境下便被临时赋予了政治人的角色身份，他们拟写的宣传垃圾分类的口号或标语也就自然成了政治修辞文本。

众所周知，口号与标语是政治宣传的工具，是政策宣导的载体。既然是工具与载体，那么就要发挥其应有的作用，将其所承载的宣传与宣导的任务很好地完成。换言之，作为政治宣传与政策宣导的工具与载体，口号一旦喊出，标语一旦打出，其所宣传与宣导的主旨、思想、理念、主张等，就必须在最大程度上为社会大众所认同接受，从而实现传播接受效果最大化的目标。而要达到传播接受效果的最大化，口号与标语的文本建构就必须具有创意造言的智慧，这样才会让人耳目一新，在第一时间迅速抓住社会大众的注意力，产生直抵人心的力量，让接受者好记上口，过目不忘，过耳入心。否则，喊出的口号，打出的标语，社会大众就会视而不见，充耳不闻，不会产生任何宣传与宣导效果。① 垃圾分类的口号或标语，因为具有政治修辞的属性，担负着国家政治宣传与政策宣导的使命，因此作为一种特殊的修辞文本，其创作同样"需要高度的创意造言智慧，需要文本建构者在修辞上狠下功夫，不是脱口而出、一挥而就便能做到的"②。为了实现垃圾分类口号与标语所担负的政治宣传与政策宣导的政治使命，作为政治人或角色政治人的拟稿者，就不能满足于将所要宣传与宣导的意思"讲清楚、说明白"的境界，而必须在修辞上狠下功夫，拟写出来的垃圾分类口号或标语要以"好记上口，入脑动心"为最高追求境界。③ 那么，怎样才能臻至这一最高修辞境界呢？我们认为，垃圾分类口号或标语的拟稿者（或曰创作者）在文本建构时应该朝着三个修辞目标努力：一是"省文约字"，二是"音韵和谐"，三是"表义清晰"。"唯有企及这三大目标要求，所提之口号与所拟之标语才能给人留下深刻的印象，

---

① 参见：吴礼权. 口号标语的政治修辞学分析［J］. 江苏师范大学学报（哲学社会科学版），2021（1）：42－43.

② 吴礼权. 口号标语的政治修辞学分析［J］. 江苏师范大学学报（哲学社会科学版），2021（1）：43.

③ 参见：吴礼权. 口号标语的政治修辞学分析［J］. 江苏师范大学学报（哲学社会科学版），2021（1）：43.

从而发挥其政治宣传与政策宣导的最大效果。"①

对照上述标准，上列 9 个表格中的 101 条垃圾分类标语，作为宣传与宣导国家环境与资源重大战略决策的政治修辞文本，到底有没有达到预期的目标呢？我们认为，它们当中的绝大多数都没有达到上面我们所提出的三大目标要求，因而给人留下的印象都不深，其在政治宣传与政策宣导上的效果也就不明显。只有少数标语还差强人意，有的企及了"省文约字"的目标要求，有的企及了"音韵和谐"的目标要求，有的企及了"表义清晰"的目标要求。同时企及三个目标要求的，则非常少。②

比方说，表 2 中的"为垃圾分家，给城市减负"，算是其中比较好的了。它用十个字将垃圾分类的意义与作用讲清楚了，可谓言简意赅，达到了"省文约字"与"表义清晰"的目标要求。但是，这个标语在"音韵和谐"的目标要求上有所欠缺。因为这两句尾字没有押韵，明显少了"同声相应"的韵律美。不过，平仄交错的配置上尚可。按照现代汉语语音系统的标准来分析，这两句的平仄模式是"平平平平平，仄平仄仄仄"，基本上达到了平仄交错的要求，因而在韵律上就有了"异音相从"的抑扬顿挫之美。从整体上来说，这个标语还算是成功的。因为它诉诸视觉，让人一看就懂，以对偶的形式呈现，也有一种平衡对称的视觉美感；诉诸听觉，除了没有押韵，在"音韵和谐"的韵律美感上有所欠缺外，整体上读起来还不算拗口，"好记上口"的修辞境界也算臻至了。但是，还没有臻至"入脑动心"的最高境界。事实证明，这则标语的流行度、知名度都不是很高，这说明其在政治宣传与政策宣导上的接受传播效果还有待提高。③

又比方说，表 9 中的"垃圾分类，利国利民"，作为宣传垃圾分类的标语与口号，也算是达到了"表义清晰""省文约字"的目标要求，但未达到"音韵和谐"的目标要求。因为以现代汉语语音系统为标准进行分析，这二句既未在"同声相应"的押韵上努力，亦未在"异音相从"的平仄配置方面进行经营，前句是"平平平仄"，后句是"仄平仄平"，前后句未能构成理想的平仄交错模式，因而

---

① 参见：吴礼权. 口号标语的政治修辞学分析［J］. 江苏师范大学学报（哲学社会科学版），2021（1）：43.

② 参见：吴礼权. 口号标语的政治修辞学分析［J］. 江苏师范大学学报（哲学社会科学版），2021（1）：43.

③ 参见：吴礼权. 口号标语的政治修辞学分析［J］. 江苏师范大学学报（哲学社会科学版），2021（1）：43.

就少了听觉上的抑扬顿挫之美。作为口号与标语，能够达到"表义清晰""省文约字"的目标确实已经很好了。但是，从修辞的要求看，这样的口号与标语可以说是连"好记上口"的境界也未臻至，当然就遑论"入脑动心"的境界了。因为道理很简单，只有"上口"（即"音韵和谐"）的口号与标语，才会"好记"；而只有"好记"，才能让人"入脑"；而只有"入脑"，才会"动心"。因此，口号与标语，要想发挥政治宣传与政策宣导的最大化效果，修辞上必须在"省文约字""音韵和谐""表义清晰"三个方面同时作出努力。应该说，"垃圾分类，利国利民"这则标语在政治上的立意是很高的，所要宣示的道理十分正确，但在修辞上还有所欠缺。正因为如此，作为垃圾分类的口号与标语，其所要发挥的政治宣传与政策宣导的传播接受效果没有达到最大值。这从这则标语的流行度与知名度并不高的事实，就能清楚地看出。①

至于表1至表9中的其他标语与口号，虽然都各自在修辞上有所努力，但效果似乎更不尽如人意了，几乎没有什么流行性与知名度。究其原因，有的是因为句子太长，没有达到"省文约字"的目标要求。如表9中的"环境是大事，扔垃圾是小事，大事要从小事做起"，是由三个分句构成的复句，句子太长，像是在跟人讲道理，根本就不像是口号标语。有的是因为没有在音韵上有所经营，没有达到"音韵和谐"的目标要求。如表9中的"就算是扔垃圾，也能小窥操行之高低"，既不讲押韵与平仄配置，也不讲音顿音步，读起来完全没有朗朗上口的韵律感。有的是因为没有紧扣主旨，没有达到"表义清晰"的目标要求，如表9中的"谢谢您的配合，我为您的风度而赞美"，让人不知所云，根本想不到这是在为垃圾分类做宣传。有的标语虽然努力在修辞上经营，却因为修辞不当而弄巧成拙，如表3中的"美味的'食物'，只有分类吃才更香"，宣导的是不同的垃圾要投放到不同的垃圾箱的理念。标语创作者运用比喻修辞手法来表达这层意思，但因为比喻不当，不仅没有给人以美好的想象，反而让人有恶心作呕的感觉。② 诸如上述这些宣传垃圾分类的口号或标语，由于修辞经营上的努力不尽如人意，导致其在传播接受效果上大打了折扣，其所要达到的政治宣传与政策宣导的效果也

---

① 参见：吴礼权. 口号标语的政治修辞学分析［J］. 江苏师范大学学报（哲学社会科学版），2021（1）：44.

② 参见：吴礼权. 口号标语的政治修辞学分析［J］. 江苏师范大学学报（哲学社会科学版），2021（1）：45.

就大打了折扣。因此，我们认为诸如此类的标语口号就不能算是成功的政治修辞文本。

不过，应该指出的是，在上述诸多宣传垃圾分类的标语或口号中，有一个标语是知名度比较高的，这就是"人以群分，物以类聚"。只要上网搜索一下，在很多宣传垃圾分类的网页上都能见到。那么，这则标语为什么能够在不计其数的同类标语口号中脱颖而出，成为宣传垃圾分类标语口号的政治修辞范本呢？我们认为，这与它在如下两个方面的努力分不开。

其一，作为宣传垃圾分类的标语，"人以群分，物以类聚"很好地体现了政治修辞的"知人论事"和"因地制宜"原则。

众所周知，人在道德文明上是有高下之别的，人在社会阶层中所处的地位也是有高下之别的。但是，不论是处于什么层次的道德文明，还是社会阶层的高低有什么差异，事实上每个人都有向上、向善之心。古人所说的"见贤思齐"，说的就是这个道理。垃圾分类，虽然是国家发展战略决策中非常重要的一环，各级政府都在努力倡导宣传，并有一定的处罚措施，但这毕竟跟法律的刚性规定还是有区别的。因此，这种倡导宣传只具有劝谕的性质。既然是劝谕，就必须分析受交际者的心理，并迎合他们的心理，进而把话说到他们的心坎里，让他们愿意配合，这样才会真正发挥劝谕的效果。"人以群分，物以类聚"这则标语的创作，之所以得到受众的广泛认同，成为垃圾分类标语口号中知名度较高的一则，事实上就是因为它迎合了当前中国社会普遍富裕起来之后民众（即文本的接受者）普遍存在的向上、向善和见贤思齐的心理，使他们看到这则标语便情不自禁地生出一种积极的情感冲动，乐于通过符合标准的"聚物"行为（即正确的垃圾分类）彰显自己"群分"（道德文明层次与社会阶层的类别）层次的提升。很明显，这是"人以群分，物以类聚"这则标语自觉贯彻政治修辞"知人论事"原则的鲜明体现。另外，我们稍微留意一下就知道，"人以群分，物以类聚"这则标语一般都是悬挂或张贴于四色分类的垃圾箱附近，这说明这则标语对于语境是有一定依赖的。事实上，这则标语就是专门针对垃圾箱集中的场所而创作的，目的是要发挥其现场提醒的作用。很明显，"人以群分，物以类聚"这则标语的创作有自觉贯彻政治修辞"因地制宜"原则的鲜明倾向。

其二，作为政治修辞文本，"人以群分，物以类聚"这则标语在修辞手法的运用上非常有创意。它所运用的引用修辞手法，是我们日常修辞中最常见的。前文我们说过，引用是一种引述前人或他人较有哲理或较为权威、较为经典的话来表情达意的修辞手法。① 一般说来，以引用手法建构的修辞文本，用以说理劝谕的，往往具有很强的说服力；用以抒情述怀的，往往具有婉约优雅的效果。"人以群分，物以类聚"这则标语，是以引用手法建构的政治修辞文本，是用以劝谕民众自觉进行垃圾分类的。"人以群分，物以类聚"八个字，出自《战国策·齐策三》，系齐国名士淳于髡向齐王一日荐七士时所说。原文是："淳于髡一日而见七人于宣王。王曰：'子来，寡人闻之：千里而一士，是比肩而立；百世而一圣，若随踵而至也。今子一朝而见七士，则士不亦众乎？'淳于髡曰：'不然，夫鸟同翼者而聚居，兽同足者而俱行。今求柴葫、桔梗于沮泽，则累世不得一焉；及之睾黍、梁父之阴，则郤车而载耳。夫物各有畴，今髡贤者之畴也。王求士于髡，譬若挹水于河，而取火于燧也。髡将复见之，岂特七士也？'"不过，淳于髡的原话是指"物以类聚，人以群分"，意思是说"同类的事物总是聚于一处，志同道合的人总是引以为友"②。上述垃圾分类的标语"人以群分，物以类聚"，则是将淳于髡的原话进行了语序上的颠倒，虽然跟常规的引用不同，但仍然属于引用。从日常修辞来看，这种引用手法的运用不合常规。但是，从政治修辞学的视角来看，这种变动语序的引用修辞文本建构，其实是非常富有创意的，表现了高度的修辞技巧，凸显了创作者高度的创意造言智慧。因为从修辞文本建构的角度看，首先，创作者引用淳于髡的话不是机械的直引，而是创造性的借引。淳于髡的原话实际上是一个比喻，属于"隐喻"（或称"暗喻"）一类。"人以群分"是本体，"物以类聚"是喻体，喻词省略。如果将淳于髡的话还原成一个寻常的比喻，就是："人以群分，亦如物以类聚。"淳于髡跟齐王打这样一个比方，意在消除齐王的不满之情。因为齐王认为天下之士没有那么多，他"一日荐七士"太过分。但是，淳于髡认为不过分，其理由是"人以群分"，他自己是天下杰出之士，他的朋友也都是杰出之士，都聚集在他身边。用今天的话来说，他有一个杰出之士的朋友圈。因此，他认为齐王要招纳天下之士，找他就够了，他一日之内向齐王荐七士丝毫也不过分。从这个典故我们可以清楚地见出，淳于髡的话是讲人才问题的。其比喻的喻体"物以类聚"所说的"物"是指世界上的万事万物，而不是

---

① 参见：吴礼权. 现代汉语修辞学 ［M］. 4 版. 上海：复旦大学出版社，2020：322.

② 参见：吴礼权. 口号标语的政治修辞学分析 ［J］. 江苏师范大学学报（哲学社会科学版），2021（1）：44.

指我们现代生活中所说的垃圾。这则标语的创作者将淳于髡的话引过来，别赋其义，可谓是善引巧引，是一种"夺他人之酒杯，浇自己之垒块"的创意造言智慧。其次，这则标语将淳于髡的话作了语序上的颠倒，使引语在语义上发生了深刻的变化，衍生出了新的语义，这就是标语创作者意欲传达的弦外之音："要想将自己归入高尚之士一类，就要自觉将垃圾分类。"语序的颠倒之所以会带来语义上的变化，是因为"人"与"物"的顺序在句子叙事结构中发生了变化，"人"成为句子陈述的焦点，"物"的重要性退居次要地位。从传播接受的角度看，标语对接受者就有了一种心理暗示，告诉接受者要主动作为，努力向高尚文明靠近，争做垃圾分类的先行者。① 可见，这则标语作为政治修辞文本，确实在宣传垃圾分类的诸多标语口号中有其独到之处。

---

① 参见：吴礼权. 口号标语的政治修辞学分析［J］. 江苏师范大学学报（哲学社会科学版），2021（1）：44.

附　录

吴礼权主要学术论著一览

一、主要学术著作

1. 《游说·侍对·讽谏·排调：言辩的智慧》（专著），杭州：浙江人民出版社，1991年。

2. 《中国历代语言学家评传》（合著），上海：复旦大学出版社，1992年。

3. 《世界百科名著大辞典·语言卷》（合著），济南：山东教育出版社，1992年。

4. 《中国智慧大观·修辞卷》（专著），杭州：浙江人民出版社，1993年。

5. 《言辩的智慧》（专著），繁体版，台北：台湾国际村文库书店，1993年。

6. 《中国笔记小说史》（专著），台北：台湾商务印书馆，1993年。

7. 《中国言情小说史》（专著），台北：台湾商务印书馆，1995年。

8. 《中国修辞哲学史》（专著），台北：台湾商务印书馆，1995年。

9. 《中国语言哲学史》（专著），台北：台湾商务印书馆，1997年。

10. 《中国笔记小说史》（专著），简体版，北京：商务印书馆，1997年。

11. 《公关语言学》（合著），北京：北京工业大学出版社，1998年。

12. 《中国现代修辞学通论》（专著），台北：台湾商务印书馆，1998年。

13. 《阐释修辞论》（合著，并列第一作者），北京：首都师范大学出版社，

1998年。

14.《中国修辞学通史·当代卷》（合著，第一作者），长春：吉林教育出版社，1998年。[本书获得2000年第三届复旦大学陈望道修辞学奖二等奖（最高奖），2000年第十二届"中国图书奖"。]

15.《修辞心理学》（专著），昆明：云南人民出版社，2002年。（本书获得复旦大学2003年度"微阁中国语言学科奖教金"著作二等奖。）

16.《妙语生花：语言策略秀》（专著），上海：上海文化出版社，2002年。

17.《修辞的策略》（专著），长春：吉林教育出版社，2004年。[本书获得2005年吉林省长白山优秀图书一等奖（吉林省政府奖），2006年吉林省首届"新华杯"读书节读者最喜爱的十种吉版图书称号，2007年吉林省新闻出版奖图书精品奖。]

18.《表达的艺术》（专著），长春：吉林教育出版社，2004年。[本书获得2005年吉林省长白山优秀图书一等奖（吉林省政府奖），2006年吉林省首届"新华杯"读书节读者最喜爱的十种吉版图书称号，2007年吉林省新闻出版奖图书精品奖。]

19.《演讲的技巧》（专著），长春：吉林教育出版社，2004年。[本书获得2005年吉林省长白山优秀图书一等奖（吉林省政府奖），2006年吉林省首届"新华杯"读书节读者最喜爱的十种吉版图书称号，2007年吉林省新闻出版奖图书精品奖。]

20.《中国历代语言学家》（合著），上海：上海文化出版社，2004年。

21.《大学修辞学》（合著），福州：福建人民出版社，2004年。

22.《假如我是楚霸王：评点项羽》（专著），台北：台湾远流出版公司，2005年。

23.《古典小说篇章结构修辞史》（专著），台北：台湾商务印书馆，2005年。

24.《现代汉语修辞学》（专著），上海：复旦大学出版社，2006年。

25.《语言学理论的深化与超越》（主编），昆明：云南人民出版社，2007年。

26.《20世纪的中国修辞学》（合著），北京：中国人民大学出版社，2007年。[本书获得2010年上海市第十届哲学社会科学优秀成果奖（2008—2009）著作三等奖，2013 年教育部第六届高等学校科学研究优秀成果奖（人文社会科学）著作三等奖。]

27.《中国修辞史》（副主编，下卷第一作者），长春：吉林教育出版社，2007 年。[本书获得 2007 年国家新闻出版署"第一届中国出版政府奖图书奖提名奖"，2008 年上海市第九届哲学社会科学优秀成果著作类二等奖，2010 年全国"高等学校科学研究优秀成果奖（人文社会科学）"一等奖。]

28.《委婉修辞研究》（专著），济南：山东文艺出版社，2008 年。

29.《语言策略秀》（专著），上海：上海文化出版社，2008 年。

30.《名句经典》（专著），长春：吉林教育出版社，2008 年。（本书获得 2010 年第二届吉林省新闻出版奖精品奖。）

31.《中国经典名句小辞典》（专著），长春：吉林教育出版社，2008 年。

32.《中国经典名句鉴赏辞典》（专著），长春：吉林教育出版社，2009 年。

33.《表达力》（专著），台北：台湾商务印书馆，2011 年。

34.《清末民初笔记小说史》（专著），台北：台湾商务印书馆，2011 年。

35.《现代汉语修辞学》（专著，修订版），上海：复旦大学出版社，2012 年。

36.《中文活用技巧：妙语生花》（专著），香港：香港商务印书馆，2012 年。

37.《修辞心理学》（专著，修订版），广州：暨南大学出版社，2013 年。

38.《言语交际与人际沟通》（专著），广州：暨南大学出版社，2013 年。

39.《语言策略秀》（专著，修订版），广州：暨南大学出版社，2013 年。

40.《传情达意：修辞的策略》（专著，修订版），广州：暨南大学出版社，2014 年。

41.《能说会道：说话的艺术》（专著，修订版），广州：暨南大学出版社，2014 年。

42.《口若悬河：演讲的技巧》（专著，修订版），广州：暨南大学出版社，2014 年。

43.《唇枪舌剑：言辞的智慧》（专著，修订版），广州：暨南大学出版社，2014 年。

44.《远水孤云：说客苏秦》（长篇历史小说），简体版，昆明：云南人民出版社，2011 年/广州：暨南大学出版社，2014 年；繁体版，台北：台湾商务印书馆，2012 年。

45.《冷月飘风：策士张仪》（长篇历史小说），简体版，昆明：云南人民出版社，2011 年/广州：暨南大学出版社，2014 年；繁体版，台北：台湾商务印书馆，2012 年。

46.《镜花水月：游士孔子》（长篇历史小说），简体版，广州：暨南大学出版社，2014 年；繁体版，台北：台湾商务印书馆，2013 年。

47.《易水悲风：刺客荆轲》（长篇历史小说），简体版，广州：暨南大学出版社，2014 年；繁体版，台北：台湾商务印书馆，2013 年。

48.《现代汉语修辞学》（专著，第三版），上海：复旦大学出版社，2016 年。

49.《言语交际与人际沟通》（专著，第二版），广州：暨南大学出版社，2016 年。

50.《表达力》（专著），广州：暨南大学出版社，2017 年。

51.《突破力》（专著），广州：暨南大学出版社，2017 年。

52.《感染力》（专著），广州：暨南大学出版社，2017 年。

53.《说服力》（专著），广州：暨南大学出版社，2017 年。

54.《修辞研究》（第一辑，主编），广州：暨南大学出版社，2016 年。

55.《修辞研究》（第二辑，主编），广州：暨南大学出版社，2017 年。

56.《修辞研究》（第三辑，主编），广州：暨南大学出版社，2018 年。

57.《道可道：智者老子》（长篇历史小说），广州：暨南大学出版社，2019 年。

58.《化蝶飞：达者庄子》（长篇历史小说），昆明：云南人民出版社，2018 年/广州：暨南大学出版社，2019 年。

59.《中国辞格审美史》（副主编，第五卷第一作者），长春：吉林教育出版社，2019 年。［获上海市第十五届（2018—2019）哲学社会科学优秀成果著作一等奖。］

60.《中国辞格审美史》（副主编，第五卷第一作者），长春：吉林教育出版社，2019 年。

61.《修辞研究》（第四辑，主编），广州：暨南大学出版社，2019 年。

62.《修辞研究》（第五辑，主编），广州：暨南大学出版社，2019 年。

63.《现代汉语修辞学》（专著，第四版），上海：复旦大学出版社，2020 年。

64.《汉语名词铺排史》（专著），广州：暨南大学出版社，2020 年。［2021 年 12 月获第十九届北京大学王力语言学奖二等奖。］

65.《修辞研究》（第六辑，主编），广州：暨南大学出版社，2021 年。

66.《修辞研究》（第七辑，主编），广州：暨南大学出版社，2021 年。

67.《修辞研究》（第八辑，主编），广州：暨南大学出版社，2022 年。

68.《修辞研究》（第九辑，主编），广州：暨南大学出版社，2022 年。

69.《言语交际与人际沟通》（专著，第三版），上海：复旦大学出版社，2022 年。

二、主要学术论文

1.《试论孙炎的语言学成就》，《古籍研究》1987 年第 4 期。

2.《试论汉语委婉修辞格的历史文化背景》，《修辞学习》1987 年第 6 期。

3.《中国现代史上的广东语言学家》（合作），《岭南文史》1988 年第 1 期。

4.《试论古汉语修辞中的层次性》，《淮北煤师院学报》（社会科学版）1988 年第 4 期。

5.《"乡思"呼唤着"月夜箫声"——香港诗人杨贾郎〈乡思〉〈月夜箫声〉赏析》，《语文月刊》1988 年第 5 期。

6.《中国哲学思想在汉语辞格形成中的投影》，《营口师专学报》（哲学社会科学版）1989 年第 1 期。

7.《试论吴方言数词的修辞色彩》，载《语文论文集》，上海：百家出版社，1989 年。

8.《试论黄遵宪的诗歌创作与成就》，《岭南文史》1990 年第 2 期。

9.《〈经传释词〉在汉语语法学上的地位》（合作），《复旦学报》（社会科学版）1991 年第 2 期，《中国人民大学复印报刊资料·语言文字学》1991 年第 1 期转载。

10.《〈西湖二集〉：一部值得研究的小说》，《明清小说研究》1991 年第 2 期。

11.《情·鬼·侠小说与中国大众文化心理》，《上海文论》1991 年第 4 期。（本文获得 1994 年"第一届全国青年优秀社会科学成果奖"优秀论文奖。）

12.《点化名句的艺术效果》，《学语文》1992 年第 4 期。

13.《情真意绵绵，绮思响"雨巷"——谈戴望舒〈雨巷〉一诗的修辞特色》，《修辞学习》1992 年第 5 期。

14．《回顾·反思·展望——复旦大学组织全国部分青年学者关于中国修辞学研究的过去现状及未来的讨论综述》，《鞍山师专学报》1993 年第 4 期。

15．《语言美学发轫》，《复旦学报》（社会科学版）1993 年第 5 期。

16．《汉语外来词音译艺术初探》，《修辞学习》1993 年第 5 期。

17．《论〈文则〉在中国修辞学史上的地位》，《鞍山师范学院学报》1994 年第 2 期。

18．《汉语外来词音译的特点及其文化心态探究》，《复旦学报》（社会科学版）1994 年第 3 期。

19．《旧学商量加邃密，新知培养转深沉——评王希杰新著〈修辞学新论〉》，《修辞学习》1994 年第 4 期。

20．《试论赋的修辞特点》，《修辞学习》1995 年第 1 期。

21．《先秦时代中国修辞哲学论略》，《上海文化》1995 年第 2 期。

22．《试论汉语委婉修辞手法的范围》，《南昌大学学报》（社会科学版）1995 年第 3 期。

23．《关于中国修辞学发展的历史分期问题》，《修辞学习》1995 年第 3 期，《中国人民大学复印报刊资料·语言文字学》1995 年第 10 期转载。

24．《王引之〈经传释词〉的学术价值》，《古籍整理研究学刊》1995 年第 4 期，《中国人民大学复印报刊资料·语言文字学》1996 年第 4 期转载。

25．《修辞结构的层次性与修辞解构的层次性》，《延边大学学报》（社会科学版）1995 年第 4 期，《中国人民大学复印报刊资料·语言文字学》1996 年第 4 期转载。

26．《两汉时代中国修辞哲学论略》，《江淮论坛》1995 年第 5 期，《中国人民大学复印报刊资料·语言文字学》1996 年第 2 期转载。

27．《〈经传释词〉对汉语语法学的贡献》，载《中西学术》（第 1 辑），上海：学林出版社，1995 年。

28．《创意造言的艺术：苏轼与刘攽的排调语篇解构》，（台湾）《国文天地》1995 年第 11 卷第 6 期（总第 126 期）。

29．《旧瓶装新酒：一种值得探究的语言现象》，（香港）《词库建设通讯》1995 年第 4 期（总第 6 期）。

30．《改革开放与汉语的发展变化学术研讨会综述》，《上海社联年鉴》，

1995 年。

31.《〈经传释词〉之"因声求义"初探》,《古籍研究》1996 年第 1 期。[本文获得 1998 年上海市（1996—1997 年度）哲学社会科学优秀成果奖三等奖。]

32.《谐译：汉语外来词音译的一种独特型态》,《长春大学学报》1996 年第 1 期。

33.《英雄侠义小说与中国人的阿 Q 精神》,（台湾）《国文天地》1996 年第 11 卷第 8 期（总第 128 期）。

34.《论修辞的三个层级》,《云梦学刊》1996 年第 1 期。

35.《音义密合：汉语外来词音译的民族文化心态凸现》,《西安外国语学院学报》1996 年第 2 期。

36.《咏月嘲风的绝妙好辞——晏子外交语篇的文本解构》,《修辞学习》1996 年第 2 期。

37.《论汉语外来词音译的几种独特型态》,《雁北师院学报》（文科版）1996 年第 4 期。

38.《触景生情的语言机趣——陶毅与钱俶外交语言解构》,（台湾）《国文天地》1996 年第 12 卷第 6 期（总第 138 期）。

39.《〈语助〉与汉语虚词研究》,《平原大学学报》1996 年第 4 期。

40.《关于〈声类〉的性质与价值》,《古籍整理研究学刊》1996 年第 6 期。

41.《论夸张的次范畴分类》,《修辞学习》1996 年第 6 期。

42.《新世纪中国修辞学的发展和我们的历史使命》,《复旦学报》（社会科学版）1997 年第 1 期。

43.《论委婉修辞生成与发展的历史文化缘由》,《河北大学学报》（哲学社会科学版）1997 年第 1 期。

44.《清代语言学繁荣发展原因之探讨》,《云梦学刊》1997 年第 1 期,《中国人民大学复印报刊资料·语言文字学》1997 年第 8 期转载。

45.《论中国修辞学研究今后所应依循的三个基本方向》,《修辞学习》1997 年第 2 期,《中国人民大学复印报刊资料·语言文字学》1997 年第 6 期转载。

46.《80 年代以来中国修辞学理论问题争鸣述评》,《黄河学刊》1997 年第 2 期。

47.《论委婉修辞的表现形态与表达效应》，《湘潭大学学报》（哲学社会科学版）1997 年第 3 期。

48.《中国修辞哲学论略》，《云南师范大学学报》（哲学社会科学版）1997 年第 4 期。

49.《论夸张表达的独特效应与夸张建构的心理机制》，《扬州大学学报》（人文社会科学版）1997 年第 4 期。

50.《训诂学居先兴起原因之探讨》，载《语文论丛》（第 5 辑），上海：上海教育出版社，1997 年。

51.《语言美学的建构与修辞学研究的深化》（第一作者，与宗廷虎教授合作），《修辞学习》1997 年第 5 期。

52.《"夫人"运用的失范》，《语文建设》1997 年第 6 期。

53.《论〈马氏文通〉在中国语言学史上的地位》，《江苏教育学院学报》（社会科学版）1998 年第 1 期。

54.《论委婉修辞生成的心理机制》，《修辞学习》1998 年第 2 期。

55.《论孔子的修辞哲学思想》，《雁北师院学报》（文科版）1998 年第 3 期。

56.《"水浒"现象与历史变迁》，《人民政协报》，1998 年 4 月 27 日第 3 版。

57.《二十世纪中国现代修辞学发展的省思》，《社会科学》1998 年第 5 期。

58.《修辞心理学论略》，《复旦学报》1998 年第 5 期，《中国人民大学复印报刊资料·心理学》1998 年第 11 期转载。

59.《中国现代修辞学研究走向语言美学建构的历史嬗变进程》，《云南师范大学学报》（哲学社会科学版）1998 年第 6 期。

60.《二十世纪的汉语修辞学》（与宗廷虎教授合作），载《二十世纪的中国语言学》，北京：北京大学出版社，1998 年。

61.《关于中国修辞学发展的历史分期及各个时期研究成就的估价问题》，载《郑子瑜〈中国修辞学史稿〉问世十周年纪念论文集》，北京：中国社会出版社，1998 年。

62.《潘金莲形象的意义》，（台湾）《古今艺文》1998 年第 25 卷第 1 期。

63.《进一步沟通海峡两岸的修辞学研究》，《修辞学习》1998 年第 4 期。

64.《吴方言数词的独特语用效应》，载《修辞学研究》（第 8 集），海口：南海出版公司，1998 年。

65.《中国风格学源流研究的理论与实践意义》,《湘潭大学学报》(哲学社会科学版)1998 年第 6 期。

66.《语言理论新框架的建构与 21 世纪中国语言学的发展》,《学术探索》1999 年第 1 期。

67.《修辞学转向与现代语言学理论》,《修辞学习》1999 年第 2 期。

68.《论夸张》,载《中国第一届修辞学学术研讨会论文集》,台北:台湾师范大学,1999 年。

69.《论修辞文本建构的基本原则》,《扬州大学学报》(人文社会科学版)1999 年第 2 期。

70.《平淡情事艺术化的修辞策略》,《徐州师范大学学报》(哲学社会科学版)1999 年第 2 期。

71.《修辞主体论》,《锦州师范学院学报》(哲学社会科学版)1999 年第 2 期。

72.《方言研究:透视地域文化的重要途径》,《学术探索》1999 年第 3 期。

73.《〈请读我唇〉三人谈》(与宗廷虎教授等合作),《语文建设》1999 年增刊。

74.《看文人妙笔生花,让生命得到舒畅——评沈谦教授〈林语堂与萧伯纳〉》,(台湾)《中国语文》1999 年第 4 期(总第 508 期)。

75.《修辞学研究新增长点的培植与催化》(与宗廷虎教授合作),《修辞学习》1999 年第 4 期。

76.《借代修辞文本建构的心理机制》,《云南师范大学学报》(哲学社会科学版)1999 年第 6 期,《高等学校文科学报文摘》2000 年第 2 期选摘。

77.《论中国现代修辞学发展嬗变之历程(上)》,日本京都外国语大学《研究论丛》1999 年第 54 号。

78.《〈金瓶梅〉的语言艺术》,载《经典丛话·金瓶梅说》,南昌:江西教育出版社,1999 年。

79.《中国古典言情小说模式与中国传统文化心理》,(台湾)《国文天地》2000 年第 1 期(总第 181 期)。

80.《论中国现代修辞学发展嬗变之历程(下)》,日本京都外国语大学《研究论丛》2000 年第 55 号。

81.《评黎运汉著〈汉语风格学〉》（与宗廷虎教授合作），《文汇读书周报》，2000 年 12 月 9 日第 2 版。

82.《论比拟修辞文本的表达与接受心理》，《深圳教育学院学报》2000 年第 2 期。

83.《照花前后镜，花面交相映——论中国文学中的双关修辞模式》，（台湾）《国文天地》2000 年第 4 期（总第 184 期）。

84.《委婉修辞的语用学阐释》，载《语文论丛》（第 6 辑），上海：上海教育出版社，2000 年。

85.《修辞学研究的深化与修辞学教材的改革创新》，《修辞学习》2001 年第 1 期。

86.《比喻修辞文本的心理分析》，《平顶山师专学报》2001 年第 3 期。

87.《论精细修辞文本的心理机制》，《锦州师范学院学报》（哲学社会科学版）2001 年第 3 期。

88.《异语修辞文本论析》，《修辞学习》2001 年第 4 期。

89.《语言的艺术：艺术语言学的建构》，《云南师范大学学报》（哲学社会科学版）2001 年第 5 期。

90.《论旁逸修辞文本的建构》，《湘潭师范学院学报》（社会科学版）2001 年第 5 期。

91.《论拈连修辞文本》，《湖北师范学院学报》（哲学社会科学版）2001 年第 4 期。

92.《论结尾的修辞策略》，《江苏教育学院学报》（社会科学版）2002 年第 1 期。

93.《顶真式衔接：段落衔接的一种新模式》，《修辞学习》2002 年第 2 期。

94.《论顶真修辞文本的类别系统与顶真修辞文本的表达接受效果》，《平顶山师专学报》2002 年第 4 期。

95.《论锻句与修辞》，《锦州师范学院学报》（哲学社会科学版）2002 年第 5 期。

96.《吞吐之间，蓄意无穷——留白的表达策略》，（台湾）《国文天地》2002 年第 18 卷第 3 期（总第 207 期）。

97.《关于建立言语学的思考》（合作），载《长江学术》（第 3 辑），武汉：

长江文艺出版社，2002 年。

98.《论事务语体的修辞特征及其修辞基本原则》，《平顶山师专学报》2003
年第 1 期。

99.《从统计分析看"简约"与"繁丰"的修辞特征及其风格建构的原则》，
《修辞学习》2003 年第 2 期。

100.《与时俱进：语言学由理论研究走向应用研究的意义》，《楚雄师范学院
学报》2003 年第 2 期。

101.《基于计算分析的法律语体修辞特征研究》，《云南师范大学学报》（哲
学社会科学版）2003 年第 6 期。

102.《论学习修辞学的意义》，《平顶山师专学报》2004 年第 1 期。

103.《论起首的修辞策略》，《湖南科技大学学报》（社会科学版）2004 年第
2 期。

104.《论口语体的基本修辞特征和修辞基本原则》，载《语文论丛》（第 8
辑），上海：上海教育出版社，2004 年。

105.《平淡风格与绚烂风格的计算统计研究》，《云南师范大学学报》（哲学
社会科学版）2004 年第 2 期。

106.《韵文体刚健风格与柔婉风格的计算研究》，《湖北师范学院学报》（哲
学社会科学版）2004 年第 3 期。

107.《庄重风格与幽默风格的计算统计研究》，《渤海大学学报》（哲学社会
科学版）2004 年第 5 期。

108.《中国修辞学：走出历史偏见和现实困惑》，《福建师范大学学报》（哲
学社会科学版）2004 年第 6 期。

109.《从〈汉语修辞学〉修订本与原本的比较看王希杰教授修辞学的演进》，
载《修辞学新视野》，北京：中国文联出版社，2004 年。

110.《从计算分析看文艺语体的修辞特征及其修辞基本原则》，载《修辞学
论文集》（第七集），北京：新华出版社，2005 年。

111.《评谭学纯、朱玲〈修辞研究：走出技巧论〉》，《福建师范大学学报》
（哲学社会科学版）2005 年第 2 期。

112.《关于建立言语学的思考》（合作），载《言语与言语学研究》，武汉：
崇文书局，2005 年。

113.《话本小说"正话"结构形式及其历史演进的修辞学研究》，载《语言研究集刊》（第二辑），上海：上海辞书出版社，2005 年。

114.《话本小说"篇首"的结构形式及其历史演进》，《云南师范大学学报》（哲学社会科学版）2005 年第 4 期。

115.《话本小说"题目"的形式及其历史演进》，《平顶山学院学报》2005 年第 6 期。

116.《话本小说"头回"的结构形式及其历史演进的修辞学研究》，《复旦学报》2006 年第 2 期，《中国人民大学复印报刊资料·中国古代、近代文学研究》2006 年第 7 期转载。

117.《论修辞学与语法学、逻辑学及语用学的关系》，《平顶山学院学报》2006 年第 4 期。

118.《汉语外来词音译的四种特殊类型》，载《词汇学理论与应用》（三），北京：商务印书馆，2006 年。

119.《由汉语词汇的实证统计分析看林语堂从中西文化对比的角度对中国人思维特点所作的论断》，载《跨越与前进——从林语堂研究看文化的相融与相涵国际学术研讨会论文集》，台北：东吴大学，2006 年。

120.《八股文篇章结构形式的渊源》，日本京都外国语大学《研究论丛》2006 年第 67 号。

121.《评朱玲〈文学文体建构论〉》，《福建师范大学学报》（哲学社会科学版）2007 年第 1 期。

122.《修辞学的科学认知观与中国现代修辞学的发展》，载《继往开来的语言学发展之路：2007 学术论坛论文集》，北京：语文出版社，2008 年。

123.《八股文"收结文"之"煞尾虚词"类型及其历史演进》，载《修辞学论文集》（第十一集），北京：中国社会科学出版社，2008 年。

124.《比喻造词与中国人的思维特点》，《复旦学报》（社会科学版）2008 年第 2 期，《高等学校文科学术文摘》2008 年第 3 期转摘。

125.《〈史记〉史传体篇章结构修辞模式对传奇小说的影响》，《福建师范大学学报》（哲学社会科学版）2008 年第 1 期。

126.《"用典"的定义及其修辞学研究》，《武汉大学学报》（人文科学版）2008 年第 1 期。

127.《段落衔接的修辞策略》,《平顶山学院学报》2008年第4期。

128.《南北朝时代列锦辞格的转型与发展》,《楚雄师范学院学报》2009年第8期。

129.《从〈全唐诗〉所存录五代诗的考察看"列锦"辞格发展演进之状况》,《湖南科技大学学报》(社会科学版)2010年第1期。

130.《学术史研究与学科本体研究的延展与深化》,《外国语言文学》2010年第1期。

131.《从〈全唐诗〉的考察看盛唐"列锦"辞格的发展演变状况》,《阜阳师范学院学报》(社会科学版)2010年第1期。

132.《从〈全唐诗〉所录唐及五代词的考察看"列锦"辞格的发展演变状况》,《楚雄师范学院学报》2010年第1期。

133.《不迷其所同而不失其所以异——论黎锦熙先生的汉语修辞学研究》(第一作者),《北京师范大学学报》(社会科学版)2010年第5期。

134.《"列锦"修辞格的源头考索》,《长江学术》2010年第4期。

135.《修辞学与汉语史研究》,《福建师范大学学报》(哲学社会科学版)2010年第4期。

136.《"列锦"辞格在初唐的发展演进》,《平顶山学院学报》2010年第3期。

137.《还原海峡两岸现代汉语词汇差异的真实面貌》,《楚雄师范学院学报》2011年第1期。

138.《艺术语言的创造与语言发展变化的活力动力》,《楚雄师范学院学报》2011年第5期。

139.《网络词汇成活率问题的一点思考》(第一作者),《江苏大学学报》(社会科学版)2011年第3期。

140.《名词铺排与唐诗创作》,载《蜕变与开新——古典文学国际学术研讨会论文集》,台北:东吴大学,2011年。

141.《海峡两岸词汇"同义异序"现象的理据分析兼及"熊猫"与"猫熊"成词的修辞与逻辑理据》,载郑锦全、曾金金主编:《二十一世纪初叶两岸四地汉语变异》,台北:新学林出版股份有限公司,2011年。

142.《晚唐时代"列锦"辞格的发展演进状况考察》,《平顶山学院学报》

2012 年第 1 期。

143.《关于中国修辞学研究走向的几点思考》,《北华大学学报》(社会科学版) 2012 年第 1 期。

144.《海峡两岸现代汉语词汇"同义异序、同义异构"现象透析》,《复旦学报》(社会科学版) 2012 年第 2 期。

145.《王力先生对汉语修辞格的研究》,《北京大学学报》(哲学社会科学版) 2012 年第 4 期。

146.《由〈全唐诗〉的考察看中唐"列锦"辞格发展演进之状况》,《湖南科技大学学报》(社会科学版) 2012 年第 4 期。

147.《孔子"正名"论的语言学阐释》,《北华大学学报》(社会科学版) 2013 年第 1 期。

148.《杜甫诗歌与名词铺排》(第一作者),《平顶山学院学报》2013 年第 3 期。

149.《立片言以警策:新闻标题的炼字锻句问题》,《阜阳师范学院学报》(社会科学版) 2013 年第 3 期。

150.《中国传统文化心理在海峡两岸的存续现状探析——以海峡两岸对西方人名翻译的修辞行为为例》(第一作者),《北华大学学报》(社会科学版) 2013 年第 3 期。

151.《列锦辞格的基本类型》,《平顶山学院学报》2013 年第 6 期。

152.《先秦两汉诗赋列锦结构模式及其审美特点》,《宜春学院学报》2014 年第 4 期。

153.《元曲"列锦"结构模式及其审美追求》,《平顶山学院学报》2014 年第 4 期。

154.《"古为今用"与"洋为中用"——陈望道先生的治学经验及对中国当代修辞学研究的启示》,《江苏师范大学学报》(哲学社会科学版) 2014 年第 2 期。

155.《修辞的性别分野与女性修辞研究》,《宜春学院学报》2014 年第 10 期。

156.《宋词"列锦"结构模式的继承与发展》,载《语言研究集刊》(第十二辑),上海:上海辞书出版社,2014 年。

157.《明清词"列锦"结构模式的发展演进考察》(第一作者),载《语言研究集刊》(第十三辑),上海:上海辞书出版社,2014年。

158.《修辞学研究的三境界》,《河北大学学报》(哲学社会科学版)2015年第3期。

159.《列锦辞格成立的语言、心理与美学基础》(第一作者),《湖南科技大学学报》(哲学社会科学版)2015年第4期。

160.《现代小说中的列锦修辞文本建构与审美追求》(第二作者),《长江学术》2015年第3期。

161.《论唐代试律诗正文用典方式》(第二作者),《南昌大学学报》(人文社会科学版)2015年第3期。

162.《宋金元诗歌"列锦"结构模式及其审美追求》(第一作者),《江苏师范大学学报》(哲学社会科学版)2015年第1期。

163.《唐诗修辞的境界与唐诗修辞研究的境界》,《海南师范大学学报》(社会科学版)2015年第5期。

164.《语言力论略》,《北华大学学报》(社会科学版)2015年第4期。

165.《列锦辞格的审美功能》,《湖北师范学院学报》(哲学社会科学版)2015年第3期。

166.《近现代列锦辞格的审美特点》,《平顶山学院学报》2015年第4期。

167.《修辞学研究应有的格局与坚持》(第一作者),《楚雄师范学院学报》2015年第1期。

168.《"言外之意"修辞现象及其研究的意义——评陈丽梅博士〈"言外之意"修辞现象研究〉》,《楚雄师范学院学报》2016年第2期。

169.《文学作品修辞化生存奥秘之探寻》,《宜春学院学报》2016年第4期。

170.《从修辞学的视角看"熊猫""猫熊"两个"同义异序词"的成词理据》,《辽宁师范大学学报》(社会科学版)2016年第5期。

171.《标题与对联中的"列锦"结构形式考察》(第一作者),载《华夏文化论坛》(第十五辑),长春:吉林文史出版社,2016年。

172.《现代散文中的列锦及其审美追求》(第一作者),《长江学术》2016年第3期。

173.《唐代小说列锦文本创造及其审美倾向》,《平顶山学院学报》2016年第4期。

174.《唐代列锦文本建构的审美倾向》(第二作者),《江苏师范大学学报》

（哲学社会科学版）2016 年第 4 期。

175.《中国修辞学的过去、现在与未来》（第二作者），载《修辞研究》（第一辑），广州：暨南大学出版社，2016 年。

176.《修辞学研究的新进展》，载《修辞研究》（第一辑），广州：暨南大学出版社，2016 年。

177.《汉语修辞史研究与汉语修辞学研究的深化》，载《修辞研究》（第一辑），广州：暨南大学出版社，2016 年。

178.《否定表达的修辞功能》，《长江学术》2017 年第 2 期。

179.《现代诗歌中的"列锦"及其审美追求》，《辽宁师范大学学报》（社会科学版）2017 年第 6 期。

180.《列锦辞格发展演进论略》，载《华夏文化论坛》（第十七辑），长春：吉林文史出版社，2017 年。

181.《汉语的特点与古代韵文创作》，《北华大学学报》（社会科学版）2017 年第 3 期。

182.《元曲与列锦的关系》，《河北师范大学学报》（哲学社会科学版）2017 年第 3 期。

183.《张可久与元曲列锦文本建构（上）》，《平顶山学院学报》2017 年第 4 期。

184.《张可久与元曲列锦文本建构（下）》，《平顶山学院学报》2017 年第 6 期。

185.《修辞学在中文教学中的意义与地位》，载《修辞研究》（第二辑），广州：暨南大学出版社，2017 年。

186.《现代散文中出现列锦文本建构的原因》，《楚雄师范学院学报》2018 年第 1 期。

187.《名词铺排与清诗创作》，《长江学术》2018 年第 1 期。

188.《名词铺排与魏晋南北朝赋的创作》，《江苏师范大学学报》（哲学社会科学版）2018 年第 3 期。

189.《名词铺排与汉赋创作》，《阅江学刊》2018 年第 4 期。

190.《"区块"协同融合与〈现代汉语〉课程建设——兼谈"修辞"在"区块"协同融合中的中枢链接作用》，《北华大学学报》（社会科学版）2018 年第 4 期。

191.《名词铺排与明代诗歌创作》，《北华大学学报》（社会科学版）2018 年第 6 期。

192.《名词铺排的篇章布局模式之历史演进》,《学术交流》2018 年第 8 期。

193.《"省略"的类别及其修辞学分析》(第二作者,署名"中庸"),《学术交流》2018 年第 10 期。

194.《名词铺排与明清诗词创作的审美倾向》,《辽宁师范大学学报》(社会科学版)2019 年第 1 期。

195.《名词铺排与元诗创作》,载《华夏文化论坛》(第二十一辑),长春:吉林大学出版社,2019 年。

196.《"信达雅"与外国人名地名的汉语音译》,《长江学术》2019 年第 1 期。

197.《金代诗歌对名词铺排的继承和创新》,《河北师范大学学报》(哲学社会科学版)2019 年第 3 期。

198.《外国人姓氏的汉化处理与中国人的民族文化心态》,《译苑新谭》2019 年第 2 辑(总第 13 辑)。

199.《新媒介情境下"讽喻"修辞功能的衍变》(第二作者),《江苏师范大学学报》(哲学社会科学版)2019 年第 1 期。

200.《传播媒介的发展对汉语修辞创造的促动——以"讽喻""排比""镶嵌""比喻"的修辞功能演进为例》(第一作者),《阅江学刊》2019 年第 1 期。

201.《名词铺排与唐词创作》,《楚雄师范学院学报》2019 年第 1 期。

202.《名词铺排与宋诗创作》,《宜春学院学报》2019 年第 1 期。

203.《历史小说创作的基本原则及其修辞境界》,《江苏师范大学学报》(哲学社会科学版)2019 年第 2 期。

204.《名词铺排文本建构与唐代小说创作》,《阜阳师范学院学报》(哲学社会科学版)2019 年第 5 期。

205.《名词铺排文本的建构与明清词的创作》,《楚雄师范学院学报》2019 年第 5 期。

206.《宋词创作与名词铺排文本建构》(第二作者),载《修辞研究》(第四辑),广州:暨南大学出版社,2019 年。

207.《金元词的创作与名词铺排文本建构》(第一作者),载《修辞研究》(第五辑),广州:暨南大学出版社,2019 年。

208. 《汉语"羡余"现象的本质及其修辞功能》,《江苏师范大学学报》(哲学社会科学版) 2020 年第 1 期。

209. 《五代十国词的创作与名词铺排文本建构》,《楚雄师范学院学报》2020 年第 2 期。

210. 《〈诗经〉比喻修辞实践对中国人审美观的深刻影响》,《淮北师范大学学报》(哲学社会科学版) 2020 年第 2 期。

211. 《〈诗经〉列锦修辞实践对中国人审美观的深刻影响》,《淮北师范大学学报》(哲学社会科学版) 2020 年第 3 期。

212. 《政治修辞与比喻文本建构》,《阜阳师范大学学报》(社会科学版) 2020 年第 3 期。

213. 《精思傅会 嘉慧学界——评魏新强教授的〈外交语篇修辞研究〉》,《河北经贸大学学报》(综合版) 2020 年第 3 期。

214. 《闻一多的诗歌修辞观及其修辞实践》,《长江学术》2020 年第 3 期。

215. 《〈诗经〉起兴修辞实践对中国诗歌创作审美观的影响》,《淮北师范大学学报》(哲学社会科学版) 2020 年第 4 期。

216. 《修辞与政治修辞》,《淮北师范大学学报》(哲学社会科学版) 2020 年第 5 期。

217. 《政治修辞的主体与受体》,《淮北师范大学学报》(哲学社会科学版) 2020 年第 6 期。

218. 《政治修辞与承转文本的建构》,《宜春学院学报》2020 年第 7 期。

219. 《口号标语的政治修辞学分析》,《江苏师范大学学报》(哲学社会科学版) 2021 年第 1 期。

220. 《政治修辞与排比文本建构》,《常熟理工学院学报》2021 年第 1 期。

221. 《政治与政治修辞情境》,《阜阳师范学院学报》(哲学社会科学版) 2021 年第 1 期。

222. 《政治修辞学研究的内容、方法与意义》,《淮北师范大学学报》(哲学社会科学版) 2021 年第 1 期。

223. 《政治境界与政治修辞的基本原则》,《淮北师范大学学报》(哲学社会科学版) 2021 年第 2 期。

224. 《理想政治境界的政治修辞基本原则》(第一作者),《淮北师范大学学报》（哲学社会科学版）2021 年第 3 期。

225．《现实政治境界的政治修辞基本原则》（第一作者），《淮北师范大学学报》（哲学社会科学版）2021 年第 4 期。

226．《政治修辞与讽喻文本的建构》，《宜春学院学报》2021 年第 4 期。

227．《徐再思的元曲创作与名词铺排文本建构》，《河北师范大学学报》（哲学社会科学版）2021 年第 4 期。

228．《政治修辞与设问文本建构》，《楚雄师范学院学报》2021 年第 4 期。

229．《政治修辞与双关文本建构》（第一作者），《淮北师范大学学报》（哲学社会科学版）2021 年第 5 期。

230．《政治修辞与示现文本建构》（第一作者），《淮北师范大学学报》（哲学社会科学版）2021 年第 5 期。

231．《方法论的更新与汉语语法的精细化研究》，《华北水利水电大学学报》（社会科学版）2021 年第 6 期。

232．《〈讨武曌檄〉的政治修辞学分析》（第二作者），载《修辞研究》（第六辑），广州：暨南大学出版社，2021 年。

233．《刘基〈卖柑者言〉的政治修辞学分析》（第二作者），载《修辞研究》（第七辑），广州：暨南大学出版社，2021 年。

234．《政治修辞与引用文本建构》，《淮北师范大学学报》（哲学社会科学版）2022 年第 1 期。

235．《政治修辞与用典文本建构》（第一作者），《江苏师范大学学报》（哲学社会科学版）2022 年第 2 期。

236．《政治修辞与设彀文本建构》），《阜阳师范大学学报》（社会科学版）2022 年第 2 期。

237．《政治修辞与呼告文本建构》（第一作者），《淮北师范大学学报》（哲学社会科学版）2022 年第 2 期。

238．《政治修辞与留白文本建构》（第一作者），《淮北师范大学学报》（哲学社会科学版）2022 年第 3 期。

239．《政治修辞与镶嵌文本建构》（第一作者），《淮北师范大学学报》（哲学社会科学版）2022 年第 4 期。

240．《政治修辞与析字文本建构》（第一作者），《淮北师范大学学报》（哲学社会科学版）2022 年第 5 期。

241.《政治修辞与倒反文本建构》（第一作者），《淮北师范大学学报》（哲学社会科学版）2022 年第 6 期。

242.《名词铺排与古典诗歌的意境创造及审美追求》（第二作者），载《修辞研究》（第八辑），广州：暨南大学出版社，2022 年。

243.《政治修辞与折绕文本的建构》（第二作者），载《修辞研究》（第九辑），广州：暨南大学出版社，2022 年。

参 考 文 献

1. 柏拉图. 理想国［M］. 郭斌和，张竹明，译. 北京：商务印书馆，1986.

2. 亚里士多德. 政治学［M］. 吴寿彭，译. 北京：商务印书馆，1981.

3. 洛克. 政府论（下篇）［M］. 叶启芳，瞿菊农，译. 北京：商务印书馆，2017.

4. 卢梭. 社会契约论［M］. 李平沤，译. 北京：商务印书馆，2011.

5. 马基雅维利. 君主论：拿破仑批注版［M］. 刘训练，译注. 北京：中央编译出版社，2017.

6. 凯尔森. 法与国家的一般理论［M］. 沈家灵，译. 北京：商务印书馆，2013.

7. 马克斯·韦伯. 经济与社会［M］. 林荣远，译. 北京：商务印书馆，1997.

8. 阿尔蒙德，维巴. 公民文化：五个国家的政治态度和民主制［M］. 徐湘林，等译. 北京：东方出版社，2008.

9. 孙中山. 孙中山选集［M］. 北京：人民出版社，1981.

10. 王惠岩. 政治学原理［M］. 北京：高等教育出版社，1999.

11. 陈望道. 修辞学发凡［M］. 上海：上海教育出版社，1997.

12. 杨树达. 汉文文言修辞学［M］. 北京：中华书局，1980.

13. 张弓. 现代汉语修辞学［M］. 石家庄：河北教育出版社，1993.

14. 郑子瑜. 中国修辞学史稿［M］. 上海：上海教育出版社，1984.

15. 吴士文. 修辞讲话［M］. 兰州：甘肃人民出版社，1982.

16. 倪宝元. 修辞［M］. 杭州：浙江人民出版社，1982.

17. 易蒲，李金苓. 汉语修辞学史纲［M］. 长春：吉林教育出版社，1989.

18．宗廷虎．中国现代修辞学史［M］．杭州：浙江教育出版社，1997.

19．王希杰．汉语修辞学［M］．北京：北京出版社，1983.

20．李维琦．修辞学［M］．长沙：湖南人民出版社，1986.

21．姜宗伦．古典文学辞格概要［M］．昆明：云南人民出版社，1984.

22．李德裕．新编实用修辞［M］．北京：北京出版社，1985.

23．沈谦．文心雕龙与现代修辞学［M］．台北：益智书局，1980.

24．沈谦．修辞学［M］．台北：空中大学，1995.

25．蔡宗阳．陈骙文则新论［M］．台北：文史哲出版社，1993.

26．汪国胜，吴振国，李宇明．汉语辞格大全［M］．南宁：广西教育出版社，1993.

27．吴礼权．现代汉语修辞学［M］．4 版．上海：复旦大学出版社，2020.

28．吴礼权．言语交际与人际沟通［M］．2 版．广州：暨南大学出版社，2016.

29．吴礼权．能说会道：说话的艺术（修订版）［M］．广州：暨南大学出版社，2014.

30．吴礼权．唇枪舌剑：言辩的智慧（修订版）［M］．广州：暨南大学出版社，2014.

31．吴礼权．口若悬河：演讲的技巧（修订版）［M］．广州：暨南大学出版社，2014.

32．吴礼权．语言策略秀（修订版）［M］．广州：暨南大学出版社，2013.

33．吴礼权．传情达意：修辞的策略（修订版）［M］．广州：暨南大学出版社，2014.

34．吴礼权．说服力［M］．广州：暨南大学出版社，2017.

35．吴礼权．表达力［M］．台北：台湾商务印书馆，2011.

36．吴礼权．修辞心理学（修订版）［M］．广州：暨南大学出版社，2013.

37．吴礼权．委婉修辞研究［M］．济南：山东文艺出版社，2008.

38．朱星．语言学概论［M］．天津：天津人民出版社，1957.

39．黄伯荣，廖序东．现代汉语（修订本）［M］．兰州：甘肃人民出版社，1983.

40．胡裕树．现代汉语（重订本）［M］．上海：上海教育出版社，2011.

41. 刘润清. 英美著名演说选注［M］. 北京：外语教育与研究出版社，1981.

42. 夏征农. 辞海（缩印本，1989 年版）［M］. 上海：上海辞书出版社，1990.

43. 中国社会科学院语言研究所词典编辑室. 现代汉语词典［M］. 6 版. 北京：商务印书馆，2012.

44. 张志公. 修辞是一个选择过程［J］. 修辞学习，1982（1）.

45. 吴礼权，谢元春. 传播媒介的发展对汉语修辞创造的促动［J］. 阅江学刊，2019（1）.

46. 吴礼权. 政治修辞与比喻文本建构［J］. 阜阳师范大学学报（社会科学版），2020（3）.

47. 吴礼权. 政治修辞与承转文本的建构［J］. 宜春学院学报，2020（7）.

48. 吴礼权. 修辞与政治修辞［J］. 淮北师范大学学报（哲学社会科学版），2020（5）.

49. 吴礼权. 政治修辞的主体与受体［J］. 淮北师范大学学报（哲学社会科学版），2020（6）.

50. 吴礼权. 政治修辞与排比文本建构［J］. 常熟理工学院学报（哲学社会科学版），2021（1）.

51. 吴礼权. 口号标语的政治修辞学分析［J］. 江苏师范大学学报（社会科学版），2021（1）.

52. 吴礼权. 政治修辞学研究的内容、方法与意义［J］. 淮北师范大学学报（哲学社会科学版），2021（1）.

53. 吴礼权. 政治与政治修辞情境［J］. 阜阳师范大学学报（社会科学版），2021（1）.

54. 吴礼权. 政治修辞与设问文本建构［J］. 楚雄师范学院学报，2021（4）.

55. 吴礼权. 政治修辞与讽喻文本建构［J］. 宜春学院学报，2021（4）.

56. 谢元春，吴礼权. 《讨武曌檄》的政治修辞学分析［M］//修辞研究（第六辑）. 广州：暨南大学出版社，2021.

57. 谢元春，吴礼权. 刘基《卖柑者言》的政治修辞学分析［M］//修辞研究（第七辑）. 广州：暨南大学出版社，2021.

58. 黄中建. 升华演讲主题的技巧 [J]. 演讲与口才, 1999 (10).

59. 周建成. 借景发挥使你的演讲美不胜收 [J]. 演讲与口才, 2000 (2).

60. 黄越. 匠心独运, 浑然天成 [J]. 演讲与口才, 1997 (11).

61. 李增源. 如何在"渲染"中提高演讲的艺术表现力 [J]. 演讲与口才, 2002 (10).

62. 王永川. 冯玉祥将军在鲁山的一次演讲 [J]. 演讲与口才, 1992 (8).

63. 谢伯瑞. 即兴演讲要善于从现场发掘话题 [J]. 演讲与口才, 1992 (8).

64. 陈尚荣. 演讲者: 张嘴就要"抓"住听众 [J]. 演讲与口才, 2002 (3).

65. 李国青. "选民"的称谓使我赢得了掌声 [J]. 演讲与口才, 2000 (6).

后　记

一
一
一

后

记

这本名曰《政治修辞学》的小书，今天终于敲下了最后一个句点，算是完成了一个任务，也算是了却了一桩心愿。

之所以说是完成了一个任务，是因为这本书的写作在进行到最后阶段时，得到了"上海高校高峰高原学科建设基金"的资助。当然，这是值得高兴的事。不过，事情总是具有两面性，正如西谚所说："天下没有白吃的午餐。"既然得到了政府资金资助，那就得一切按照规矩办，签合同，约法三章，什么时间完稿，什么时间出版，都要在合同中写得明明白白，白纸黑字，到时候是要照单验收的，不能爽约，当然更不能赖皮。也就是说，签了这个合同，就身不由己了。无论多苦多难，都得按期完成任务。虽然著书立说是我人生最大的乐趣，但是这本《政治修辞学》的小书却是由不得我按自己的乐趣无限期写下去的。往消极里说，找理由偷懒，延迟交稿不行；往积极里说，想精益求精，无止境地修改打磨也不行。必须掐着时间节点交稿，让书按时出版面世，以便于出资方上海市政府与监管方复旦大学都好验收交差。唯有如此，我才算是对复旦大学有所交待，复旦大学对上海市政府有所交待。除此之外，我还要对暨南大学出版社有所交待，因为我跟出版社也签有一个合同。在出书时间上，我跟出版社提出了明确要求；而在交稿时程上，出版社则跟我提出了明确规定。正因为如此，原本是凭自己学术兴趣研究的一个长期课题，原本是个自由自在、自得其乐的研究，顿时变成了一个具有各项硬指标的任务。还好，经过艰苦的努力，这本小书今天终于完稿了，算是完成了任务，可以按照出版合同约定的时间提交给出版社了。按理说，今天我应该为之高兴。因为我终于不负期望，圆满履约了。但是，说实话，此时我并没有预想的那么激动，而是意有惆怅，觉得还有许多遗憾。其中，有两个遗憾尤其让我难以释怀。一是我还有一个要追踪的政治修辞学研究的小目标没有完成，这就是因为时间的关系，我无法等到 2020 年 11 月 3 日美国总统竞选结果出炉；二是无法继续对新冠病毒肺炎疫情在全世界发展的最新动态多观察一段时间。因为这两个方面都是我在政治修辞学研究中事先设定的观察切入点，我需要有更深入的研究、更确切的结论，以此印证我所提出的政治修辞学理论与相关学术观点。

之所以说是了却了一桩心愿，是因为研究政治修辞学不是我心血来潮的一时之念，而是三十余年魂牵梦萦的学术理想。20 世纪 80 年代中期，我还在上大学期间就对修辞学产生了浓厚的兴趣，1989 年研究生毕业留校在复旦大学任教之后，则更是全身心地投身于修辞学的研习之中。三十多年如一日，一直沉潜其中，可以说是乐此不疲，也可以说是不可自拔。因为以研究修辞学为职业，自然就患上了一种修辞学职业病。三十多年来，无论是在学术研究中，还是在日常生活中，我总是喜欢有意识无意识地推敲别人的说话或文字，尤其喜欢推敲政治人物与外交家在公开场合的发言，觉得政治、外交与修辞关系最为密切，政治家与外交家就是职业的修辞人。由此及彼，进而形成了一种基本观点，认为政治从某种意义上来说就是一种修辞的艺术，外交也是如此。正因为有此想法，所以早在 20 世纪 90 年代初，我就起念要写两部学术著作，一部是政治修辞学，另一部是外交修辞学。之所以三十多年过去，一直未能完成这个心愿，静言思之，乃有如下四个方面的原因。

一是教学与科研任务的羁绊。众所周知，20 世纪 90 年代，大学里还没有考核制度，教师除了必须上课外，写不写论文，有没有学术专著，还没有明文规定与要求，当然更没有年底填表考核之事。但在评职称时，事实上却是以教学与科研（其实主要是科研）情况为考察依据的。不发表学术论文，不出版学术专著，恐怕就评不了职称。在复旦大学，我之所以能够二十几岁就破格晋升了副教授，三十多岁就破格晋升了教授，事实上就是因为我在学术研究上特别勤奋，长期坚持每天工作十六个小时以上，除了吃饭睡觉（我从小到大吃饭速度奇快、睡眠时间极少，每天只睡 5 小时左右，都是为了争分夺秒地学习）之外，全身心都在学习与研究上。因此，我的学术研究成果自然要比同辈多出很多。这样，我才会机缘凑巧，赶上了复旦大学历史上最好的时光，在"给年轻人以机会"的政策下，凭学术实力在三十多岁就破格晋升了教授。说到做学问与当教授，其实还有一个笑话。记得我在小学五年级时，读到家里的一本书，名曰《批判个人主义》，都是一些著名教授、作家在"灵魂深处闹革命"，自我批评自己成名成家思想的。

不曾想这本书却歪打正着，让我深深地中了毒，由此在幼小的心灵里确立了人生奋斗的方向，暗暗发誓，长大了一定要像书里的人一样，做一个大教授或名作家。因为当教授是我少年时代就立下的志向，所以研究生毕业留校后我把主要精力与时间都用在了发表学术论文与出版学术专著方面，目的就是想早日当上教授。这样，早先萌生的研究政治修辞学与外交修辞学的兴趣自然就被压制了，研究计划也因此被搁置了。

二是学术兴趣比较广泛。我早年师从濮之珍教授，研究中国古典语言学，沉浸在文字、音韵、训诂等中国传统旧学的海洋之中而不辨际涯，著有《中国语言哲学史》（台湾商务印书馆 1997 年出版）。毕业留校后在复旦大学古籍研究所工作，追随章培恒教授学习考证与中国古典小说研究，染上了考据癖，徜徉于中国古典小说的世界而迷失了航向，著有《中国笔记小说史》（台湾商务印书馆 1993 年出版）、《中国言情小说史》（台湾商务印书馆 1995 年出版）。事实上，正由于这两个方面的研究又分散了我很多时间与精力，以致于研究政治修辞学与外交修辞学的兴趣再次被压制，研究计划再次被搁置。

三是少年时代作家梦的觉醒。前面我刚刚说过，我少年时代有两个梦，一是当大教授，二是当名作家。30 多岁有幸跻身于复旦大学百年史上为数极少的几个最年轻的文科教授之列后，我少年时代的作家梦便开始觉醒了。2005 年我第二度去日本京都外国语大学做客员教授时，有一段难得的悠闲时光，觉得实现少年时代作家梦的时机已经成熟，于是利用独居异国他乡而无人打扰之机，主动切断跟国内朋友间的一切交往，除了完成京都外国语大学安排的每周五节课程之外，其余时间都沉浸于酝酿已久的历史小说创作之中。2009 年到中国台湾东吴大学做客座教授时，又有一段难得的悠闲山居岁月，于是再次沉溺于历史小说的创作之中。在日本完成前后三稿、在台湾完成第六次修改的两部历史小说《远水孤云：说客苏秦》《冷月飘风：策士张仪》，从 2011 年开始，先后由云南人民出版社、台湾商务印书馆、暨南大学出版社以三个不同版本接续出版面世，有幸得到了海峡两岸学术界与读书界的广泛好评。之后，再得多家出版社的怂恿纵容，以及海峡两岸万千读者的错爱垂青，于是又有了《镜花水月：游士孔子》《易水悲风：刺客荆轲》《道可道：智者老子》《化蝶飞：达者庄子》四部长篇历史小说的创作，出版面世后获得了更为广泛的好评。为此，复旦大学与暨南大学出版社于 2014 年 11 月 29 日还联袂在复旦大学为我的这些历史小说专门举办了一次全国性的学术研讨会。这六部长篇历史小说虽然大部分都是我利用寒暑假时间创作的，但毕竟在事实上分散了我有限的时间与精力。所以，政治修辞学与外交修辞学的研究计划就再次被推迟。

四是政治修辞学在中国是学术研究的空白，特别是立足"语言本位"进行的政治修辞学研究则更是没有任何基础，既无可以援引的理论，亦无可以依傍的学术体系，一切都需要从基础做起。我虽然学术兴趣广泛，对语言学、修辞学、文学、心理学、历史学等都有所涉猎，而且都有相关的研究成果，但是对政治学却是近乎一无所知。正因为缺乏有关政治学方面的学养，加上我尚有一点自知之明，所以在没有具备足够的政治学研究基础的情况下，我一直在彷徨犹豫。这样，政治修辞学研究的情感冲动在三十多年间虽然一次次涌起，但最后都被我理智地压制了下去。尽管我在 20 世纪 80 年代末期读研究生时就已读过古希腊哲学家柏拉图的《理想国》、法国学者卢梭的《社会契约论》等西方政治学经典中译本，但自知没有系统的政治学知识储备与应有的理论修养，仅凭对政治学肤浅的认识，是很难将政治学与修辞学结合起来，从二者融合的角度展开政治修辞学研究的。至于要立足"语言本位"，从语言表达的视角出发，创立一门有别于西方政治修辞学的全新政治修辞学理论体系，我更是自知力有所不逮。正因为如此，政治修辞学研究的兴趣虽然在我心中三十多年没有消失，但相关的研究却迟迟没有展开。

今天，这部《政治修辞学》的小书最终能够完稿，画上最后一个句点，应该说是非常不容易的。书稿自 2009 年 9 月 1 日正式动笔，到今天正式完稿，历时十一年半。其间，理论思辨的痛苦，学术体系架构的不断反复，资料搜集与处理的艰难，每天起早贪黑追踪国内外政治动态的辛劳，只有我自己才能体会得到，正如老话所说，是"如鱼饮水，冷暖自知"。

虽然十一年多的研究与写作充满了艰辛，但是，几易其稿之后，书稿能达到今天这样的规格，我还是颇感欣慰的。欣慰之余，还有一句话是不得不交待的。这就是这本小书的完稿，虽然是我三十年多来持续不断付出极大努力的成果，但事实上还跟三个偶然因素有关。

第一个偶然因素是，2009 年 6 月底，我完成了在中国台湾东吴大学客座教授的任期。回到复旦后的第一天，就召博士生谢元春来见，听她汇报我离开复旦期间其学业进展情况。她汇报完，时近 11 点半，正是午饭时间，我便想起先前在台湾跟她电子邮件联系时常说的一句话："回来请你吃饭。"我是导师，为什么要请博士生吃饭呢？这是有原因的。因为我在台湾东吴大学做客座教授期间，所授课程有两门，一是"中国笔记小说史"，一是"修辞学"，用的教材都是我自己写的书。按常规，书是我写的，我照本宣科地讲就可以了，并不需要费多大力气。但是，考虑到这两门课都是硕士班课程，且都安排在晚上，学生都是在职的，白天上班，晚上上课。如果照本宣科，教学效果一定不会好。为了上好每一堂课，提升课堂教学效果，我只好每堂课都增添课本上没有的新内容，提升学生学习的积极性。但是，每堂课都增添新内容，就要查很多新资料。而我所要的新资料，有些是台湾找不到的。所以，当时我就想到一个办法，通过电子邮件跟谢元春联系，让她提早将我所需查的新资料到复旦图书馆查好，或是从网络上下载好，然后通过电子邮件发给我。正是因为有了谢元春同学的帮助，我在东吴大学的教学任务才得以圆满完成。从台湾回到上海后不久，东吴大学寄来了一张类似于奖状的东西，是我的教学被评为全校前几名的校长签名状。这种荣誉的获得，事实上就有赖于谢元春同学的帮助。不过，当时说要请她吃饭时，其实根本不知道还有日后获奖这件事。所以，请吃饭并不是答谢的性质，而只是为了兑现先前在台湾时反复许下的承诺。其实，说是请她吃饭，但并没有正儿八经地请她下馆子吃大餐，而只是在复旦大学的学生食堂。她只点了一碗面而已，没有几块钱。她大概是不肯让我破费，觉得老师请她吃碗面就已经是喜出望外了。吃饭的时候，就不像在办公室汇报学业那样严肃了，在学生食堂那种闹哄哄的环境中，她好像获得了身在学生食堂而特有的主场优势，说话有了底气，胆子也大了起来，开始问我台湾的见闻，还问我如何打发"独在异乡为异客"的孤独。我笑着告诉她，我压根儿就不知道什么叫孤独，我在日本做教授时，为了写历史小说，可以一年不跟人来往，让汉代大儒董仲舒"三月不窥园"的佳话黯然失色。并告诉她，在台湾时，除了上课，其余时间我都在修改历史小说，只有累得不行的时候才看看电视。她又问看什么电视，我告诉她，最爱看台湾的政论与时事评论节目。这样，就说到了政治与修辞的关系。最后，她给我提了一个建议："老师，您可以写一部《政治修辞学》。"我当时听了心里一惊，她怎么知道我二十年前的计划，我也从未跟任何人说过这个学术研究的计划呀！当然，最后我还是告诉了她相关的底细，她更高兴了。于是，她更加坚定地怂恿我，要我早日写出这部《政治修辞学》。听了她的话，我觉得蛮有道理，是时候要动笔了。不过，我又跟她说了我的一个难处，这就是书的理论构架我早就想好了，只是材料还不够，有些材料很难找。没想到，她却信心满满地跟我说："老师，我觉得材料够了，您的很多书中都举到政治人物建构的修辞文本，古今中外都有。如果都辑出来，足够您写《政治修辞学》时用了。"我听了她的话，更加吃惊了，心想我怎么不知道呢？最后，她又自告奋勇地说："老师，我今天回去就找全您写的所有书，把里面您举到的有关政治修辞的例子都辑出来，供您参考。"没过几天，她果然将我许多书中举到的有关政治修辞的例子辑全了，并汇集打印出来送给了我。我仔细一看，发现材料真的不少。这时，我才意识到，这几十年来潜意识中我早已在做政治修辞学的研究了。有了这些材料，我便有了底气。于是，立即让学生给我到复旦大学图书馆借有关政治学的书籍，又开了书单让学生上网替我买了一批。从六月底到八月底，整整两个月，我不分昼夜地研读有关政治学的书籍，并做笔记。我太太蒙益见了觉得奇怪，问我是不是在准备考大学？到八月底，我不仅精读了诸如王惠岩主编的《政治学原理》之类的政治学教科书，重读了古希腊哲学家柏拉图的《理想国》、法国学者卢梭的《社会契约论》，还通读了古希腊哲学家亚里士多德的《政治学》、英国学者洛克的《政府论》、意大利学者马基雅维利的《君主论》、德国学者马克斯·韦伯的《经济与社会》、美国学者阿尔蒙德和维巴的《公民文化：五个国家的政治态度和民主制》等西方政治学经典。慢慢地，我觉得对政治学似乎有了感觉，觉得政治学并不神秘。我相信我对政治学的认识以及对政治学经典的理解不会逊于政治学专业的博士生。他们都敢写政治学博士学位论文，我立足"语言本位"，从语言表达的视角出发，融会政治学与修辞学，写一部《政治修辞学》，在学术水平上决不会输给他们。正因为有了这样的学术勇气与之前二十多年的思辨与材料准备，2009年9月1日我正式动笔写下了书稿的第一页文字。

第二个偶然因素是，2006年我二度在日本任客座教授期间，正值日本大选，安倍晋三首次拜相，中日关系出现微妙的变化；2009年我到中国台湾东吴大学任客座教授时，正值台湾政党轮替后国民党重新执政，两岸关系开始回暖；2012年，近邻日本再次进入大选时期，安倍晋三再度拜相，中日关系进入错综复杂、跌宕起伏的特殊时期；2016年台湾地区领导人选举，国民党与民进党再度进行了政党轮替，两岸关系迅速恶化。2017年1月，美国非典型政治人物唐纳德·特朗普成为美国第45任总统，中美关系遭遇了前所未有的挑战。我在日本与中国台湾有着长期生活的经历，跟日本与中国台湾学术界有着非常密切的关系，因此对于中日关系与攸关中华民族复兴的两岸关系的关注是数十年如一日的。至于中美关系在近四年突乎其然的变化，更是让我起了无比好奇之心。正是因为这些偶然的时代政治因素，我早年对西式民主政治制度与政治人物人格形象的既有认知发生了颠覆性的改变，对政治人政治修辞本质的认识也发生了根本的变化。所以，在这部《政治修辞学》的写作中，我的理论观点一再改变，书稿的章节架构也跟着一再变化。2012年底写好的第一稿，到了2016年底就被彻底改写了。因为日本政坛的变化与中国台湾地区政局的动荡，我原先的认知发生了深刻变化。而2019年9月写好的第二稿，到了2019年底2020年初又被迫彻底改写了。因为2020年初新冠病毒肺炎疫情从天而降，并迅速在世界各国广泛传播，包括中国在内的很多国家的社会生产与生活都按下了暂停键；美国总统特朗普的本性进一步暴露无遗，对内对外政策发生了异乎寻常的变化；随着疫情的蔓延，西方社会出现了动荡，美国社会更是出现了严重动荡与政治撕裂。国际政治形势发生的这些深刻的变化，再一次颠覆了我对西式民主制度的认知，同时也颠覆了我对西式民主制度下政治人的人格形象的认知，当然也颠覆了我对现实政治境界下政治人的政治修辞本质的认知。今天完成的书稿，已经是第三稿了。从第一稿到第二稿，再到第三稿，都是我当初起笔写这部小书时所想象不到的。其间，国际政治形势发生的前所未有的变化，也是我想象不到的。应该说，这些想象不到的变化，都是种种偶然因素促成的。不过，正是因为这些偶然因素促成的诸多变化，我对现实政治境界、现实政治境界下的政治人有了清醒的认识，由此也对政治修辞的本质有了新的认识。如果读者诸君觉得我在这部《政治修辞学》中所提出的理论观点是可以接受的，那应该归功于时势的造就，不是我个人思想深刻的缘故。事实上，如果没有最近十多年来国际政治形势的深刻变化，我无论是对政治、政治人的认知，还是对政治修辞本质的认知，都不会达到目前的水平。

第三个偶然因素是，2016年底，复旦大学还有一笔上海市政府的专项研究经费没有用完，这就是"上海高校高峰高原学科建设资金"。复旦中文系主管科研的系主任询问大家有没有需要申报的研究课题，不需要填表，也不必写项目论证书，只要吱一声，经费就划拨给你了。我是向来最怕填表的，更不愿意写什么课题申请论证书。听说不需要填表，不需要论证，只要承诺什么时候完成就可以了，当时我没多想就应承了下来。因为觉得这对我没有什么约束，反正我第一稿

422

写好了，再改一改就完成了。不久，学校就将经费划拨到了我名下。众所周知，科研经费的用途主要有三：一是买图书资料或设备，二是出差，三是成果的出版。对文科教师来说，大多数人的科研经费都是用于资助出版。对我而言，则主要是买书与出差。因为写作的电脑设备等，我早已自备了；而我所有著作的出版则由暨南大学出版社替我包了。这样，我的经费就足以尽情地买书与出差了，可以实现"读万卷书，行万里路"的理想，可以从容思考问题，慢慢打磨书稿。不过，打磨书稿并不是无限期的，因为当初跟复旦大学承诺完成的时间是2019年12月31日，跟暨南大学出版社约定的交稿时间则在2019年9月，2020年1月要见书。因为有时间的倒逼，就迫使我不得不加快了修改的进度。但是，紧赶慢赶，还是难以在约定的时间交稿。因为随着中美关系与海峡两岸关系的日益恶化，静观政治情势的变化就显得越发重要，对印证我在书中提出的政治修辞理论的科学性就越有价值。正是基于这一考虑，我向暨南大学出版社杜小陆老师提出要求，希望推迟交稿，反正复旦大学方面催得并不急。这样一拖，就到了2020年初。众所周知，2020年初，一场突如其来的新冠病毒肺炎疫情从天而降，中国社会生产、生活都按下了暂停键，一切急迫与不急迫的工作都推迟延后了。出版学术著作并不关乎国计民生，自然就更没有什么急迫性了。这样，我又有了充裕的时间静观世界大势。于是，我有机会看到了美国总统特朗普一系列淋漓尽致的政治表演，还有美国民主、共和两党为了总统大选而展开的白热化的政治斗争，以及由此引发的多次大规模的骚乱甚至暴乱；还有机会有头有尾地看了日本首相安倍晋三主演的一幕政治大戏——从第二次拜相到第二次借病引退的全过程。今天，离我第二次跟出版社约定交稿的时间只剩一天了，不能再推迟了，只得匆匆画上句点，交稿完成任务。尽管仍感到有诸多遗憾，但不得不就此收手。不然，这本小书就真的不知何年何月才能完稿面世了。总之，我始终觉得，无论是当初跟复旦大学的承诺，还是跟暨南大学出版社的约定，事实上都对我完成这部《政治修辞学》的小书是一种倒逼，更是一种促进。

世界上没有什么事是十全十美的，我们做任何事都不可能臻至完美无憾的境界。我写这本小书也是如此。尽管今天交稿并不能让我心满意足，但可以让我心安。因为通过艰苦的努力，我最终完成了三十多年来一直魂牵梦萦的一个心愿。

客观地说，政治修辞的研究，无论是古还是今，无论是在西方，还是在中国，都是学术界关注的重要领域。但是，立足"语言本位"，从语言表达的视角研究政治人的政治修辞的政治修辞学，则始终未曾有过。因此，这部小书的出版，如果说有什么值得称道的价值，大概就是白手起家，发凡起例，完成了从学术概念界定，到理论创立，再到学科体系架构的整体任务，为政治修辞学的进一步研究奠定了一个基础。

"前修未密，后出转精"，这是学术研究的一个规律。所以，我寄希望于后来者，希望有更多的学者立足"语言本位"，在政治修辞学研究领域锐意进取，进一步完善这一学科体系与理论体系。

吴礼权

2020 年 8 月 30 日

记于复旦大学光华楼西主楼 1407 室

又 记

这部《政治修辞学》的小书，从起念写作，到酝酿准备，前后达二十年之久；从正式开笔写作，到第三稿完成，则又前后达十一年之多。为了完成这部小书，尽管我付出了极大的努力，耗时极多，但 2020 年 8 月 30 日完成第三稿并上交出版社时，我仍感到有诸多遗憾，所以当时就在后记中写下了如下这段话：

经过艰苦的努力，这本小书今天终于完稿了，算是完成了任务，可以按照出版合同约定的时间提交给出版社了。按理说，今天我应该为之高兴。因为我终于不负期望，圆满履约了。但是，说实话，此时我并没有预想的那么激动，而是意有惆怅，觉得还有许多遗憾。其中，有两个遗憾尤其让我难以释怀。一是我还有一个要追踪的政治修辞学研究的小目标没有完成，这就是因为时间的关系，我无法等到 2020 年 11 月 3 日美国总统竞选结果出炉；二是无法继续对新冠病毒肺炎疫情在全世界发展的最新动态多观察一段时间。因为这两个方面都是我在政治修辞学研究中事先设定的观察切入点，我需要有更深入的研究、更确切的结论，以此印证我所提出的政治修辞学理论与相关学术观点。

杜小陆老师收到我的书稿后，看到我在后记中写了上述这样一段话，很是感慨，觉得之前催我催得太紧，有点不好意思。过了一段时间，他给我打电话说，出版社对我这部书非常重视，作了很多重要安排。所以，决定再给我一点时间，以弥补我在后记中说到的两个遗憾，同意我在 2021 年 1 月底前交最后的定稿。当时，我听了这个消息，真是喜出望外。觉得这个后记没有白写，最终发挥了很大作用。

高兴了几天，我重新静下心来，继续观察国际政治形势的变化，尤其是美国大选的进展。最终，我看到了美国总统特朗普最后的疯狂，看到了美国国务卿蓬佩奥等政客无底线的政治表演，看到了美国国会大厦被攻占的暴乱场面，看到了暴乱后美国首都华盛顿犹如战场般的情景，看到了美国第 46 任总统拜登冷冷清清的就职典礼。于是，我结合观察到的这些最新政治变化对书稿再次进行了修改，增加了很多新材料，使原有的政治修辞分析在学理上更加扎实，同时也进一步深化了我先前在书中提出的理论观点。这是我感到非常欣慰的。

吴礼权

2021 年 1 月 28 日

补记于复旦大学光华楼西主楼 1407 室